代议制度比较研究

（修订版）

周叶中　著

创于1897
商务印书馆
The Commercial Press

2014年·北京

图书在版编目(CIP)数据

代议制度比较研究(修订版)/周叶中著. —北京:商务印书馆,2014
ISBN 978-7-100-10261-2

Ⅰ. ①代… Ⅱ. ①周… Ⅲ. ①议会制—对比研究—世界 Ⅳ. ①D521

中国版本图书馆 CIP 数据核字(2013)第 201754 号

代议制度比较研究
(修订版)
周叶中 著

商 务 印 书 馆 出 版
(北京王府井大街36号 邮政编码 100710)
商 务 印 书 馆 发 行
北京瑞古冠中印刷厂印刷
ISBN 978-7-100-10261-2

2014 年 3 月第 1 版　　开本 880×1230 1/32
2014 年 3 月北京第 1 次印刷　　印张 12¼
定价: 35.00 元

目 录

前　　言

一

在近现代国家政治生活中，恐怕再没有什么问题比“民主”更能让人执着地向往和追求了。当商品经济经过古典的萌动和刀与剑、血与火的考验，终于凭着顽强的生命力以摧枯拉朽之势向旧的生产关系开战时，“民主、自由、平等”这些实实在在叫人激动的字眼也随之迅速传播开来。

伴随着资产阶级革命的胜利和资产阶级国家政权的建立，“民主”亦从口号、宣言和纲领演化为人们的政治实践。尽管各种主、客观原因迫使资产阶级从法律上为人们实现“民主”提供了一定保障，但生产资料私有制的性质和资产阶级的阶级属性决定了资本主义国家的民主制度、民主形式只能从根本上服务于资本。

无产阶级革命的胜利和无产阶级国家政权的建立，使“民主”发生了质的飞跃，那些原本处于社会最底层的劳动者阶级，一跃而为国家的主人。于是，广大劳动者阶级当家做主成了真真切切的现实。但人们认识的偏差、传统的沉重，使无产阶级国家在民主制度、民主形式建设中尚欠理想，而这又反过来给广大劳动者阶级行使当家做主的权利形成障碍。

于是，近现代国家政治生活的实践不断昭示着人们，民主形式在人类民主发展中居于举足轻重的地位:资产阶级民主形式的完备性掩盖了其民主的局限性;社会主义民主形式的不完备性则阻碍了民主的真实性。因此,从理想的角度而言,无论是理论研究,还是政治实践,尽管都必须注重民主的内容和本质,但民主的形式问题绝不可忽视。综观人类民主思想史和民主制度史,不难发现,民主的形式尽管有纷繁复杂的表现,但就人们是否亲自参与实现其当家做主权利而言,则分为直接民主形式和间接民主形式两类。地域的广阔、人口的剧增,又决定了间接民主形式在民主实践中处于中心地位。代议制度作为间接民主形式的主要表现,自然成了近现代国家人们实现其民主权利的基本环节。因此,认识它、研究它,从实践中完善它,也就成了当今国家民主建设过程中颇具意义的课题!

二

在未来学家的思维范畴中,代议制度经过产生、发展、鼎盛,正在走向衰落。他们纷纷预言:“代议民主制的历史作用已经完成”①,未来的民主制必定是由“依靠代表转为依靠人们自己”的“半直接民主”②。我们暂且遑论这种预测的准确程度如何,因为一项政治制度、一种政治现象的存在或者消亡,并不是人们主观愿望就能决定得了的,归根结底还是取决于各种客观社会历史条件。但如果我们回过头来,从人类思想史的瑰宝中进行发掘、考察,则不难发现:尽管古今中外的圣杰仁人们对这个过去和现在起过和起着巨大作用,而在未来学家看来即将消

① 〔美〕约翰·奈斯比特:《大趋势:改变我们生活的十个新方向》,孙道章译,中国社会科学出版社1984年版,第162页。

② 〔美〕阿尔温·托夫勒:《第三次浪潮》,朱志焱、潘琪、张焱译,三联书店1984年版,第530页。

逝的政治制度基本原理的研究取得过很大成就,但其思想认识内容的主要特点则在于,它们大多是当时各种各样政治实践的方案。换句话说,人们关于代议制度的认识、研究,主要缘于当时政治实践的需要,而较少有人从政治学和宪法学原理的角度,对这诸种政治现象进行系统、全面、科学、客观地抽象和概括。从洛克、潘恩、杰弗逊到密尔、孙中山都是如此。只有卢梭在呼吁:公意是不可代表的!但理想主义的过多渗入限制了卢梭思想的科学价值。即便马克思主义的理论工作者,也主要是从阶级斗争、国家政权建设的现实角度提出一些"建国大纲"。

尽管从实用的、实证的角度讨论代议制度这一问题,对人类社会历史的发展起过一定作用,但如果在建立和运用代议制度过程中,不是在遵循其一般规律的基础上,结合当时的具体情况来进行,而只是一味地从当时的实用目的出发,人为地操纵,势必揠苗助长,这在近现代各国政治实践中不乏先例。而且,作为一种政治现象,能够延传几百年,难道就没有一些基本原理、原则吗?因此笔者认为,系统全面地归纳总结代议制度的基本理论、基本原理,包括概念、特征、功能以及原则等问题十分必要。

三

从科学研究的目的来说,探讨研究对象的基本规律是其根本宗旨。尽管基本理论、基本原理亦属基本规律的范畴,但从政治制度的客观情况看,它的产生、运行、发展同样也有自身的基本准则。因此研究代议制度的基本理论还只是很小的一部分,主要的部分还在于代议制度的产生与发展规律和代议制度的运行规律。而且只有将两者有机结合起来,才能使研究工作既有理论指导意义,又具可操作性,也才能将理论和实际密切结合起来。正因如此,所以本书在代议机关组织结构及其职权范围等方面着墨不多,而主要阐述代议制度运行过程中的诸多问题。

在代议制度产生、发展方面,最突出的问题主要有三:代议制度产生的原因;社会主义人民代表制与资本主义议会制的相互关系;代议制度的历史命运。尽管中外学者对此进行过有益的探索,但尚有诸多不足。如在代议制度的产生原因上,学界通常归之为地理因素和人口因素。尽管就外在条件而言,地理和人口因素的确是导致代议制度产生的直接原因,但还有没有其他原因呢?诸如由阶级力量对比状况导致统治方式、统治艺术的调整,以及其他更深层的原因呢?笔者认为,在一定意义上,正是各种原因和条件的客观性、长期性,决定了代议制度的存在价值,因而对此进行全面、深入的研究,是我们探寻代议制度基本规律的首要问题。

在社会主义人民代表制与资本主义议会制的相互关系上,比较一致的观点是肯定二者有区别,但在观点认识上则又各有不同。通常资产阶级学者将社会主义人民代表制说成是一种“装饰工具”,甚至“橡皮图章”之类;而一些社会主义国家的学者则将资本主义议会制等同于代议制。那么到底二者间有无历史联系?难道它们之间不仅本质对立,而且形式也相互排斥?毫无疑问,只有客观科学地对此予以回答,才能正确认识代议制度的具体发展。

关于代议制度的历史命运,既是现实代议制度实践必须正视的,也是整个人类社会发展规律的有机成分,而国外学者的悲观论调与国内一些学者的冷漠态度,难道不正是激起我们研究热情的原因吗?

在代议制度运行方面,学界同样存在两大不足:一方面是一些西方学者对代议机关具体工作活动的津津乐道;另一方面则是一些社会主义国家学者对代议机关组织结构及其工作制度的枯燥介绍。前者未能通过总结代议制度实际运行过程中产生的各种社会关系,特别是通过对代议制度具体功效的考察，概括出代议制度的实际运行规律；而后者则避开活生生的现实政治实践，只是停留于静态结构的知识性介绍上，只限于说明为什么要组织代议制以及怎样组织，至于组织起来的代议制到底如何运行则论之不详，这样自然也无法探寻代议制度的运行规律。正如日本学者指出："以前大部分研究仅仅是一种对制度的解释和对个别议案的事例研究。"①但任何一项政治制度的生命和活力，恰恰在于它能解决实际问题，能调整诸种具体的社会关系。因为对社会发展起作用的正是其运行功能。而且也只有通过其实际运行，根据其社会效果才能正确判断其优劣。这实际上是实践是检验真理的唯一标准的体现和运用。因此，在代议制度研究过程中，必须着重阐述对代议制度实际运行具有重要影响的相关制度。只有对代议制度与社会大系统中其他小系统的关系，以及这些关系的交互影响进行充分研究，才能全面揭示代议制度在国家政治生活中活生生的画面。正如有学者指出，研究政治生活不能单纯着重于制度或行为，而必须着重于"互动行为"②。因此，本书将用较大篇幅对代议制度与选举制度、代议制度与国家机构、代议制度与政党制度、代议制度与利益集团等问题进行研究，从而弄清代议制度存在和发展的社会历史条件，并进而总结出代议制度产生、发展及其运行的规律。

四

任何科学研究都离不开行之有效的方法，对代议制度进行研究也是如此。具体说来，笔者在研究中除运用本质分析法、历史分析法

① 〔日〕岩井奉信：《立法过程》，李薇译，经济日报出版社1990年版，"前言"，第14页。

② 邹永贤等：《现代西方国家学说》，福建人民出版社1993年版，第499页。

和联系实际分析法外，主要运用比较分析法。但在此有几个问题必须说明。

第一，关于研究的视角。对任何问题的研究都有一个着眼点。着眼点不一样，结论自然有出入。在代议制度研究问题上，人们的视角同样异彩纷呈：有立足实用、实证的，有空洞无力而只唱赞美诗的，等等，不一而足。尽管有人从探寻规律出发，做过不少工作，却很少有人明确提出其研究视角问题。但笔者的研究目的，决定了必须首先解决这一问题。在笔者看来，由于代议制度有自身产生、发展的历史过程，而且存在于几种社会形态中，因此对它的研究，必须站在人类社会历史发展的高度进行。因为只有这样，才能看到民主形式发展的阶段性、继承性。

在这一视角指导下，笔者认为，代议制度有两重意义：一是作为国家政权运行方式的意义。这种意义上的代议制度以特定政治、经济、文化为背景，有特定的宗旨和任务，因而与国家政权的性质、国家的类型紧密相联。二是作为人类文化，亦即社会文明成果一部分的意义。这种意义上的代议制度，体现了人类探寻国家管理方式的经验总结，是人类不断前进、不断发展的成果。这样就决定了我们在研究过程中，一方面要明确代议制度在不同国家和一国不同时期的性质，另一方面又可在肯定其本质的前提下，从人类文化现象的角度进行比较、分析，从而找出其发展轨迹。

第二，关于可比性和比较的参照系统问题。由于本书在方法上主要运用比较分析法，因此可比性是必须解决的首要问题。由于代议制度经历了几种社会形态的历史发展过程，因此在比较研究中，必然会对不同国家类型的代议制度进行比较分析，而这恰恰是可比性的核心问题。尽管理论界在不同历史类型国家政治制度是否可比问题上，现在意见基本一致，但为何可比论之者少。在笔者看来，任何国家的法律、政治制度,都是为了解决相应的社会问题,处理相应的社会关系。在国家和社会管理过程中,不同国家也会存在相似乃至相同的社会问题,对这些问题的处理方法进行比较,以探寻异同及其原因,构成了不同类型国家政治制度可比的最初动因。其次,就代议制度而言,由于在形式方面,不同国家的代议制度有其共同的特征,诸如都是相对直接民主制而言的间接民主制等,因此,这些形式上的相似乃至相同,构成了不同国家代议制度可比的客观基础。

同样,比较的参照系统问题,也是比较研究必须解决的。在笔者进行代议制度研究过程中,它主要包括两方面的问题:其一是对象问题。代议制度在世界历史上产生运行至今,主要经历了资本主义和社会主义两个历史阶段,因此,比较研究的对象首先即指资本主义的代议制度和社会主义的代议制度;同时,不同的资本主义国家和不同的社会主义国家,由于其各自的主客观条件存在区别,因而在代议制度的运行上,自然存在不同,因此对它们各自的有关情况,也有必要进行比较研究。这样,就比较对象而言,主要有三个方面:一是资本主义国家代议制度之间的比较;二是社会主义国家代议制度之间的比较;三是资本主义代议制度与社会主义代议制度之间的比较。其二是历史环境问题。马克思曾经指出:“极为相似的事情,但在不同的历史环境中出现就引起了完全不同的结果。如果把这些发展过程中的每一个部分都分别加以研究,然后再把它们加以比较,我们就会很容易地找到理解这种现象的钥匙;但是,使用一般历史哲学理论这一把万能钥匙,那是永远达不到这种目的的,这种历史哲学理论的最大长处就在于它是超历史的。”①因此,必须把比较对象放在特定的历史环境中进行分析。

① 《马克思恩格斯全集》第19卷,人民出版社1963年第1版,1965年第2次印刷,第131页。

第三,关于"是什么"与"应该什么"的问题。在政治实践与政治制度的研究过程中,我们还会碰到这样两个问题:"是什么"与"应该什么"。按照美国政治学家艾萨克的看法:前者是政治科学,后者是政治哲学①。应该肯定,这样区分有一定道理。"是什么"主要针对实际政治生活中的客观存在进行实事求是的阐述和总结;而"应该什么"则是从政治理想角度,对政治实践进行的理想推断。但艾萨克并没有将二者的关系明确下来。实际上,"是什么"与"应该什么"之间既有各自的独立性,又绝不可截然分离,而且两者的相互结合还会产生诸多新认识,在一定意义上,"应该什么"是"是什么"的升华。正如科学研究所揭示的:应该的东西要过渡到存在的东西,就产生出关于应该的东西的新观念。

在研究代议制度过程中,笔者主要是从"是什么"这一角度进行,并通过对这方面的研究,上升到"应该什么"的高度,从而为完善我国人民代表大会制度,推动我国代议民主政治建设服务。

第四,关于异同的侧重问题。与比较研究相联系,在研究过程中还存在着重在比较对象的相同部分,还是相异部分的问题。笔者认为,这实际上取决于研究的目的和角度。如果从人类文化发展角度进行研究则应重在相同方面,其出发点则是为探寻人类文化的共通准则,或者是探寻人类社会发展的普遍规律,其角度非常高远,意义也很大。如果是从本国历史和现状出发,探寻适合本国国情的东西时,则应把重点放在相异部分。由于这种比较局限于一定地域或者一定历史时期,而并非通过区域性、阶段性事物的衔接发现带规律性的结论,因而重在相异方面。尽管其结论可能有一定的现实意义,但并非具有深远的历史意义。

① 〔美〕艾伦·C.艾萨克:《政治学:范围与方法》,郑永年、胡淳、唐亮译,浙江人民出版社1987年版,第3—6页。

而且这种研究也易受实用主义的影响。因此,这种研究也存在一定的局限性。但笔者的研究目的决定了这两方面必须兼顾,同时协调好它们之间的关系。因此,本书在具体论述中重在相异方面,而在总结规律过程中则重在相同方面。

第一章　代议制度基本理论

在宪法学、政治学研究中,“代议制度”是一个历史悠久的课题。尽管近现代意义的“代议制度”只有几百年,但其理论渊源和政治实践上的萌芽,则可追溯到遥远的古典时代。然而,遗憾的是不少人对“代议制度”的理论思考并不全面。因此,在系统研究有关代议制度的一系列问题时,首要的就是弄清代议制度自身的问题。所谓代议制度基本理论就是对这一问题进行的阐述。具体说来,即以代议制度的概念为中心,论及代议制度的特征、功能以及组织和活动过程中的原则等基本问题。

第一节　代议制度的概念

从根本上说,代议制度只是实现民主的一种基本形式,因此研究代议制度的逻辑起点即是民主。

一、民主与民主形式

马克思指出:“民主是什么呢? 它必须具备一定的意义,否则它就不能存在。因此全部问题在于确定民主的真正意义。”①“民主”(democracy)一词起源于希腊文 demokratia②,是指“人民的权力”或“人民

① 《马克思恩格斯全集》第 7 卷,人民出版社 1959 年版,第 304 页。

② 有学者提出,“民主”一词虽然其意根源于西方,但最早使用却在东方。参见黄达强等主编:《社会主义民主:跨世纪的沉思》,中国人民大学出版社 1993 年版,第 13 页。

当家做主”,更确切地说,是指“大多数人的统治”,或者如列宁所说是少数服从多数的国家。希罗多德在《历史》中指出,民主政治的特点在于政事“取决于民众”①,修昔底德在《伯罗奔尼撒战争史》中认为:“我们的制度之所以称为民主政治,因为政权是在全体公民手中,而不是在少数人手中。”②亚里士多德在《政治学》中,以执政人数的多寡为标准划分政体的主要类型,并指出民主制即指多数人的执政,现代人们对民主则有各种认识和理解,但无不肯定民主是多数人的统治这个传统说法③。因此,民主的根本目的在于确保多数人的利益和政治权利,把多数人的意志确认为最高意志。当然,由于各种原因,民主作为多数人的统治并不意味着社会中的大多数成员直接成为统治者。多数人的统治仅仅是指少数人的执政是在多数人的同意和委托下进行的,并且得到了多数人的有效制约和监督。因此民主所要解决的主要问题,就是少数人执政和多数人利益及权利的关系问题。

如果我们从历史——发生学的角度进行考察则会发现,这种少数人执政与多数人利益的相互关系状况,决定于由经济基础和产权关系而产生的权力分配状况。在管理形态的意义上,民主最早始于氏族社会的中晚期。当然,这里所谓的“民主”管理形式,并非国家意义上的民主制度,而仅仅是指在原始公有制基础上,由人们的平等劳动自然建立起来的平等管理公共事务的方式,即恩格斯所说的“自然形成的民主制”④。随着社会分工和私有制的出现,人们的劳动和财产占有不再平等,由这种不平等决定的管理者与生产者的对立,就代替了原来平等

---

① 〔古希腊〕希罗多德:《历史》(Ⅱ),王以铸译,商务印书馆1959年版,第80—82页。

② 〔古希腊〕修昔底德:《伯罗奔尼撒战争史》(Ⅱ),谢德风译,商务印书馆2005年版,第371页。

③ 参见《简明不列颠百科全书》,“民主”词条。

④ 《马克思恩格斯选集》第4卷,人民出版社1995年版,第103页。

的社会关系，由管理者掌握的社会管理权力，也被由统治阶级掌握的国家政治权力所代替（这即所谓社会与国家的分离）。于是，统治阶级和被统治阶级政治、经济利益的根本对立，决定了管理国家的权力只能属于占有社会财产的阶级、阶层，而不可能在社会各阶级之间平均分配。具体说来即指国家权力的平等分配，只能限于统治阶级内部，不同阶级之间是绝不可能平等分配权力的。因此，"民主就是这种在权力面前平等与不平等的对立统一"①。这种对立统一，意味着占有生产资料的统治阶级以权力的占有形式来实现和巩固自己的统治；被统治阶级则以权利的占有形式来接受或反抗被统治。民主的这种"巩固"与"反抗"的矛盾，实质就是权力与权利的矛盾。因此，在一定程度上，民主所要解决的少数人执政与多数人利益的关系问题，实际上也就是权力与权利的关系问题。正如列宁指出："民主是一种国家形式，一种国家形态。因此，它同任何国家一样，也是有组织有系统地对人们使用暴力，这是一方面。但另一方面，民主意味着在形式上承认公民一律平等，承认大家都有决定国家制度和管理国家的平等权利。"②也就是说民主是多数人决定、支配和监督少数人行使国家权力的主要方式。它所要解决的问题主要是国家权力的来源、国家权力的制约和国家权力的归宿三方面。

虽然阶级差别和权力分配不平等的存在，决定了无论资产阶级民主还是社会主义民主，本质上都是阶级统治的工具，但这种本质的实现，都有赖于各种有效的民主形式来保障。也就是说，统治阶级对国家的统治，要通过一定的民主形式表现出来，或者说，民主的阶级内容要通过一定的民主形式来实现，民主是内容和形式的有机统一。因此，在

① 邱敦红：《中西民主政治论》，中国工人出版社 1993 年版，第 4 页。

② 《列宁选集》第 3 卷，人民出版社 1995 年版，第 201 页。

众说纷纭的民主问题上，除了在民主的本质即“大多数人的统治”，或者说“人民当家做主”上，大家认识一致以外，对于民主的内容有赖于民主形式的实现，也有深深的共识。辩证唯物主义告诉我们，任何事物都是内容和形式的对立统一，只有内容而无形式，或者只有形式而无内容，在现实世界中根本不存在，民主也是如此，它也包括内容和形式两个方面。民主内容指的是民主的阶级属性和民主的实现程度；民主形式则指与民主内容相适应的制度、组织、结构、机构、措施、办法等，一般包括直接民主形式和间接民主形式两大类。在此必须说明的是，为何笔者将民主的实现程度作为民主内容的组成部分。一般认为，民主内容就是指民主的阶级属性。在笔者看来，尽管民主的阶级属性的确是民主内容的重要部分，但这主要是从定性上着眼的，它强调的是这种民主到底属于谁。然而，民主的内涵远不止于政权的归属，它涉及国家和社会生活的各方面。而且，民主的存在、发展，取决于各种政治、经济、文化等社会历史条件。换言之，即这些客观社会条件从根本上制约着民主的各种表现。因此，如果不把民主的实现程度纳入民主内容的范畴，那么不仅会使民主的内容成了抽象的概括，而且也使人们无法准确考察民主并探寻出发展民主的途径和措施。

从中外民主问题的理论和实践看，在民主内容和民主形式相互关系问题上，都存在一定的不足之处：资产阶级民主学说偏重于民主形式的作用，以为只要形式的、政治的民主实现了，那么内在的、经济的民主就会自然而然地随之实现。这种观点不仅颠倒了民主内容和形式的关系，而且掩盖了资产阶级民主的本质。社会主义民主学说则过分强调民主内容而忽视了民主形式，“似乎研究国家问题只能讲本质，讲阶级专政，不能讲形式，讲政权组织”①。如果谁研究民主形式，强调民主程

---

① 许崇德、何华辉：《宪法与民主制度》，湖北人民出版社1982年版，第45页。

序,就是"在形式问题上兜圈子",因而是"资产阶级形式主义",而无产阶级是"不斤斤计较形式"的。自然,"这种看法十分片面,而且有害"。① 如果只看到内容的决定作用而看不到形式对于内容的促进或者阻碍作用,看不到形式问题在一定条件下甚至可以具有决定性的意义,那么同样不能搞好民主建设。正确的观点应该是二者并重,并根据各种客观历史条件进行调整。

笔者认为,在我国现阶段发展社会主义民主过程中,完善社会主义民主形式是关键。因为第一,我国长期以来忽视了民主形式建设,从而阻滞了社会主义民主优越性的发挥。第二,这也是社会主义民主自身发展的要求。笔者认为,无产阶级在夺取、建设国家政权过程中,在民主问题上经历了无产阶级民主和社会主义民主两个阶段。在无产阶级民主阶段中,无产阶级应该以实现人民当家做主,全面取得政治、经济等方面的统治权为目标,亦就是应以实现社会主义民主的内容为目标,尽管内容和形式本身不可分离,在实现内容的时候也完成了形式。只是在这个时候应该以发展内容为主。然而一旦社会主义民主的内容确定下来以后,虽然会随着各种客观情势的发展而发展,但其质的规定性不会有什么大的变化。在民主内容的发展上只能是围绕质的规定性加以补充、丰富和完善。而且社会主义社会的过渡性质,决定了社会主义民主内容的发展只能是从国家形态的民主向非国家形态的民主扩展。因此,社会主义民主内容的发展就显得比较明确、稳定。而社会主义民主形式的多样性和不完善性,则决定了认识、探索最适合于社会主义民主内容的形式的复杂性和紧迫性。

---

① 许崇德、何华辉:《宪法与民主制度》,湖北人民出版社1982年版,第45—46页。

二、间接民主形式与代议制

民主形式可分为两种:即直接民主形式和间接民主形式。直接民主形式是指人们亲自参与决定国家重大事务的方式、方法。一般说来,实行直接民主形式必须具备以下条件:第一,小国寡民。由于直接民主强调人民直接管理国家事务,因而必须召开公民大会,由全体公民参加,共同处理国家事务。倘若幅员广阔,人口众多,那么实行起来必然困难重重。第二,交通发达。交通发达是保障公民能够迅速集合,出席公民大会,参与决定国家事务的基本条件。第三,国家事务简单。国家事务繁杂必然超出公民大会的承担能力。因此,实行直接民主,除了前述地理因素的条件限制外,还有政治因素的条件限制。第四,公民知识程度较高。直接民主中最主要的事项是公民直接立法,但如果公民的知识程度太低,那么公民大会也无法胜任。正因为如此,所以虽然在原始民主阶段,主要实行直接民主形式,但历史发展的力量①,决定了直接民主形式的局限性,于是产生了间接民主形式。间接民主形式是指人们通过代表参与、决定和管理国家重大事务的方式、方法。虽然间接民主形式是为弥补直接民主形式的缺陷而产生,但在后来的民主历史发展过程中,无论是资本主义社会,还是社会主义社会,间接民主形式均居于主导地位。而且,尽管在民主形式的发展趋势上,直接民主形式将会扩大,但在较长一段时间内二者肯定只会并存。更何况由于直接民主掌握了理想层面忽视了实际层面,间接民主掌握了实际层面忽视了理想层面②,因而二者的有机结合恰恰能够扬长避短。因此不可能扩大了直接民主,就消弭了间接民主,而只会在侧重点上,随着政治、经

---

① 参见本书第二章。

② 顾不先:《民权主义民主政治论》,台湾三民书局1988年印行,第393—396页。

济、文化条件的不同而有所变换。

此外，有一种认识必须明确。在理论界以及在一般人的心目中，都以为直接民主制是公民亲自行使国家权力，间接民主制则是公民选举代表，由代表行使国家权力。实际上这种观点不完全正确。例如古代雅典，一般都认为实行的是直接民主制。尽管它有一个民众大会，在行政、立法、司法方面握有最高权力，但其性质只限于审议，如议决宣战案等。而行政权则委托给执政官，司法权委托给法院。又如今天的瑞士，一般亦认为实行的是直接民主制，但其行政权属于行政委员会，司法权则属于各级法院，只有立法权公民才能直接行使。由此可见，不论古今，行政权和司法权都不是由公民直接行使的。因此，直接民主制与间接民主制的区别，只以立法权的行使形式为标准。

尽管间接民主形式与间接民主制有诸多联系，如两者都属间接民主，都是与直接民主相对而言的，等等，但二者并非同一物。这主要是指两者的涵义以及两者在产生过程中存在的差异。笔者认为，间接民主形式先于间接民主制而产生，换句话说，间接民主制是间接民主形式发展到一定历史阶段的产物。在内涵上，间接民主形式主要侧重于间接的方式、方法，其外延则可能是一种方式、方法，也可能是两种方式、方法，也就是说其外延较宽；间接民主制则是一系列间接民主形式统一而成的体系、体制，因而其外延较窄。本书所要研究的代议制度，尽管称之为间接民主形式并不为错，但欠准确。实际上，代议制度属于间接民主制的范畴，是间接民主制的主要内容和表现形式。近、现代民主实践表明，在一定意义上，代议制度成了间接民主制的代名词。

三、代议制度几种概念的比较

（一）资产阶级学者关于代议制度的概念

资产阶级学者关于代议制度的概念很多，就笔者目前所见约有以下几种：

一是认为设置代议机关即代议制度。日本著名宪法学家美浓部达吉在其所著《宪法学原理》中认为：代议制“即以那从国民中选出来而定期改选的议会，为国民的代表，使它为发表民意的机关”。①还有人认为，代议制度即设置议会，以作代表民意的机关，议会的地位站在政府之上，国家一切重要问题均由议会详细审议，而后才交给政府执行。

二是认为代议制是人民控制政府的根本方法。19 世纪英国政治思想家约翰·密尔在《代议制政府》一书中认为：“代议制政体就是全体人民或一大部分人民通过由他们定期选出的代表行使最后的控制权，这种权力在每一种政体都必定存在于某个地方。他们必须完全握有这个最后的权力。无论什么时候，只要他们高兴，他们就是支配政府一切行动的主人。”②

三是认为代议制即间接代表制。英国宪法学家布勒德认为：“所谓代议制者，即系一人可以代表他人或代表多数人也。”③还有人认为，代议制可以界说为全体或一部分公民，经由其明显的同意，而让若干代表行使影响政府行动或立法等权力，而其效果归属于被代表人的一种制度或一种历程。

四是认为代议制是一种政体。《不列颠百科全书》认为，所谓代议制民主，就是政治决策权力“并非由公民亲自行使，而是通过他们所挑选并对他们负责的代表来行使的一种政体”④。《美国百科全书》认

---

① 〔日〕美浓部达吉：《宪法学原理》，欧宗佑、何作霖译，商务印书馆 1927 年版，第 227 页。

② 〔英〕约翰·密尔：《代议制政府》，汪瑄译，商务印书馆 1982 年版，第 68 页。

③ 〔英〕布勒德：《英国宪政史谭》，陈世第译，台湾商务印书馆 1936 年印行，第 81 页。

④ 《不列颠百科全书》（第 14 版），第 7 卷，第 215 页。

为:“代议制政体是一种政治统治形式。在这种统治形式中,国家或社会的主要立法和行政决策是由少数代表来制定的;这些受到信任的代表在某种程度上代表了全体居民或其中的重要组成部分。”①

尽管上述关于代议制度的概念,都强调了间接性这一代议制度的基本特点,但显而易见的共同缺陷在于:一是没能揭示代议制度的本质,都只是对政治实践中有关代议制度的现象、活动进行了描述;二是没有全面、完整地概括代议制度的内容,都只是从某一方面、某一角度给代议制度以定义。

此外还须明确以下几点:第一,代议制度与代议机关有联系、有区别,不能等同。事实上,代议制度是对以代议机关为核心的代议机关体系的抽象和概括;代议机关则是代议制度原则、内容的具体化、结构化。第二,代议制度只是统治阶级实现本阶级及其联盟阶级利益、愿望的途径,一般说来不可能成为人民控制政府②的根本方法,因为政府本身就是代议制度的主要表现。第三,代议制有其特定涵义,既“代”又“议”,因而不可能是所谓“一人可以代表他人或代表多数人”之一般“代表”涵义。第四,政体和政治制度有区别。代议制度只是国家政治制度的重要内容,而不是国家的政体。第五,虽然从纯理论上分析,作为概念,代议制度的重心在于“间接形式”,即一部分人代表另一部分人,少数人代表大多数人,议决重大事项,至于其阶级属性则是人们附加上去的,或者说是由运用代议制度的阶级、阶层的目的及其政治、经济地位决定的,但任何政治理论研究,如果脱离了现实政治生活,那么不仅不能得出科学的结论,而且也无助于政治实践的发展。因此,揭示代议制

---

① 《美国百科全书》第 2 卷,第 387 页。

② 这里的“政府”不是我们通常说的“行政机关”,而是包括立法、司法、行政的统一体。

度的本质应该成为代议制度概念的核心。

(二) 我国学者关于代议制度的概念

我国学者关于代议制度的概念,就笔者目前所见主要有四种:

一是认为代议制亦称"议会制"或"国会制",是资本主义国家所实行的以议会为国家政治活动中心,政府对议会负责的一种政治制度①。

二是认为代议制即广义上的议会制,是指由选举产生议员组成议会,按照三权分立的原则,由议会执行立法职能,并在不同程度上对政府实行监督的制度②。

三是认为代议制是指资本主义国家在全国划分选区,选出议员,组成议会,代替选民行使立法权、监督权的制度③。

四是认为"代议制是一种实现间接民主制的形式。它具有两个特征:第一是代议机关的议员、代表由普选产生,有一定任期;第二是代议机关拥有立法权,在国家机关体系中居重要地位"④。

应该说上述概念基本避免了资产阶级学者的有关缺陷。但笔者认为,以下几点尚须引起我们的注意:第一,与代议制民主相对应的只能是直接民主制,而不是社会主义人民代表制,因此认为"代议制实际上就是资产阶级的议会制度"⑤未免失之偏颇;第二,尽管民主的内容和实质存在一定的间断性,但民主形式却存在一定的继承性;第三,概念

---

① 参见吉林人民出版社1985年版《简明政治学词典》;河南人民出版社1986年版《简明政治学辞典》;人民出版社1984年版《政治学常见名词浅释》;中国广播电视出版社1987年版《世界议会词典》;王振海:《民主与中国人》,中国广播电视出版社1989年版,第52页等。

② 《中国大百科全书·法学》,中国大百科全书出版社1984年版,"议会制"词条。

③ 赵邨方等:《政治学新论》,东北师范大学出版社1986年版,第154页。

④ 何华辉:《人民代表大会制度的理论与实践》,武汉大学出版社1992年版,第1页。

⑤ 张光博:《宪法论》,吉林人民出版社1984年版,第95页。

的外延取决于概念的内涵,不能先限定概念的外延,再来谈概念的内涵,否则主观上的先入之见必然会影响概念的科学性。

四、代议制度的概念

列宁指出:“所有定义都只有有条件的、相对的意义,永远也不能包括充分发展的现象一切方面的联系。”①尽管前述有关代议制度的概念都存在一定的不足,但也应该肯定,这都是由于学者们研究问题的立场、方法和角度不同所致。因此,综合我们前面的分析,笔者认为,代议制度是指一国统治阶级从各阶级、阶层、集团中,选举一定数量能够反映其利益、意志的成员,组成代议机关,并根据少数服从多数的原则,决定、管理国家政治、经济、文化和社会生活等各方面重大事务的制度。应该说,这一定义,既避免了在代议制度问题上形式主义的东西,也避免了在此问题上的狭隘性和主观性。它不仅鲜明地揭示了代议制度的本质和目的,而且全面、系统地概括了代议制度的内容。从这个概念可知,资本主义议会制和社会主义人民代表制都是代议制度的表现形式。

如果我们对代议制度的内部构成进行分解,那么根据代议制度的概念,可以认为,代议制度主要由代表制度、代议机关组织制度和代议机关议决制度三大部分组成,是由这三部分综合而成的有机整体。在此,笔者对这三部分简单地予以阐述。

第一,代表制度。代表制度是代议制度的核心,离开了代表制度也就无所谓代议制度。由于社会政治生活中,“代表”概念可运用于不同场合②,因此明确本书中的“代表”涵义极为重要。为此,笔者将本

---

① 《列宁选集》第2卷,人民出版社1995年版,第651页。

② 伯奇教授认为,“代表”这一术语主要有三种运用方法。参见 A. H. Birch, *Representation*, London, Pall Mall Press Ltd, 1971, p. 19。

书所谓的“代表”局限于经依法选举产生的代议机关组成人员，即议员或人民代表。代表制度即指有关代表（即议员或人民代表）的产生、身份、地位、职责、监督、罢免、职权保障、活动方式及作用等方面的制度。

第二，代议机关组织制度。代议机关是代议制度的物化构架，是代议制度实际运行的组织者和指挥者。因此，代议机关内部的构成情况、机构设置状况、各机构的职责权限及其相互关系，等等，直接关系到代议制度的运行状况。

第三，代议机关议决制度。代议制度不仅需要代表、代议机关等构成要素，而且还要代议机关依法行使职权，开展各项工作。这就要求代议机关通过制定“议事规则”等途径，建立全面有效的议决制度，从而保障代议机关充分行使各项职权。

第二节　代议制度的基本特征

代议制度的基本特征是指代议制度作为一种治理国家的基本制度，在其组织构成和在整个国家制度中的地位、作用等方面所表现出来的最重要的特征。总的说来，代议制度的特征就是“代议”，也就是既“代”又“议”。具体说来主要有：

一、代表性

代议制度的核心特征，即在于现代的“代表”概念上，它与中世纪认为国王是国民的代表或者受委托者的虚拟概念不同，而是一个现实的概念。也就是说，要使国民的代表成为国家权力的担当者，必须有一个能具体体现其代表性质的保证制度。近、现代资产阶级议会，至少有一个院的议员是通过选举产生的，就是对“代表”在具体制度上的保证。虽然也可以说国王具有代表的性质，但下院具有更为强烈意义上的代表性质。社会主义各国代议机关的代表则是全部通过选举产生的。因此，以通过选举而产生的代表作为不可缺少的构成要素，乃是代议制度的首要特征。

二、间接性

这是相对于人民直接管理国家大事而言的，也与上面的代表性紧密相联。正因为代议制度的核心特征是代表性，必须具备“代表”这一中间环节，并通过这一环节活跃代议机关，才能发挥代议制度的功能，所以在代议制度下，人民不是亲自而只能间接参与管理国事。因此，间接性也是代议制度的基本特征，而且是代表性的延伸。

三、组织性

代议制度是对以代议机关为核心的一系列组织、机构的概括和抽象。换句话说，代议制度只有物化为各种机关、组织才具有意义。正如前面谈到的，代议制度与代议机关有区别，但没有代议机关，代议制度也就失去了其内在价值。正因为代议制度具有组织性的特征，所以要发挥代议制度的作用，科学、有效地运用代议制度，关键还在于抓住代议制度的实体，即各种机关、组织。只有各种代议机关、组织健全和运转正常，代议制度才能产生功能效应。

四、多级性

代议制度从一定意义上是指有关中央和地方各级代议机关体系的制度，也就是说，代议制度不仅仅是对中央代议机关体系的抽象，而且还包括对地方各级代议机关体系的抽象。因此，代议机关体系的多层次性，决定了代议制度内部组成的多级性。

五、责任性

尽管代表理论始终没有解决好"委托论"与"独立论"之争①,但不论是"委托论"还是"独立论",都不否认代表和代议机关都必须对自己的行为负责,只不过是在负责的对象上存在区别而已。"独立论"强调代表必须就自己的行为向国家的整体利益负责;"委托论"则强调代表必须就自己的行为向本选区的选民负责。因此,代议制政治在一定意义上也就是责任政治,代议制度也具有责任性的特征。

第三节 代议制度的基本功能

代议制度的基本功能亦即代议制度在社会政治生活中的基本作用,是人们建立、健全并且实际运用代议制度的结果。尽管传统的古典理论认为,议会"除了不能使男人变成女人,女人变成男人外,其他无所不能",并将代议制度的功能概之为代表功能、统一功能与监督政府的功能,但从理论上说,代议制度是随着社会历史条件的变化,为了给抽象的权力拥有者找到具体实现其权力的方式而产生的。因此,代议制度最基本、最核心的功能即以代议制形式参与对国家权力的分配。具体说来,主要有以下几方面。

一、议决功能

从目的上说,组织代议机关、建立代议制度是为了通过它们的有效运行,使其他各种机关组织的地位和权限合法化,并妥善解决国家和社

---

① 参见〔英〕戴维·米勒、韦农·波格丹诺编:《布莱克维尔政治学百科全书》,中国问题研究所、南亚发展研究中心、中国农村发展信托投资公司组织翻译,中国政法大学出版社1992年版,第647页。

会生活中的各种问题。正如岩井奉信指出:"'授予合法地位和正统资格'正是今天法制民主主义国家中议会所具有的最大机能。"①因此,"议决"是代议制度运行过程中最基本的功能之一。伯奇将此概之为赋予政府以特殊合法形式的正统化和合法化功能②。而且无论从字面上还是从政治实践看,"决议"都包括"议"和"决"两个既紧密联系又相互区别的部分。所谓"议"亦即讨论、商议,是集思广益的过程,也是"决"的基础和前提。"决"而不"议"将失之民主而易形成专断。不仅如此,约翰·密尔还将这种充分反映国民各种意见的"议"作为议会的一项基本职能,认为政治家可以在议会中通过观察各种意见所反映的力量对比关系来找到制定政策的正确依据。因此当有人指责议会是"纯粹清谈和空谈的场所"时,约翰·密尔认为:"很少有比这更大的误会。当谈论的问题关系到国家巨大公共利益的时候,我不知道代议制议会怎样能比在谈论中工作得更好,而谈论中的每一句话,不是代表着某个重要团体的意见,就是代表着某个重要团体所信赖的个人的意见。在这个场所,这个国家的每一种利益和每一种意见都能在政府面前以及其他一切利益和意见面前对自身的理由进行甚至热烈的辩护,能强迫它们听取,或者同意,或者明白说明不同意的理由,这样一个场所本质上就是——如果它不符合其他目的的话——任何地方所能有的最重要的一种政治制度和自由政府的头等好处之一。这种'谈论',如不致妨碍行动,就决不应该予以轻视。"③而且这种广泛的商议,将为正确决断的形成提供条件。对此,亚里士多德曾经指出:"议院的任一成员,就个人而言,肯定不如一位贤人。但议院是由许多个人组成的,正如筹

---

① 〔日〕岩井奉信:《立法过程》,李薇译,经济日报出版社 1990 年版,第 3 页。
② A. H. Birch, *Representation*, London, Pall Mall Press Ltd, 1971, pp. 122—123.
③ 〔英〕约翰·密尔:《代议制政府》,汪瑄译,商务印书馆 1982 年版,第 81 页。

备一复杂筵席一样，所有来宾都出力的，会胜过独自一人筹备的，要对许多事作出裁决的，一群人也会胜过任何个人。”①

所谓“决”就是决断、决策，是“议”的逻辑结果。倘“议”而不“决”就是真正的“清谈”，是毫无意义的空气震动。因此罗尔斯指出：“决定基本社会政策的权力存在于一个代表机构中，这个代表机构是由选民定期选举，并绝对向选民负责的。这个代表机构远远不是一个纯粹的咨询机构。它是一个有权制定法律的立法机关，而不简单地是一个社会各阶层代表组成的，由行政部门来向其解释自己的行动并探察公共意向的论坛。”②

二、调和功能

我们在一开始就论证过，经济地位和权力分配不平等必然导致权力与权利的矛盾运动。在利益差别异常普遍因而利益矛盾非常复杂的情况下，这种权力与权利的矛盾可表现为三种：一是统治阶级内部不同集团间权力与权力的矛盾；二是统治阶级的权力与被统治阶级的权利的矛盾；三是被统治阶级内部不同阶层、集团的权利与权利的矛盾。尽管从哲学的观点来说，解决矛盾的方式多种多样，但如果在维持一定社会秩序的前提下妥善解决矛盾，调和则不失为一种最佳方式。因为第一，解决矛盾有一个从基本解决到彻底解决的过程，调和就是矛盾的基本解决。第二，既然矛盾因素在一定条件下能够处于一个统一体中，那么就应找出相互制约的共同点，创造条件，通过协商，使矛盾诸因素处于和谐状态。第三，矛盾诸方面在一定条件下可以相互转化，因而必然

---

① 转引自〔美〕利普塞特：《政治人》，刘钢敏、聂蓉译，商务印书馆1993年版，第1页。

② 〔美〕约翰·罗尔斯：《正义论》，何怀宏、何包钢、廖申白译，中国社会科学出版社1988年版，第212页。

存在促使相互转化的交叉点。调和就是在一定条件下，移动这一“交叉点”，使矛盾的性质在不突破原有矛盾统一体的情况下发生转化。因此，笔者认为，调和是近现代国家在保持政治法律秩序基本稳定的前提下，处理权力与权利矛盾运动的重要方式。从代议制度的组织结构及其实际运行看，代议制度对于各种社会矛盾也具有重要的调和功能。

首先，从代议机关的代表构成看。人们一般都会认为，利益差别和利益矛盾的存在，会促使不同的阶级、阶层和集团努力影响或参与国家的政治生活，以满足其愿望，实现其利益。由于代议机关在国家政治生活中举足轻重，因此当选“议员”或“代表”，就是达到这一目的的最好途径。尽管不同性质的国家在代表国家和社会不同利益的过程中存在区别：资本主义国家代议机关议员主要来自占人口少数的有产阶级中的不同利益集团、利益阶层；社会主义国家代议机关代表则来自占人口总数98%以上的社会各阶级、各阶层，但在反映利益差别、调和与解决利益矛盾这一点上则是共通的。只不过资本主义国家在此问题上表现为局部性，而社会主义国家则具有整体性而已。利普塞特曾经认为，民主制度理论要回答的主要问题是：“一个社会在什么条件下即能足够的参与以保持民主制度而不致形成削弱内聚力的冲突的根源。”①从代议机关代表构成看，代议制度就是解决这一问题的基本形式。正如伊斯顿指出：“按照公认的基本规则在系统中建立额外的表达机构设施，并由此而使团体有机会努力解决它们之间的分歧，这样或许可以防止各种团体中的分歧扩大。为此而设计的一个主要机构就是各种各样的代议制机构。”②

① 〔美〕利普塞特：《政治人》，刘钢敏、聂蓉译，商务印书馆1993年版，第18页。

② 〔美〕戴维·伊斯顿：《政治生活的系统分析》，王浦劬译，华夏出版社1989年版，第280页。

其次,从代议制度的实际运行看。既然代议机关由不同阶级、阶层和集团的利益代表所组成,那么调和利益冲突,解决各种矛盾,正确处理好国家整体利益和议员或代表的局部利益间的关系,就是代议机关活动过程的主线。无论是几个阶级组成的联合政权,如英国,还是几个党派组成的联合政权,如法国,还是单独一个阶级居于统治阶级地位的国家,调和利益矛盾都是其代议制度的基本功能之一。正如伊斯顿指出,"法国代议制民主在捍卫自身存在时的不断胜利证明,如若没有代议机关的整合特性,法国的分裂势力可能已经得势"①;"通过代议制程序对需求给予有效的政治表达,至少造成了一种满足:这种方式为努力弥补分歧提供了机会"②。从具体的政治实践看,代议制度的调和功能主要表现在两方面:第一,调和不同代表、不同国家机关之间的矛盾。一般而言,不同代表、不同国家机关之间的矛盾都是统治阶级内部的矛盾,亦即权力与权力之间的矛盾。尽管统治阶级内部不存在根本性的分歧,但不同阶层、集团间的利益差别,以及权力分配的不平衡,必然引起内部的矛盾、冲突。为了维持稳定的政治法律秩序,代议制度必须发挥其调和功能。第二,调和政府与人民之间的矛盾。这种矛盾亦即权力与权利的矛盾,或者说是少数人执政与多数人利益间的矛盾,这种矛盾在资本主义国家具有对抗性,而在社会主义国家则具有非对抗性。但不论矛盾的性质如何,代议制度在此过程中都具有调和功能。一方面通过代议制度提供的各种沟通渠道,政府能够充分了解公民的意愿和利益并形成相应的政策,从而调动公民对特定政策的支持和赞同。另一方面这些沟通渠道犹如安全阀门,受委托的公民通过它能发泄自

---

① 〔美〕戴维·伊斯顿:《政治生活的系统分析》,王浦劬译,华夏出版社1989年版,第280页。

② A. H. Birch, *Representation*, London, Pall Mall Press Ltd, 1971, p. 123.

己的怨气①。因此,英国学者拉尔夫·密利本德指出:“议会制度的实质是它在政府和人民之间起着缓冲作用。它赋予人民以选举他们的代表和从事多种形式政治活动的权利;但它又叮嘱人们让他们的代表承担起支持或反对当时的政府这一重任。”②但是在资本主义国家的政治实践中,代议制度的这种调和功能包含着深刻的阶级动机。资产阶级清楚地意识到,通过代议制度的调和功能既能有效地限制公民参与国家的政治生活,又能通过操纵代表来操纵国家权力。孟德斯鸠就说过:“代表的最大好处,在于他们有能力讨论事情。人民是完全不适于讨论事情的。这是民主政治的重大困难之一。”他还批评了古希腊的直接民主制。“古代的大多数共和国有一个重大的弊病,就是人民有权利通过积极性的、在某种程度上需要予以执行的决议。这是人民完全不能胜任的事情。他们参与政府应当只是选举代表而已,这是十分适合他们的能力的。”③斯坦·罗卡恩在论述瑞典的代议制传统时指出,“农民有了自己的代表机构,这显然减少了要求进一步扩大权力的压力”。④ 因此,从根本上说,资产阶级代议制度运行的目的在于巩固其统治地位。社会主义国家的代议制度则是通过正确处理政府与人民的关系,从而真正保障人民当家做主的地位。

三、监督功能

代议制理论的集大成者约翰·密尔认为,议会不能直接干预立法、

---

① 〔美〕戴维·伊斯顿:《政治生活的系统分析》,王浦劬译,华夏出版社 1989 年版,第 280—281 页。

② 〔英〕拉尔夫·密利本德:《英国资本主义民主制》,博铨、向东译,商务印书馆 1988 年版,第 47 页。

③ 〔法〕孟德斯鸠:《论法的精神》(上),张雁深译,商务印书馆 1982 年版,第 158—159 页。

④ 〔丹麦〕福尔默·威斯蒂主编:《北欧式民主》,赵振强等译,中国社会科学出版社 1990 年版,第 51 页。

行政和司法活动，主张议会不应重管理而应重监督控制。他指出："代议制议会的适当职能不是管理——这是它完全不适合的——而是监督和控制政府：把政府的行为公开出来，迫使其对人们认为有问题的一切行为作出充分的说明和辩解；谴责那些该受责备的行为，并且，如果组成政府的人员滥用职权，或者履行责任的方式同国民的舆论明显相冲突，就将他们撤职，并明白地或事实上任命其后继人。"①老密尔（詹姆斯·密尔）也曾指出，代议制民主是防止压迫的唯一保障，是监督统治者的唯一手段②。从理论上说，以代议机关为核心的代议制度是表达民意并从而敦促民意实现的基本制度。而在近现代国家政治生活中，"人民主权"观念已经深入人心，因此人民的意志和利益应该成为国家政治生活的中心。既然代议机关也即民意机关，那么它就有权力也有责任敦促其他国家机关保障民意的实现。这在以英国为典型的"议会至上"的国家和以代议机关作为最高国家权力机关的社会主义国家中，可以说毋庸置疑。即使在典型的"三权分立"国家中，由于代议机关的主要活动是立法，而法律是一切机关、组织和个人的根本行为准则，因此其反映和保障民意的工作，主要是以立法和执法监督来实现。对此，美国前总统威尔逊指出："严密监督政府的每项工作，并对所见到的一切进行议论，乃是代议机构的天职。它应该是选民的耳目和代言人，应能体现选民的智慧和意志。如果不是国会拥有并运用能对政府行政官员的行为和气质进行了解的一切手段，全国民众是无法知道这些官员们是怎样为他们工作的。如果不是国会对这些情况进行检

① 〔英〕约翰·密尔：《代议制政府》，汪瑄译，商务印书馆 1982 年版，第 80 页。

② 〔英〕戴维·米勒、韦农·波格丹诺编：《布莱克维尔政治学百科全书》，中国问题研究所、南亚发展研究中心、中国农村发展信托投资公司组织翻译，中国政法大学出版社 1992 年版，第 474 页。

查,并通过各种形式的议论进行细微的审查,全国民众对他们应该了解和给予指导的、最重要的大事,仍是一无所知。”①因此,代议机关对政府的监督控制,实质上也是为了保障人民对政府进行监督控制,从而一方面提供保持政治领导人公开地对他们的行为负责的途径,另一方面提供非暴力替换领导人的机制②。

代议制度的监督功能除了上述所谓监督政府的功能,实际上它还暗含着人民对代议机关的监督。如前所述,代议机关是民意机关。那么民意是否在代议机关中真正得到反映?代议机关实现民意的具体状况如何?这些问题,只有通过广大人民大众的监督、检查,才能得到正确的回答。更何况“议员”或“人民代表”系由选民选举产生呢!这样,人民通过对代议机关的直接监督,再通过代议机关对政府的间接监督,就构成了代议制度的监督体系,而且从理论上来说,通过监督体系的有效运行,就能保障人民当家做主的地位和作用。对此,亨利·B. 梅奥认为,代议制度作为一项政治制度,其作用是在民主政治的范围内保证决策者处于大众有效的控制之下③。当然,在资本主义国家的政治实践中,这种监督功能往往与理论上的阐述相脱节。

四、教育功能

如果仅仅只是从一般的意义上谈教育功能,那么在代议制度研究中,就根本没有必要专门予以阐述。但由于代议制度是现代民主政治中的核心环节,而民主政治的有效运行,的确要求参与者具备一定的素质条件。因此对教育问题也就不能不谈。孟德斯鸠在指责古希腊直接

① 〔美〕威尔逊:《国会政体》,熊希龄、吕德本译,商务印书馆 1990 年版,第 167 页。

② A. H. Birch, *Representation*, London, Pall Mall Press Ltd, 1971, pp. 107—108.

③ 参见 Henry B. Mayo, *An Introduction to Democratic Theory*, p. 60。

民主制、推崇代议制度过程中提出的基本依据,就是人民缺乏训练,不具备管理国事的条件。现代资本主义国家中一些政治家、理论家,也曾以此为由阻挠人民参与国家政治生活。但无论是孟德斯鸠,还是后来的一些资产阶级代言人,仅仅只是看到了民主政治对公民素质的要求,却无视民主政治本身实际上正是训练公民政治素质、培养公民政治品格的理想场所。对此,一些明智的思想家无不予以肯定。约翰·密尔就曾指出,应该使代议制政府具备一种有教育意义的,同时也是功利主义的作用①。他认为,之所以将代议制政府称之为合乎理想的政制,重要原因之一就在于通过它的活动能够教育人民,协助他们发展自己的潜能,提高他们的知识和道德水平,培养良好的品格,促使其人格价值的发扬,从而增强人民对国家的责任感。因为人民对公共事务的关心和参与,不仅会培养积极向上的态度,使他们勇于掌握自己的命运,创造更加美好的明天,而且通过代议制度实现政治参与,既可促使公民超越个人生活的小圈子,成为群体中的成员,又可超越自私自利的心态,变得关心大众利益。与只要求人民服从的专制独裁政治制度相比,容许人民参与政治的代议制度更能促进社会的进步和人民品格的提高。尽管从理想的角度来说,最好的方式是每个人都亲自参与政府事务,但各种社会历史条件的限制,使之在现实生活中极难实现。因此,代议制度是最佳的政制②。

与此同时,马克斯·韦伯则将议会看做政治领袖的训练基地。他在对议会进行分类的时候,提出可将议会分为两种基本类型:一种是所

---

① 〔英〕戴维·米勒、韦农·波格丹诺编:《布莱克维尔政治学百科全书》,中国问题研究所、南亚发展研究中心、中国农村发展信托投资公司组织翻译,中国政法大学出版社1992年版,第475页。

② 参见J. S. Mill, *Considerations on Representative Government*, South Bend, Indiane, Gatentay, Editions, 1962, p. 92。

谓“象征”性议会制，这种议会力量虚弱，既不能产生人才，也不能训练政治领袖；另一种是强议会制，在强议会制条件下，政府由议会产生，直接对议会负责，议会的主要功能是用做吸引和训练未来政治领袖的基地①。毫无疑问，韦伯论及的也是代议制度教育功能的重要内容。

除了上述四大功能外，代议制度还具有派生功能。当然，这种派生功能实际上是议决功能的延伸。根据代议制度的概念我们可以看出，由选举产生的议员或代表组成的代议机关，不仅有权议决国家政治生活方面的重大事务，而且有议决经济、文化、社会生活等诸方面重大事务的权力。也就是说，代议机关通过立法活动，将统治阶级有关政治、经济、文化、社会生活等诸方面的意志和利益，以法律的形式表现出来。因此，代议制度作为管理国家的基本制度，通过代议机关的立法活动，可以全面组织、建立一系列管理国家各方面事务的其他制度。正是在这一意义上，我们说由代议制度可以派生出一系列的其他制度，代议制度具有派生功能。

第四节　代议制度的基本原则

一、代议制度的一般原则

代议制度的一般原则，是指在建立、健全和运行代议制度过程中必须遵循的原则，是通用于资本主义议会制和社会主义人民代表制的原则。尽管不同国家的不同阶级对这些原则的不同运用，所反映的本质也会不同，但在政治理论和法律规定上，所有实行代议制度的国家都无

① 〔英〕戴维·比瑟姆：《马克斯·韦伯与现代政治理论》，徐鸿宾、徐京辉、康立伟译，浙江人民出版社 1989 年版，第 99、101 页。

不肯定这些原则。具体说来,代议制度的一般原则主要有人民主权原则、普选原则、法治原则、多数议决原则、程序原则和公开原则。

(一)人民主权原则①

人民主权原则是指国家中的绝大多数人拥有国家最高统治权,即主权的原则。它是资产阶级在反抗封建专制压迫、进行资产阶级革命过程中提出并予以确认的民主原则。从历史发展的角度看,人民主权原则是代议制度的根本指导思想。尽管代议制度在英国产生过程中,并没有提出人民主权原则,但指导英国议会制度建立和运转的"议会主权"原则,归根结底是为了保障新兴资产阶级,亦即所谓"人民"的权益,因此所体现出来的精神与人民主权原则并无二致。随着资本主义生产关系的确立和资产阶级政权的巩固,人民主权原则、代议制度都竞相成为资产阶级民主制度的重要内容,而且在形式上二者也结合得愈加完美而巧妙。但资本的特权,决定了这种结合主要服务于有产者的本质。

(二)普选原则

如前所述,代议制度的基本特征即必须通过选举产生代表。因此,没有选举,就无所谓代议制度。从这个意义上我们可以说,选举是代议制度的基础。这里所谓的普选原则是指普及选举权的原则。一般说来,凡是除年龄、国籍、无精神病以及没有被依法剥夺政治权利等条件外,不再另设立其他资格作为取得选举权的条件的,就是普及选举权利,推行的即是普选原则。

普选权在历史上曾经是人权的一项内容,是资产阶级反对封建特权的口号。在封建专制制度下,官吏是封建主指派的。马克思在《"法兰西内战"初稿》中,曾用"等级授职制"一词来概括中世纪的封建主给

---

① "人民主权原则"将在第三章详论。

藩属授予封地，或者授予神职、官职的制度。这种制度的特点是，等级低下的人完全听任等级高的教会封建主与世袭封建主的摆布。中世纪有些西欧国家虽也存在过君主政体下的封建等级代表制，但在那种“三级会议”里，贵族、僧侣享有特权，对“第三等级”（农民、手工业者、资产者）的权利则严格限制，甚至完全剥夺。所以，封建的代表会议和后来基于普选的资产阶级议会制是根本不同的。中国封建社会也曾有过所谓“选贤”、“举士”，用来发现人才，为封建主服务。但它与民主政治下的普选制没有丝毫共同之处。封建社会末期，随着资本主义商品经济的发展，爆发了资产阶级革命。资产阶级在革命中提出的权利平等口号，完全反映了资本主义商品经济的要求。

英国资产阶级曾经在17世纪40年代提出普遍选举权问题，但当时并没有实现。到1832年，英国改革选举制度，降低了高额财产资格的限制。1837年7月，伦敦工人协会掀起了争取普选权的大宪章运动。列宁曾称英国的这个宪章运动为“世界上第一次广泛的、真正群众性的、政治性的无产阶级革命运动”①。后来英国根据1918年、1928年的《人民代表选举法》，男女平等地享有选举权，到1948年实行一人一票的平等投票权。1969年又对《人民代表选举法》作了一些修改，规定年满18岁的英国公民，依法都有选举权。

从资本主义各国政治实践看，不论其资产阶级革命的特点如何，其普选权的确立和普选原则的推行，都经历了一个较长的甚至曲折的发展过程。而且当资产阶级初步掌握国家政权后，便把矛头转向普选权原则，开始不承认广大劳动人民的选举权利了。其后，由于广大劳动人民的反复斗争，资产阶级不得不废除一些过于露骨的限制，使公民在形式上享有普选权。但另一方面又通过资格的限制、选区的划分、选票的

① 《列宁全集》第29卷，人民出版社1956年版，第276页。

计算等比较隐蔽和迂回的手段，实际上破坏了这种普选原则。因此，普选原则尽管由资产阶级创立，但在资产阶级议会制度下，实际上是有钱人的普选。正如恩格斯所说的，“有产阶级是直接通过用普选制来统治的”。① 只有在社会主义国家人民真正当家做主，并切实消除了特权之后，才可能有真正的民主普选。

（三）法治原则

法治，是相对于人治而言的。它是指统治阶级按照民主原则把国家事务制度化、法律化，并严格依法进行管理的一种方式，是17、18世纪资产阶级启蒙思想家所倡导的重要的民主原则。如英国政治学家J. 洛克认为，政府“应该以正式公布的既定的法律来进行统治，这些法律不论贫富、不论权贵和庄稼人都一视同仁，并不因特殊情况而有出入”。美国政治学家T. 潘恩也说，在专制政府中国王便是法律，同样地，在自由国家中法律便应该成为国王。其核心思想是要依法治理国家，法律面前人人平等，反对任何组织和个人享有法律之外的特权。这种主张对于反对封建专制特权，确立和维护包括资产阶级普选制、代议制在内的资产阶级民主制，起了很大的作用。资产阶级革命胜利后，各资本主义国家一般都在其政治实践中贯彻了法治原则的精神。在他们看来，宪法本身就是实行法治的标志，并且一般都在宪法规范中宣布法律面前人人平等。

这里有两个问题需要明确：第一，法治原则是不是代议制度的基本原则？笔者的回答是肯定的。如果说普选原则是代议制度的基础，人民主权原则是代议制度的根本指导思想，那么法治原则则是代议制度的根本保障。只有以法律的形式将代议制度确认下来，并通过法律手段保障其不受任何组织、团体或个人的干涉和破坏，代议制度才能得到

① 《马克思恩格斯选集》第4卷，人民出版社1995年版，第173页。

正常运行。这一点对于资产阶级议会制来说是这样,对于社会主义的人民代表制来说也同样如此。有学者甚至认为,在英国,法治原则是法律上的"议会主权"和政治上的"人民主权"之间的桥梁,是统治者和被统治者之间的一道屏障①。第二,社会主义国家能否遵循和运用法治原则?笔者的回答同样也是肯定的。可以说社会主义革命和建设70余年来,一直未能真正搞好民主和法制建设,一个重要的原因,就是没有遵循和切实运用法治原则。但令人啼笑皆非的是,理论界至今还有人将法治原则当做资产阶级的东西,以为一强调法治原则,就会导致资产阶级的法律万能、法律至上,就会否定马克思列宁主义和党的路线、方针、政策的指导。为此,笔者认为必须明确以下几点:一是法治是人类迄今为止最好的治国理政方式,尽管对资产阶级法治原则主要服务于资本特权的本质我们必须否定、批判,但我们完全可以构建社会主义法治原则。二是对资产阶级所谓的"法律万能"我们必须抛弃,但我们完全可以坚持"法律至上"。因为"法律至上"实际上是法治原则的主要内核。而且,"法律至上"与"法律万能"有区别,后者是讲功能、作用,其本身是绝对的,因而排斥其他;前者是指地位,而并不否定其他。三是遵循法治原则,坚持法律至上,与坚持马克思列宁主义和党的领导并不矛盾。因为我们的宪法、法律就是在马克思列宁主义指导下,在党的领导下制定的,其内容即是党的路线、方针、政策的规范化。因此,遵循法治原则,坚持法律至上,实际上就是坚持了党的领导,坚持了马克思列宁主义。四是社会上的道德规范、习惯等也是人们的行为规范,但其地位在法律之下,只有法律才至高无上。

总之,法治原则是社会主义人民代表制的基本原则,也是社会主义

---

① 曹沛霖等:《比较政府体制》,复旦大学出版社1993年版,第137页。

民主法制建设的重要原则。而且,社会主义的法治应该比资本主义的法治更全面、更彻底。

（四）多数议决原则

民主制度的精义即在于集思广益,根据绝大多数人的意见决定一切。因此,代议机关在商议决定国家事务过程中,首先要经过代表的广泛讨论、协商,然后在进行表决时,根据多数人的意见作出决定。这就是代议制度的多数议决原则。

早在原始社会,人们并不知道多数议决原则,遇到事情如果经商议得不到一致意见,就诉诸武力,通过决斗来决定哪一方意见取胜。所以全体一致和武力决斗,乃是原始社会解决问题的方法。随着人类知识的增长,人们逐渐感到武力决斗对于胜负双方都很不利。于是发明代替决斗的方法:一是呐喊,即意见不一的双方发出喊声,哪一方的喊声压倒了对方,哪一方就算得到胜利;二是排队,即双方排队,以双方列队之长短决定胜负。这种以人数的多少代替决斗胜负的方法,即为多数议决原则的起源。实际上,古希腊时期,已经采行多数议决原则。例如斯巴达选举五位执政官,就是采用得票较多者为当选的办法。古罗马法也有谚语说,“多数所决定者,得适用于全体”。“民众大会多数所为者,视为全体所为。”因此,元老院表决议案,皆取决于多数人的意见。由此可见,多数议决已成为法律上的制度。

日耳曼民族采行这一原则,主要受罗马法的影响。最初意大利北部的村落,采用多数议决的方法选举村长,此后欧洲各国纷纷效仿。1215 年英王颁布的大宪章就规定,出席会议的 25 名男爵,无论在任何问题上发生争执,都以多数人的决定为准①。1356 年罗马皇帝卡尔第四发布敕令规定,选举(侯),选举皇帝时,以得票最多者为当选。从此,多数议决原则便广泛流行于世界各国,至今仍然是一项

① 英国《自由大宪章》,第 61 条。

重要的民主原则。

那么,为什么要采用多数议决原则呢?众所周知,由于人们各自立场、利害关系、知识水平、环境、品德等存在诸多差异,在处理问题时自然不会经常存在一致意见,大多数情况下是出现多数和少数两派意见。一般说来,人们在商讨、决定问题时,其解决方法不外两种:一种是根据多数人的意见作出决定;一种是全体一致作出决定。如果在议决问题时必须遵循全体一致原则,势必成为少数控制多数,因为只要有一个人表示反对意见,整个决议就会被推翻。这样,为了根据人们的意见决定国事,竟变成少数人的意见控制多数人,支配多数人。这种方法自然最不合理、最不公平。多数议决原则之所以能为人们所接受,并被近、现代各国奉为一项重要的民主原则,其原因恐怕在此。那么,何谓多数以及其标准怎样?通常以出席人数过半数为标准,或以出席人数 2/3 通过为标准不等。

但必须明确的是,实行多数议决原则,并不排除尊重少数人的意见。对此,英国著名学者约翰·密尔早有论述。他说:“就人对人来说,少数和多数一样将得到充分的代表权。要不是这样,就不是平等的政府,而是不平等和特权的政府,即人民的一部分统治其余部分,就会有一部分人被剥夺他们在代表制中公平而平等的一份影响。”①英国工党领袖阿特里也曾说:“民主政治不仅是多数统治,而且是多数统治加上对于少数人的权利应有的尊重。”②这同样也为无产阶级理论家和马克思主义经典作家所重视。罗莎·卢森堡曾经写道,只给政府的拥护者以自由,只给一个党的党员(哪怕党员的数目很多)以自由,这不是自由……政治自由的一切教育的、有益的、净化的作用都同这一本质相

---

① 〔英〕约翰·密尔:《代议制政府》,汪瑄译,商务印书馆 1982 年版,第 102 页。

② 参见第二次世界大战时,英国大选揭晓后,阿特里对商联会的演讲词。

联系,如果自由成了特权,它就不起作用了。列宁在谈到这个问题时说:“代表大会以后的全部斗争经验迫使我们考虑少数派(不管是什么样的少数派)在我们党内的法律地位。我们深深地感到,这个经验教导我们必须在党章中保证一切少数派的权利,以便把不满、愤怒和斗争的经常不断的和难以堵塞的源泉,从一般庸俗的争吵洪流中导向为自己的信念进行合乎规定的正当的斗争的还不习惯的河道。”①

(五)程序原则

程序原则是指代议制度的建立和运行都必须有法定的、可遵循的程序和规则。在代议制民主实践中,只有按照一定的程序开展活动,才能保障议员或代表的选举、代议机关职权的行使,正常有序地进行,也才能充分发挥代议制度的各项功能。如果离开稳定而完整的程序,那么不仅代议制度无法运转,甚至连代议机关的建立都有问题。从法律规定和政治实践看,代议制度的程序原则主要体现在两大方面:一是选举议员或代表的过程中;二是代议机关的议事活动过程中。前者通常由选举法予以规定,后者则由议事规则予以表现。

众所周知,议员或代表的选举是组织代议机关、建立代议制度最基础的一环。如果说在中世纪的等级代表制下,“代表”的产生完全由君主指定或者世袭,因而根本无所谓法定产生程序的话,那么近现代民主政治生活中议员或代表则务必经由固定的程序产生。而且之所以将代表称为民意代表,将代议机关称为民意机关,正是因为这些代表是由人民根据法定程序按照自己的意愿选举的,是人民的委托者。如果没有这方面的程序,或者说这方面的程序不健全,那么选举的民主程序,甚至代表的民主性质都会受到极大的影响。根据各国选举法以及选举实践,在选举议员或代表过程中,一般必须经过以下程序:设立选举机构、

① 《列宁全集》第7卷,人民出版社1959年版,第444—445页。

划分选区、选民登记、提出候选人、竞选或者介绍代表候选人、初选预选、正式投票与宣布选举结果等。

代议机关议事过程中的程序是对代议机关有效行使职权的形式保障和制度保障。尽管各国宪法、法律都把代议机关列为国家机关体系的中心,并赋予其立法、财政、监督等诸方面的大权,但如果没有相应的程序和制度,那么这些权力只能是法律条文中抽象的原则宣言。因此,为了使代议机关的职权能够充分行使,真正树立起代议机关的应有地位,世界各国在总结以往经验教训的基础上,建立、健全了一整套保障议事活动的制度和程序。在制度方面主要有集会制度、开会制度、会期制度、立法助理制度、听证制度、公开制度、表决制度和质询制度等。在工作过程中通常遵循四个步骤:一是提出议案;二是审议议案;三是表决通过议案;四是公布议案。虽然有学者认为辩论是议会的主要原则之一①,但笔者认为,辩论只是程序原则贯彻过程中的一个部分,是提案者与反对者进行思想交锋的一种方式。因此,与其将辩论单列出来作为议会的一项主要原则,不如强调程序原则,树立程序意识。

(六) 公开原则

近现代所谓民主政治亦即民意政治,是指国事决于民意,政策归本于民心。人民是国家和社会生活的主人,但各种主客观条件决定了人民还不可能全部亲自参与国家事务的管理,还只能通过代议制度的形式实现其当家做主。因此,要实现人民的意志和利益,就务必保障人民对代议制度的建立和运行进行有效的制约和监督。但监督和制约的前提是了解。只有人民充分掌握了代议制度建立、运行的各方面情况,才能对其是否符合民意进行正确的评价和判断。贯彻

① Carl Schmitt, *The Crisis of Parliamentary Democracy*, The MIT Press, Cambridge, Massachusetts, and London, England, 1985, p. 2.

公开原则则是达到这一目的的重要制度和有效手段。因此有学者将公开作为议会的主要原则①。对此,列宁也曾指出,"'广泛民主原则'要包含两个必要条件:第一,完全的公开性;第二,一切职务经过选举。没有公开性而来谈民主是很可笑的……既然整个政治舞台都公开摆在大家面前,就像戏台摆在观众面前一样",就可能对活动家"在政治舞台上的一举一动作普遍的(真正普遍的)监督"②。马克思指出:"代表制迈进了一大步,因为它是现代国家状况的公开的、真实的、彻底的表现。"③

从代议制度的理论与实践看,代议制度贯彻公开原则主要也是两点:第一,议员或代表的产生过程公开;第二,代议机关的议事活动公开。就选举过程而言,既然选举的是人民代表,如果人民对此一无所知,那么又何来"代表"之说呢?因此,只有在候选人的产生、选民的登记以及具体的选举结果等方面,人民都充分了解并积极参与,代议机关的产生才具有真正的民意基础,这样的代议机关也才具备代表人民商议国事的资格。就代议机关的议事活动来说,这是代议制度贯彻公开原则的重点。所谓代议机关议事公开在各国实践中的理解和解释颇存差异,如在法国议事公开意味着准许旁听并发表记录,以使人民了解其所选之议员是否履行义务,并通过议员的咨询与政府的答复来了解政府的政策;在德国议事公开意味着委员会会议对全院议员开放,不论是否所属委员均可列席会议,政府及参议院代表亦得列席,而一般民众及新闻记者不得参与,但参与者可以对外界人士甚至新闻媒介介绍会议

---

① 参见 Carl Schmitt, *The Crisis of Parliamentary Democracy*, The MIT Press, Cambridge, Massachusetts, and London, England, 1985, p. 2。

② 《列宁全集》第 5 卷,人民出版社 1959 年第 1 版,1963 年第 3 次印刷,第 449 页。

③ 《马克思恩格斯全集》第 1 卷,人民出版社 1956 年第 1 版,1965 年第 3 次印刷,第 338 页。

情况等。一般说来,议事公开包括公布议程、发表记录、准许旁听等方面。而且在近现代民主政治发展过程中,代议机关议事公开的重要性,愈来愈为各国所关注,各国宪法和法律大多对此作出了规定。据对亚洲和欧洲61个立宪国家的统计,有34个国家的代议机关设有议事公开制度,占这些国家的55.7%。

必须明确的是,资本主义国家政权的性质决定了其代议制度在贯彻公开原则过程中必然受到资本的制约。尽管在实际政治生活中,资产阶级也搞一些热热闹闹的"民主场面",但资本的特权决定了其公开程度的有限性。社会主义国家人民当家做主的政权性质则决定了既有必要也有可能彻底贯彻公开原则。列宁在论述苏维埃政权和旧政权的区别时曾经说过:"这个政权对大家都是公开的,它当着群众的面办理一切事情,群众很容易接近它。""新政权是绝大多数人的专政,它完全是靠广大群众的信任,完全是靠不加限制地、最广泛地、最有力地吸引全体群众参加政权来维持的,丝毫没有什么隐私和秘密。"①

二、资本主义议会制的独特原则

尽管资产阶级在建立和运行其代议制时,都宣布实行上述代议制度的一般原则,但资本主义国家政权的性质,决定了资产阶级在建立和运行其代议制时,还必须采取一些独特的原则。它们主要是分权、制衡原则和全体国民的代表原则。

(一)分权、制衡原则

分权、制衡原则是资本主义国家确立其以代议机关为中心的国家机关体系的组织和活动原则。分权是指把国家权力分为几部分,分别

---

① 《列宁全集》第10卷,人民出版社1958年第1版,第214—215页。

由几个国家机关独立行使;至于制衡,则是指这几个国家机关在行使权力过程中,保持一种互相牵制和互相平衡的关系。

分权思想溯源于古希腊亚里士多德,他把政府权力分为讨论、执行、司法三要素。至罗马时代,波里比阿倡导"混合政府论",认为罗马政体应为代表君主的执政官、代表贵族的元老院及代表民主的人民代表会议互相牵制和均衡。近代分权思想则是由洛克倡导,经孟德斯鸠发展完成的。为了论证君主立宪的合理性,洛克和孟德斯鸠运用自然法学说的自然权利、自然法原则、人类理性的存在以及社会契约论和国家目的说,从而把分权思想建立在英国君主立宪制的事实基础和与社会契约论相结合的近代自然法学派学说的理论基础之上。但笔者认为,有几点很有强调的必要:其一,"三权分立"并不是分权、制衡的代名词,"三权分立"思想的产生远远早于分权、制衡学说的出现。其二,洛克的分权思想与孟德斯鸠的分权思想存在重要区别。表现在:第一,洛克强调的是"阶级分权",孟德斯鸠强调的则是整体国家权力的合理配置;第二,洛克所谓的"三权"实际上只有"二权",因为他认为执行权、外交权均可交政府行使;第三,洛克的分权思想根本没有互相牵制、平衡的涵义。而且如果从立法权和执行权等的关系看,洛克主张立法权优越于执行权,执行权是由立法权派生出来的,因而实际上是一种变相的"议行合一"。因此,我们在分析分权、制衡思想的发展过程中,不能将洛克和孟德斯鸠的思想相混同。只能说在近代,洛克首倡分权,孟德斯鸠加以发展和完成。

分权、制衡原则是17、18世纪欧美资产阶级革命时期,资产阶级根据近代分权思想加以确立的。它为资产阶级革命以后建立资产阶级代议制以代替封建专制制度提供了方案。1787年的美国宪法就按照典型的分权、制衡原则,规定了以代议机关为中心的国家机关的组织和活动。法国《人权宣言》则称,凡权利无保障和分权未确立的社会就没有宪法。受法、美两国的影响,各资本主义国家的宪法均以不同形式确认了分权、制衡原则。

从资产阶级各国政治实践看,分权、制衡原则对于确立和巩固资产阶级民主制度,推动资产阶级代议制度服务于有产阶级,的确起了非常重要的作用。如美国总统尼克松被迫辞职,尽管是资产阶级垄断集团相互倾轧的结果,但分权、制衡原则不能不说也是一项重要环节。而且更为重要的是,它以分权、制衡的假象,掩盖了资本主义国家的阶级实质。正如恩格斯所指出的,事实上这种分权只不过是为了简化和监督国家机关而实行的日常事务上的分工罢了。而且,资本主义国家行政权的日益扩大和立法权的日益缩小,现在已成普遍现象。

(二)全体国民的代表原则

关于代表与选民之间的关系,在资产阶级学者中存在三种学说:一是委托说。认为由于全国人多地广,行使直接民主困难太大,于是选举代表,组成立法机关,委托代表行使立法权。因此,代表与选民之间的关系,相当于民法上所谓"委托关系",而选民与立法机关的关系,则是选民与被选举者之间的委托关系。二是代表说。认为立法机关是全国人民的代表,与人民有着特殊的密切关系。换言之,即立法机关属于全体人民,而不属于任何部分的人民。任何单独的选民,都不能认为是立法机关组成人员的委托人。因此,立法机关的意思是代表全体人民的意思,立法机关作为一个整体与选民之间存在代表关系。三是机关说。认为议会和选举团体都是国家机关,二者的职务均有法律规定。认为人民的职务是选举,而议会的职务是立法和监督行政。彼此间既无代表关系,也无委托关系。

这三种学说中影响最大,而且实际成为资本主义议会制行动原则的即代表说,其在政治实践中的表现即所谓全体国民的代表原则,亦就是说议员不是每个选区或选民的代表,而是全体国民的代表。在资产阶级学者看来,这一原则"是对中世纪等级会议的强制委托(Imperatives Mandat)的否定","是近代议会的通则"①。

在英国,全体国民代表的思想早在16世纪中叶就已被承认了。惠格·阿尔杰农·西德尼(1622—1683)在《关于政府的论集》中较早地对此作了阐述②。英国资产阶级启蒙思想家J.洛克尽管力倡契约说,但他却认为:"每个人在参加社会时交给社会的权力,只要社会继续存在,就决不能重归于个人,而是将始终留在社会中。"③这可以说是一种变相的代表说。18世纪英国政治家伯克在布里斯托尔选区作的著名演讲中,系统、详尽地阐述了这一学说。他指出:"当议员一经选举之后,他就不是布里斯托尔选区的议员,而是联合王国的议员。"④约翰·密尔也认为,应该选择智商、才干高的人进入议会,而他们的决定,自然会比智商低的选民的意见正确的成分更多一些。因此,议员不应向选民作出保证,受选民约束。"如果选民坚持以绝对符合他们的意见作为代表保持其席位的条件,他们这样做是不明智的。"⑤尽管有些西方学者认为,以伯克演讲词为代表的这一原则表明,议员对于国家的责任,较之对于委托人的责任更重要,他的职责,与其说是促进地区利益,倒不如说是促进国家利益⑥。而且认为伯克的演讲词混淆了以下两个问题:第一,议员究竟是一个由"授权"与"委托"所约束的代表,还是一个对事务有自由决定权的受托管理人?第二,作为一个议员,在他的立

① 〔日〕佐滕功:《比较政治制度》,刘庆林、张光博译,法律出版社1984年版,第36页。

② Vernon Bogdanor, *Representatives of the people*? Gower, England, 1985, p. 3.

③ 〔英〕洛克:《政府论》(下),瞿菊农、叶启芳译,商务印书馆1982年版,第150—151页。

④ 参见 Edmund Burke, *Works*, Boston; Little, Brown Company, 1866, Ⅱ, pp. 95—96。

⑤ 〔英〕约翰·密尔:《代议制政府》,汪瑄译,商务印书馆1982年版,第12章。

⑥ 参见 A. H. Birch, *Representation*, p. 79。

法行为中,究竟应当主要关注他的选民的利益,还是全国的利益①？但在英国议会制的实际运转中,这一原则得到了不遗余力的运用。叶得门特·巴库对其选区的选举人所写的一封有名的信,即淋漓尽致地说明了这一点②。

在欧洲大陆,这一原则是在法国大革命时代开始被确立的。法国革命后的1791年宪法规定:"各省选出的议员,不是该省的代表,而是全体国民的代表,各省无权委任",这就是这一思想的公开表述。魏玛宪法也规定:"议员是全体国民的代表,只根据其良心进行活动,不受委托的约束。"日本宪法第43条,对这一原则也有明确规定。

从资产阶级学者的主张和资本主义国家对这一原则的实际运用看,代表和选民之间除了数年一次的选举外,在制度上没有任何关系。正如卢梭在批评英国议会制度时所指出的,选民除了在选举议员时是自由的以外,选举之后不过是奴隶。因此议员一经选出就和选民完全脱离了。对此,一些资产阶级学者也有异议。我国台湾学者萨孟武即认为,这么一来"议会不能代表民意,当然是意料中的事了"③。由这样的制度所产生的议会,就必然成为脱离人民、压迫人民的统治机关。尽

---

①　参见 Heinz Eulau, John C. Wahlke, William Buchanan, Leroy C. Ferguson, "*The Role of the Representative: Some Empirical Observations on the Theory of Edmund Burke*", *American Political Science Review*, Vol. 53, No. 3, 1959, p. 744。

②　叶得门特·巴库在信中说:"议员与他的选举人之间有最密切的联系和最普遍的交往,应该认为是最幸福和最光荣的事情……然而,他决不应为了各位选举人,为了其他什么人或任何团体,而牺牲他没有任何偏见的意见,他的成熟的判断和问心无愧的良心。……议会不应是各种不同利害的代表互相主张各自的利益或与主张他种利害的代理人互相对抗的场所,而是全体利害一致的一个国民的合议体。并且,由于他不是为满足地方要求而设的机关,所以它不是根据地方偏见,而是以全体国民的普遍理性为准则的合议体。我请诸位不要忘记,诸位选举了议员以后,该议员就不仅仅是代表布利斯托尔选区的议员,而是英吉利王国议会的议员了。"

③　萨孟武:《政治学》,台湾三民书局1986年印行,第170页。

管在资产阶级学者看来，“只有这样，议员的各种行动自由和身份才可以得到切实的保证”①，但他们的所谓行动自由，则是服务于有产阶级的自由。同时，尽管这个原则适应了资产阶级把议会装扮成代表全民利益的需要，但这种娓娓动听的理论与资本主义国家的政治实践实难吻合。当代美国学者戈斯内尔等人在《美国政党和选举》一书中以大量不容争辩的事实说明，美国的选举是由资产阶级两大政党控制的，偶尔出现的一些代表其他政治派别利益的小党，不过是昙花一现而已；竞选费用绝大多数是由特殊的经济利益集团捐赠的，捐助人对候选人和政党之所以慷慨大方，是希望从政客那里得到回报，“希求政府随后采取对捐助者极为有利的措施”。正如列宁指出：“每隔几年决定一次究竟由统治阶级中的什么人在议会里镇压人民、压迫人民——这就是资产阶级议会制的真正本质。”②因此，全体国民代表原则是资产阶级将代表与选民的关系抽象化的工具。

不过，随着社会阶级力量对比关系的变化以及资产阶级民主理论与实践的发展，全体国民的代表原则正在逐渐被取代。“政治个人主义一旦得以确立，就使得代表制思想的重点发生了转移：伯克提出的委托人模式逐渐遭人冷落，而代表直接向选区负责并受选区制约的思想出现了。”③

三、社会主义人民代表制的独特原则

社会主义生产资料公有制的性质和社会主义国家政权的性质，决

① 〔日〕佐滕功：《比较政治制度》，刘庆林、张光博译，法律出版社 1984 年版，第 36 页。

② 《列宁选集》第 3 卷，人民出版社 1995 年版，第 150 页。

③ 〔英〕戴维·米勒、韦农·波格丹诺编：《布莱克维尔政治学百科全书》，中国问题研究所、南亚发展研究中心、中国农村发展信托投资公司组织翻译，中国政法大学出版社 1992 年版，第 646 页。

定了社会主义代议制，亦即社会主义人民代表制，必须采取一些与资本主义议会制不同的民主原则。具体说来主要有民主集中制原则和监督、罢免原则。

（一）民主集中制原则

从历史发展的角度而言，在社会主义国家权力机关组织与活动原则问题上，经历了由议行合一原则到民主集中制原则的发展过程①。议行合一原则的基本含义是指社会主义国家的人民代表机关兼管立法和行政。民主集中制则指“在民主基础上的集中，在集中指导下的民主”②。作为社会主义国家权力机关组织与活动的最初原则，议行合一既是无产阶级政权建设经验的归纳和总结，也是由无产阶级专政政权的性质和任务决定的。

1871 年的巴黎公社是历史上第一个无产阶级政权。公社直接由人民群众选举代表，组成公社委员会，并设立相当于政府各部的十个委员会。由公社委员兼任各委员会委员，领导各行政部门，执行公社的法令。因此，巴黎公社的无产阶级政权与资产阶级根据分权、制衡原则建立起来的政权根本不同，它实现了立法权和行政权的统一。马克思在总结巴黎公社经验过程中，以巴黎公社的事实为依据，在其国家学说、无产阶级专政和打碎旧的国家机器的理论基础上，正式提出了议行合一原则。他说“公社是一个实干而不是议会式的机构，它既是行政机关，同时也是立法机关”。③

俄国十月社会主义革命胜利后，列宁在创建苏维埃国家政权时发展了巴黎公社的历史经验。鉴于巴黎公社只是法国工人阶级在巴黎市

① 尽管有学者将两者并列，但笔者认为它们实质一致，且后者更加成熟。

② 《毛泽东选集》第 3 卷，人民出版社 1991 年版，第 1057 页。

③ 《马克思恩格斯选集》第 3 卷，人民出版社 1995 年版，第 55 页。

内建立的政权组织，其管辖范围比较小，组织机构比较简单，同时由于当时革命与反革命的斗争十分激烈，各种事务均须紧急处置，因此由公社制定并执行各种法令、决定，在当时具有非常重要的意义。但俄国革命取得了全国性胜利，需要建立的是全国性的政权机关。而且在经过一段时间激烈的阶级斗争之后，革命与反革命之间的阶级搏斗，已不如巴黎公社时期那样紧张激烈。在这种情况下，如果照搬巴黎公社所采取的那种议行合一的形式，仍旧把制定法律和执行法律的任务统一于人民代表机关之中，不仅没有必要，而且也不可能。因此，列宁根据这些情况，在确立苏维埃代表大会全权地位的前提下，改变了巴黎公社时期把人民选出的代表机关和执行机关合而为一的做法，从 1918 年起就把代表机关和执行机关分开。根据 1918 年苏俄宪法的规定，国家最高权力机关是全俄苏维埃代表大会及其常设机关全俄苏维埃中央执行委员会，最高行政机关是人民委员会。但人民委员会对全俄苏维埃代表大会及全俄苏维埃中央执行委员会负责。苏联 1936 年宪法规定，苏联最高国家权力机关是苏联最高苏维埃，苏联部长会议是苏联最高国家权力机关的执行机关，是苏联的最高行政机关，由苏联最高苏维埃产生并对苏联最高苏维埃负责和报告工作。在苏联最高苏维埃闭会期间，对其常设机关苏联最高苏维埃主席团负责并报告工作。

那么，最初的无产阶级政权为什么采取议行合一原则，而不采取分权、制衡原则呢？根据马克思主义经典作家的论述，这主要是由无产阶级政权的性质和发展无产阶级民主的需要决定的①。首先在无产阶级政权中，一切权力属于人民，因而在行使权力这一点上，必须选择和采

① 参见《马克思恩格斯选集》第 3 卷，人民出版社 1995 年版，第 58—60 页；许崇德、何华辉："三权分立与议行合一的比较研究"，《法学评论》1987 年第 5 期。

取最适合于人民主人翁地位的原则。其次,这也是发展无产阶级民主的重要步骤。按照列宁的说法,把全部国家权力集中到与人民群众有紧密联系的苏维埃,把立法职能和执行法律的职能通过选出和负责的人民代表结合起来,“这是在民主发展过程中具有全世界历史意义的一大进步”。①

但是,随着社会主义国家政权建设理论与实践的纵深发展,“议行合一”原则日益受到冲击。尽管马克思主义经典作家都曾肯定过“议行合一”的做法,但是不能脱离开具体的历史条件来理解革命导师的论述。他们的论述是针对夺取政权和巩固政权时期的政权建设而言的,因而不能将其视为社会主义国家政权建设必须始终遵循的原则。而且如前所述,从1918年苏俄宪法到1936年的苏联宪法开始,在贯彻过程中就已不是原来意义上的“议行合一”了。因此,有些学者认为,议行不能合一②。那么,什么是社会主义国家权力机关的组织与活动原则呢?社会主义各国的宪法和学者们的理论认识都肯定是民主集中制。但问题的关键就在于:人们对“议行合一”与“民主集中制”的关系还没有取得一致的认识,因而一方面在宪法规定和政治实践中坚持民主集中制;另一方面则在议行合一问题上争论不休。笔者认为,民主集中制原则是对议行合一原则的继承和发展。这是因为:

第一,无论议行合一还是民主集中制都强调人民当家做主这个中心。在议行合一原则下,立法机关与执行机关合二为一,从而体现了人民的主人翁地位;而民主集中制原则下,尽管立法机关与执行机关相分离,但由于立法机关是权力机关,执行机关派生于立法机关,对它负责,

① 《列宁选集》第3卷,人民出版社1995年版,第296页。

② 参见蓝蔚青:“对‘议行合一’的再认识”,《政治学研究》1989年第5期;王玉明:“议行合一不是我国国家机构的组织原则”,《中国人民大学报刊复印资料·法学》1989年第8期。

受它监督,因而同样体现了人民的主人翁地位。如果说议行合一原则在巴黎公社这种城市政权建设中完全适用的话,那么民主集中制则是为弥补议行合一在全国性政权建设中的不足而产生的。而且正因为二者的内在属性、基本内容是一致的,因此将我们运用民主集中制原则建立起来的国家政权,扩大解释为议行合一原则的体现也能成立。

第二,社会主义国家政权建设中的民主集中制原则是无产阶级政党的组织和活动原则在国家政权建设中的运用。马克思、恩格斯虽然没有明确提出"民主集中制"的概念,但却奠定了这一原则的基本思想①。1905 年 12 月中旬,俄国社会民主工党第一次代表大会通过决议,第一次明确使用了"民主集中制"这一概念。在 1920 年 7 月发表的《加入共产国际的条件》一文中,列宁强调:"加入共产国际的党,应该是按照民主集中制的原则建立起来的。"②从此以后,民主集中制被各国无产阶级政党普遍接受为组织与活动原则。随着无产阶级政党对民主集中制原则理性认识的深化和实践经验的丰富,更由于"议行合一"原则在现实政权建设中的困境,因而社会主义国家政权建设,日渐将民主集中制作为自己的组织与活动原则,并在宪法中予以明确规定。正因如此,所以笔者在本书中将民主集中制列为社会主义人民代表制的独特原则之一。而且可以说,民主集中制是程序原则在社会主义人民代表制中的具体体现。

根据各社会主义国家宪法的规定及其政治实践,民主集中制原则在社会主义人民代表制中表现为三个方面:一是人民代表机关都由民主选举产生,对人民负责,受人民监督;二是国家行政机关、审判机关、检察机关都由人民代表机关产生,对它负责,受它监督;三是中央和地

① 参见《马克思恩格斯选集》第 4 卷,人民出版社 1995 年版,第 395 页;第 3 卷,人民出版社 1995 年版,第 226 页。

② 《列宁选集》第 4 卷,人民出版社 1995 年版,第 254 页。

方国家机关职权的划分遵循在中央的统一领导下，充分发挥地方的主动性、积极性的原则。

（二）监督原则

在代表与选民的关系上，社会主义人民代表制贯彻了一条与资本主义议会制截然不同的原则。它彻底抛弃了资产阶级议会制中所谓“全体国民的代表原则”，主张代表对选民负责并报告工作，受选民监督，且随时可以被依法撤换。这就是社会主义人民代表制中监督原则的主要内容，但还不是全部内容。笔者认为，社会主义人民代表制中的监督原则，还包括着选民、代表对代议机关体系的监督，而主要是对行政、司法机关的监督。这里着重谈监督原则第一方面的内容。

在代表与选民关系上的监督原则，同样也是由第一个无产阶级专政政权巴黎公社首创的。马克思指出：“公社是由巴黎各区通过普选选出的市政委员组成的。这些委员是负责任的，随时可以罢免。”①这是巴黎公社政治形式的一个基本特征，也是对资产阶级议会选举制度的根本否定。如前所述，资产阶级国家议会的议员也是由选民选举的。但议员不对选举他们的选区的选民负责，只根据自己的“良心”进行活动。按他们的说法，因为议员是全体国民的代表，不是选区的代表，因此，议员不接受选区的委任，更不能接受选民的监督。巴黎公社的这个原则，不但要求代表对选举他的选民负责，而且还提出了代表必须接受选民监督的有效保证，即选民对选出的代表可以随时撤换。换句话说，罢免是监督的延伸和保证。所以恩格斯指出：“公社……把行政、司法和国民教育方面的一切职位交给由普选选出的人担任，而且规定选举者可以随时撤换被选举者。”②因此，选民对代表的随时撤换是无产阶

① 《马克思恩格斯选集》第3卷，人民出版社1995年版，第55页。

② 同上书，第12—13页。

级选举制度区别于资产阶级选举制度的根本标志，是巴黎公社否定资产阶级议会制的关键。因此，列宁说："任何由选举产生的机关或代表会议，只有承认和实行选举人对代表的罢免权，才能被认为是真正民主的确实代表人民意志的机关，这是真正民主制的基本原则。"①

巴黎公社首创的这一原则，被后来的社会主义国家奉为一条重要的民主原则，来指导建立、健全和运行社会主义人民代表制。各社会主义国家的宪法对此均有明确规定。苏联 1977 年宪法第 107 条规定："代表必须对选民以及提他为代表候选人的集会和社会组织报告自己的工作和苏维埃的工作。""辜负选民信任的代表，根据多数选民的决定，依照法律规定的程序可以随时召回。"朝鲜 1972 年宪法第 8 条规定："各级国家权力机关的议员对选民负责。"中国 1982 年宪法第 77 条规定："全国人民代表大会代表受原选举单位的监督。原选举单位有权依照法律规定的程序罢免本单位选出的代表。"

社会主义各国由于实行了罢免原则，既保证了被选举者是选举者真正的代表、公仆，根除了资产阶级议会制中被选举者和选举者相互脱离的现象，又实现了真正的民主制，同时也切实保证了普选原则的贯彻落实。正如日本著名学者佐滕功指出："它在某种意义上可以说是曾经存在过的强制委任制度的再现。但在这里却可以看到苏维埃代表和资本主义国家议员的区别，即前者是有人民群众作为真正的基础的。"②笔者认为，监督原则是普选原则的延伸。资产阶级普选原则之所以只停留在"选举时的自由上"，正是丢掉了这一应有部分。

① 《列宁选集》第 3 卷，人民出版社 1995 年版，第 12—13 页。

② 〔日〕佐滕功：《比较政治制度》，刘庆林、张光博译，法律出版社 1984 年版，第 252 页。

第二章　代议制度的历史发展

从形式上看，人类民主发展史，实际上是一部直接民主制和间接民主制交替发展的历史。列宁曾经指出："民主以古代的萌芽时期起，在几千年过程中，随着统治阶级的更迭，必然在形式上发生变化。在古代希腊各共和国中，在中世纪各城市中，在先进的各资本主义国家中，民主的形式都不同，民主的运用程度也不同。"①但不同民主形式的运用并不是人们主观愿望的结果，正如恩格斯指出："一切社会变迁和政治变革的终极原因，不应当到人们的头脑中，到人们对永恒的真理和正义的日益增进的认识中去寻找，而应当到生产方式和交换方式的变更中去寻找。"②也就是说，任何政治形式都受制于由经济决定的各种社会关系。对此，马克思在《1857—1858 年经济学手稿》中对人类社会发展三形态的创造性发现，为此提供了最好的说明③。因此，在代议制度研究过程中，只有解决了代议制度的发生学问题，才能科学地估计代议制度在人类社会发展过程中的地位和它所起到的作用，才能弄清社会主义人民代表制与资本主义议会制的联系和区别，才能科学地预测代议制度的历史走向，从而归纳总结出代议制度的发展规律。

---

① 《列宁选集》第 3 卷，人民出版社 1995 年版，第 699 页。

② 《马克思恩格斯选集》第 3 卷，人民出版社 1995 年版，第 617—618 页。

③ 马克思指出，人类社会发展将从以对人的依赖关系为基础的最初社会形态，到以物的依赖关系为基础的第二大形态，再到以自由人联合体为主要特征的第三大形态。不同的社会形态必然要求有与之相适应的不同的政治形态。

第一节　前资本主义社会民主形式的历史考察

有学者指出，民主“作为一种一般的管理方式，早在原始社会就已有萌芽，往往表现为当时的习惯；作为承认少数服从多数的国家制度，是随着原始氏族制度的解体，在阶级社会才产生的；作为‘人民主权’与国家制度的结合体，并上升至宪法的高度，则始于资本主义社会”①。的确，民主问题，特别是民主形式问题，在人类社会历史发展的不同阶段，并不存在刀截斧断式的划一界限。从某种意义上说，民主形式的成熟和完善，正是继承和发展以往历史经验的结果。因此尽管一般说来，古代民主制与近现代民主制存在根本区别，但在民主形式的发展过程中，前资本主义社会同样居于重要地位。

一、原始社会的民主形式

英籍女作家韩素音1989年在南开大学作的题为《民主与民主的历史》讲演中说：“有一种观点是根本错误的：好像民主是现成的，是西方的。其实不一定。我们现在来探讨一下民主的历史。大家都说民主这个词首先产生于希腊，事实上，在没有产生这个词汇以前，民主就是存在的，不仅在希腊，在欧、亚、非等其他国家，民主也是在不同程度上存在的。我是研究非洲史的，在南非的部落里，他们就有民主。在那里，有什么事情都要由全部落的人一起商量。但这些人必须是身体健康的男人与女人，不健康的就不算人，就要被淘汰。为什么呢？因为这些部落要经常迁徙，常常换地方。换到什么地方，路线怎么走，需要大家共

① 黄达强等主编：《社会主义民主：跨世纪的沉思》，中国人民大学出版社1993年版，第1页。

同去做,共同努力才能完成,所以要大家一起商量。这可以说是一种民主。"①韩素音所说的这种民主就是原始民主制,亦即恩格斯所说的"古代自然形成的民主制"②。从历史发展过程看,原始民主制包括氏族民主制和军事民主制两个阶段。

（一）氏族民主制

众所周知,原始社会的生产力非常低下,因而当人类与大自然和日趋复杂的生产、生活展开搏斗,为自身生存和利益满足抗争的时候,单个人力量的渺小,决定了组织的必要。随着氏族公社这一原始社会基层管理组织的出现,原始民主制中的氏族民主制也就开始产生了。由于氏族公社分为母权制氏族公社和父权制氏族公社,因此也就有母系氏族民主制和父权制氏族民主制两个阶段。在母系氏族民主制中,存在由全体男女成员参加的氏族会议和由氏族会议选举产生的氏族长两个具体组织机关。氏族会议是亚洲、欧洲、美洲的古代社会,从蒙昧阶段氏族制度开始形成时起,直到文明阶段止的一大特色,"这是一种民主大会,因为参加会议的每一个成年男子和女子都对他们所讨论的一切问题有发言权。在这个会议上选举和罢免首领和酋帅"③。恩格斯对此称赞道:"这种十分单纯质朴的氏族制度是一种多么美妙的制度呵!没有大兵、宪兵和警察,没有贵族、国王、总督、地方官和法官,没有监狱,没有诉讼,而一切都是有条有理的……大家都是平等、自由的,包括妇女在内。"④

---

① 转引自黄达强等主编:《社会主义民主:跨世纪的沉思》,中国人民大学出版社1993年版,第12页。

② 《马克思恩格斯选集》第4卷,人民出版社1995年版,第103页。

③ 〔美〕摩尔根:《古代社会》(上),杨东莼、马雍、马巨译,商务印书馆1992年版,第82页。

④ 《马克思恩格斯选集》第4卷,人民出版社1995年版,第95页。

伴随着父权制氏族产生的父权制氏族民主制,除继续保留氏族长和氏族会议外,还有两点变化:一是男女的不平等。在这种民主制下,参加氏族会议的成员只限男子。二是在氏族长与氏族会议之间新产生了议事会,有人亦称之为酋长会议。“酋长会议有其天然的基础,那就是组织成该会议的酋长们所属的各个氏族……既然氏族是由它的酋长们来代表的,所以部落也就由各氏族的酋长们所组成的会议来代表。这个会议是这种社会制度的固定特征,它掌握部落的最高权威。会议在众所周知的情况下召集,在民众当中举行,人们可以公开发表演说,因此,它必然是在群众的影响下进行工作。这样的政府机构,虽然在形式上是寡头的,实际上却是代议民主政体。”①正因为如此,所以摩尔根继续指出:“印第安人的酋长会议,本身的意义不大;但将它作为近代议会、国会、立法机构的萌芽来看,那在人类历史上就具有重要的意义了。”②

(二) 军事民主制

军事民主制处于人类从野蛮到文明的过渡时期,是氏族制度解体时的产物,其含义是指它在不同程度和形式上,继续保留着氏族民主制的因素,同时出现了军事酋长的个人权力。“其所以称为‘军事’,是因为战争以及进行战争的组织现在已成为氏族生活的正常功能。”③

在军事民主制下,存在着“人民大会、氏族酋长议事会和已在图谋获得真正王权的军事首长”④三种机构。军事首长原来由选举产生,但随着战争频繁和个人权力的增长,逐渐变成世袭制,只从少数特权家族

---

① 〔美〕摩尔根:《古代社会》(上),杨东莼、马雍、马巨译,商务印书馆 1992 年版,第 113 页。

② 同上书,第 116 页。

③ 《马克思恩格斯选集》第 4 卷,人民出版社 1995 年版,第 164 页。

④ 同上书,第 145—146 页。

中产生,因而与民主相对立。由全体氏族男子参加的人民大会与议事会,则是两个民主的机构。而且与父权制氏族民主制不同,在军事民主制下,人民大会与议事会之间的关系也有了明确规定。摩尔根指出:“虽然酋长会议(即指议事会——引者注)依然存在,但无疑地在民众的压力下,感到在处理最重要的公务时不得不听从一个人民的大会的认可或否决”;“这个大会并不提出任何措施。它的职能是认可或否决,它的决定是最后的决定。自从它开始出现以后,它即成为政府里的一个永久力量。酋长会议从此不再通过重要的公共措施,而变成了一个预先筹商的会议,其权力仅在于提出和制定法案,但这些法案只有通过人民大会才能发生效力”①。尽管在初始阶段,人民大会和议事会讨论决定有关氏族利益的重大问题,因此仍有很大作用,但随着军事首长个人权力的扩大,不仅议事会本身变成了特权者会议,而且人民大会也无足轻重,甚至被废弃了。因此,军事民主制的出现意味着原始民主制的终结,也意味着原始社会的瓦解。

由氏族民主制和军事民主制我们可以看出,在原始民主制中,尽管直接民主形式占主导地位,但也逐渐形成了间接民主形式。虽然我们不能赞同摩尔根将酋长会议称为“代议制民主政体”,但对于他指出的酋长会议可视为近代议会的萌芽,却不能断然否决,因为如果仅仅从通过代表这一中介来议事这种形式而言,它们确实存在相似之处。因此,罗素所谓“古代人不知道代议制”②,葛德文称“古代人不熟悉委任制或者代议制议会”③的想法未免太武断。当然必须明确的是,“原始民

① 〔美〕摩尔根:《古代社会》(上),杨东莼、马雍、马巨译,商务印书馆 1992 年版,第 116 页。

② 〔英〕罗素:《权力论》,吴友三译,商务印书馆 1991 年版,第 138 页。

③ 〔英〕威廉·葛德文:《政治正义论》(第二、三卷),何慕李译,商务印书馆 1991 年版,第 393 页。

主制只是一种人与人之间的关系和组织形式，是人们活动的组织形式，它不表示权力在一定利益集团中的分配，没有政治权力归属的确切含义”①。因此严格地说，原始社会的民主制与阶级社会诸形态中出现的民主制有本质的区别，它既是理论上的区别，也是实践中的区别。但是，“人类应当感谢处于蒙昧阶段的祖先，因为他们发明了一种制度，能把人类中的先进分子从蒙昧社会带进野蛮社会，又通过野蛮社会的几个顺序相承的阶段而把他们带进文明社会”②。尽管原始民主制本身极为落后，但它对于后来民主形式的影响不可低估。对此，摩尔根甚至认为，“近代的参议院就是从古代的酋长会议发展而来的；近代的众议院就是从古代的人民大会发展而来的；这两者合组成近代的立法机构”。

二、奴隶制社会的民主形式

摩尔根曾经指出：“当人们大量增加财产以后，当社会上开始感受到财产的影响和力量以后，奴隶制便出现了。”③的确，私有制的萌芽和发展，氏族成员贫富分化和阶级的出现，使原始民主制走向了它的尽头。但值得人们深思的是：本来奴隶制经济从总体上与民主的实质格格不入，因为奴隶制经济从根本上否定了奴隶的一切政治权利和经济权利，但是在奴隶制国家又为何还存在一定程度的民主制呢？对此，笔者认为应该注意两点：一是存在奴隶制民主的大多是城邦国家；二是奴隶制民主的发达形态从根本上决定于商品经济的繁荣。

根据历史学的研究成果，无论古希腊、罗马还是古代东方，最早产

---

① 何兴民：《古典民主政体论》，兰州大学出版社 1991 年版，第 29 页。

② 〔美〕摩尔根：《古代社会》（下），杨东莼、马雍、马巨译，商务印书馆 1992 年版，第 337—338 页。

③ 同上书，第 338 页。

生的奴隶制国家都是小国寡民的城邦或城市国家。也就是说，奴隶制城邦是古代一切奴隶制国家发展过程中早期的必经阶段。而城邦却通常是以一个城市为中心，由若干血缘或毗邻的氏族部落公社互相结合而成，其形成的过程也就是各氏族部落融合和统一的过程。既然奴隶制城邦从氏族部落发展而来，那么就必然在不同程度上带有原始民主制的痕迹，这是一方面。另一方面，在奴隶制经济下，由于奴隶为奴隶主和平民创造了参与政治必需的财产和闲暇时间，因而尽管“雇佣奴隶被贫困压得‘无暇过问民主’、‘无暇过问政治’”①，但奴隶主和平民则有了参与政治的经济保障。因此，奴隶制经济为原始民主制的遗迹发展、为奴隶制民主提供了前提。但为什么同为奴隶制城邦国家的雅典和斯巴达在民主的发展程度上又存在较大的差别呢？对这一问题的回答只有从商品上找根源。具体地说，商品经济的发展对雅典城邦产生了深远影响，等价交换原则不仅广泛地培养了雅典公民的平等意识，而且造就了城邦的一支重要政治力量——工商业阶层（包括奴隶主和平民）。因此，商品经济及其人格化代表是雅典民主发展的主要动力。

在此必须说明的是，尽管在传统观点看来，民主的发源地是古希腊的雅典，但近来的研究表明，民主实际上源于古代东方国家。早在公元前3000年左右，在两河流域南部古苏美尔地区产生了历史上最早的城市国家，如埃利都、乌尔、乌鲁克、拉格什和基什等。城邦制度在此延续了四五个世纪之久。但在文献中却找不到确实的“王”字，常见到的是作为城邦首脑的“执政”和贵族会议、平民会议之类的制度。因此，尽管奴隶制民主的发达形态是古希腊雅典民主，但其初始形态却发轫于东方。

那么，奴隶制城邦国家政权的基本构架如何呢？一般说来，主要有

① 《列宁选集》第3卷，人民出版社1995年版，第159页。

三个部分:一是由军事民主制时代军事首领发展而来的城邦首脑,称做国王或执政官;二是由氏族部落长老议事会或酋长会议发展而来的贵族会议或元老院;三是由氏族会议发展而来的城邦公民大会或民众大会。在氏族民主制向奴隶制民主制转化过程中,长老议事会和氏族会议影响很大。在此方面,最早的历史记录要推苏美尔史诗《吉尔加美什与阿伽》中所记的那个会议:乌鲁克城邦的长老会议。在基什之君阿伽的威胁下,乌鲁克之王吉尔加美什首先召开长老会议,问如何对待敌方的压力,是和是战?长老会议主张不战而降。吉尔加美什又召开公民大会,公民大会主张反抗,否决了长老会议的决定。苏美尔学者说这是历史上最早的“两院制”(两种会议并存之制)①。而且,从这一史诗中还可以看出,由全体男性公民参加的公民大会是最高国家权力机关,它有权决定城邦的战争、和平和重大事务。两河流域北部古亚述的情况与古苏美尔相似,在那里也发现有公民大会掌握着国家最高权力的事例,公民在大会上可以自由发言,讨论并决定国家的重大活动。当然,这些情况尚不足以表明奴隶制民主制的基本情况,因此笔者这里对雅典城邦民主制再进行一些阐述②。

从德拉古改革开创雅典民主化进程开始,经过梭伦、克里斯提尼、伯里克利等一系列改革,雅典奴隶制民主达到了空前的程度。就其基本内容来说,主要表现在三个方面:

第一,作为最高权力机关的公民大会。公民大会由年满 20 岁、祖

---

① 日知主编:《古代城邦史研究》,人民出版社 1989 年版,第 37 页。

② 虽然在罗马共和国,曾先后出现库里亚会议、森都里亚会议、平民部落会议或平民协议会和人民部落会议等四种人民大会,而且百人团会议是名义上的最高国家权力机关,但真正起决定作用的是由氏族长老和退任执政官组成的元老院。因而当时的罗马共和国实质上是贵族奴隶主阶级专政。因此本书将雅典民主制作为典型。有关古罗马人民大会的问题,可参见王乃新:“古罗马人民大会若干问题辨析”,载《求是学刊》1994 年第 1 期。

籍雅典的男性公民组成,有权处理雅典城邦的一切重大问题:如通过和颁布法律、法令;选举十将军委员会和其他高级军职人员;审核国家高级公职人员的述职报告,讨论国家的财政问题和制定国家预算;处理犯罪事件和决定流放人员;决定宣战、媾和、结盟和其他外交问题;处理有关外籍人加入雅典的问题等等。公民大会定期召开,每9天举行一次,每年举行40次。尤为值得注意的是,所有其他国家机关,如五百人议事会、陪审法庭、贵族会议、十将军委员会、执政官等都从属于公民大会。这种结构的形成,可能如摩尔根指出的那样,“人类逐渐学到了一个教训,那就是:为公民的利益和公众的繁荣计,全体人民比历史上已出现过的、或将来可能出现的任何特权阶级的人都要高明,不论那些特权阶级的人是怎样精选出来和受过什么样的培养”①。

从公民大会的组成和活动过程看,公民大会属于直接民主形式。与会者可以在公民大会上自由发言,讨论议案。每个雅典公民都有权对现行的政策措施和任何公职人员进行评议,提出意见。会议表决通常采取公开举手的方式,以获多数票为通过。在选举公职人员时,除选举十将军以外,其他均采取秘密投票方式。

第二,五百人议事会。这是按各部落选举50人的原则,从年满30岁的男性公民中抽签产生的,任期为1年。其职权是为公民大会准备讨论的议案,规定大会召集的时间和议事日程。在公民大会闭会期间,五百人议事会负责执行其决议,还负责雅典的安全保卫,掌管国家财政,处理邦交事务,维护和筹建公共建设、神庙,举办庆典等事宜。因此,五百人议事会实际上负责国家行政管理工作,是国家的最高行政机构。可见,雅典城邦基本实行“议行合一”。

---

① 〔美〕摩尔根:《古代社会》(下),杨东莼、马雍、马巨译,商务印书馆1992年版,第332页。

第三，陪审法庭。陪审法庭由6000名陪审员组成，他们是按各部落选举600人的原则，从年满30岁而愿担任此职的公民中抽签产生出来的。陪审员必须宣誓就职。从其誓言①可以看出，陪审法庭除审理案件外，还有重要的政治职能。它既是雅典民主制的重要组成部分，也是维护雅典民主制的重要机关。陪审法庭分为10个审判委员会，各由500名陪审员、100名候选人组成。为防止行贿收买，陪审员及其审理的案件，按抽签法分别归属于各审判委员会。

对雅典民主制基本内容的阐述表明，雅典城邦不只是抽象地确定政事“取决于民”②，“人人轮番当统治者和被统治者”③，而且还建立了一整套实现民主的基本制度，诸如公民大会一年一度对执政官、将军、高级官员的信任投票，年满20岁的男性公民有选举权，年满30岁的男性公民有担任公职的平等机会，上至执政官，下至最底层的小官都要选举产生等。同时，在城邦国家权力的运行过程中，逐步形成议事、行政、司法三种不同机能分开的格局。而且如前所述，执行行政、司法职能的机关由进行议事的公民大会产生。这种犹如“议行合一”的体制，充分表明雅典城邦国家机构在组织上的进步。此外，尽管五百人议事会实际上执行着政府的职能，但从其产生看，它仍然是一种间接民主形式，是原始民主制中酋长会议的继承和发展。当然从主要内容来说，雅典民主制实质上是一种典型的直接民主制。必须明确的是，尽管雅典的直接民主制能反映公民的意见，但有些形式也存在许多缺陷。如贝壳放逐法，它既可以驱逐危害民主的人，又将许多没有什么过错的人流放出去。而且正如列宁指出：“奴隶占有制国家可以是君主国、贵族共和

① 《德摩斯梯尼》(XXIV)，第149页。

② 〔古希腊〕希罗多德：《历史》(Ⅲ)，王以铸译，商务印书馆1959年版，第82页。

③ 〔古希腊〕亚里士多德：《政治学》，吴寿彭译，商务印书馆1983年版，第312页。

国,甚至可以是民主共和国。管理形式确实是多种多样,但本质只有一个:奴隶没有任何权利,始终是被压迫阶级,不算是人。”①因此,不论雅典民主制的内容和形式怎样,其实质都是奴隶主阶级的民主。正因为这种民主具有奴隶制性质,存在着历史局限性,包含着不可克服的矛盾,因此也就决定了它必然走向衰落。

三、封建制社会的民主形式

尽管以自然经济为基础的封建社会,实行的是分封而治,因而没有民主政体,但这并不意味着封建社会一点民主形式也没有。在中世纪欧洲地中海北部意大利的几个城市中,即曾一度出现共和制或民主制。

由于意大利的威尼斯、佛罗伦萨和热那亚等城市,地理位置较好,交通便利,手工业和商业发展较快,并且较早地废除了农奴制,特别是当时意大利还没有实现全国统一,从而为城市共和国或城市民主制的产生,提供了政治经济条件。随着城市自治和独立地位的形成,出现了以公社为新形式的城市组织制度,从而在某种程度上恢复了古希腊城邦制度的某些传统。具体说来,在初始阶段,由全体公社成员参加的市民大会是城市公社的主要机关,它拥有制定法律和推举市政长官之权,起着重要的作用。作为城市首脑的市政长官由选举产生,执掌政权,另有贵族所组成的市议会作为咨询机关,辅佐市政长官行使职权。但这种城市民主制在后来的发展过程中,却形成为两种互有区别的形式,即贵族共和制和民主共和制。

一般说来,在商业比手工业发达的城市,实行的就是贵族寡头政治。如威尼斯的政权就较早地落在经营对外贸易而发财致富的商人贵族手中。在12世纪,市民大会在政治生活中的作用已完全消失,由城

① 《列宁选集》第4卷,人民出版社1995年版,第33页。

市贵族组成的大议会成为主要的机关，有权制定法律，选举一切官吏。从13世纪起，大议会的成员不再进行选举，而在最有势力的贵族家庭中世袭。由大议会产生小议会或称元老院，执掌外交和商业事务，后来又设置十人委员会，专门监视政府机关乃至普通公民的活动。这样，威尼斯就成了典型的贵族共和国。

而在手工业比较发达的城市如佛罗伦萨，由于以手工业者为主的市民力量强大，使城市贵族势力受到遏制，因而成为当时最民主的城市共和国。1293年佛罗伦萨手工业行会的市民在其民主派领袖基诺·贝拉领导下，彻底战胜了城市贵族，直接掌握了城市政权，并颁布了《正义法规》。长老会议是城市的最高权力机关，其成员共7人，分别由律师、银行业、医药、羊毛商、毛皮商、呢绒场主等7大行会选举产生。后来长老会议又增加2名代表，由铁匠等14个规模很小的行会选举。每届长老会议任期2个月，长老会议下设12名"贤人"、16名"旗手"等官职，负责日常政务、军务。这些官员均由行会推荐，然后经审查、抽签产生，其任期每届分别为3个月和4个月。这就使行会成员能够较为普遍或较为经常地参加行政管理，防止个人独裁。必须明确的是，尽管这种民主制具有一定程度的资本主义性质，但它主要是一种封建行会性质的民主制。当然，从形式上看，佛罗伦萨民主制在一定意义上已经具有代议制民主的雏形。而且从代议制度的历史发展来看，封建社会末期存在于一些国家的所谓"等级会议"或者"三级会议"也具有非常重要的意义。对此，本书将在下一节进行阐述。

第二节　资本主义议会制的产生和发展

毫无疑问，前资本主义社会的间接民主形式并非现代意义的代议制度，但它们与代议制度的最初表现形式即资本主义议会制却存在一定的历史联系。在一定程度上,我们甚至可以将其发展轨迹概括为“酋长会议——五百人议事会——市议会——等级会议——议会”。如果说前资本主义社会间接民主形式的演化,还只是简单运用于局部范围,那么当它们经过中世纪长达千年的黑暗统治,跨入资本主义社会这一历史阶段时,却发生了质的飞跃。但导致这种飞跃的社会历史条件是什么?这种飞跃的过程如何呢?

一、代议制度产生的原因

中外学者对代议制度产生原因的认识,见仁见智,众说纷纭。但正如本章开篇提出的那样,任何政治变革的终极原因,都应当到生产方式和交换方式的变更中去寻找。就代议制度而言,笔者认为,导致其产生的根本原因在于资本主义商品经济的产生和发展。同时,马克思主义认为,任何一种社会现象的出现,都是方向不同、大小不等的各种力的合力使然。代议制度也是如此。因此,资本主义商品经济对代议制度的根本性决定作用,表现为诸多具体的因素。具体说来,主要有以下四个方面:

(一)民族国家的形成

欧洲封建社会,特别是中世纪初期,分裂为许多小公国和小国家。国王在自己领地以外的权力很小,往往只是名义上的,封建主在自己的领地内,倒是十足的统治者。到了封建社会末期,由于生产力的发展,工业进入了工场手工业时代,货币经济迅速发展,商品市场急剧扩大,逐渐形成了民族市场。但封建割据状态,封建主任意规定货物进口税,征收过境税的情况,却给经济的发展造成严重障碍。为了进一步扩大民族市场,发展经济,就必须结束割据状态,建立国家权力高度集中的统一国家。由于新兴城市资产阶级的支持,欧洲许多封建割据国家,变成封建的中央集权国家,亦即统一的民族国家。恩格斯指出:“日益明显日益自觉地建立民族国家的趋向,是中世纪进步的最重要的杠杆之一。"①这种转变最深刻的影响之一,"是民主政治的舞台由小型的城邦国家转换成大型的近代民族国家"。同时,"民主从专属于小型的城邦国家到专属于大型的、甚至是庞大的民族国家的转变而带来的后果有着十分重要的意义"②。具体说来,这种转变的民主意义主要有三点:

第一,形成新型的代表制。民族国家的基本特点是地域广阔,人口众多。尽管这一特点为民族市场的形成发展,为资本主义商品的生产和交换提供了条件,却给公众参与国家政治生活设置了障碍。由于公民数量多而且居住分散,无法聚集到一起开会以进行直接统治,因此他们必须通过选举出来的代表来行使他们的最高权力。这样,代议制度作为一种正当的民主制度已经势所必然。正如潘恩指出:"把代议制同民主制结合起来,就可以获得一种能够容纳和联合一切不同利益和不同大小的领土与不同数量的人口的政府体制。"③

第二,由于民族国家人口多、地域广,因而在公民中极难形成基于对城市、语言、种族、历史等具有共同依恋情感而结合在一起的相对同质性公民群,相反由利益差别导致的政治矛盾、政治冲突却成为政治生活中不可避免的一个方面。而且政治理论和实践也倾向承认,冲突是政治活动中一个正式的、并非异常的特征。利普塞特曾经指出:"传统社会的崩溃第一次使人们认识了社会与国家的区别。同时也提出了这样一个问题:如社会内成员之间与群体之间持续地处于冲突之中,怎能

---

① 《马克思恩格斯全集》第 21 卷,人民出版社 1965 年版,第 452 页。

② 〔英〕戴维·米勒、韦农·波格丹诺编:《布莱克维尔政治学百科全书》,中国问题研究所、南亚发展研究中心、中国农村发展信托投资公司组织翻译,中国政法大学出版社 1992 年版,第 188 页。

③ 〔法〕潘恩:《潘恩选集》,马清槐译,商务印书馆 1982 年版,第 246 页。

依然保持社会的团结及国家权威的合法性?”①由于代议机关代表来自不同的利益群体,因此,以代议机关为主体的代议制度,是协调、解决民族国家中各种政治矛盾、政治冲突的最佳途径。

第三,在实现民族国家管理民主化的过程中,由于面临的问题和情况远较城邦国家繁杂,因而必然形成由各种政治制度和政治实践构成的全新格局。但既要实现民主又面临地域和人口限制的客观实际,决定了代议制度是这一新格局中最基本的部分。

(二)资产阶级革命的爆发

尽管民族国家的形成为资本主义商品经济的发展提供了一定的外在条件,但并没有从根本上解决新的生产力与旧的生产关系的矛盾。随着资本主义商品经济的进一步发展,它们二者之间的矛盾必然激化,并最终导致只有通过资产阶级革命才能予以解决。而资产阶级革命则从两大方面促进了代议制度的产生。

第一是政治和经济的二元化,亦称政治国家和市民社会的二元化②。从人类社会的历史演变看,前资本主义社会的一个重要特征就是政治和经济的一体化,特别是在中世纪封建社会中,政治对经济无孔不入地渗透,使经济始终处于萎缩状态。封建的人身依附关系和超经济强制,使社会经济只能成为政治的附庸,而无法从政治的控制下分化出来,成为一个独立的领域,并根据自身的规律发展。结果不仅限制了经济的发展,同时也限制了政治的发展。因此,实现政治和经济相互分离,形成政治国家和市民社会二元状态,是资产阶级为发展商品经济而进行革命的首要目的。最后,资产阶级“完成了从政治等级到社会等级的转变过程,或者说,使市民社会的等级差别完全变成了社会差别,

---

① 〔美〕利普塞特:《政治人》,刘钢敏、聂蓉译,商务印书馆1993年版,第9页。

② 参见荣剑等:《民主论》,上海人民出版社1988年版,第79—86页。

即没有政治意义的私人生活的差别。这样就完成了政治生活同市民社会分离的过程”①。

在政治和经济的二元化过程中，社会把政治管理职能完全交给国家，而国家则把社会经济职能完全归还给社会。由此在现实中导致的直接结果是，一方面，中世纪广泛存在的壁垒森严的庄园自然经济得以迅速解体，资本主义的自由经济获得了充分发展，社会在经济领域中终于摆脱了封建政治的强制，甚至进一步摆脱了国家控制后，获得了自我运行的权利。另一方面，这种分离促使社会从等级制发展到代表制，从而使资产阶级“政治国家”不断趋于完备。在中世纪，市民社会中的不平等也就是政治国家中的不平等，反之亦然。在市民社会与政治国家相分离的现实条件下，与市民社会中的不平等相伴随的，却是政治国家中形式上的平等。人们在实际经济生活中的不平等，可以在政治国家中虚幻地表现为平等，代表制便是体现人们在政治国家中相互平等的唯一形式。同时，在市民社会与政治国家相分离的情况下，市民社会需要通过一种中介参与政治国家，而这种中介就是立法权，因此体现立法权的议会便成为市民社会在政治国家中的全权代表。正如马克思指出，“各等级（议会——引者注）是市民社会在国家中的全权代表”②。

第二是“王权、市民、诸侯”的三角均势③。在欧洲封建社会末期，“市民”代表新兴资产阶级，“诸侯”代表贵族封建割据势力，而“王权”则代表统一的封建政府。由于三种不同的势力在利益上既有联系又有对立，因而在斗争中经常形成两两同盟的格局：在铲除封建割据状态，

---

① 《马克思恩格斯全集》第1卷，人民出版社1956年第1版，1965年第3次印刷，第344页。

② 同上书，第327页。

③ 参见金观涛等：《西方社会结构的演变》，四川人民出版社1985年版，第169—226页。

促进民族市场形成与发展的过程中,资产阶级拥护加强王权,以联合起来反对贵族;但是等到资产阶级力量强大,对王权构成威胁时,国王又与贵族联合起来,反对资产阶级;当国王力量日益膨胀时,资产阶级又与贵族联合起来限制国王。"由于两两结盟的可能性存在,任何一方也不能用自己单一的力量形成独自统治的格局;只能出现相互维持均势的局面。这时,历史要求出现一种新机构,一种新制度,它能够体现三种力量的均势,执行两两同盟遏制一方的功能。这种机构显然被创造出来了。它就是君主议会制度。"①随着资产阶级政治经济实力的日益强大,不仅诸侯的力量小到不足以支持三角均势,而且王权也很快被资产阶级革命所推翻。这样,议会作为市民社会参与国家政治,从而促进经济发展的重要场所,也就牢牢掌握在资产阶级手中,并随着实践经验的不断丰富而日趋完善。正是在这一意义上我们说,资本主义议会制的产生对资本主义生产力的发展有一定的促进作用。无论是英国经过长期政治斗争而日益资产阶级化了的议会,还是法、美等国资产阶级革命胜利之后重新建立的议会,无一不是代表资产阶级利益去限制、剥夺和摆脱王权。这就使原来为国王征税的等级会议,变成了确立资产阶级统治的立宪会议;原来为封建统治阶级尽义务的会议,变成了保障资产阶级经济政治利益的机构;原来由国王控制参加的平民代表,变成了封建贵族的政治掘墓人。

(三)统治管理经验的总结

对国家的统治就是对国家的管理。尽管任何阶级一旦掌握国家政权,都会竭尽全力为本阶级利益服务,但从管理角度来说,又面临着效率问题。也就是说,要充分发挥国家政权服务于本阶级的效能,就必须寻找最佳的管理方式、措施和步骤等。当然,在此问题上主要取决于两

① 金观涛等:《西方社会结构的演变》,四川人民出版社 1985 年版,第 193—194 页。

点：一是对统治管理经验的认识程度；二是国家的客观实际状况。政治实践中则必须以对国家客观实际状况的认识为基础，并将以往的经验结合起来，才能采取具体行动。从前资本主义社会国家管理的经验教训，特别是从民族国家的政治现实状况看，代议制度是民族国家实现有效管理的最佳途径。

第一，资本主义商品经济中倡导的经济平等、经济自由，必然会反映为政治平等、政治自由。因此，伴随资本主义商品经济而产生的民族国家在统治管理过程中，必须摒弃建立在封建经济基础上的专制制度，采取以政治平等、政治自由为核心的民主制度。也就是说，在国家管理过程中，公民的意志和利益，必须得到充分而平等的反映。只有使公民的意愿得到畅通表达，并使大多数人的意志通过法定程序转化为国家意志，才能使国家管理过程中的政策措施准确得当，也才能使国家的管理活动得到广大公众的理解和支持，从而使国家管理活动产生最佳效能。但如前所述，由于民族国家地广人多，公民不可能直接参加国家事务的管理，“这样，代表制问题也就作为政治和社会参与问题而以现代的方式提到了人们面前”①。

第二，政治、经济、文化等各方面差别的存在，必然导致各种组织、团体的形成。为了维护自己的利益，满足自己的要求，这些组织团体必然会通过各种途径对国家的统治和管理施加影响。如果没有一定的途径和场所，使它们在主张自己要求和利益的过程中，彼此协调，相互妥协，势必激化它们之间的矛盾、冲突。议会作为各种不同政治力量表达各自意愿的讲坛，在此方面发挥着非常重要的作用。

第三，从管理科学的角度而言，国家管理活动并不是一项简单活

① 〔意〕萨尔沃·马斯泰罗内：《欧洲政治思想史——从十五世纪到二十世纪》，黄华光译，社会科学文献出版社 1992 年版，第 186 页。

动,而是一项充满技巧,需要较高素质才能完成的复杂工作。因此,由于经济差距引发的政治差距和文化差距的存在,决定了只有少数人才具备胜任这一工作的能力。在此情况下,还只能由少数人代表多数人进行国家管理。同时,正如我们在论证奴隶制民主问题时指出的那样,雅典奴隶制经济为奴隶主和平民参与政治提供了经济保障,使他们有充分的闲暇参与政治。但在资本主义商品经济基础上,"大多数选民都得付出大量的时间、精力来营生",这就给他们直接参与政治造成困难,因而只能委托少数代表。

第四,由于议会组成人员只是各派政治势力中数量有限的代表,因此就整体而言人数偏少,这就便于统治阶级对其活动进行控制,从而形成一个有效的监控机制。具体地说,即通过控制议员进而控制议会,从而最终控制整个国家政权,巩固统治阶级的地位和作用。

(四)近代资产阶级民主思想的发展

历史发展的过程性特点,决定了代议制度的确立并非一蹴而就。它之所以能够形成并建立一套完整的制度,首先是以近代资产阶级民主思想的发展为前提的。为适应资本主义商品经济发展的需要,反映资产阶级的政治要求,近代资产阶级在政治思想领域中进行了革命性变革。这种"变革主要表现在两个方面:一是政治从道德的强制下解脱出来了,恢复了自己独立的个性;一是人性代替了神性,重新构成了政治的出发点"①。资产阶级民主的理论和实践就是由此开始的。从马基雅弗利为迎合欧洲民族国家形成的伟大趋势,论证建立强有力的中央集权的必要,赋予君王以至高无上的权力开始,到霍布斯、洛克、孟德斯鸠、卢梭、马布利、潘恩、康德、黑格尔等无不对国家起源、国家权力的来源和国家制度等问题进行了充分阐述,并系统地提出了民主、自

① 荣剑等:《民主论》,上海人民出版社 1988 年版,第 88 页。

由、平等、法治、人权等各种学说。而在所有这些学说中,人民主权是核心。无论在建立古代民主制共和国的问题上,还是在尚处于朦胧中的代议民主制共和国以实现人民主权的问题上,启蒙思想家之间都存在分歧,但"显然,如果规定主权只能由全体人民直接行使,那么,只有古代城邦小国才可能实行这种直接民主的共和制,而现代的民族统一国家是不可能实现的。理想的王国就永远只能停留在理想中"①。正因为如此,所以大多数资产阶级思想家主张实行代议民主制。在这一思想指导下,资产阶级在民主实践中,最终选择了这一现实主义道路。他们通过利用中世纪等级会议的代表制形式,将其逐步改造成为与资产阶级所代表的生产关系相适应的代议制度,把等级代表制改变为普选产生的代表制,从而也就成为资产阶级统治的最好的政治外壳。正如密尔指出:"理想上最好的政府形式就是主权或作为最后手段的最高支配权力属于整个社会集体的那种政府。"②

从上面我们对代议制度产生原因的论述,我们可以得出三点基本结论:第一,代议制度是新兴资产阶级为发展商品经济,掩盖资本剥削雇佣劳动的实质,而所能找到的最好的政治外壳,是资产阶级为适应隐蔽的剥削方式而创造的隐蔽的政治统治形式。第二,代议制度是对古代城邦国家实行的直接民主制的突破性发展。可以说,没有代议制度,人类原始社会创造的古代民主制到希腊城邦民主共和制,最多再到欧洲中世纪个别城市共和国,就会随着统一民族国家的形成而衰亡。因此,代议制度是世界文明史上从古代民主制向现代民主制发展的伟大进步,是民主制自身发展的需要。第三,在经济地位不平等、经济差距居于社会主要矛盾的条件下,代议制度是在管理国家的过程中,适应由

---

① 曹沛霖等:《比较政府体制》,复旦大学出版社 1993 年版,第 1—2 页。

② 〔英〕约翰·密尔:《代议制政府》,汪瑄译,商务印书馆 1982 年版,第 43 页。

经济差距引发的政治差距和文化差距状况的最佳形式。如果从这一点进行推演，那么，随着经济、政治、文化差距的日益缩小，代议制度的存在基础必然受到冲击。与此相应，直接民主制的地位和作用则会逐渐增强。

二、资本主义议会制的产生和发展过程

在代议制度的产生和发展过程中，资本主义议会制是最早的表现形式，英国则是最早系统建立资本主义议会制度的国家，因而赢得了“议会之母”的美誉①。尽管在英国议会究竟源起于何时的问题上存在争议②，但对于英国议会源于中世纪封建专制的等级代表会议则认识一致。正如伯奇指出，“英国议会有着从中世纪到近现代的连续不断的发展史”③。从形式上看，英国议会最早可以追溯到盎格鲁·撒克逊时代的“贤人会议”和诺曼底时期的“大会议”。据文献资料记载，贤人会议是8世纪中叶开始出现的一种由国王不定期召集的大主教、贵族和近臣内侍参加的中央会议，最早产生于麦西亚王国④。贤人会议的

---

① 当然，就单纯代议机关意义而言的议会，很早以前就存在了。如创设于930年的冰岛议会是世界上最古老的议会之一（参见《世界议会词典》，第279页）。西班牙统一以前亚拉冈王国议会和卡斯提尔王国议会分别出现于1071年和1137年（同前，第423页）。但这些议会本质上都不具备近现代议会的特色。第一个可以被描绘为议会的机构产生于1188年的西班牙利昂王国时代，在这个机构里，“无论是和平还是战争时期”，国王要保证“遵循他的主教、贵族和贤人的忠告”（Antonio Marongiu, *Medieval parliaments*, p. 62）。但这也只是等级会议而已，而且没能在近现代化中产生影响。

② 英国宪政史鼻祖威廉·斯塔布斯认为议会形成于1295年；当代法制史专家塞尔斯认为，应把议会的起始年代定在“议会”一词作为最高法庭出现于官方文献的13世纪中叶；苏联和我国学者大多认为议会出现于1265年或1295年；刘新成等则认为议会起始于14世纪20年代政治改革时期等。参见刘新成：“再议英国议会的起源”，载《世界历史》1991年第3期；沈汉等：《英国议会政治史》，南京大学出版社1991年版，第36—38页。

③ A. H. Birch, *Representation*, p. 26.

④ 蒋孟引：《英国史》，中国社会科学出版社1988年版，第59页。

权限广泛，除举荐国王继承人外，国王的重要决定几乎都要在贤人会议磋商取得同意后才能付诸实行①。尽管严格说来，贤人会议与议会在组织上没有继承关系，但其间至少有某种"政治习惯的连续性"②。1066年诺曼底王朝建立后，贤人会议演变为大会议。其历史背景是，1135—1154年，诸侯割据力量有超乎王权的趋势，贵族发动了叛乱，亨利二世不得不与平民结盟，利用骑士和市民的支持同封建主进行斗争，并把与市民的结盟用法律形式固定下来。这次结盟的直接后果就是召开了由国王、市民、诸侯三方参加的"大会议"③。1199年约翰王继位后，借助官僚机构的力量不断扩大王权。由于他好大喜功，穷兵黩武，不仅在与法王腓力二世争夺领地时战败，而且在与教皇英诺森三世的冲突中也遭失败，并在失败后将国家财政负担直接转嫁到诸侯和市民身上，通过没收诸侯土地、任意课税等办法，获取资金，膨胀官僚机构，扩张王权。因此，1215年，贵族在骑士、工商业者、市民的支持下，迫使约翰王签署了《自由大宪章》。大宪章肯定了"大会议"的权力，强调国王非经"大会议"的同意，不得向封建主征收额外的临时税和附加税；还规定了国王必须遵守法律，如果国王违法，臣民有权强迫他尊重法律。1254年，亨利三世为筹集军费，决定召集大会议，除贵族、僧侣外，各郡选派骑士两人出席。郡法院明确授权选举的骑士代表要充当全郡的发言人，并要允诺受全郡意见的约束④。

1258年，亨利三世为其幼子争夺西西里的王位，召开大会议要求诸侯供给所需金钱。诸侯们全副武装出席会议，要求驱逐外国人和实行政治改革，并迫使国王接受会议通过的"牛津条例"。根据这个条

---

① 参见沈汉等：《英国议会政治史》，南京大学出版社1991年版，第3—4页。

② Spufford, P., *Origin of the English Parliment*, London, 1967, p3.

③ 王荣堂："略论英国议会的起源"，载《史学月刊》1983年第4期。

④ A. H. Birch, *Representation*, p. 27.

例，在没有征得大会议同意之前，国王不得任意没收土地、分配土地和监护土地，也不得出征。同时，牛津会议还把一切权力交给由 15 名诸侯组成的大会议，不得到它的允许，国王不能作出任何决定。诸侯还选出有立法权的 12 人委员会，一年聚会三次，与大会议共商国是。这次会议在历史上被称为“疯狂国会”。由此可以看出，这些组织已成为重要的权力机关。1263 年，英国爆发内战，一些诸侯在西门·查·孟福尔伯爵领导下，依靠骑士和市民的支持，俘虏了国王亨利三世及其继承人爱德华。1265 年，孟福尔召集会议，参加者除贵族和僧侣外，还有第一次由各郡和各市选派的骑士代表和市民代表。但在孟福尔国会以后若干年内，由各郡和各市选派代表出席国会并没有形成制度。1295 年 11 月，英王爱德华一世召集国会，国会成员中除僧侣和贵族外，还有由“选举”产生的市民代表（每市 2 名）和骑士代表（每郡 2 名）。这种国会形式实际上是英国议会的雏形。自此以后，这种国会组织形式就逐渐形成为制度，被长期沿用下来。所以爱德华一世召集的国会，就被资产阶级历史学家称为“模范国会”，他本人被称为“英国议会之君”。从 14 世纪 40 年代开始，随着英国资本主义的发展，议会内部由于利益不同，逐渐形成两种势力：一种由大贵族和僧侣组成，后发展成贵族院即上院；另一种由骑士和市民组成，后发展成平民院即下院。这样，英国议会逐渐由一院变成两院，议会中“平民”代表与贵族议员之间的力量对比关系发生变化，“平民”代表在议会中的地位得到提高，议会的权力也得到一定加强。1365 年英格兰法官宣称议会代表的是整个王国这一机体。但这时的议会还是一个封建等级会议，王室和贵族在议会里仍然处于支配地位。到了 17 世纪，英国资本主义关系进一步形成，资产阶级和资产阶级化的贵族同国王之间的矛盾更加尖锐，并在国会中形成以资产阶级为首的反对派。他们一方面痛恨封建制度妨碍资本主义的发展，企图推翻封建王朝的统治；另一方面又畏惧人民的力量，不敢依靠人民的力量进行反封建斗争,因此,就以国会为主要阵地与国王展开斗争。1640年资产阶级革命爆发后,“长期国会”成为革命的组织中心,在内战期间一度成为国家最高权力机关。1688年光荣革命后,资产阶级和封建贵族相互妥协,从而一起分享政权。随后在1689年和1701年,相继通过《权利法案》和《王位继承法》,确认议会是凌驾于国王之上的最高立法机关,同时享有决定王位继承、财政预算以及监督政府等权力,以后又取得决定内阁人选和内阁去留等权力,从此,资产阶级议会制终于得以建立。

尽管法国是封建专制主义的典型代表,但在一定历史条件下,国王为了自身利益,也会暂时做出一些妥协和让步。三级会议就是这种妥协的产物。1302年,法王菲力浦四世为争取法国各阶层的支持以对抗教会,在法国历史上第一次召开了三级会议。1308年,菲力浦四世为了取缔圣殿骑士团,再次召开了三级会议。参加三级会议的有三个等级:第一等级是高级教士,第二等级是世俗贵族,第三等级是城市的富裕市民。三级会议的主要职能是批准新税,对王权没有多大限制作用。而国王却可以任意召开和解散①。因此,尽管“从理论上说,法国专制君主制制度内部存在一个监督性机关,这就是三级会议”②,但三级会议仅仅只是国王的咨议机关,而且曾休会长达175年。1789年,法国形成了资产阶级革命的形势,法王路易十六被迫召开三级会议。在会议上,路易十六仍按旧例,以等级为单位进行开会和表决。这种歧视和不平等引起了第三等级代表的极大愤慨。在广大群众的支持下,他们宣布自己是代表全体人民的国民议会,负有制定宪法的使命。路易十

① 张芝联主编:《法国简史》,北京大学出版社1989年版,第62—63页。

② 〔意〕萨尔沃·马斯泰罗内:《欧洲政治思想史——从十五世纪到二十世纪》,黄华光译,社会科学文献出版社1992年版,第179页。

六不愿放弃统治权，企图用武力驱逐议会，结果激起巴黎人民武装起义，迫使政权从王室转移到议会。随后通过1791年、1793年和1795年的立宪活动，从而建立起法国资产阶级议会制①。

与英法不同，美国没有经历封建社会的历史阶段，因而也没有出现过什么等级代表君主制。美国资产阶级议会制是从殖民地时代的议会发展而来的。在独立战争前，为顺应"移民从英国带来的代议传统"②，北美各殖民地先后建立了议会制度。在独立战争中，美国资产阶级召开的第二届大陆会议，于1776年通过了"独立宣言"，1777年制定出"邦联条例"，规定邦联会议是享有主权的各州的协商机构。1787年美国宪法则根据三权分立原则，确认由参、众两院组成的国会为最高立法机关；总统是行政首脑，拥有一切行政权和军事权；最高法院是最高司法机关。这样，美国资产阶级议会制正式建立起来。

从英、法、美资产阶级议会制的产生过程，我们可以看出，虽然各国议会制的阶级本质一致，但由于各自阶级力量对比、历史文化传统、民族心理等方面存在差异，因而形成各具特点的不同形式。这些区别中最重要的一点在于：英国议会是最高国家权力机关，法美议会则只是最高立法机关，而不是最高国家权力机关。而且在资本主义议会的运行过程中，各国统治阶级都随着各自社会历史条件的变化，而相应地予以发展、完善③，使资本主义议会制从不发达形态走向了发达形态。此外，英、法、美三国的议会制度，还为不同的资本主义国家提供了不同的

---

① 金观涛等：《西方社会结构的演变》，四川人民出版社1985年版，第187页。

② 蒋劲松：《美国国会史》，海南出版社1992年版，第7页。

③ 对议会进行改革，在英国最为突出，其主要表现即始于工业革命后期对政治结构进行的资产阶级民主化改造（参见沈汉等：《英国议会政治史》，第六章）。法、美两国也曾多次对其议会制进行调整（参见洪波：《法国政治制度变迁》，第三、四章；蒋劲松：《美国国会史》，第十四章等）。

模式。随着资产阶级在许多国家相继取得政权,议会制度就在资本主义各国普遍建立起来了,资本主义议会制因而得到进一步发展。

第三节 社会主义人民代表制的产生和发展

社会主义人民代表制的产生,是代议制度历史发展过程中具有重大历史意义的一步。但历史上每一次重大的社会变革之前,理论的变革总具有十分重要的意义。

一、马列主义经典作家的理论探索

远在社会主义成为现实之前,就有无数有识之士对其进行了无限的憧憬。只有马克思主义的诞生,才使社会主义从“空想到科学”。在未来理想社会实现民主的形式问题上也是如此。尽管从莫尔主张民众大会及其常设机构是“乌托邦”的最高权力机关,到温斯坦莱主张议会是“最高正义机关”,再到卡贝提出最高权力机关是由2000名代表组成的人民代表大会等,都曾对此进行过有益的探索,但由于历史条件和主观因素的限制,这些空想社会主义者的学说,终究缺乏基于社会发展规律的理论力度和指导政治实践的实际效应。只有马克思主义经典作家才最终完成了这一历史任务。这里,我们从两个方面对此予以阐述。

(一)对资本主义议会制的批判

资本主义议会制度建立以后,资产阶级的统治通常通过议会的形式体现出来,尽管议会是由选举产生的,又是立法机关,因而相对于封建王权来说,在历史上是一个大进步,但资产阶级却因此把议会吹捧成民意机关,认为它能代表民意,因而体现了人民主权。因此,揭露资本主义议会制的本质极为重要。

在马克思主义经典作家看来,资本主义国家的“议会形式只是行政权用以骗人的附属物而已”①，它们实际上只能代表资产阶级的意志和利益。资产阶级通过议会争论、表决等形式，把资产阶级的意志伪装成全民的意志。他们把议会称为“清谈馆”，认为议会中的热烈争论，往往只是资产阶级各派利益的角逐，并没有改变服务于资产阶级的这一本质。“任何一个议会制的国家，从美国到瑞士，从法国到英国和挪威等等，那里真正的‘国家’工作是在幕后做的，是由各部、官厅和司令部进行的。议会专门为了愚弄‘老百姓’而从事空谈。这是千真万确的事实。”②可见，“议会民主”实质上只是资本主义国家的装饰品，而真正起统治作用的则“是财产。财产使贵族能左右农业区和小城市的代表选举；财产使商人和厂主能影响大城市及部分小城市的代表选举；财产使两者能通过行贿来加强自己的势力。财产的统治已经由改革法案通过财产资格的规定所确认了”③。因此，“每隔几年决定一次究竟由统治阶级中的什么人在议会里镇压人民、压迫人民——这就是资产阶级议会制的真正本质，不仅在议会制的君主立宪国内是这样，而且在最民主的共和国内也是这样”④。

必须明确的是，尽管马克思主义经典作家对资本主义议会制的阶级本质作了这样深刻的揭露，却并不否认资本主义议会制在国家制度发展史上是一个巨大的进步。正如马克思和恩格斯所指出的那样：“资产阶级消灭了国内各个现存等级之间的一切旧的差别，取消了一切依靠专横而取得的特权和豁免权。他们不得不把选举原则当做统治的基础，也就是说在原则上承认平等。”⑤可见，在资本主义议会制下，

---

① 《马克思恩格斯选集》第3卷，人民出版社1995年版，第94页。

② 《列宁选集》第3卷，人民出版社1995年版，第151页。

③ 《马克思恩格斯全集》第1卷，人民出版社1956年第1版，1965年第3次印刷，第687页。

④ 《列宁选集》第3卷，人民出版社1995年版，第150页。

⑤ 《马克思恩格斯全集》第2卷，人民出版社1957年第1版，第647页。

在形式上，资产阶级不得不允许人民群众参与政治。这比起中世纪的专制主义来，不能不说具有很大的进步性。不仅如此，以议会为核心的资产阶级民主在客观上和一定范围内，还为无产阶级的发展壮大，为无产阶级和资产阶级开展斗争提供了有利条件。诚如列宁指出，“资产阶级革命的民主改革愈彻底，这个革命就愈少局限在仅仅有利于资产阶级的范围。资产阶级革命愈彻底，就愈能保证无产阶级和农民在民主革命中获得利益”。① 他还指出，“没有议会制度，没有选举制度，工人阶级就不会有这样的发展”。② 因此，“资产阶级的共和国、议会和普选制，所有这一切，从全世界社会发展来看，是一种巨大的进步”③。

（二）对无产阶级代议制的理论概括

马克思主义经典作家历来极为关注无产阶级夺得政权后应该如何建立国家政权的问题。在《共产党宣言》中，马克思和恩格斯就指出：“工人革命的第一步就是使无产阶级上升为统治阶级，争得民主。”④在这里，无产阶级革命导师首次提出了无产阶级专政的萌芽思想。后来，在《哥达纲领批判》中，马克思进一步指出：“在资本主义社会和共产主义社会之间，有一个从前者变为后者的革命转变时期，同这个时期相适应的也有一个政治上的过渡时期，这个时期的国家只能是无产阶级的革命专政。”⑤但工人阶级应该怎样实现无产阶级专政呢？对此，马克思提出了著名的打碎旧的国家机器的原理。他在《路易·波拿巴的雾月十八日》一书中，根据对法国革命实际进程的考察，认为：“一切变革都是使这个机器更加完备，而不是把它毁坏。”在总结巴黎公社经验教

① 《列宁全集》第9卷，人民出版社1959年版，第36页。

② 《列宁全集》第29卷，人民出版社1956年版，第442页。

③ 同上。

④ 《马克思恩格斯选集》第1卷，人民出版社1995年版，第272页。

⑤ 《马克思恩格斯选集》第3卷，人民出版社1995年版，第314页。

训的《法兰西内战》中则进一步指出，“工人阶级不能简单地掌握现成的国家机器，并运用它来达到自己的目的”。[①] 因为，“奴役他们的政治工具不能当成解放他们的政治工具来使用”[②]。

既然无产阶级革命必须打碎旧的国家机器，那么资本主义议会制度作为资产阶级民主制的核心自然应该予以摧毁。但马克思主义经典作家对此并未采取简单化的态度。在他们看来，虽然资本主义议会制度是资产阶级专政的工具，无产阶级当家做主的国家不能照搬，但仍然可以采取代议制的形式。正如列宁指出：“摆脱议会制的出路，当然不在于废除代议机构和选举制，而在于把代议机构由清谈馆变为‘工作’机构。”[③]在无产阶级夺取政权的条件下，作为资本主义特殊制度的议会制是不存在的，但“代议机构仍然存在”，“没有代议机构，我们不可能想象什么民主，即使是无产阶级民主”[④]。因此，无产阶级在建立自己的政权过程中，既必须从根本上否定资本主义代议制，亦即资本主义议会制的本质，又必须借鉴资本主义代议制的形式。

恩格斯在给拉法格的信中说：“共和国是无产阶级将来进行统治的现成的政治形式……但是，共和国像其他任何政体一样是由它的内容决定的；只要它是资产阶级的统治形式，它就同任何君主国一样敌视我们（撇开敌视的形式不谈）。因此，无论把它看作本质上是一种社会主义的形式，还是当它还被资产阶级掌握时，就把社会主义的使命委托给它，都是毫无根据的幻想。”[⑤]很明显，恩格斯在这里明确地说明了资产阶级共和国是不能实现社会主义内容的，只有具有社会主义性质的

① 《马克思恩格斯选集》第2卷，人民出版社1995年版，第52页。
② 《马克思恩格斯选集》第3卷，人民出版社1995年版，第117页。
③ 《列宁选集》第3卷，人民出版社1995年版，第151页。
④ 同上书，第152页。
⑤ 《马克思恩格斯选集》第4卷，人民出版社1995年版，第735页。

民主共和国，才是实现无产阶级当家做主的政治形式。同样，资本主义代议制是不能实现社会主义内容的，只有具有社会主义性质的代议制，才是实现无产阶级民主的基本形式。同时，这也从另一个方面证明，正如同无产阶级可以改造利用资产阶级民主共和国中民主共和国的形式一样，无产阶级同样可以改造利用资本主义议会制中的代议制形式。

除了从总的原则上对无产阶级代议制进行过阐述外，马克思主义经典作家还结合无产阶级革命和无产阶级政权建设实际，对社会主义人民代表制问题进行过许多的论述。对此，我们将在下一问题中进行介绍。

二、社会主义人民代表制是代议民主制的进一步发展

《共产党宣言》发表23年后，全世界无产阶级走上了新的历史发展阶段。代议制度从此发生了质的飞跃：从巴黎公社到苏维埃，社会主义人民代表制终于形成。

（一）巴黎公社是无产阶级代议制的最初尝试

1871年，巴黎无产阶级和广大劳动群众举行武装起义，推翻了资产阶级政权，创造了人类历史上第一个无产阶级当家做主的政治形式，建立了历史上第一个无产阶级代议制度。虽然巴黎公社只存在了短短的72天，但它在创建巴黎无产阶级代议制度过程中，却给我们留下了宝贵的经验和原则：

第一，普选和监督原则。马克思指出："公社是由巴黎各区普选选出的市政委员组成的。这些委员是负责任的，随时可以罢免。"①3月18日起义胜利后，公社立即发布公告，着手准备选举。虽然匆忙选举使公社犯了一个致命的错误，但选举本身却充分体现了无产阶级的真正民主。因为不仅在选举权上毫无限制，使劳动人民有充分的机会享

① 《马克思恩格斯选集》第3卷，人民出版社1995年版，第55页。

受普选权,而且大多数政权机关公职人员都必须由选举产生,具体包括三方面人员:一是公社委员会委员;二是人民武装部队的军官;三是企业单位的厂长、车间主任等。同时,公社的这个原则不但要求代表对选举他的选区的选民负责,而且还提出了代表必须接受选民监督的有效保证,即选民对选出的代表可以随时撤换,以防止由社会公仆变为社会主人。所以,恩格斯指出:“公社一开始想必就……应当保证本身能够防范自己的代表和官吏,即宣布他们毫无例外地可以随时撤换。”①而且,选民对代表的随时撤换制,是无产阶级代议制区别于资产阶级代议制的根本标志。正如列宁说的,“任何由选举产生的机关或代表会议,只有承认和实行选举人对代表的罢免权,才能被认为是真正民主的和确实代表人民意志的机关。这是真正民主制的基本原则”。②

第二,工人政府原则。公社委员会是巴黎公社的最高权力机关,其成员“大多数自然都是工人或公认的工人阶级代表”③。在公社成立当选的86位公社委员中,虽曾有20多名资产阶级自由派分子,但他们在3月28日当选,4月初即退出了公社。公社还把行政、司法、国民教育等方面的所有职位,都交给由普选选出的人担任,从而把所有的职务一举而变成真正工人的职务,使公社真正成为工人的政府。

第三,议行合一原则。马克思指出:“公社是一个实干的而不是议会式的机构,它既是行政机关,同时也是立法机关。”④在资产阶级革命时期,议会作为资产阶级的立法机关曾经起过反对封建专制的进步作用。但是,当资产阶级完全掌握国家政权后,议会却变成欺骗人民的“清谈馆”了。公社和议会却完全不同:公社既是立法机关,因而有权

---

① 《马克思恩格斯选集》第3卷,人民出版社1995年版,第12页。
② 《列宁全集》第26卷,人民出版社1959年版,第314页。
③ 《马克思恩格斯选集》第3卷,人民出版社1995年版,第55页。
④ 同上。

就一切公社事务制定法律，作出决议；同时又是兼管行政的机关，它下面设置的各委员会负责执行它的决定，受它监督，而且许多公社委员直接参与各委员会的领导工作。因此，巴黎公社实行的是议行合一原则。

第四，低薪制原则。把公职人员变成人民公仆是无产阶级政权与其他一切国家政权的根本区别。但如何实现呢？对此，巴黎公社进行了有益的探索。除必须进行有效监督外，实行低薪制也是非常重要的环节。恩格斯曾经指出，为了防止国家和国家机关由社会公仆变为社会主人……它对所有公职人员，不论职位高低，都只付给跟其他工人同样的工资……这样，即使公社没有另外给各代议机构的代表规定限权委任书，也能可靠地防止人们去追求升官发财了。这样，从公社委员起，从上至下一切公职人员都只领取相当于工人工资的薪金。他们所得的报酬每月 12 英镑，最高的也不过每年 240 英镑。根据英国赫胥黎教授的估计，这种薪金只略高于伦敦教育局秘书工资的 1/5。因此，巴黎公社实现了资产阶级不可能实现的"廉价政府"的口号。

正因为巴黎公社在建立无产阶级代议制，创建真正的无产阶级政权过程中，给无产阶级留下了丰富的遗产，所以马克思主义经典作家给予了高度评价。马克思指出，公社的真正秘密就在于：它实质上是工人阶级的政府，是生产者阶级同占有者阶级斗争的结果，是终于发现的可以使劳动在经济上获得解放的政治形式。后来的无产阶级政权建设实践充分证明，马克思的这一论断是完全正确的。

（二）工农兵代表苏维埃是人类历史上第一个社会主义人民代表制

1917 年十月社会主义革命的胜利，打破了帝国主义体系中最薄弱的一个环节，使社会主义首先在一个国家获得胜利。列宁在领导俄国无产阶级革命过程中，通过总结巴黎公社以来国际共产主义运动的经验和教训，终于找到了苏维埃这种"能使无产阶级实现自己的统治的实际形式”。如果说巴黎公社是无产阶级专政发展过程中的第一步，是社会主义人民代表制的萌芽的话，那么“‘苏维埃政权’是无产阶级专政发展过程中的第二个具有世界历史意义的步骤或阶段”①，“是巴黎公社的直接继续”②。

“苏维埃”是俄文“COBET”的译音，其涵义是指代表会议。它是1905年俄国第一次大革命中，由人民群众创造的新的组织形式，有工人代表苏维埃、士兵代表苏维埃、农民代表苏维埃等。在它们中，由工厂作坊的工人代表组成的工人代表苏维埃最为突出。工人代表苏维埃最初只是领导工人进行罢工斗争的组织，后来发展为领导群众进行各种革命斗争的机关，成为独立行使国家政权某些职能的革命暴动组织。它曾经宣布8小时工作制，进行抗税活动，组织法庭维护革命秩序，发行报纸实现出版自由等。虽然当时它曾企图将各种苏维埃联合起来，但由于无论是组织机构还是组织成员都是脆弱的、松散的，因而没能完成。然而，对人民群众自发组织苏维埃的经验，列宁十分重视，并指出，苏维埃是革命政府的萌芽③，是劳动群众“夺取政权的开始”④。1917年2月，在列宁领导的布尔什维克发动下，出现了工人代表苏维埃和士兵代表苏维埃联合起来的工兵代表苏维埃。1917年4月，列宁在《四月提纲》中第一次把苏维埃作为国家的组织形式提了出来，指出“工人代表苏维埃是革命政府惟一可能的形式”⑤，并提出“全部政权归苏维埃”的口号。1917年十月革命胜利后，全俄苏维埃第二次代表大会正式确认苏维埃是新的国家政权机关。这时，从中央到地方都建立了工

---

① 《列宁全集》第28卷，人民出版社1956年版，第409页。
② 《列宁全集》第27卷，人民出版社1958年版，第171页。
③ 《列宁全集》第10卷，人民出版社1958年版，第213页。
④ 《列宁全集》第16卷，人民出版社1959年版，第165页。
⑤ 《列宁选集》第3卷，人民出版社1995年版，第15页。

农兵代表苏维埃。同时,全俄工农兵代表苏维埃选出了全俄中央执行委员会作为它的常设机关,组成了人民委员会作为它的执行机关。1918 年的苏俄宪法以根本法的形式,正式确认工农兵代表苏维埃为苏俄的人民代表机关。从此,无产阶级掌握整个权力的代议机关产生了,以之为核心的人类历史上第一个社会主义人民代表制形成了。

由于苏维埃政权是在俄国具体历史条件下的产物,因而也就不能不具有它自身的特点。对此,列宁、斯大林分别在《布尔什维克能保持国家政权吗?》和《论列宁主义的基础》中进行了系统概括①。从代议制度的角度综合他们的观点主要有:第一,它的成员是依民意选出和更换的,比以前的机构民主得多,它保证同群众、同大多数人民有极其密切的联系,能吸收劳动者的群众组织无条件地经常参加国家管理。第二,它保证无产阶级先锋队组织能够用来发动、教育、训练和领导广大劳动群众。第三,它保证能够把议会制的长处和直接民主制的长处结合起来,即把立法的职能和执行法律的职能在选出的人民代表身上结合起来,把工人和一般群众同国家管理机关联系起来。

从工农兵代表苏维埃在代议制度方面的这些特点,我们可以看出,它与巴黎公社既有相同点,也有不同点。它们二者之间不仅本质相同,而且一些基本原则也是相同的,如代表都由选举产生,对选民负责和实行随时撤换制,都实行议行合一等。但由于各自产生的历史条件毕竟有别,所以它们之间也存在下述不同:第一,苏维埃由布尔什维克领导。布尔什维克通过苏维埃组织动员劳动群众实现无产阶级专政的任务,因而特别强调苏维埃同人民群众的密切联系,强调发挥人民群众的主动性、积极性和创造精神。这些特点与俄国资本主义不发达、工人不占

---

① 参见《列宁选集》第 3 卷,人民出版社 1995 年版,第 308—309 页;《斯大林全集》第 6 卷,人民出版社 1956 年版,第 107—108 页。

多数、必须实行工农联盟紧密相联。巴黎公社则基于当时没有马克思主义政党领导，没有工农联盟，因而强调人民直接当家做主。第二，尽管苏维埃代表与巴黎公社代表一样由选举产生，对选民负责，并且可以随时撤换，但苏维埃的其他公职人员则不由选举产生和随时撤换，并且公职人员的工资和普通工人的工资也不同。这与国家机关尚未简化以及公职人员的不同职务对能力等方面要求不同有关。

自从1918年社会主义人民代表制在苏俄确立以后，随着政治、经济、文化等各方面的不断向前推进，这一制度也分别在1924年、1936年的苏联宪法中继续得到肯定和进一步的完善。第二次世界大战胜利以后，与一批社会主义国家政权的建立相适应，社会主义人民代表制在这些国家得到运用和发展。

第三章 代议制度与人民主权

尽管代议制度的产生有其客观历史原因,而且自产生以后传遍世界各国,成为各国政治制度的重要组成部分,但代议制不一定等于民主制。“只有当代议制成功地保证了政府的行动确实是按照人民的愿望和需要办事时,我们才有理由称之为代议制民主。”①因此,无论在理论上还是在实践中,代议制时常受到人们的非难。纵览各种观点可知,问题的关键在于如何理解与处理代议制度与人民主权的关系。

第一节 代议制度与人民主权矛盾吗

与民族国家的形成相伴而生的还有主权问题。法国古典法学家J. 布丹为适应西欧社会经济发展,要求建立统一的国内市场,民族国家开始形成,政治权力开始集中和得到加强等历史条件的需要,而系统提出了主权理论。他指出,主权是公民和臣民之上的最高权。它不受法律的限制……这个权力必定是永久的。那么,这种绝对的、至高无上的、永恒的权力到底应该属于谁呢?布丹从反对封建领主的割据状态出发,赞同建立在神权基础上的君主主权;英国资产阶级思想家霍布斯从坚持集权专制出发,主张建立在“自然法”和“社会契约”理论基础上的君主主权,并坚决反对“君权神授”;洛克从巩固资产阶级在反封建

① 上海社会科学院法学所编译:《宪法》,知识出版社1982年版,第148页。

斗争中获得的政治权力出发,提出议会主权,反对君主主权;卢梭则进一步发展了资产阶级主权理论,提出了人民主权学说。

一、人民主权原则的历史演变

(一)人民主权学说评介

一般说来,人民主权是指国家中的绝大多数人拥有国家的最高权力。在人类社会发展史上,人民主权观念很早就有。英国资产阶级革命时期,独立派的代表阿里哲尔楠·锡德尼就主张人民主权原则。他认为,权力只有一个唯一合理的根据,那就是人们以自己为目的而订立的自由协议。人们在建立国家政权的时候,依照维护共同利益所必不可少的尺度,限制了自己的自由,但人民享有建立和推翻政府的权利。另一思想家乔治·劳森认为,一切政治权力应该属于人民。只有在为了全体人民的利益时,权力才能给予政府。只有通过共同体的默契或表示,权力才能获得。集人民主权学说之大成者是法国资产阶级启蒙运动时期杰出的思想家让·雅克·卢梭。卢梭以"自然状态"和"社会契约"理论为基础,认为主权是公意的具体表现。人民的公意表现为最高权力。人民是国家最高权力的来源,国家是自由的人民根据契约协议的产物,而政府的权力都是人民授予的。因此,国家的主人不是君主,而是人民,治理者只是受人民委托,因而主权只能属于人民。

人民主权学说的出现,是国家学说发展史上的一大飞跃,是资产阶级革命反对封建专制主义的锐利思想武器。它给当时欧洲流行的"天赋君权"、"君权神授"说以致命的打击,从而在精神上解除了封建君主的武装,从思想上武装了革命的人民。但是,在资产阶级上升时期产生的人民主权学说,不可避免地带着一定的资产阶级局限性。首先是"人民"的阶级性问题。尽管在启蒙学者的主观思想中,在他们关于人民的概念表述中,人民往往是指人民群众全体,但正如马克思主义创始人所指出的,启蒙学者所讲的人民,实际上只是资产阶级。其次,人民主权论者的论证是唯心主义的。因为其立论基础是无法证实的“自然状态”理论和“社会契约”理论。作为人民主权论基础的社会契约论的历史出发点,也是不符合历史事实的臆想,是一种“鲁滨逊式故事的美学的错觉”,是“大踏步走向成熟的‘市民社会’的预感”①。因此,国家并不是人民根据契约建立的,乃是阶级矛盾不可调和的产物和表现。在人民主权思想的旗帜下建立的所谓理性国家,“不过是资产阶级的理想化的王国”②。而启蒙学者所谓永恒的理性,并不是什么全人类的理性,实际上只是正在那时发展成为资产者的那些中等市民的理想化的悟性。再次,人民主权论者所谓的人民主权,仅仅涉及政治权力方面,没有涉及更为重要的社会经济领域。

尽管人民主权学说有诸多局限性,却并不降低它的历史意义。因为它不仅在反对封建专制主义中起了进步作用,而且它的某些原则远远超出了反对封建专制主义的范围:第一,主权属于人民,政府的权力来自人民,因此,政府的建立应该经人民的同意,政府的权力应受人民的监督。在政府和人民的关系中,人民是主人,国家机关及其工作人员只是受托者。这是人民主权思想的核心。正是这一核心,使其意义超出了反封建专制主义。无产阶级有可能利用它反对资产阶级政府,也可以经过批判改造,使其合理部分为无产阶级民主所吸收,在社会主义民主条件下,真正实现人民当家做主。第二,既然政府的权力来自人民,人民就有权要求政府为人民服务。资产阶级革命家以此去要求封建专制政府,发挥了强有力的反封建的战斗作用。但是,资产阶级政府本身也不可能真正做到为人民服务。因此,广大劳动人民就可以根据

---

① 《马克思恩格斯全集》第12卷,人民出版社1962年版,第733页。

② 《马克思恩格斯选集》第3卷,人民出版社1995年版,第356页。

人民主权学说反对它，并在建立无产阶级当家做主政权的过程中，吸收其合理成分，从而建立真正的人民政权。

恩格斯曾经指出："从资产阶级由封建时代的市民等级破茧而出的时候起，从中世纪的等级转变为现代的阶级的时候起，资产阶级就由它的影子即无产阶级不可避免地一直伴随着。"①对主权的要求也是如此。虽然在反封建的资产阶级革命中，无产阶级奋勇在前，但资本主义制度不仅没有使他们当家做主反而使他们更加贫困的残酷现实，使他们清醒地意识到，"同启蒙学者的华美诺言比起来，由'理性的胜利'建立起来的社会制度和政治制度竟是一幅令人极度失望的讽刺画"②。于是他们提出了自己的人民主权思想。空想社会主义者和空想共产主义者成了他们最早的理想代言人。如英国资产阶级革命时期，以杰拉尔德·温斯坦莱为代表的掘地派认为，王权虽然被废除了，但压迫依然存在，贫苦大众依然见不到自由的阳光。因此，温斯坦莱主张，国家的最高权力应当属于人民，号召人民不要相信王权和议会的统治。他认为，政治组织应该建立在彻底民主的原则基础上，全体公职人员必须由人民普选产生，最高立法权、最高行政权和经济活动的最高领导权都属于人民普选产生的议会。而且人民对法律可以表述己见。法国空想共产主义者马布利认为，每个公民都应享有更换自己政府的权利，人民是最高权力的唯一源泉。他主张一切立法权都集中于人民代议机关，一切公务人员都由选举产生，最高政权执行机关由人民代议机关选举，执行机关的权力应受立法机关的约束。此外，巴贝夫、欧文、卡贝等都曾主张过人民主权。马克思主义经典作家也是如此。他们不仅以人民主

① 《马克思恩格斯选集》第3卷，人民出版社1995年版，第447页。
② 同上书，第607页。

权思想为武器，反对封建专制主义和资产阶级政府，而且充分吸收了人民主权思想的精华，将其改造为无产阶级的人民主权学说①。

（二）人民主权原则在各国宪法中的体现

人民主权学说是资产阶级民主思想的核心，是资产阶级领导人民起来反对封建王权，进行推翻封建专制统治的革命的理论根据之一。因此，从1776年美国《独立宣言》宣布人的天赋权利不可转让，以及1789年法国《人权宣言》宣布“整个主权的本源主要是寄托于国民”以来，西方国家在形式上一般都承认人民主权，并将其作为资产阶级民主的一项首要原则，而且在宪法中明确规定主权在民。如法国第五共和国宪法规定“国家主权属于人民”；日本1946年宪法规定：“兹宣布主权属于国民”；联邦德国基本法规定“主权属于人民”等。但是，这些形式上的规定并不意味着在现代资本主义国家政治实践中，广大人民群众已经切实享有当家做主的权利。

然而，我们在各社会主义国家的宪法规范中，并没有看到资本主义国家宪法那样主权属于人民的规定，而只看到“一切权力属于人民”的原则。那么，“一切权力属于人民”与人民主权是什么关系？笔者认为，“一切权力属于人民”是无产阶级在创建无产阶级政权过程中，在批判地继承资产阶级民主思想基础上，对人民主权原则的创造性运用和发展。因此，“一切权力属于人民”实质上也就是主权在民。

首先，从马克思主义经典作家对人民主权学说的态度看。恩格斯指出：现代社会主义，“就其理论形式来说，它起初表现为18世纪法国伟大的启蒙学者们所提出的各种原则的进一步的、似乎更彻底的发展”②。人民主权就是这里所讲的为现代社会主义进步的、更彻底发展

① 对此，本节下面将予以阐述。

② 《马克思恩格斯选集》第3卷，人民出版社1995年版，第119页。

的那些原则中的一个。事实上,马克思在批判黑格尔的君主主权思想时,就曾以人民主权思想作为反封建专制主义的武器。他指出:“人民的主权不是从国王的主权中派生出来的,相反地,国王的主权倒是以人民的主权为基础的。”①他在谈到德国国民议会的权利时写道:“国民议会本身没有任何权利——人民委托给它的只是维护人民自己的权利。如果它不根据交给它的委托来行动——这一委托就失去效力。到那时,人民就亲自出台,并且根据自己的自主的权力来行动……当国王实行反革命的时候,人民完全有权力利用革命来回答它。”②恩格斯在谈到卢梭的辩证法时,也曾以肯定的语气引用卢梭表述人民主权思想的下述论断:“人民拥立国君是为了保护自己的自由,而不是为了毁灭自由,这是无可争辩的事实,而且是全部公法的基本原则。”并由此引申出结论:“在暴君面前人人平等,就是说大家都等于零。”③这些充分表明了马克思主义创始人对人民主权学说的态度。

继马克思、恩格斯之后,列宁同样运用人民主权学说进行反封建专制主义的革命斗争。列宁在《三种宪法或三种国家制度》的提纲中,谈到民主共和制的意义时,明确指出:“1. 无论是警察或官吏都没有任何独立的权力,他们完全服从于人民;2. 无论是资本家或地主都不享有任何特权;3. 全体人民享有全部权力,即统一的、完全的和不可分割的权力。”④列宁在这里十分清楚地指出了民主共和制的本质,就是“全体人民享有全部权力”。这成了列宁反对沙皇专制主义的锐利武器,实际上也是对人民主权学说的创造性发挥。

---

① 《马克思恩格斯全集》第 1 卷,人民出版社 1956 年第 1 版,1965 年第 3 次印刷,第 279 页。

② 《马克思恩格斯全集》第 6 卷,人民出版社 1961 年第 1 版,第 305 页。

③ 《马克思恩格斯选集》第 3 卷,人民出版社 1995 年版,第 482 页。

④ 《列宁全集》第 8 卷,人民出版社 1959 年版,第 524 页。

由马克思主义经典作家对人民主权学说的态度可知，他们并没有完全抛弃人民主权学说，而是对其加以改造利用和发展。

其次，从社会主义国家政权建设实践看。跟任何国家政权一样，社会主义政权也有一个最高权力属于谁的问题，政府与人民的关系问题，这也是社会主义民主应当解决的最关键的问题。实际上，第一个无产阶级专政政权巴黎公社就很好地解决了这些问题，从而为以后的社会主义政权建设提供了经验。巴黎无产阶级在武装起义取得胜利后，通过普选产生了巴黎公社委员会，兼管行政和立法，并且规定代表对选民负责，选举者可以随时撤换被选举者；还对所有公务员，不论职位高低，都只付给跟其他工人同样的工资①。这些措施既确立了其最高权力属于巴黎公社无产阶级，又保证了政府和人民的正确关系，从而防止公职人员由“人民的公仆”变为“人民的主人”。马克思、恩格斯正是在总结巴黎公社经验的基础上，提出无产阶级革命胜利后，应该建立工人们“断然当家做主”、成为“社会的负责公仆”的人民政府。这种政府，正如巴黎公社那样，和人民的关系应该是“社会公仆”和“社会主人”的关系。这充分体现了人民主权学说的核心，即最高权力属于人民，人民与政府的关系应当是委托者和被委托者的关系。由此可知，资产阶级启蒙思想家的人民主权学说已经被无产阶级政权建设所改造、利用，并经马克思主义经典作家归纳总结后，成为社会主义国家政权基本的民主原则。

再次，从主权和国家权力的关系看。笔者认为，一个国家的国家权力有很多种类。从纵向看，有最高国家权力、中央国家权力和地方国家权力；从横向看，有立法权、行政权和司法权等。那么，它们之间有些什么关系呢？笔者认为，国家的最高权力就是主权，主权是对国家一般权

① 《马克思恩格斯选集》第2卷，人民出版社1995年版，第13页。

力的概括和总结，而国家的一般权力则是派生于主权的国家权力，既然确认国家的“一切权力属于人民”，就理所当然地应该确认国家的最高权力属于人民。如果像有些人认为的那样，我们确认“一切权力属于人民”，但反对人民主权原则，那么所谓“一切权力属于人民”只能是无稽之谈。因为人民没有国家的最高权力，又何来国家的一切权力呢？当然，在人民主权与国家权力问题上，也有人认为它们是相互矛盾的。“因为历史揭示出，国家权力总是被利用来剥削和镇压大多数人民。”①但那是剥削阶级国家人民主权与国家权力相互脱节的结果。在社会主义国家中，由于“政府行政机构同人民代表制的议院密切结合，形成新型的‘社会主义民主’的核心。这样，加强国家权力的同时加强人民主权，在理论上成为可能”②。因此，在社会主义国家，它们是根本一致的。

二、政治参与是实现人民主权的根本途径

如果说民主政治和专制政治在国家权力来源问题上的重大区别在于，国家权力是符合社会的普遍意志和普遍利益，还是符合少数人乃至个别人的意志和利益的话，那么，人民主权原则的确立，则使这一区别更加明确，并因而给民主政治确立了一项最根本的指导原则。但原则本身并不能产生客观的实际效能，只有通过各种途径和措施，原则才可能真正得以贯彻落实。人民主权原则的实现也是如此，它也必须依赖各种形式和措施。尽管人民当家做主涉及政治、经济、文化和社会生活等各个方面，但就民主政治来说，所谓人民主权，是指绝大多数人的意

---

① 〔美〕C. 布雷德利·沙尔夫：《民主德国的政治与变革》，秦刚译，春秋出版社 1988 年版，第 37—38 页。

② 同上书，第 38 页。

志和利益在国家政治生活中能够发挥主导作用。那么,多数人的意志和利益在国家政治生活中,怎样才能得到反映和实现呢?广大公民普遍的政治参与就是解决这一问题的根本措施。正是在这一意义上我们说,它是实现人民主权,从而在根本上解决国家政治权力来源于广大人民的根本途径。

政治参与是指公民通过各种途径,直接或间接地决定、影响国家政策,监督国家机关及其工作人员的行为。其主要特征表现在:第一,政治参与是一种自主的政治行为,它是公民本人通过自己的分析判断而作出的选择。其表现既可以是对同一问题表示相同的意见和采取相同的政治行为,也可以是表达不同的看法和意愿,选择不同的政治行为。第二,政治参与是一种自觉的政治行为,是公民以主人翁身份进行的一种自觉的积极行为,是"我要参与",而不是"要我参与"。第三,政治参与是一种合法的政治行为,是在法律允许的范围内,从事决定、影响国家政治过程的行为,其目的在于使国家的政策,在最大程度上符合广大人民的利益和愿望。

在西方政治学研究中,包括亚里士多德、卢梭、密尔等,都对政治参与进行过研究。正如有学者指出,"在有关政治的理论研究和经验研究中,参与都是一个核心概念。它在对于民主的分析中具有特别重要的作用"①。现代西方学者则从政治参与的作用和功能、政治参与模式,以及政治参与的效果等方面,进行了全面的分析和研究。如亨廷顿即把广泛的政治参与作为政治现代化最基本的三要素之一。他认为,在所有现代国家中,公民已直接置身于各种政治事务中,并直接受其影

① 〔英〕戴维·米勒、韦农·波格丹诺编:《布莱克维尔政治学百科全书》,中国问题研究所、南亚发展研究中心、中国农村发展信托投资公司组织翻译,中国政法大学出版社1992年版,第563页。

响。因此，广泛的政治参与“可以增加人民对政府的控制力”①。谢尔·A.伊莱亚森指出：“北欧国家民主政治的基础之一是公民积极参与政治决策过程。”②还有学者则从工具性、发展性和沟通性等方面，对政治参与的功能进行分析。所谓工具性是指参与的目的是促进或者捍卫参与者的利益。人们是否参与将取决于对预期收益和成本的估判，取决于对自己实现目标的力量的评价。发展性则是指参与进程会提高参与者普遍的道德、社会和政治诸方面的觉悟。沟通性是指参与有助于意见交换，有助于公共利益的形成和保障等③。

在马克思主义民主学说中，政治参与同样居于非常重要的地位。比如对黑格尔认为一切人都直接参与一般国家事务的讨论和决定，只是给“国家机体”灌输了没有任何合理形式的民主因素的观点，马克思曾驳斥道：“其实恰巧相反，民主因素应当成为在整个国家机体中创立自己的合理形式的现实因素。”④因为只有当社会的一切公民都有权利直接参与国家事务时，国家制度的“合理形式”才可能真正建立起来，否则就会像资产阶级代议民主制那样，合理的形式包含着极不合理的内容。因此，马克思非常重视人民直接参与国家政治生活的重要性。他说：“如果问题提得正确，那它就只能是这样：人民是否有权来为自己建立新的国家制度呢？对这个问题的回答应该是绝对肯定的，因为

---

① 〔美〕塞缪尔·亨廷顿：《变革社会中的政治秩序》，李盛平译，华夏出版社1988年版，第35页。

② 〔丹麦〕福尔默·威斯蒂主编：《北欧式民主》，赵振强等译，中国社会科学出版社1990年版，第121页。

③ 〔日〕山口定：《政治体制》，韩铁英译，经济日报出版社1991年版，第62—63页；〔英〕戴维·米勒、韦农·波格丹诺编：《布莱克维尔政治学百科全书》，中国问题研究所、南亚发展研究中心、中国农村发展信托投资公司组织翻译，中国政法大学出版社1992年版，第564页。

④ 《马克思恩格斯全集》第1卷，人民出版社1956年第1版，1965年第3次印刷，第389—390页。

国家制度如果不再真正表现人民的意志,那它就变成有名无实的东西了。"①在我国现阶段,随着社会主义民主和法制建设的加强,人们对政治参与的重要性也有了越来越清醒的认识。有学者甚至断言:"民主的希望在于社会个体的活力,即在于民主的热心者和参与者的数量与质量。通常情况下,民主人越多,质量越高,则民主愈发达。因而,发展民主很重要的在于扩大社会的民主人队伍。"②

必须明确的是,虽然政治参与非常重要,但政治参与的实现,则必须以人民主权为前提和基础。如果根本否定人民主权,而奉行所谓君主主权,那么就无所谓政治参与,即或在表面上承认人民主权,而在事实上却是少数有产者的主权,那么同样不可能有真正的政治参与。由此我们可以说,人民主权是政治参与的前提和基础,政治参与是实现人民主权的根本途径。

从政治参与的定义和各国政治实践看,政治参与形式主要有直接参与形式和间接参与形式两大类。前者如公民创制、复决,后者如代议制等。如北欧国家的政治参与即主要有两个重要方面:一是以个人为单位的活动,这种活动或多或少直接影响政府的人选和政府的行为。二是由社会上的利益组织和其他集团参与的集体政治活动,这大多是间接地影响政府③。由于主客观方面因素的影响,现代国家人们参与政治的形式主要还是间接参与形式。而在间接参与形式中,又具体表现为选举和监督两个方面。"选举是真正的市民社会对立法权的市民社会、对代表要素的真正关系。换句话说,选举是市民社会对政治国家

---

① 《马克思恩格斯全集》第1卷,人民出版社1956年第1版,1965年第3次印刷,第316页。

② 王振海:《民主与中国人》,中国广播电视出版社1989年版,第75页。

③ 〔丹麦〕福尔默·威斯蒂主编:《北欧式民主》,赵振强等译,中国社会科学出版社1990年版,第121页。

的直接的、不是单纯想象的而是实际存在的关系。因此显而易见：选举构成了真正市民社会的最重要的政治利益。由于有了无限制的选举权和被选举权，市民社会第一次真正上升到脱离自我的抽象，上升到作为自己的真正的、普遍的、本质的存在的政治存在。”①也就是说，只有在彻底的无限制的选举制中，公民参与国家政治生活才能成为现实，符合社会普遍利益的国家权力才可能产生，国家官员才可能成为社会公仆。当然，某一国家在某一历史时期到底应该采取何种形式，主要还是由各国具体历史条件，以及各国阶级力量的实际对比关系决定，而不是由人们的主观臆断所能决定的。比如资产阶级启蒙学者卢梭在高唱“人民主权”的同时，也深入探讨了实现人民主权的形式，但由于各种历史条件的限制，使卢梭倡导的政治参与形式，成了不切实际的空想。

在此，笔者对“共同参与制”②也进行简单评介。如前所述，现代国家公民参与政治主要是通过间接形式。但近来在一些西方学者的著作中，主张直接参与形式的人不少。如在美国这样一个地域广阔、人口众多的国家里，有人也主张实行以直接参与形式为核心的共同参与制。共同参与制的指导思想是：“凡生活受到某项决策影响的人，就应该参与那些决策的制定过程。”公众直接参与创制、复决和罢免的活动，将迫使政治制度更加对人民的需要负责。他们认为，由于科学技术的发展，通讯工具已经发生了革命，由于教育的普及，选民的知识和政治素养已经普遍提高；由于人们在瞬息间即可共享信息，代表们所知道的事情，选民也能很快知道。在这种条件下，如果把美国现行的行政单位分割为更小的行政单位，实行共同参与制就没什么困难了。

---

① 《马克思恩格斯全集》第1卷，人民出版社1956年第1版，1965年第3次印刷，第396页。

② 参见潘华仿编：《当代世界政治思潮》，黑龙江人民出版社1987年版，第36—39页。

笔者认为,西方共同参与民主制思潮的兴起具有积极意义。它至少反映了两点:一是反映了西方资本主义议会制的危机。在当代,西方一些发达资本主义国家代议机关的权力,已日益转移到行政机关。立法机关的代表也日益难以了解他们所代表的许多小集团的意愿。这些国家的"院外活动集团"或"政治压力集团",感到和立法机关进行复杂的交易和讨价还价日益困难。议会制作为政治经纪人的理论濒于破产。因此不得不把立法机关制定法律和选民直接制定法律结合起来。二是反映了资产阶级两党制的危机。人们对于资产阶级两大政党控制选举,垄断立法机关和其他政府机构感到不满意、不信任,他们要求亲自过问和参与关切自己生活与命运的事务,所以这也是公众对现实不满和政治觉醒的一种反映。

尽管共同参与民主制思潮的兴起具有如上积极意义,而且不少西方国家在政治实践中力图予以贯彻,但在资本这一特权的基础上,这些主张是不可能真正彻底实现的,在很大程度上只能流于形式。

三、两难选择:直接民主制还是代议制

从人民主权学说系统形成开始,在如何实现人民主权问题上,即存在直接民主制与代议制之争。尽管我们前面已经提出,政治参与包括直接形式和间接形式两大类,而且一国或一国不同历史时期到底采取何种形式,取决于客观社会历史条件,但对于人民主权与直接民主制和人民主权与代议制等问题,则还未能从理论上进行深入阐述,对人们在此问题上的误解和认识上的分歧等,也未提出自己的看法。那么,到底是直接民主制还是间接民主制更能促进人民主权的实现呢?

(一) 直接民主制:卢梭的理想

一般说来,直接民主制是指公民亲自参与国家立法、监督政府和决定国家其他事务的制度。正如我们在第二章中阐述的那样,古希腊雅

典城邦实行的就是典型的直接民主制。“17 和 18 世纪美国的镇民大会提供了一个较近的实例。直接民主制至今还存在于那些政治单位比较小,足以实行直接民主的地方,例如在英格兰和威尔士那些居民不足 30 人的教区的居民举行的教区大会;美国的新英格兰各州,例如康涅狄格州和罗得岛的较小市镇的镇民大会;还有瑞士中部和东部 5 个小州和分州中的小乡镇的镇民大会。”①一些国家实行的创制、复决等都属于直接民主制的具体形式。

在思想史上,虽然主张直接民主制的人不少,但尤以法国资产阶级启蒙学者卢梭最为积极,他对这一问题的论述也最全面。他认为,“正如主权是不能转让的,同理,主权也是不能代表的;主权本质上是共同意志构成的,而意志又决不可以代表的:它只能是同一个意志,或者是另一个意志,决不能有什么中间的东西”。② 因此,卢梭反对代议制,而主张直接民主制。他赞成小国寡民,每一个公民都有权直接参与政府政治事务的讨论和决策,并列举了直接民主制的优点:保护个人利益,保证政府为公民服务;使每个人在政治上成为自己的主人;增强每个人的政治意识,通过直接参与的程序,使每个人加强对自己行为的社会责任感。卢梭还特别强调人民直接参与制定法律的重要性。他希望国家的领土尽可能小,人口尽可能少,以便每个人能够自己代表自己,直接参与法律的制定。但我们在卢梭的理论中,却找不到人民如何才能实现自己的立法权,因此,意大利学者萨尔多里将其称之为理想主义,“理性的民主”,也就是说,直接民主制是实现民主即“人民当家做主”本意的最理想形式。

---

① 〔英〕戴维·米勒、韦农·波格丹诺编:《布莱克维尔政治学百科全书》,中国问题研究所、南亚发展研究中心、中国农村发展信托投资公司组织翻译,中国政法大学出版社 1992 年版,第 204 页。

② 〔法〕卢梭:《社会契约论》,何兆武译,商务印书馆 1982 年版,第 116 页。

应该明确的是,在方法论上,理想主义的民主是一种从理性角度出发思考民主的思维方法。它往往从定义、从民主所应该具有的内涵出发思考问题,它所要解决的问题是寻找理想状态下的民主形式。雷竞旋认为,理想主义民主所讨论的内容主要有三:人民主权、平等、自治。其中人民主权是整个构思的基础,它通过回答“什么是民主”、“什么是真正的民主”等问题,从而肯定国家权力最终归属于人民;然后便自然推导出这种权力应该平均掌握在每个人的手中;接下来,既然每个人权力相等,那么在人民头上,就不会有、也不应有一个高于他们和对他们进行统治的力量,于是自然就会推出人民自治的结论①。因此,这种民主思想的总倾向,是朝着建立一种“直接民主”的形式,它寻求消除处于人民和权力之间的代理人,寻求一种由人民来直接掌管权力和行使权力的制度,简言之,是追求建立一种“人民自行统治的民主制”。

尽管这种注重定义、内涵、理想状态等抽象问题的理想主义民主,对具体政治制度的建立具有很大的影响,但它却存在一个我们前已述及的致命弱点:即如何落实的问题。直接民主制的实行,除了受地域、人口、交通以及公民素质等因素限制外,它还有三个关键性弱点:一是泛政治化趋势。既然由人民自己行使权力,那么人民就必须经常性地参与政治活动。因为在直接民主的人民主权观念中,存在一种“你若不主动直接行使权力,别人便代你而行,因而变成骑在你头上指挥”,或者“别人有统治你的自由,你就没有不被统治的自由”的想法,于是,政治生活笼罩一切,人民必须参与各种各样的政治活动。二是直接民主制易于导致动荡和无秩序的状况。由于每个人都拥有和可以行使权力,同时又不承认或者不允许存在一个高于人民,可以发号施令的权威,因而人民之间一旦产生矛盾和纠纷,便缺乏一个可以进行仲裁和调

---

① 雷竞旋:《选举制度》,台湾洞察出版社1989年印行,第18页。

解的力量。如果争执双方不能相互谅解,那么就极可能诉诸暴力而造成动荡和无秩序的局面。三是直接民主所试图建立的制度,往往很容易由民主而转化为专制独裁。因为在具体的制度中,很难创造充分的途径,使每个人都能参与和行使权力,因而"在政治生活中,'政府'和'人民'这一对相生的事务总是避免不了的"①。正因为如此,所以连卢梭都承认:"就民主制这个名词的严格意义而言,真正的民主制从来就不曾有过。而且永远也不会有。多数人统治而少数人被统治,那是违反自然的秩序的。"②这里我们可以看到卢梭思想中的内在矛盾:一方面反对代议制,另一方面又认为多数人统治少数人违反自然秩序。与此同时还有两个问题:一是卢梭的直接民主制的真正涵义,以及实现途径是什么?二是直接民主制与人民主权是否存在必然的内在联系,换句话说,是不是只有直接民主制才能真正实现人民主权?

笔者认为,就第一个问题来说,卢梭所谓的直接民主制并非要求每个人都亲自进行统治,而只是指执政者务必以人民的"公意"为依据管理国事。换句话说,这里的直接民主制只是指"公意的内容"、"公意的形成"等,必须是人民亲自参与的结果,至于"公意"的执行则可由他人代行。正如卢梭指出的:"法律既然只不过是公意的宣告,所以很显然在立法权上,人民是不能被代表的;但是在行政权上,则人民是可以并且应该被代表的,因为行政权力不外是根据法律使用力量而已。"③因此,卢梭反对代议制的关键在于:"公意"或立法权与代议制到底是怎样的关系④?就第二个问题来说,正如我们在前面论述过的那样,各国到底采取何种形式实现人民主权,并不是从人民主权原则就能必然推

① 参见雷竞旋:《选举制度》,台湾洞察出版社1989年印行,第19—20页。

② 〔法〕卢梭:《社会契约论》,何兆武译,商务印书馆1982年版,第88页。

③ 同上书,第118页。

④ 对此,下面将予以论述。

导得出来的。实际上它是由各国具体历史条件和阶级力量对比状况决定的。如果不是这样,那么现实政治生活中为什么同样是宣称人民主权,而其实现方式却各式各样呢?法国资产阶级革命的积极鼓动者西耶士尽管高唱人民主权原则,却曾激烈地抨击过直接民主制。法国革命前夜,西耶士在国民议会上说,"一种极其有害的误解正在广为流行,这就是人民凡是自己能够行使的一切权利,都不应该委托给他人。他们认为这是保障自由的原则。然而,这恰如对要往波尔多寄信的某人说,为了更好地保障自由,他应该保留自己携带这封信的权利。为什么?因为他不委托给办理邮政事务的公共设施,自己也能够办到。这样的笨拙主意谁能承认是真正的原理呢?"①因此,他认为,只有直接民主制才能真正实现人民主权是没有道理的。

(二)公意是不可代表的:孰是孰非?

由前面的论述我们可以看出,要弄清卢梭为何反对代议制,并对这一认识进行评判,只有从"公意"以及"公意"与代议制的关系入手。"公意"②是卢梭政治和道德哲学中最核心的概念。那么,什么是"公意"呢?卢梭在《社会契约论》第二卷第三章"公意是否可能错误"中指出,"众意与公意之间经常有很大差别:公意只着眼于公共利益,众意只是个别意志的总和。但是,除掉这些个别意志间正负相抵消的部分以外,则剩下的总和仍然是公意"③。在第四卷第一章"论公意是不可摧毁的"中又说:"只要有若干人结合起来自认为是一个整体,他们就只能有一个意志,这个意志关系着共同的生存以及公共的幸福。这时,

---

① 参见〔日〕河村又介:《直接民主政治》,日本评论社1934年日文版,第395页。

② 参见〔英〕戴维·米勒、韦农·波格丹诺编:《布莱克维尔政治学百科全书》,中国问题研究所、南亚发展研究中心、中国农村发展信托投资公司组织翻译,中国政法大学出版社1992年版,第289页。

③ 〔法〕卢梭:《社会契约论》,何兆武译,商务印书馆1982年版,第39页。

国家的全部精力是蓬勃而单纯的,它的准则是光辉而明晰的,这里绝没有各种错综复杂、互相矛盾的利益,公共福利到处都明白确切地表现出来,只要有理智就能看到它们。"①从这两段引文可见,卢梭所谓的"众意"是指"各种错综复杂、互相矛盾的利益",是具体的、当前的、从个人或小集团出发着眼于私人利益的意志;"公意"则是指人们之间"公共的利益",是抽象的、长远的、从集体利益出发的、着眼于大众的意志。

由此,我们可以得出一个最基本的、也最为重要的结论:尽管"意志"是一种抽象的、观念的东西,但它同样具有实在的内容。也就是说,"意志"实际上是一种要求、一种愿望,这种要求、愿望追求的是各种各样的利益。这样,虽然每个人都有自己的意志,而且作为自身的一种精神活动,他人的确不能代替,但当这种意志表现为一种利益要求、利益愿望时,应该说它是完全可以由他人代为表达的。如前所述,"主权"亦即国家的最高权力,从抽象意义上看,正如卢梭所说是由"共同意志构成的",但这种共同意志的实在表现就是全体一致的根本利益。因此,所谓由某一个人来代表"共同意志",确实不能成立。因为如果这样,就可能导致代表的专横。但问题在于"共同意志"是如何形成的?毫无疑问,它绝不是天然形成的,而只能是"各种错综复杂、互相矛盾的利益"在相互交流、彼此融合过程中,通过"正负相抵消"才能产生。代议制度的实质就在于,由各种局部利益的代言人(即代议士)通过表达、妥协而形成共同一致的根本利益。因此,笔者认为,卢梭对代议制度的批评,错在将"共同意志"与"共同意志的形成过程"等同起来了。

与此相联系,还有两个问题必须说明:第一,代议制度的运行是否意味着主权的转让?卢梭指出:"主权既然不外是公意的运用,所以就

① 〔法〕卢梭:《社会契约论》,何兆武译,商务印书馆1982年版,第135页。

永远不能转让;并且主权者既然只不过是一个集体的生命,所以就只能由他自己来代表自己;权力可以转移,但是意志却不可以转移。”①也就是说,在卢梭看来,主权是不可转让的,只能由主权者“自己来代表自己”,如果实行代议制就势必造成主权的转让。那么,事实果真如此吗?笔者认为,对这一问题的回答不能一概而论。也就是说,不能笼统地说“不”,也不能笼统地说“是”,而必须具体地进行分析。换句话说,既然主权是指国家的最高权力,那么判断代议制是否转让主权的关键,在于考察人民是否能够行使最后的控制权,亦即人民是否最终掌握着国家的最高权力,从而“确保统治集团的活动最终完全由至高无上的全体人民来控制”②。如果仅仅从理论上分析,那么在人民主权国家中实行代议制度,“人民仅仅委托而不是转让主权,因此,任何合法的统治者都不过是由人民选出的,并且也可以被他们罢免的官员”③。由此可见,只要代表或议员是由人民选举产生,并且人民可以随时予以罢免,就绝无所谓主权的转让。

因此,笔者认为,卢梭之所以从主权的不可转让出发反对代议制,除了在他看来,主权是公意的运用,而意志又不可以转移以外,恐怕还有一个重要原因,即英国议会制的弊端。大家知道,英国曾经是奉行“议会至上”的国家,其指导思想就是洛克概括的“议会主权”。“如果说洛克把英国的政治制度理想化了,在这种制度下一切立法权都交给了国会,那么卢梭对它的态度就是根本否定的。”④因为卢梭从英国议会实践中看到,议会往往不能成为人民的代表。他指出:“英国人民自

---

① 〔法〕卢梭:《社会契约论》,何兆武译,商务印书馆1982年版,第35页。

② 〔英〕昆廷·斯金纳:《现代政治思想的基础》,段胜武译,求实出版社1989年版,第66页。

③ 同上书,第67页。

④ 〔苏〕勃·姆·别尔纳狄涅尔:《卢梭的社会政治哲学》,焦树安、车铭洲译,中国社会科学出版社1981年版,第152页。

以为是自由的;他们是大错特错了。他们只有在选举国会议员的期间,才是自由的;议员一旦选出之后,他们就是奴隶,他们就等于零了。”①正因为卢梭从英国议会实践中看到,实行代议制后人民并未真正掌握最后的控制权,而且人民主权实际上转化为“议会主权”,所以他坚决反对代议制。但笔者认为,卢梭这种攻其一点不及其余,或者说因为运用过程中存在弊端,就从根本上否定其存在价值的思维方式存在片面性。事实上,“议会主权”的出现,或者所谓主权的转让,并不是代议制本身造成的,而是运用和改造代议制者人为的结果。换言之,这是英国资产阶级在反对封建贵族的过程中,试图以议会为阵地,夺取封建贵族权力的结果。因此,以为代议制度必然导致主权转让是没有根据的。对此,日本学者河村又介的阐述值得借鉴。他说:“只有议会在实质上表现国民意志的情况下,才能允许把议会主权和人民主权等同看待。如果作为本源的国民意志与议会不相同时,就必须把前者放在优先地位来考虑。当然,国民没有必要经常亲手处理所有的事情。但当所谓的代表者不代表国民自身的意志时,对此必须有进行控制或者表明自己意志的手段。虽然把信亲自带到波尔多去是不必要的,但即使他想要亲自带到波尔多时,也必须要委托邮局去办理,这样的国民就不能说是主权者。因为关于那封信是否应发出,信中应写什么内容等,如果议会采取与自己意志相反的行动,国民并不拥有对此纠正的手段,而只能盲目服从,这样的国民就不能称之为主权者。”②

那么,如何理解“最高国家权力机关”呢?我国宪法规定,国家的一切权力属于人民,亦即主权在民。但我国宪法同时又规定,全国人大是最高国家权力机关。对这种现象应该如何解释呢?笔者认为,主权、

---

① 〔法〕卢梭:《社会契约论》,何兆武译,商务印书馆 1982 年版,第 125 页。

② 〔日〕河村又介:《直接民主政治》,日本评论社 1934 年日文版,第 397 页。

主权者和主权机关是三个互相联系而又彼此区别的概念。“主权”是指国家的最高权力；“主权者”是指国家最高权力的拥有者；“主权机关”则是在一定范围内代理主权者从事一定活动的组织、机构。虽然，主权机关在行使一定权力的过程中，存在相对的独立性，但它并不是主权者，而且其最终控制权始终掌握在主权者手中，也就是说，同一主权者可以选择、组织不同的主权机关。可见，作为最高国家权力机关的全国人大就是我国的主权机关，主权者则是广大劳动人民。在我国这种政权体制中，同样绝不可能产生主权转让。

第二，“公意”是否是国家权力的来源或者说是国家统治的根据？卢梭指出：“以上所确立的原则之首先而且最重要的结果，便是惟有公意才能够按照国家创制的目的，即公共幸福，来指导国家的各种力量；因为，如果说个别利益的对立使得社会的建立成为必要，那么，就正是这些个别利益的一致才使得社会的建立成为可能。正是这些不同利益的共同之点，才形成了社会的联系；如果所有这些利益彼此并不具有一致之点的话，那么就没有任何社会可以存在了。因此，治理社会就应当完全根据这种共同的利益。”①从人民主权原则的基本内涵和要求看，卢梭的这一结论是非常正确的。既然国家的最高权力属于人民，那么国家权力的行使就务必以人民的意志和利益为根据。但如前所述，不同的人群或者不同的个人在利益、愿望和要求上必然存在诸多差别，如果在国家权力的行使中，只从个别的或者局部的利益出发，势必形成社会矛盾。因此，以人们的“共同利益”或者“共同意志”，亦即卢梭所谓的“公意”为指导进行国家统治是完全正确的。正如耶利内克指出，与人民意志相比，代表机构是次要的，因为人民意志在国家内是一切权力

---

① 〔法〕卢梭：《社会契约论》，何兆武译，商务印书馆1982年版，第35页。

的必要源泉①。但在传统自由主义者看来,国家统治的根据却是基于“契约”(contract)之上的“人民同意”(consent),即所谓的“两个C”。对此观点,霍布豪斯曾进行过经典的评价。他认为,“契约说”固然是一种虚构,但它试图从组成国家的人中来寻找国家统治的根据,思路是正确的。但问题在于,国家统治的根据,并不是以“契约”为基础的人民“同意”,而是组成国家的人民的“共同意志”。他认为,国家是由个人组成的,国家没有也不可能离开个人而独立,国家的整体利益只能存在于个人利益之上。每一个国家成员都有自己的个别利益,以及表述这种个别利益的个别意志,经过无数次的矛盾冲突,互相抵消以后,必定会得到一种为国家的大多数成员所共有的共同利益,以及表述这种共同利益的“共同意志”。这种“共同意志”便是国家统治的根据。他指出,“国家的功能是要完成那些为公共意志所拥有的,而非强制不能完成的目的”。②

尽管“公意”或“共同意志”是国家统治的根据,但在政治实践中,这种以人民意愿、以人民利益为依归的立场,却面临两大难以解决的困难:一是它的抽象性,而且人民的数目愈庞大,则他们的意愿和利益就变得愈抽象,这样就很难创造一种有效的方式,使这种意愿和利益表现出来,结果最后往往诉诸统治者的直觉和说服能力。二是人民的意愿和利益往往很不一致,在同一问题上,经常存在多个或者无数个意愿,存在着多种互相矛盾和冲突的利益,因而如果统治者真的根据人民的意愿和利益行事,也只能在种种纷繁而冲突的意愿和利益中作出抉择。但代议制度的建立和运行,则能解决这两大困难。如前所述,代议机关

① 〔意〕萨尔沃·马斯泰罗内:《欧洲政治思想史——从十五世纪到二十世纪》,黄华光译,社会科学文献出版社 1992 年版,第 449 页。

② 〔英〕霍布豪斯:《社会进化与政治学说》,廖凯声译,商务印书馆 1935 年版,第 215 页。

的组成人员一般就是具有不同利益的各阶级、阶层的代表。代表的职责就是归纳、总结和表达自己所代表的阶级或者阶层的利益。因此，代表的活动过程，就是使人民的意愿和利益明确而且具体化的过程；另一方面，代议制度的实质就在于，由各种局部利益的代言人（即代议士）通过表达、妥协而形成共同一致的根本利益。因此，对同一问题，虽然人们会有不同的意愿和利益，但代议制度的运行，则能通过消除利益冲突达成“共同意志”。而且，通过代议机关的立法活动，使这种“共同意志”转化为国家意志，就能真正成为指导国家统治，规范国家权力运行的依据。

（三）代议制：妥协还是促进？

我们曾经指出：代议制度是世界文明史上从古代民主制向现代民主制发展的伟大进步，甚至可以说，离开了代议制，民族国家就不可能有民主制。正如罗伯特·达尔指出：“没有代议制度，民众有效参与大规模的政府是不可能的……即使代议思想的根源是不民主的，我们也没有必要感到奇怪，为什么在18世纪后半叶，当民治政府的拥护者认识到代表可以同产生整个国家大规模民主的民主过程相联结起来时，他们把这个惊人的新结合看成是历史上最大的政治创造之一。”①因此笔者认为，尽管从理想的角度而言，代议制度是对理想主义民主的妥协，但从整个民主制的发展历程来说，代议制度则是对民主制的促进。

同时，我们也曾多次强调，一国或者一国不同历史时期在实现人民主权的过程中，到底应该采取直接民主制还是以代议制为核心的间接民主制，主要取决于客观历史条件和阶级力量对比关系。因此，笔者认为，要探讨代议制度与人民主权的关系，关键还是要弄清代议制度促进

① 〔美〕罗伯特·达尔：《多元主义民主的困境——自治与控制》，尤正明译，求实出版社1989年版，第9页。

或者阻滞人民主权实现的各种条件。具体说来,可以从如下几方面进行分析:

首先,从代议制的产生看。在西方学者看来,代议制产生的原因不外乎这些,即"主要是由于近、现代国家一般领土较大,人口较多,采用直接民主制困难重重"①。笔者认为,这只说对了一半。但就是这一半至少也说明了这一点:在近现代的客观历史条件下,没有什么途径比代议制度更能促进人民主权的实现了。而且笔者认为,代议制度的产生除了以上客观原因外,还有阶级统治需要等方面的原因。但这又包括革命的一面和反革命的一面。所谓阶级统治需要的革命的一面,是指被统治、被压迫阶级企图利用代议制度推翻旧的政权,建立自己的政权。正如我们在第二章中阐述代议制度在英国的确立过程时所看到的那样。所谓阶级统治需要的反革命的一面,是指当新兴剥削阶级建立起自己的政权后,就通过控制代议机关来压制被压迫阶级,代议机关的地位和作用,以及代议机关组成人员数量的限制,又为其提供了控制的条件。因此,从代议制度在资产阶级国家产生和确立的过程看,它的确促进了"人民"(即资产阶级)主权的实现。

无产阶级代议制的产生和确立,同样存在客观历史条件和阶级统治需要两方面的原因。虽然前者与资产阶级代议制产生的有关原因并无大的差异,但后者在两者间却存在本质不同。笔者认为,无产阶级在阶级统治方面之所以需要代议制,是为了真正建立无产阶级当家做主的国家,实现广大劳动人民的利益、愿望和要求。而广大劳动人民根本利益上的一致性又为此提供了可能条件。因此,无产阶级的所谓阶级统治需要,是为了既切实可行,又充分实现无产阶级当家做主。这样,我们同样可以得出结论说,无产阶级代议制的产生促进

① 参见潘华仿等编:《当代世界政治思潮》,黑龙江人民出版社1987年版,第17页。

了人民主权的实现。

其次，从代议制的运作看，笔者认为，代议制度到底是促进还是阻滞了人民主权的实现，关键是看代议制度运作的客观效果。如果代议制度的运作真正保障和实现了人民的利益愿望，那么它就促进了人民主权的实现；反之则阻滞了人民主权的实现。由于资产阶级代议制和无产阶级代议制属于本质不同的两大类型，因此其阶级性质、阶级目的和服务对象必然存在根本区别。资产阶级代议制由于其赖以存在的经济基础的性质和国家政权的性质，决定了它只是实现有产者主权的重要途径。从一定意义上说，它实际上阻滞了人民（即广大劳动人民）主权的实现。无产阶级代议制的性质则决定了它是真正实现广大劳动人民当家做主的重要形式。换句话说，无产阶级代议制在本质上可以促进人民主权的实现。笔者认为，如果将这里的“人民”固定指广大劳动人民，那么台湾学者萨孟武教授的这种概括就颇有道理，即“要令议会能够代表人民的意思，必须议会的议员与议会代表的人民是‘同质’的……代表与被代表既然‘同质’，则对于某些问题，当然有共同利害，而有同一的主张”。① 否则只能形成异化。资产阶级代议制之所以阻滞劳动人民实现主权，关键即在于资产阶级议会的议员与广大劳动人民是“异质”的，而非“同质”的；无产阶级代议制则正好与之相反。

再次，从代议制的趋势看。尽管西方学者纷纷指出代议制度的危机，但笔者认为他们主张共同参与制，并不是要完全抛弃代议制，而是要矫正和弥补代议制的缺陷。而且笔者认为，无论直接民主制，还是代议制都只是手段、途径和方法，在不具备全面实行直接民主制条件的情况下，将代议制与直接民主制相结合的体制，是实现人民主权的最佳体制。至于在某一历史时期到底是以代议制为主，还是以直接民主制为

---

① 萨孟武：《政治学》，台湾三民书局 1986 年印行，第 168—169 页。

主,主要由其客观需要和客观历史条件决定。从目前情况看,我们还只能以代议制度为主体。因此,在目前和今后相当一段时期内,代议制度仍然是实现人民主权的主要形式。

总之,代议制度是促进还是阻滞人民主权的实现,必须具体问题具体分析。但有一条则是共通的:即如果代表与选民是"同质"的,则代议制度起促进作用;如果代表与选民是"异质"的,那么代议制度起阻滞作用。

第二节 资本主义议会制与人民主权

无论从社会管理方式,还是从民主制的自身发展来说,不管人们对代议制如何评说,都不能否定代议制民主形式本身。因为在人类还没有实现直接民主管理之前,阶级社会的阶级统治不能超越代议制度这一历史阶段。代议制度在资本主义各国的产生和发展充分表明,代议制度不仅是资产阶级国家实行统治的最好政治外壳,而且也是适应现代民族国家发展需要的、唯一可采取的民主制形式。那么,资本主义议会制在实现人民主权过程中的状况如何呢?对此问题,正如我们前面指出的那样,不能笼统地、简单化地予以回答。因此,笔者在这里从资本主义议会制的存在基础及其政治实践等方面进行阐述。

一、资本主义议会制的存在基础

任何一项政治制度的生存与发展,都从根本上依赖于一定的社会历史条件,空中楼阁式的政治制度不仅无助于社会现实的改变,而且"短命"是其面临的必然结果。换句话说,任何政治制度的存在基础,都从根本上决定它的实际运作状况。资本主义议会制也是这样。因此,要具体考察它对实现人民主权的影响,就必须将其存在基础作为逻

辑起点。尽管资本主义议会制赖以存在的社会历史条件很多,但主要是以下三个方面:

(一) 资本主义生产资料私有制是资本主义议会制的经济基础

资本主义商品经济不仅是导致民族市场出现、民族国家形成和代议制度产生的终极原因,而且也是激化新的生产力与旧的生产关系的相互矛盾,从而最终引发资产阶级革命的根本因素。资产阶级革命的一个重要成果,就是彻底消灭了封建的超经济强制,创造了使商品经济摆脱政治权力控制而自由发展的社会历史条件。因此,尽管资本主义经济和奴隶制、封建制经济一样,都是私有制经济,但它们各自的经济运行方式却存在区别。如果说在奴隶社会、封建社会私有制经济条件下,奴隶主和奴隶、封建主和农奴,由于个人特权和世袭特权的存在,导致彼此间政治、经济和社会地位公开不平等的话,那么在资本主义私有制条件下,由于经济的运行不再受政治操纵,而由价值规律这只“看不见的手”来支配,商品经济的等价交换和自由竞争的原则,从根本上否定了任何经济特权的存在,则形成了一种工人与资本家表面形式上的“平等”和“自由”。也就是说,经济运行方式或者说剥削阶级剥削方式的转换,必然要求国家统治形式的调整。与奴隶制、封建制国家公开的剥削方式,要求公开的统治形式相对应,资本主义国家隐蔽的剥削方式则要求隐蔽的统治形式。资本主义议会制就是一种最能反映雇佣劳动和资本在市场上的自由和平等关系的隐蔽的政治形式。在资本主义议会制度下,工人可以享有逐步扩大的普选权,可以行使他们的“天赋人权”,可以在法律上成为国家的主人。正如在市场上可以“自由”选择某个资本家来剥削自己一样,在国家管理中也可以“自由”选举资产阶级的某些统治者来统治自己。由此可见,在这里,经济上和政治上的所谓人权、平等、自由、民主完全吻合。正因如此,所以从经济的角度来说,资本主义议会制是资本主义私有制基础上社会化大生产所要求的必然结果。不仅如此，资本主义私有制的这种经济基础的作用，还表现在不同的历史阶段，资产阶级对议会制的不同运用上。

如前所述，资本主义议会制实际上就是资产阶级为适应经济上的需要而采取的政治统治方法。对资产阶级的统治方法，列宁曾作过深刻的论述。他说："世界各国的资产阶级都必然要规定出两种管理方式，两种保护自己利益和捍卫自己统治的斗争方法，并且这两种方法时而交替使用，时而以不同的方式结合在一起。第一种方法就是暴力的方法，拒绝对工人运动作任何让步的方法，维护一切陈旧腐败制度的方法，毫不妥协地反对改良的方法……第二种方法就是'自由主义的'方法，即采取扩大政治权利、实行改良、让步等等措施的方法。"①又说："资产阶级从一种方法转而采用另一种方法，并不是由于个别人用心险恶的算计，也不是由于什么偶然的原因，而是由于它本身地位的根本矛盾性。正常的资本主义社会要顺利发展下去，就不能没有稳固的代表制度，就不能不给予在'文化'方面必然有较高要求的人民以一定的政治权利。"②资本主义上升时期的自由资本主义阶段，资产阶级采用的主要就是"自由主义的"统治方法。众所周知，自由资本主义经济的主要特点是自由竞争，它反映在政治上就是要求自由。但当时在政治上妨碍自由的是封建等级特权，这就必然地要求平等。自由、平等表现在法律上则是权利，而民主则是实现权利的形式和保障。因此，自由、平等、权利、民主，是自由资本主义时期资产阶级真正的需要，而不能简单地说它是骗人的口号。由于代议机关又称民意机关，因此，体现资产阶级民主的议会制度，在实现政治统治过程中具有非常重要的地位。它通过立法活动，执行立法权，以保障人们的自由、平等权利。因此，马克思、恩格斯称它为

---

① 《列宁选集》第2卷，人民出版社1995年版，第276页。
② 同上。

管理资产阶级共同事务的委员会。

（二）资产阶级专政的国家政权是资本主义议会制的政治基础

资产阶级革命的胜利，使那些虽然经济力量膨大而政治地位却未能提高的资产阶级终于扬眉吐气。尽管国家政权建立起来了，但摆在资产阶级面前的如何巩固这一政权的任务却异常艰巨。新生的资产阶级政权不仅需要防止封建势力卷土重来，而且需要提防工农革命的爆发，还要为国家的统治和管理培养本阶级的优秀人才。资本主义议会制，则为解决这些问题提供了最佳途径。就防止封建势力复辟来说，不仅需要团结一切可以团结的力量，从而壮大反封建的队伍，而且需要建立一种优越于封建制度的新制度以吸引人们。资本主义议会制则通过一种形式上、表面上大家平等参与的制度，促使人们团结一致，共同打垮封建势力。就工农革命来说，资本主义议会制倡导的民主、自由、平等，不仅会使人们产生模糊认识，而且通过所谓议会是"全民代表机关"的宣传，还可缓和资产阶级和工农之间的矛盾，麻痹工农的革命斗志。就培养资产阶级管理人才来说，马克斯·韦伯提出的议会是政治领袖的训练场所，就是对这一问题的最好概括。因此，资本主义议会制对于巩固资产阶级政权具有非常重要的作用。从另一方面来说，资产阶级专政的国家政权，则为资本主义议会制的存在和发展提供了政治前提。而且在一定意义上，资本主义私有制的经济基础作用，还是通过资产阶级政权这一政治基础发挥出来的。

（三）资产阶级启蒙学者提出的民主、自由、平等、人权等学说是资本主义议会制的思想基础

资本主义商品经济中的自由、平等原则，自然会在人们的政治思想观念中得到反映。资产阶级启蒙学者正是适应资本主义商品经济产生和发展的需要，在反封建斗争中提出了天赋人权、人民主权等理论，以及自由、平等、博爱等口号和建立民主共和国、法治国家等建国方案。

这些理论、口号和建国方案，不仅鼓舞着工人和农民参加到资产阶级反封建的革命斗争中去，并促进了资产阶级革命胜利，而且也促使这些思想观念日益深入人心，从而迫使资产阶级在革命胜利后不得不建立保障人民实现民主、自由、平等的民主制度。资本主义议会制则不仅适应了民族国家实现民主的要求，而且还通过普选制、政党制，使公民的平等、自由权利也在形式上得到保障。

二、资本主义议会制下的人民主权

我们曾经论及过，资产阶级革命胜利后大多在宪法中规定主权在民，并且不仅从口号上，而且从制度上用“人民主权”彻底否定了“君权神授”。但资本主义议会制的存在基础充分表明，资本主义商品经济导致的资产阶级革命，并不是一般人类解放的最后形式，因为它并没有消灭阶级对立和生产资料私有制，相反还以阶级对立和私有制为存在前提。因此，资产阶级革命充其量只是“市民社会的一部分解放自己，取得普遍统治”①。资产阶级革命的这种局限性，决定了资本主义议会制并没有实现民主的真正目的，亦即人民当家做主。

如前所述，尽管资产阶级革命使商品经济摆脱了政治权力的控制而获得了自由发展的权利，但生产资料私有制依然存在。而资本主义私有制的运行，势必导致社会阶级的分化，其中有些阶级由于被剥夺了对生产资料的所有权，从而丧失了经济上的自主权，只好沦为那些生产资料占有者阶级的剥削对象。从是否掌握生产资料的角度而言，“整个社会日益分裂为两大敌对的阵营，分裂为两大相互直接对立的阶级：资产阶级和无产阶级”②。于是，私有制和由私有制产生的阶级对立，

① 《马克思恩格斯全集》第1卷，人民出版社1956年第1版，1965年第3次印刷，第463页。

② 《马克思恩格斯选集》第1卷，人民出版社1995年版，第213页。

必然导致新的社会不平等。尽管这种新的不平等与封建的等级制度存在明显区别,因为后者完全是通过政治上的等级差别,维持经济上的差别,而前者则是否定封建政治特权的产物,但在不平等地位的结果上,它们是一致的。因此,虽然资产阶级在建立议会制度过程中,倡导公民政治上的平等,但并没有摧毁现实中的即经济领域中的不平等。换言之,当资产阶级国家宣布出身、等级、文化程度、职业等为非政治差别的时候,当它不管这些差别而宣布每个人都是人民主权的平等参加者的时候,它只是按照自己的方式,从形式上取消了这些差别。实际上,资产阶级国家"远远没有废除所有这些实际差别,相反地,只有在这些差别存在的条件下,它才能存在……"①因此,政治形式上的平等和经济实际上的不平等的矛盾,是资本主义私有制条件下的新矛盾。可以说,这个矛盾是导致资本主义国家人民主权理想与现实相脱节的根本环节。

历史的发展表明,政治权力与经济关系紧密相联。政治权力总是经济上占统治地位的那个阶级的权力,它的主要任务就是保护这个阶级的根本利益,镇压被统治阶级的反抗,资本主义国家也是如此。资产阶级通过利用生产资料的所有权,残酷剥削雇佣工人的剩余价值,无偿攫取社会绝大部分财产,从而使它有可能利用金钱来操纵政治。恩格斯指出:"资产阶级的力量全部取决于金钱,所以他们要取得政权就只有使金钱成为人在立法上的行为能力的惟一标准。他们一定得把历代的一切封建特权和政治垄断合成一个金钱的大特权和大垄断权。资产阶级的政治统治之所以具有自由主义的外貌,原因就在于此。"②因此,

① 《马克思恩格斯全集》第1卷,人民出版社1956年第1版,1965年第3次印刷,第427页。

② 《马克思恩格斯全集》第2卷,人民出版社1957年版,第647页。

尽管资产阶级采取一定措施力图消除各等级间的差别，似乎真的要实现普遍的政治平等，但其根本目的则在于用金钱特权来代替以往的一切个人特权和世袭特权，也就是说，“金钱——财产的异化了的空洞的抽象——就成了世界的统治者。人已经不再是人的奴隶，而变成了物的奴隶”。① 资产阶级通过充分利用金钱上的优势操纵选举，操纵政治，从而最终控制国家政权。因此，恩格斯认为，资产阶级在政治上所鼓吹的平等，“就是在富人和穷人不平等的前提下的平等，即限制在目前主要的不平等的范围内的平等，简括地说，就是简直把不平等叫做平等”。② 在资本主义国家中，国家的利益作为人民的真正利益，只是在形式上存在，它只是一种装潢、一种客套、一种人民生活的调味品。由此可见，只要资产阶级仍然以保护私有制为根本目的，资本主义议会制就无法从根本上摆脱财产的操纵，资本主义议会制所实现的只能是有产者的主权，而对于广大劳动人民来说，人民主权只能是理想、是抽象的原则。所以我们说，资本主义议会制下的人民主权，只是资本的主权，“金元的主权”。资本主义议会不仅不是代表民意的机关，而且恰恰是资产阶级得心应手的工具。具体说来表现在：

第一，资本主义议会的绝大多数议员都是工商业资本家、大农场主、银行家、律师、政客等，出身于劳动人民的议员简直凤毛麟角。尽管宪法和法律都规定公民有选举权和被选举权，但昂贵的竞选费用或者财产资格的限制等，则把绝大多数公民排斥在议员的行列之外，资本成了唯一能够步入议会讲坛的阶梯。在美国，“竞选费用的数字证实了这样一句格言：谁身后的钱多，谁容易获胜——比如，1978 年、1980 年

① 《马克思恩格斯全集》第 1 卷，人民出版社 1956 年第 1 版，1965 年第 3 次印刷，第 664 页。

② 《马克思恩格斯全集》第 2 卷，人民出版社 1957 年版，第 648 页。

和1982年参、众两院80%的竞选席位……被花钱更多的人夺了去”。①这实际上决定了议会的构成和性质。如美国第96、97、98三届国会(1979—1986年)近一半的众议员和近1/3的参议员出身于律师或法律界。来自企业界和银行的议员也为数可观,在参、众两院各接近1/3。在美国,律师的主顾主要是企业,许多律师是企业的代理人。“上述两类出身的议员,占参议员总数的4/5左右,占众议员的3/4左右。来自农业(农场主)、教育界、新闻界和其他各界的议员(约占众议员的1/4、参议员的1/5)也是各界的上层人物。出身于工人阶级的议员则寥若晨星。议员的这种构成,表明国会是一个代表资产阶级利益的机关。”②又如1971—1972年英国下院共有627名议员,他们担任或同时兼任375个董事长、870个董事、194个经理和101个律师,还有154个新闻记者。更不必说英国的议会上院完全是由英王任命的世袭贵族。由这些阔佬和大亨们组成的议会,除了忙于维护他们自己及后台老板的利益外,怎么能制定出有利于劳动人民的立法呢?

第二,资本主义议会制度与政党制度紧密相联,议席绝大多数由资产阶级政党把持。列宁曾经指出:“美国和英国推行的这个所谓‘两党制’,是阻止独立的工人政党即真正的社会主义政党产生的最强大的工具之一。”③在美国,民主党和共和党不仅在国会两院中设有党的组织,而且它们实际操纵了国会的立法活动、人事任免,并主持两院的议员竞选活动。虽然两党在议会中有时也互相争吵,但它们反映的都只是代表不同利益的资本家集团之间的矛盾,而绝不可能是因代表劳动人民的利益而去争吵。

---

① 〔美〕迈克尔·帕伦蒂:《美国的民主》,韩建中等译,河南人民出版社1991年版,第215页。

② 李道揆:《美国政府和美国政治》,中国社会科学出版社1990年版,第334页。

③ 《列宁全集》第18卷,人民出版社1959年版,第398页。

第三，既然选民无权罢免议员，那么广大劳动人民也就无法对其进行有效的监督。如前所述，资本主义议会制一般奉行全体国民的代表原则，因此议员一般都不对本选区的选民负责，选民也无权罢免不满意的议员。即使要罢免议员，也是通过别的程序由有产者阶级来进行。如在美国，任何一院议员的罢免都要取得该院2/3的多数同意。英国、日本等责任内阁制国家，一旦议会不合总统或首相的心意，就可以宣布解散，议会只能听命于垄断资产阶级的摆布。

在此还有个问题必须说明：既然资本主义国家是有产者的主权，那么为何广大劳动人民群众仍然享有部分民主权利呢？笔者认为，这主要涉及两个问题：第一，国家权力与公民权利的关系。尽管对于两者间的关系人们认识不一，但笔者认为，它们之间的关系在于：公民权利是国家权力的归宿，国家权力是公民权利的保障。既然主权是国家最高权力，那么在资本主义私有制条件下，所谓有产者的主权也就是有产者控制着国家的最高权力。因此，在这种权力结构下，即使从法律上赋予广大公民一定的权利，但由于广大公民没有国家权力作保障，这种法律上的权利也就很难得到实现。第二，国家主权与公民权利的质量互变规律。笔者认为，在权力与权利之间存在着一定的对应关系。在某种意义上甚至可以说，主权是一定量的权力与一定量的权利的总和。虽然从两者的关系来说，权力是获取权利的手段，但它们之间的不同变化会导致不同的政治结构。换言之，即如果公民权利的数量在主权总量中只占极小的部分，那么对资产阶级的主权自然不会构成威胁，相反还可据此缓和阶级矛盾、冲突，从而巩固资产阶级政权，因而一定权利的存在是完全可以允许的；但如果公民权利在数量上在资产阶级主权总量中占主导地位时，主权就会产生质的飞跃，而这是资产阶级绝对不允许的。从现代资本主义国家的情况来看，由于私有制居于国家政权的基础地位，资产阶级又控制着整个国家权力，因此在广大劳动人民斗争下，随着阶级力量对比关系的变化，资产阶级国家以法律形式赋予公民一定的权利是完全可以理解的。

此外,资本主义议会制经过几百年的发展,无论在制度上、程序上,还是在形式上都日趋完备。这种完备的形式,一方面巩固了有产者的主权,同时也为广大劳动者阶级参与政治提供了一定条件;另一方面则通过表面的假象,掩盖了有产者阶级独揽国家主权的实质,使资产阶级统治维持在貌似民主的假象之中。

第三节　社会主义人民代表制与人民主权

马克思和恩格斯在《共产党宣言》中指出:"随着大工业的发展,资产阶级赖以生产和占有产品的基础本身也就从它的脚下被挖掉了。它首先生产的是它自身的掘墓人。资产阶级的灭亡和无产阶级的胜利是同样不可避免的。"①无产阶级革命的胜利和无产阶级政权的建立,证实了马克思和恩格斯的这一预言。那么,这种翻天覆地般的变化,在代议制度与人民主权问题上产生了怎样的结果呢?

一、社会主义人民代表制的存在基础

一般说来,人们都同意这样的结论:尽管社会主义人民代表制与资本主义议会制存在本质不同,但它们在形式上却存在相同或相似之处。那么,相似的形式为何会导致相左的结果呢?这同样必须从社会主义人民代表制建立和运行的基础入手来进行分析。

(一)社会主义生产资料公有制是社会主义人民代表制的经济基础

马克思主义经典作家始终认为,建立新型的无产阶级民主制度最

① 《马克思恩格斯选集》第1卷,人民出版社1995年版,第284页。

根本的前提是消灭生产资料私有制，建立生产资料的社会主义公有制。具体说来，即一旦广大人民群众掌握了社会的生产资料，也就掌握了劳动的自主权利，从而结束了历史上长期以来劳动者与生产资料相分离的状况，建立起经济领域中的平等关系和广大人民群众当家做主的地位。然而，在社会主义公有制基础之上，必然要求建立与之相适应的政治上层建筑。与此相对应，广大人民群众在经济领域中的主人翁地位和全面的平等关系，必然要在政治领域中反映出来。也就是说，社会主义公有制通过彻底根除私有制必然引起的经济不平等，从而消除由于经济不平等造成的政治不平等。因此，建立以实现人民当家做主为根本内容的政治制度，必然成为社会主义公有制和广大人民群众的基本要求。只有这样，才能使广大人民群众的普遍意志，以国家意志的形式表现出来，使广大人民群众的根本利益，不致受到任何政治势力的侵犯而得到有效保障。正如列宁指出："以经济为基础的社会主义决不完全归结于经济……必须有社会主义生产这个基础，但是，在这个基础上还必须有民主的国家组织、民主的军队等等。"①而且在公有制基础之上，通过把劳动人民由于政治上解放所得到的民主权利扩展到经济领域，也就实现了剥削制度下所不可能实现的经济方面的民主。因此，社会主义公有制的建立和社会主义经济的发展，不仅把劳动人民的政治权利和经济权利统一起来，而且还提供必要的物质条件，保障这些权利的实现。在一定意义上，广大人民群众共同掌握生产资料，享有对生产资料不同形式的所有权和支配权，不仅是以人民当家做主为核心的社会主义民主国家赖以生长的基本点，而且还是以社会主义人民代表制为核心的社会主义民主形式赖以发展的基本点。

然而必须说明的是，尽管社会主义公有制为广大人民群众通过社

---

① 《列宁全集》第22卷，人民出版社1958年版，第319页。

会主义人民代表制实现当家做主提供了决定性的基础，但在传统经济体制的束缚下，社会主义公有制的优越性并未充分发挥出来。在传统经济模式中，社会主义公有制主要以国家所有制的形式体现出来。虽然国家所有制在对生产资料私有制进行社会主义改造过程中，发挥过不可替代的作用，但它对社会主义经济和政治的长远发展，却存在不可忽视的消极作用：一是在国家所有制中，由于国家完全代表全体人民占有生产资料，使社会成员和生产资料之间缺乏一种直接的占有关系。"这在客观上造成了所有权主体'缺位'的现象，形成了对生产资料的人人占有和人人都不直接占有的二律背反。"①二是在国家所有制基础之上，必须实行一种高度集权的、由国家干预一切经济活动的经济体制。而高度集权的经济体制，必然导致高度集权的政治体制。因此，国家所有制不仅没有充分发挥公有制的巨大优越性，而且也不可能真正确立人民在国家中的主人翁地位，人民仍然必须依附于国家，为自己委托的力量所支配。正因如此，所以社会主义各国大多曾先后对这种经济、政治体制进行改革，并取得了举世瞩目的成就。随着改革的日益深化，社会主义公有制在实现人民当家做主过程中的作用日益得到充分发挥。

（二）人民当家做主的国家政权是社会主义人民代表制的政治基础

列宁曾经指出："只有无产阶级专政才能使人类摆脱资本的压迫，摆脱资产阶级民主即富人的民主的骗局，才能实行穷人的民主，使工人和贫农事实上享受到民主的好处。"②这就是说，无产阶级只有经过革命和斗争并取得胜利，使无产阶级上升为统治阶级，并通过打碎旧的国家机器，掌握国家政权，对少数剥削者实行专政，才能以国家强制力作

---

① 荣剑等：《民主论》，上海人民出版社 1998 年版，第 273—274 页。

② 《列宁全集》第 28 卷，人民出版社 1956 年版，第 350 页。

保障，建立社会主义人民代表制，真正实现广大人民群众政治、经济、文化等各方面的当家做主。正如马克思和恩格斯指出：“工人革命的第一步就是使无产阶级上升为统治阶级。”①如果说在资本主义生产资料私有制基础上形成的金钱对国家权力的控制，导致广大人民群众在法律上规定的各种权利成为不能实现的抽象原则的话，那么社会主义生产资料公有制，则使广大人民群众成为国家权力的主人，因而使法律上的各种权利，能够真正转化为现实政治中的各种社会关系。因此，从政治方面来说，社会主义人民代表制的建立和运行取决于人民当家做主的国家政权。

（三）马列主义国家学说是社会主义人民代表制的思想基础

马列主义国家学说是与西方资产阶级政治学说根本对立的理论形式，是社会主义国家政权建设的理论基础。马克思主义经典作家通过系统分析资本主义社会的基本矛盾，总结国家产生和发展的基本规律，特别是通过揭露资产阶级民主的本质，明确提出，无产阶级只有消灭私有制，打碎旧的国家机器，掌握国家政权，并建立有效的国家统治方式，才能真正翻身做主。这就为无产阶级的革命和斗争指明了前进的方向。正如在第二章中我们阐述的那样，马克思主义经典作家不仅在肯定资产阶级民主某些形式的前提下，深刻批判了资产阶级民主制的本质，而且还系统总结了从巴黎公社到苏维埃无产阶级政权建设的经验和教训，不仅提出了无产阶级必须批判改造资产阶级议会制形式，而且还提出了建立和运行社会主义人民代表制的一系列原则。因此，如果说社会主义民主政治实践表明，人民代表制的确是实现人民当家做主的最佳形式，那么毫无疑问，这是马列主义国家学说在社会主义国家政权建设实践中有效运行的结果。

---

① 《马克思恩格斯选集》第1卷，人民出版社1995年版，第293页。

二、社会主义人民代表制下的人民主权

列宁曾经指出："总的说来，资产阶级的民主和议会制同苏维埃的、无产阶级的民主之间的差别在于：前者是把重心放在冠冕堂皇地宣布各种自由和权利上，而实际上却不让大多数居民即工人和农民稍微充分地享受这些自由和权利，相反地，无产阶级的或苏维埃的民主则不是把重心放在宣布全体人民的权利和自由上，而是着重于实际保证那些曾受资本家压迫和剥削的劳动群众能实际参与国家管理，实际使用最好的集会场所、最好的印刷所和大量储备的纸张来教育那些被资本主义弄得愚昧无知的人们。"①换句话说，社会主义国家的人民主权，并不是如资本主义国家那样理论和实践相互脱节，而是理想与现实的有机统一。无产阶级带领广大劳动人民群众经过革命和斗争，上升为统治阶级后，"将利用自己的政治统治，一步一步地夺取资产阶级的全部资本，把一切生产工具集中在国家即组织成为统治阶级的无产阶级手里，并且尽可能快地增加生产力的总量"②。这样，占社会成员绝大多数的广大人民群众，不仅成为生产资料的主人，而且也成为自己命运的主人。这就为他们表达和维护自己的权利和利益，提供了根本保证。因此，由社会主义人民代表制的存在基础所决定，在社会主义人民代表制的实际运行过程中，广大人民群众不仅是法律上、原则上的"主人"，而且也是政治现实中的主人。具体表现在：

第一，社会主义人民代表机关的组成成员都是由人民选举产生的各阶级、阶层和社会各方面的代表性人物，因而能够全面表现人民当家做主的国家政权本质。根据社会主义各国宪法和选举法的规定，除依

---

① 《列宁全集》第29卷，人民出版社1956年版，第87页。

② 《马克思恩格斯选集》第1卷，人民出版社1995年版，第293页。

照法律剥夺政治权利的人以外，凡达到法定年龄的公民，不分民族、种族、性别、职业、家庭出身、宗教信仰、教育程度、财产状况、居住期限，都有选举权和被选举权。这样，金钱在社会主义人民代表机关代表的选举过程中根本不起作用，决定候选人当选的主要因素只有政治品德和政治才干两方面。因此，代表都是根据人民意志选举出来、由人民派遣到人民代表机关而为人民所信赖的人员。如中国第七届全国人民代表大会2970名代表中，普通工人、农民代表684名（占总数的23%），知识分子697名（占23.4%），干部733名（占24.7%），解放军267名（占9%），归国华侨49名（占1.6%），民主党派民主人士540名（占18.2%）。从这些数字和百分比我们可以看出：工人、农民、知识分子是我国社会主义建设的主要力量，而且充分表明了我国政权的性质，亦即人民是国家的主人。

第二，社会主义人民代表机关的权力亦即职权来源于广大人民群众的委托，从而体现了国家权力与人民权力的统一。社会主义国家的宪法，不仅一般都规定国家的一切权力属于人民，而且还规定人民代表机关是人民行使国家权力的机关。因此，社会主义国家的人民代表机关与美、法、德等资本主义国家的议会不同，它们都是国家权力机关。如中国现行宪法规定："中华人民共和国的一切权力属于人民。人民行使国家权力的机关是全国人民代表大会和地方各级人民代表大会。"朝鲜民主主义人民共和国1972年宪法规定："朝鲜民主主义人民共和国的权力属于工人、农民、士兵和劳动知识分子。劳动人民通过自己的代表机关——最高人民会议和地方各级人民会议行使权力。"苏联1977年宪法规定："苏联的一切权力属于人民。人民通过作为苏联政治基础的人民代表苏维埃行使国家权力。"由此可见，社会主义人民代表机关都是有权决定国家一切重大事务的国家权力机关，而且人民代表机关的权力都来源于人民的委托。也就是说，它们是代表人民行使国家权力的全权性机关。

第三，社会主义人民代表机关必须向人民负责，受人民监督。列宁曾经指出："任何由选举产生的机关或代表会议，只有承认和实行选举人对代表的罢免权，才能被认为是真正民主的和确实代表人民意志的机关。"①社会主义人民代表机关之所以在政治实践中能够确实保证人民当家做主，人民享有监督罢免权可以说是最为关键的环节。如中国1982年宪法规定："全国人民代表大会和地方各级人民代表大会都由民主选举产生，对人民负责，受人民监督。"苏联1977年宪法规定："辜负选民信任的代表，根据多数选民的决定，依照法律规定的程序得随时召回"等。由此可见，虽然广大人民群众的权力委托给了自己选出的代表，但最后控制权或者说国家的最高权力仍然掌握在人民手中。

当然，必须明确，人民主权作为社会主义民主的根本准则，一般有四个基本要求：一是人民行使国家权力的主体的唯一性；二是人民行使国家权力的至高性；三是人民行使国家权力的内容的完整性；四是人民行使国家权力过程的一贯性。如果我们据此对社会主义国家的政治实践进行分析，则会发现，尽管我们说社会主义人民代表制，使人民当家做主的理想和现实真正统一起来了，但由于各种主客观原因，这种统一并没有达到理想状态。这不仅表现在产生代表的选举制度还须进一步完善，人民对代表的监督还须加强等方面，而且还主要体现在社会主义人民代表机关行使职权的能力和权威有待进一步提高等方面。因此，加强社会主义人民代表制度建设，仍然是社会主义各国民主政治建设最为重要的环节。

---

①《列宁全集》第26卷，人民出版社1959年版，第314页。

第四章　代议制度与选举制度

如果说代议制是近现代民族国家实现民主的必然产物，那么选举制则是实现代议制的必然前提。正因如此，所以近现代所谓选举制度是伴随着近代民主思潮和民主制度而出现的，是建立民主、实现民主的根本手段。"一个政府如果是经由选举产生的，便会被视为民主的政府，因而在人们心目中也就具有合法性，如果不是经由选举产生的（例如经由政变、夺权的方式），便会被视为不合乎民主的政府，它的合法性也就往往受到质疑。"①因此，选举制度不仅是一国民主制度的重要组成部分，而且是一国统治阶级实现民主的基本途径。

第一节　选举制度是代议制度的基础

在人类历史上，"选举"可谓源远流长。恩格斯在《家庭、私有制和国家的起源》一书中，谈及易洛魁人的氏族内部习俗时，提到了氏族选举酋长的问题，"所有的人，无论男女，都参加选举"②。不过，通过某种形式的推举选定负责执行公共事务的人员，则最早起源于古希腊城邦，如长老会议、五百人议事会等一般均由选举产生。但在整个中世纪时期，虽然选举制度在政治生活中影响不大，但一些商业和手工业城市的

---

① 雷竞旋：《选举制度》，台湾洞察出版社 1989 年印行，第 3 页。

② 《马克思恩格斯选集》第 4 卷，人民出版社 1995 年版，第 84 页。

市议会则仍然由市民选举产生。然而,这些所谓“选举”,无论作用还是范围都与近现代选举制度不同。

一、选举制度概述

要正确理解选举制度对代议制度的影响,就必须弄清选举制度本身。尽管世界各国在建立和运行选举制度过程中存在诸多差异,但一般说来都可从以下方面来进行分析。

(一)选举制度的意义

选举制度是一国统治阶级用法律规定的关于选举代议机关代表和国家公职人员的各项制度的总称,是统治阶级挑选本阶级代表人物和优秀人物进入国家机关实现国家权力的重要手段和步骤。作为近现代民主制度的重要组成部分,选举制度既是资产阶级学者提出天赋人权学说、人民主权学说在资产阶级政治实践中的产物,也是资产阶级反对封建等级授职制的结果。与原始社会、奴隶社会和封建社会的选举活动相比,近代选举制度有三个特点:一是被选举者往往是代议机关的代表或议员;二是形式上采用普选制;三是有一套比较完整的法律规范作指导。而且在政治实践中,虽然不同阶级本质的选举制度在对象、目的等方面存在根本区别,但其作用在形式上仍有类似之处。具体就代议机关的产生和活动而言,选举制度的作用表现在:

第一,选举制度为选民选出自己信赖的代表组成国家机构,从而为实现国家权力的转移提供了制度保障。因此,选举制度是近现代市民社会与政治国家相联系的基本途径。如前所述,近现代民主制国家最根本的原则即人民主权,也就是说国家的一切权力属于人民。但即使在最直接的民主制度中,也不可能使所有的人都直接成为统治者。因此,国家权力的行使者只能是少数人。这样也就导致国家权力的所有者与行使者的相互分离,并因而形成少数领导者和绝大多数被领导者的相互矛盾。选举制度则是解决这种相互分离和相互矛盾状况的根本途径。既然代表或议员由公民根据自己的意愿选举产生，国家机关及其工作人员的职权，由选民通过选举这一权力委托方式获取，那么权力的行使者虽然获得了合法地位，但它仅仅只是权力所有者实现权力的媒介、桥梁。因此，虽然权力行使者有一定的相对独立性，但这种和平的权力委托或者说权力转移，并不能改变权力所有者的地位，相反在其他有关制度的配合下，还能使权力所有者的意愿得以贯彻。而且，在政治实践中，由于选举能使权力行使者的地位合法化，因此，随着“选举制在理论上的推广，使它成为当代篡夺者正当的合法化制度。过去，使用武力夺得权力的独裁者，通过宗教加冕或与嫡出公主结婚而得到合法地位。今天他则求助于公民投票或被操纵的选举”。自然在这里，“选举制实际上不过是一种门面装潢”。①

第二，选举制度为选民监督权力行使者，并在一定条件下更换权力行使者提供了重要途径。广大选民与国家权力行使者的这种委托关系，决定了权力行使者必须向广大选民负责。尽管政治实践中有集体责任和个人责任之分，但其基本原理则是共通的，即选民将根据权力行使者的具体表现，对其是否符合自己的意愿进行评判，并对其违反选民意愿的行为追究责任。阿尔蒙德曾经指出：“现代民主政治体系的基本概念是公民能够通过定期选举控制精英人物。一方面，公民可以在竞争的候选人中进行选择，挑选那些选择倾向与自己最为相似的人或那些他们最信任的人。另一方面，选举的存在使精英人物因期待选民的支持而加强其反应性。”②如果选民撤回对权力行使者的“委托”，那

---

① 〔法〕迪韦尔热：《政治社会学》，杨祖功、王大东译，华夏出版社 1987 年版，第 129 页。

② 〔美〕阿尔蒙德等：《比较政治学》，曹沛霖等译，上海译文出版社 1987 年版，第 130 页。

么权力行使者的存在、延续以及权力行使也就失去了合法依据。在这种情况下,选民即可通过民主程序重新选举产生新的符合自己意愿的权力行使者。正如美国《独立宣言》指出:"政府的正当的权力,则系得自被统治者的同意。如果遇有任何一种形式的政府变成损害这些目的的,那么,人民就有权利改变它或废除它,以建立新政府。"①这就要求权力行使者必须坚持为选民服务,时刻牢记对选民负责的思想。

第三,选举制度是促进民意的形成、表达,并使选民民主意识得以提高的重要手段。国家的统治、社会的管理都必须以"民意"为依归。选举就是形成、表达民意的思想方式。选举不仅仅只是单纯地对候选人进行简单挑选,实际上这种选择一方面表达了选民对权力行使者必须具备的基本要求,另一方面则表达了国家和社会管理应该贯彻何种政策的基本意见。而且选举过程中不同意见的交流、妥协,还会形成人们都能接受的意见。利普塞特认为:"在民主社会中,选举是取得一致的主要途径。"②因此,选举制度在形成、表达民意中具有非常重要的作用。同时,选民通过选举活动的参与,还可增强民主意识。虽然选民在多大程度上重视并参与选举,受历史传统、民族习惯、宗教信仰、文化程度等许多因素的影响,但选举本身同样是一项非常重要的因素。选民通过参与选举,不仅会对自己的地位和作用产生明确认识,而且还能增强其分析、判断政治现象、政治问题的能力,从而积极地参政、议政。

第四,选举制度还是缓和社会矛盾、解除社会危机、维持社会安定的重要措施。经济萧条、通货膨胀、政局不稳、派别利益冲突激烈等社会矛盾和社会危机,是影响国家统治秩序和社会安定的重要因素。虽

---

① 美国《独立宣言》,转引自世界史资料丛刊初集《1765—1917 年的美国》,商务印书馆 1962 年版。

② 〔美〕利普塞特:《政治人》,刘钢敏、聂蓉译,商务印书馆 1993 年版,第 16 页。

然解决矛盾或危机的方法很多,但在民主政治制度中,选举则是最重要的民主途径之一。通过选举,不仅可以使选民与选民、选民与代表更为紧密地联系在一起,而且还可以集思广益,对各种政策选择方案进行论证,从而为各种社会问题寻找合理的而为人们所接受的解决方法。利普塞特甚至将选举称为“民主的阶级斗争的表现形式”①。

(二) 选举制度的基本原则

从各国宪法、法律规定和选举实践来看,各国选举制度大都确认并遵循一定的基本原则。如果说选举制度是实现代议制度,从而最终保证现代民族国家实现民主的必要条件,那么这些基本原则则是实现选举制度民主化,从而最终保证代议机关真正成为民意机关,使代议制度真正成为实现民主的基本形式的前提条件。尽管各国在规定和贯彻基本原则方面各有特点,但一般说来主要有以下四大原则:

第一,选举权的普遍性原则。它是指享有选举权的主体的广泛程度,是指除国籍、年龄、无精神病以及未经法院宣告剥夺政治权利外,不另设其他资格限制而普遍享有选举权的原则。从理论渊源来说,选举权的普遍性原则是人民主权原则的具体运用。既然人民是国家的主人,国家的一切权力都属于人民,那么人民自然有权挑选行使国家和社会管理权力的人员。因此西方有学者认为,选举权是公民的固有权力。从历史发展来说,“普遍选举”是资产阶级为动员广大人民群众参加反封建专制斗争而最早提出来的口号,但资本的特权决定了这种普选权,在资本主义国家很难真正实现。事实上,资本主义国家一般都经过从直接财产限制和与财产相关的住所的限制、教育程度的限制、性别限制和民族种族限制,到逐步消除这些限制的过程。社会主义国家的选举

---

① 参见〔美〕利普塞特:《政治人》,刘钢敏、聂蓉译,商务印书馆 1993 年版,第七、八章。

制度在批判改造资本主义“普选原则”基础上，建立起了自己的普选原则。尽管公有制的生产资料所有制形式和人民当家做主的政权性质，使真正享有选举权的公民的范围有根本性的扩大，但这并不意味着社会主义国家的所有公民都有选举权。换言之，在普选权问题上，社会主义国家也要经历一个从对敌对阶级的限制，到逐步缩减和消除这种限制的过程。

第二，选举权的平等性原则。从理想的角度来说，它是指一切选民在每次选举中只能在一个地方投一次票，而且一切选民所投的选票效力相等。由此可见，选举权的平等性原则包括两方面的内容：一是机会平等，每个选民都只能投一次票；二是结果平等，每个选民所投选票的效力相等。在理论上，选举权的平等性渊源于资产阶级自由、平等、博爱的口号和反对封建特权的思想。在实践中，它同样也曾经历过一个历史发展过程。在西方资本主义国家，即经历了以财产为中心的复数投票和等级投票制，直到近几十年才取消这种公开表现的资本特权。如 20 世纪初叶，普鲁士下院的选举中，选民的选举权同他所纳的税额成正比，即由纳税少的选民选出的议员所代表的人口数，几倍于或几十倍于由纳税多的选民选出的议员所代表的人口数。又如 1918 年以前的英国下院选举中，凡选民在几个选区拥有住宅者可以享有几次投票权。此外，在大学获得学位的选民往往享有两次或几次投票权。这种因财产、居住、教育等条件构成特殊身份而享有几次投票权，或者虽然只投一次票但其效力大于其他选民所投选票的制度，显然有害于选举权的平等性原则。在社会主义国家中，虽然有些国家已取消了工人农民之间选举权实际效力的差别，但这种差别在有些国家仍然存在。

第三，直接选举和间接选举原则。直接选举是指由选民亲自投票选举代议机关代表或议员和其他国家机关公职人员的选举方法。与它相对称的间接选举则由选民选举出选举人或者选举团体，然后由选举人或选举团体再选出代议机关代表或议员和其他公职人员的选举方法。直接选举是比间接选举在形式上更为民主的选举方式。它不仅有利于选民直接挑选他们所熟悉和信任的人,到国家政权机关中去代表他们行使管理国家的权力,便于选民直接向代表或议员反映意见和要求,并监督代表或议员的活动,而且也便于代表或议员充分听取选民的意见和要求。因此,它既能增强选民参政、议政的积极性,也能增强代表或议员的责任感。这样,现在世界上的不少国家都采取直接选举方式。但也有不少国家由于地域辽阔、人口众多、交通不便、经济文化发展水平还比较低等原因,仍然采用间接选举方式。从各国实践看,对间接选举形式的运用也不完全一致。如有的国家先让选民选举初选当选人,然后再由初选当选人选举代表或议员;有的国家由地方代议机关选举出席全国性代议机关的代表或议员等。在西方国家的代议机关中,下院议员一般由选民直接投票选出;上院议员或总统,有的国家采用直接选举,有的国家采用间接选举。在中国实行的则是直接选举和间接选举并用的原则。即县和县以下地方人大代表由直接选举产生,全国人大以及县以上(不含县)的地方各级人大代表,则由下一级人大即通过间接选举产生。从历史发展的角度考察,间接选举的范围和层次将会逐渐减少,而直接选举的范围将会逐渐增大,但这是一个相当缓慢而长期的过程。

第四,秘密投票原则。秘密投票是指选民不署自己的姓名,亲自书写选票并投入密封票箱的投票方法,与公开投票方法相对称。虽然现阶段世界各国大多实行秘密投票,但以往无论是资本主义国家还是社会主义国家都曾实行过公开投票。公开投票一般有口头投票、喝彩投票、举手投票和记名投票四种形式。由于这些投票方式中,投票人到底选举谁并非秘密,因而不能使选民的意志得到无拘无束的表达。而秘密投票的优点在于保守秘密,保证选举人能够消除顾虑,打破情面,自由地表达自己的意志。因此,从保证选举公正,以选出适当人才,使选举人不受外界压力,避免可能的威胁利诱而言,秘密投票更为可取。在中国,这同样也走过一段历史过程。如1953年选举法规定,基层普选以及乡镇出席县人大代表的选举采用举手投票的方法,亦可以采用秘密投票的方法。这与中华人民共和国初期,选民中文盲尚多等各种具体历史条件是相适应的,因而是切实可行、实事求是的,然而是带有过渡性的民主方法。自1979年选举法颁布以来,则一律实行秘密投票。

(三)选举程序

尽管基本原则构成选举制度的基础和前提,而且现代各国在选举原则方面日趋民主化,但这些民主化的选举原则能否真正实现,却与选举程序关系极大。在一定意义上,选举程序甚至是落实选举原则的关键。如西方国家在选区划分方面通过运用所谓选举地理学,实际上造成选民选票效力不平等的结果,从而破坏了选举权的平等原则;而候选人保证金制度则在事实上限制了被选举人的资格,从而破坏了选举权的普遍性原则等。因此,选举程序在选举制度中居于非常重要的地位。在某种意义上,选举程序实际上是影响代议机关构成,从而影响代议制度产生和运行的核心环节。纵观各国法律规定和选举实践,选举程序主要包括设立选举机构、划分选区、选民登记、提出候选人、竞选或者介绍候选人、投票选举和宣布选举结果等。这里对此进行简述。

第一,设立选举机构。选举机构是具体组织和办理选举事项的工作机关,尽管各国名称存在区别,但都会设立此类机构。如根据中国宪法和法律,县以上(不含县级)人大常委会即为主持本级人大代表选举的机构,县和县以下则设立选举委员会主持本级人大代表的选举。在西方国家,除政府设立的选举机构外,各政党也为筹措竞选费用、开展竞选活动而设立选举机构。

第二,划分选区。它是指划分实施选举的区域单位。无论社会主义国家选举人民代表，还是资本主义国家选举议会议员，在选举前都必须首先划分选区，使选民在一定选区内投票。但选区划分的方法则各国不尽相同。如有些国家的选区划分与行政区域划分相一致，而有的则不一致，有的国家规定，选区依据法律不得变更，有的国家则采取由行政当局根据需要，在每次选举时决定选区划分的“行政裁量主义”等等。由于从一个选区选出议员的数目多少不同，因而又有“大选区制”和“小选区制”。凡每个选区只能选出议员一名者为小选区制；而能选出数名议员者则为大选区制。从资本主义国家的政治实践看，选区的划定与改变，直接服务于资产阶级专政的需要，同时也反映了资产阶级政党间的矛盾和斗争。社会主义国家的选区划分则强调方便广大选民参与投票，强调方便选民对代表的了解和联系，以真正保障广大选民行使好选举权。

第三，选民登记。它是指选举机构依法审查和确认公民的选举资格。选民登记程序的目的在于确定选举权，保障选举权，防止无选举权的公民参与投票，保障有选举权的公民不被剥夺参与选举的权利。因为在法律上享有选民资格的人，不一定必然取得选举权。任何选民只有登入选民名册，领到选民证，才有权获得选票，并参与投票。因此，选民登记是选民实现选举权的首要条件，是保证选举顺利进行的重要程序之一。

第四，提出候选人。即由有关机关、团体组织或公民提出供选民选择的被选举人。尽管从表面看来，资本主义国家的无产阶级和其他劳动人民都有进入议会和登上总统“宝座”的权利，但事实上是否能当选为议员和国家公职人员，主要决定于是否为垄断资本集团所垂青。而且在法律上，虽然所有政党和无党派人士都有提出候选人的权利，但绝大部分候选人则由资产阶级主要政党所把持，他们对议员候选人的提名，广大选民无权过问。因此，垄断资本集团对于政府和议会的支配，不但由于它控制着资产阶级政党而得到保证,而且还由于它选派了自己的忠实代理人充当议员和总统而得到保证。社会主义国家则不仅共产党有权提出候选人,而且其他政党以及工会、共青团等社会团体,也有权提出候选人。同时一定数量的选民联名也可提出候选人。尤其重要的是,社会主义的选举理论与实践强调,各政党、团体以及选民提出的候选人应该地位平等。这就为广大劳动人民挑选自己满意的代表提供了保障。

第五,竞选或者介绍候选人。竞选是指在投票选举代议机关代表或议员和其他国家公职人员之前,各候选人为使自己当选而展开的争夺选票的活动。在西方国家选举中,竞选是一项非常重要的程序。一般说来,大选开始后,各政党即推出自己的候选人;候选人组织竞选机构,公布竞选纲领,筹措竞选费用,利用电台、电视、报刊等宣传工具开展宣传。虽然表面上竞选活动热闹非凡,但它实际上是资产阶级用“主权在民”、“政治竞争”的形式,保持自己统治地位的一种手段,是资本垄断集团操纵选举的工具。在社会主义国家中,法律对此并无规定,而是规定推荐代表候选人的政党、人民团体、选民和代表,可以在选民小组等会议上介绍代表候选人的情况。选举委员会等也应向选民介绍代表候选人的情况,等等。但笔者认为,从选举制度的民主化来说,引入竞争机制极有必要。

第六,投票选举。投票是选民或者选举人对候选人赞同与否正式发表意见的程序。从法律规定和选举实践看,又有所谓自由投票制与强制投票制之分。凡选民是否行使选举权,任其自由,国家不予干涉的,称之为自由投票制;而选民无故放弃选举权,国家可予制裁者,称为强制投票。现代世界各国大多采取自由投票制。在具体的投票方法上,又有公开投票和秘密投票两种方式。

第七,宣布选举结果。它是指根据当选制度计算票数,宣布当选人。既然选举以选出代议机关代表或议员和其他国家公职人员为目的,那么被选举人的当选办法自然非常重要。西方各国在选举中所采用的办法大致有以下几种:一是多数选举制与比例选举制。凡在一个选区内由获得票数最多的政党独占全部议员名额的称多数选举制。多数选举制又分为相对多数选举和绝对多数选举制。相对多数选举制是指获得相对多数选票的政党或候选人当选,或占有该选区全部应选名额。绝对多数选举制则指参加选举的政党或候选人在选区第一轮选举中,必须获得过半数选票才能当选或占有该选区全部应选名额,否则要进行第二轮选举。比例选举制则指根据各政党所获选票数在总票数中所占比例分配议员席位的制度。此制与名单提名制相结合,以大选区制为基础,一轮投票便可得出结果。二是一轮多数联盟制。它是指在选举中允许几个政党结成联盟参加竞选,竞选联盟只要获得过半数选票即可独占选区的全部议员席位;如果没有任何一个竞选联盟或政党获得过半数票,则在各竞选联盟或政党之间按其获得票数比例分配议员席位,不需要再进行选举。此制实行于多党制而又采用大选区制的国家。三是二轮多数选举制。它是指在选举中,第一轮采取绝对多数制,候选人必须获得本选区有效选票的过半数才能当选,否则要进行第二轮选举。第二轮选举采取相对多数制,得票最多者当选。此制也为多党制国家采用。社会主义国家采取的则主要是多数选举制。从世界各国法律规定和选举实践看,投票结束后均由主持选举的机构核对、统计票数,然后根据各自采行的当选制度,确定并宣布选举结果。

二、选举制度:代议制度的存在前提

我们之所以不厌其烦地对选举制度进行介绍,其原因即在于选举制度对代议制度来说实在太重要了:不认识选举制度,就无法理解代议制度;没有选举制度,作为实现民主基本形式的代议制度也就不再存在;选举制度的运行状况,直接影响着代议制度的构成和功能状况。概而言之,即选举制度是代议制度的存在前提。

(一)从选举制度和代议制度的产生和发展看

如前所述,近现代所谓代议制度是从中世纪等级会议发展而来的,是新兴资产阶级吸收等级会议中代表制形式并予以改造的结果。在中世纪,一定形式的议会已经存在,如英国的"贤人会议"、"大会议"等,其成员主要是皇室成员、地主贵族、教士等,除了作为国王的咨询机构外,还有征集财政税收的作用。随着生产力的发展,在西欧一些国家中逐渐出现一些城镇。这些城镇内的主要经济活动,不再是与土地有关的农业耕作,而是手工业、制造业、商业贸易、金融、服务业等,资本与利润也就逐渐成为这些城镇居民经济活动的主要手段和目标。于是新兴的资产阶级产生了。从 11 世纪开始,一些国家的新城镇如英国的一些城镇,逐渐取得自治权。城镇居民通过选举方式选出城镇的管理组织。到了 14 世纪,由于资产阶级的经济力量日益雄厚,因而皇室的开支一旦出现问题便自然想通过资产阶级予以解决,于是这些城镇居民的代表也就逐渐开始进入国王的议会。

由于这些城镇居民亦即新兴资产阶级没有地主贵族的血缘和身份制度背景,因而不能像地主贵族一样,通过世袭或身份地位决定出席议会的资格,而只能通过选举的方法来决定代表人选。如英国从 12 世纪开始,就规定每个市镇的全体自由民有两个议会席位,由他们自己选派代表出席。刚开始的时候,由于自由民的数目不多,因此能参加选派和有选派资格的也不多,所以选派的技术问题不大。随着城镇代表经济力量的不断壮大,他们在议会中的影响也越来越重要。而且他们在议会中最早获得的权力就是有关赋税、国家开支的财政和预算权。16 世纪至 17 世纪中期,是资产阶级亦即城镇代表和封建地主阶级及其皇室在权力争夺方面最为激烈的时期,但新兴资产阶级逐渐取得优势。这集中表现在两方面:一是资产阶级在议会内的力量越来越大,不仅由资产阶级选举产生的代表人数有增加,因而设立了下议院,而且各种权力也逐渐由下议院掌管;二是议会逐渐从皇室手中把权力夺取过来,到17世纪中期,议会已成为正式立法机构,到18世纪中期,以议会为中心的代议制终于在英国得到确立,议会逐渐成为国家政治活动和权力的中心。于是,城镇代表的选派方法便成为重要问题了。随着各国政治实践的不断向前推进,特别是从理论到实践不断对选举问题进行总结,因而建立了包括选举资格、选区划分和代表名额分配以及投票方法等内容的完备的选举制度。由此可见,近代意义的选举制度是伴随着代议制度的产生、发展而产生、发展的。反过来说,离开了选举制度,代表的选派就会出现混乱,代表制度也就无从确立和运行。

(二)从代议制度的前提条件看

代议制度并非抽象的概念、原则,而是由一系列具体的构成要素组合而成的具体政治制度。代表或议员以及由代表或议员组成的代议机关,就是代议制度最基本的构成要素。如果离开了代表以及代议机关这些最基本的单位,也就根本无所谓代议制度。因此产生代表是代议制度建立过程中最首要的环节。尽管在历史上,代表的产生方式有任命、世袭等许多种,但选举则是最重要也是影响最深远的一种。正是在这一意义上我们说,选举是产生代表,从而建立运行代议制度的首要前提。这是一方面。

另一方面,如果代表不是由选举而是由其他方式产生,那么代议制度也就不成其为实现民主的基本形式。我们曾经多次指出,当人类历史超越了小国寡民的直接民主制时,政治管理的模式不管其阶级实质的区别,也不论其外在形式的差异,它总是少数人管理多数人的模式,而且当历史的发展还没能提供条件来消灭少数人管理多数人的模式时,要实现民主就只能依赖代议制。代议制的作用就在于,将多数人的意志转化为掌握政治管理权力的少数人的权威。如果从民主原则的角度进行考察,那么代议制度的核心本质也就在于它是一种权力转移,即权力从属于所有者的人民,转移至属于行使者的代表或者议员以及其他公职人员。但代议制不等于民主制。因此,代议制度要真正成为实现民主的基本形式,必须真正得到人民的权力委托。正如孟德斯鸠指出:"只有通过选举,人民才能当君主,因为选举表现了人民的意志。主权者的意志,就是主权者本身。因此,在这种政治之下,建立投票权利的法律,就是基本法律。民主政治在法律上规定应怎样、应由谁、应为谁、应在什么事情上投票,这在事实上和君主政体要知道君主是什么君主,应如何治理国家,是一样的重要。"①因此,如果代表不是由选举而是由任命或世袭等其他方式产生的,那么,这些代表也就没有得到人民的权力委托,由此而形成的所谓代议制度就绝不是实现民主的基本形式,其政权实际上还是专制政权。美国政治学家詹姆斯·安德森曾经指出:"专制政权和民主政权最明显的不同是:在民主政体下,公民能在真正的选举中选择最高的决策者。一些政治科学家认为,真正选举中的投票之所以是公民影响政策的重要手段,不仅是因为它确实允许公民选出官员,并在某种程度上指导这些官员对政策的态度,更重要的是因为,真正选举的存在使公民参与成为可能。因为,选举的事实间接地将一个原则强加于未来的决策者。即'决策中要考虑公民的愿望'。"②马克斯·韦伯甚至认为,任何没有普选的制度都是与当代制度不相容的③。

(三) 从代议机关的构成和运行状况看

在近现代民主政治中,代议机关亦即民意机关,也就是说代议机关

---

① 〔法〕孟德斯鸠:《论法的精神》(上),张雁深译,商务印书馆 1982 年版,第 8 页。

② 〔美〕詹姆斯·安德森:《公共决策》,唐亮译,华夏出版社 1990 年版,第 57 页。

③ 〔英〕戴维·比瑟姆:《马克斯·韦伯与现代政治理论》,徐鸿宾、徐京辉、康立伟译,浙江人民出版社 1989 年版,第 109 页。

是代表社会绝大多数成员的共同利益，反映社会绝大多数成员共同意志的组织。但这种理论上的分析，能否落实为具体的政治实践呢？换句话说，某一国家一定历史时期的代议机关，是否是名副其实的民意机关呢？这只有从代议机关的内部构成进行分析，才能得出正确的答案。如果代议机关组成人员，只是社会成员中极少数分子的代表，那么这样的代议机关，当然不是什么民意机关；但如果代议机关组成人员来自社会各阶级、阶层和集团，是绝大多数社会成员的代表，那么这样的代议机关，当然属于真正的民意机关。而选举则是决定代议机关组成人员具体构成状况的关键环节。阿尔蒙德等曾经指出：尽管“选举法在选举结果同立法和行政代表性的联系中所表现出来的复杂性，不能轻易概括。但是，选举法有三个特点特别重要，它们影响到随后的议会选举结果，也影响到各政党长时期内对竞选和对选民提出政策选择的信心”①。随后，阿尔蒙德即从立法代表的限制条款、每个议会选区的代表人数、比例代表制与多数代表制三方面，系统论述了选举对议会席位分配和议会构成的影响②。

与选举影响代议机关构成相联系，选举还是影响代议机关功能发挥和以代议机关为核心的代议制度运行的重要环节。在近现代国家中，代议机关一般就是立法机关。罗尔斯曾经指出：“参与原则要求所有的公民都应有平等的权利来参与制定公民将要服从的法律的立宪过程和决定其结果。”③但主客观原因决定了公民直接参与这一过程，尚有诸多限制，因此公民还只能通过选举产生的代表，影响立法过程。同

---

① 〔美〕阿尔蒙德等：《比较政治学》，曹沛霖等译，上海译文出版社 1987 年版，第 252 页。

② 可参见日本学者山口定：“论选举制度对政权构成的影响”，载〔日〕山口定：《政治体制》，韩铁英译，经济日报出版社 1991 年版，第 171—177 页。

③ 〔美〕约翰·罗尔斯：《正义论》，何怀宏、何包钢、廖申白译，中国社会科学出版社 1988 年版，第 211 页。

时,要保证国家法律的贯彻落实,不仅要求法律必须反映全体社会成员的共同意志,而且要求参与立法的代表或议员,必须具备较高的素质。但这些问题只有在选举过程中,从代表名额的分配和选择代表的标准入手,才能得以解决。更何况有些国家的代议机关,不仅是国家政治活动中心,而且是国家权力中心。因此,以代议机关为核心的代议制度实际政治作用如何、运行状况怎样,都直接取决于具体的选举工作状况。雷竞旋在分析为何议会议员对有关选举制的辩论总是特别热心时指出:“这当中蕴含了一个重要的道理:不同的选举制会造成很不相同的效果;换言之,选举制不是一个中性的东西,它是有取向和倾向的。倒转过来,也就等于说:透过对选举制的控制和改动,也就可以制造不同的结果和效果。”①

第二节　资本主义议会制与选举制度

“不同的选举制会产生不同的影响,以及可以人为地设计某种选举制以达到特定的目的这个基本事实”②告诉我们:尽管一般地说来,选举制是代议制度的前提和基础,但这种前提和基础作用的具体表现,则因不同国家的政权性质、阶级力量对比状况、历史文化传统等诸方面的不同而有差别。因此,在研究代议制度与选举制度过程中,还必须了解两种不同类型的选举制度对代议制度的具体影响。

一、资本主义选举制度评析

资本主义选举制度作为资本主义民主制度的重要组成部分,是资

① 雷竞旋:《选举制度》,台湾洞察出版社 1989 年印行,第 120 页。

② 同上书,第 121 页。

产阶级革命胜利后，在改造封建社会选举制度基础上确立并逐步完善起来的。尽管选举制度的产生过程在各资本主义国家不尽相同，但总的发展趋势则是：由限制选举制到普选制；从不平等选举制到形式上的平等选举制；从间接选举制到直接选举制；从公开投票制到秘密投票制。换言之，即资本主义选举制度日益民主化，选举制度的民主原则不断得到完善。同时，在这个发展变化过程中，不但资产阶级内部选举权利得到扩大，而且无产阶级和劳动群众的选举权利也得到扩大。如果说在资本主义选举制度确立初期，资产阶级从法律上、制度上给广大人民群众行使选举权设置了种种障碍的话，那么到后来，资产阶级则不断完善其选举制度，逐渐废除一些过于露骨的限制，使广大人民群众在形式上享有普遍、平等的选举权。那么，导致这种发展变化的原因何在呢？笔者认为，主要有以下三点：

第一，由于广大人民群众的斗争。尽管在资产阶级革命过程中，资产阶级提出了民主、自由、平等、人权等各种思想和原则，但一旦革命成功，这些思想和原则对广大人民群众来说就成了美丽的词句。因此，广大人民群众不断掀起了反对资产阶级的斗争，争取普遍、平等的选举权就是这些斗争的重要内容。如英国1832年选举制度改革前夕成立的工人阶级全国联合会，就曾“要求给全体成年男子选举权、议会每年改选一次、秘密投票、取消议员的财产资格限制、保证工人阶级的社会权利”①。1832年改革法案通过后，工人阶级民主派一方面猛烈抨击改革的狭隘性，另一方面则提出了以普选权为中心的进一步政治民主化的要求，并因而形成著名的“宪章运动”。“宪章派把彻底的资产阶级民主纲领和工人阶级的社会要求结合起来，推动了英国议会改革和民主运动向前发展。”②美国妇女选举权、黑人选举权的获得也是这样。

---

① 沈汉等：《英国议会政治史》，南京大学出版社1991年版，第275页。

② 同上书，第290页。

诸如“人头税”、“文化测验”等限制选举权的条件，也是第二次世界大战后，特别是20世纪60年代末70年代初，由于汹涌澎湃的黑人运动、学生运动和反战运动，而迫使美国政府相继取消的。

第二，由于民主化是世界历史的潮流。虽然民主化在世界历史发展的不同历史时期有纷繁复杂的表现，但其总的发展潮流却不可阻挡。因为世界市场的不断扩大和竞争的加剧，流动、开放的社会环境以及新技术革命等，无不是推动民主政治发展的重要条件。更何况市场经济作为人类社会不可逾越的发展阶段，与民主政治之间存在着必然的内在联系。因此，现代世界各国不管其阶级本质如何，一般都在形式上公开主张实行民主化。而且两种不同性质社会制度的存在也大大促进了民主化的发展。1919年德国《魏玛宪法》就是社会主义宪法影响资本主义民主制度的典型。正是在民主化潮流的推动下，资产阶级选举制度也不断得以民主化。

第三，由于资产阶级统治方式的调整。恩格斯曾经指出：“有产阶级是直接通过普选制来统治的。”①因为普选制与公开的、赤裸裸的剥削压迫方式相比，具有更大的欺骗性。但资产阶级在建立这种隐蔽统治方式的初期，同样存在一些公开的不平等、不民主。随着工人阶级队伍的壮大和觉悟的提高，资产阶级已经清楚地看到：要巩固自己的统治地位，必须调和与无产阶级的矛盾，并在保持基本制度的前提下，满足工人阶级的一些要求。也就是说，在统治方式上，资产阶级越来越重视运用“怀柔”手段。而且在他们看来，把无产阶级反对资产阶级的斗争，吸引到竞选运动中来是最合算不过的事；选举上的争吵，议会内的争吵，比武装起义更为安全。列宁曾经指出：“议会斗争和选举的整个

① 《马克思恩格斯全集》第21卷，人民出版社1965年版，第197页。

条件和环境会缩小被压迫阶级的力量,使它不像被压迫阶级在国内战争中实际上能发挥出来的那样。"①取消选举制度中形式上的不平等、不民主,正是资产阶级为被压迫阶级设置的"条件和环境"。

由此可见,资本主义选举制度的民主化发展,同样是各种客观历史条件的产物。然而,必须明确的是,这种民主化并不意味着资本主义选举制度的本质已经改变。实际上,资本主义选举制度仍然是资产阶级维护阶级统治的重要手段,因为财产仍然是能否当选议员或总统等的决定性因素。具体说来表现在两方面:一是所谓保证金。如在英国要成为候选人必须交纳 150 英镑保证金,如果选举结果未获得 1/8 的选票,将没收保证金上缴国库;在法国则须交纳 1000 法郎保证金;日本竞选议员须交 10 万日元等。二是昂贵的竞选费用。竞选往往是资本和金钱的较量。"金钱通过选举转化成政治力量,影响着候选人、政党、政策制定程序和政府政策。"②这样,选举对广大人民来说,只能意味着在别人选定的范围内行使投票权。这种只具形式意义的程序当然无损于资产阶级政权的实质。"因为当不是公共资金而是私人捐款资助着各方和选举活动时,占统治地位的利益集团的意图就约束着政治议会,以至于建立正义的宪法规则所需的基本法很少被严肃地提出过。"③因此,资本主义选举制度的本质仍然在于每隔几年决定一次究竟由统治阶级中的什么人在议会里镇压人民、压迫人民④。

二、选举程序:资产阶级控制议会的主要环节

正因为选举制度是代议制度的基础,因此,控制选举是资产阶级控

① 《列宁全集》第 26 卷,人民出版社 1959 年版,第 16 页。

② 李道揆:《美国政府和美国政治》,中国社会科学出版社 1990 年版,第 244 页。

③ 〔美〕约翰·罗尔斯:《正义论》,何怀宏、何包钢、廖申白译,中国社会科学出版社 1988 年版,第 216 页。

④ 《列宁选集》第 3 卷,人民出版社 1995 年版,第 150 页。

制议会乃至控制整个国家政权的基本环节。通过选举进行议席分配，不仅可以调整统治阶级的内部矛盾，而且可以巩固其阶级统治。但如前所述，资本主义选举制度经过几百年的发展，不仅其民主原则已经日益确定，而且其形式也日益完备。因此，资产阶级在通过选举控制议会问题上，已经把重点从原则、形式转移到程序上来了，选举程序已经成为资产阶级控制议会的主要环节。除前已述及的资产阶级通过金钱控制候选人的确定、操纵竞选外，资产阶级主要通过以下几方面控制选举活动：

第一，通过选区划分控制选举结果。资本主义国家所谓"选举地理学"主要就是对以上问题所进行的研究。由于选区划分与各党派存在直接的利害关系，因此各政党，特别是占主导地位的政党，都力争采取对本党有利的选区划分方法。通过划分选区，故意把不支持本党的选民分散到几个选区去，使他们在各个选区都不能形成多数，或者将他们集中到个别选区，从而使本党方面的候选人，在其他选区顺利当选。比如某地区应选出 6 名议员，假如这个地区有甲（执政党）、乙两党，每个党都分别拥有 30 万选民，如果公平地划分选区，议员席位可能各占 3 名。但甲党故意把另一政党拥有的 30 万选民的绝大部分，划分在一个选区内，以保证自己的政党在其他五个选区内占优势。选举结果，乙党则只得到一个议席。如 1958 年戴高乐为阻止法国共产党在工人集中的马赛等大城市中当选，把大城市划分为小块，将自然形成的工人集中区人为地分割开来。正如雷竞旋指出："由于不同阶层和不同职业的选民在政治倾向上有显著的差别，而不同阶层、不同职业的人在居住地点方面也有一定的集中性，例如居民较多为工人的地区对左派较为有利，居民较多为商人、雇主的地区对右派有利等，所以通过划分选区来影响选举的做法有相当的可行性。"①由此产生的结果是，各地区选

① 雷竞旋：《选举制度》，台湾洞察出版社 1989 年印行，第 71 页。

民与议员的比例极不平衡。如1974年英国各地区选民与议员的比例是:苏格兰,一名议员代表51927人;威尔士一名议员代表55798人;英格兰一名议员代表64634人;北爱尔兰一名议员代表86377人①。

同时,在采用"大选区制"还是"小选区制"问题上,资产阶级政党也无不从有利于自己的角度进行选择。如英美等实行两党制的国家,都实行小选区制。因为在竞选中,选民只能在两党所提的两名候选人中选择一个,大党容易取得席位,而小党的候选人却很难取胜。德国、意大利等实行多党制的国家,一般都采用大选区制,以便各大政党都可能有一定名额的候选人当选,进入议会共同统治和管理国家,同时缓和各大政党之间的矛盾,一致对付小党。

第二,通过选民登记控制选民范围。选民登记也就是确认选民资格。应该肯定,随着普选权的确立,对选民资格形式上的限制已日趋减少。如果说以前要成为选民必须具备一定的财产、知识水平、宗教信仰、居住期限、种族、年龄、是否国家公职人员或军人等条件的话,那么现在这方面的条件限制则已大大减少了,而且"总的来说,选民资格是趋向无限制性地一人一票的普选权利"②。因此,单纯从选民资格上控制选民范围已无多大意义。但在政治实践中采取何种制度进行选民登记,却对此颇有影响。如果选民登记是义务性的,而且政府做出很大努力,那么选民登记的人数比例必然很高,有的国家甚至"95%的符合资格的人都能得到登记"③。而在那些选民登记是事实上的(如英国)或是法律上的自愿行为(如美国)的国家中,则有不少符合条件的公民没

---

① Mar Beloff, Gillian Peele, *The Government of the United Kingdom: Political Authority in a Changing Society*, London: Weidenfield and Nicolson, 1980, p. 133.

② 雷竞旋:《选举制度》,台湾洞察出版社1989年印行,第60页。

③ 〔英〕戴维·米勒、韦农·波格丹诺编:《布莱克维尔政治学百科全书》,中国问题研究所、南亚发展研究中心、中国农村发展信托投资公司组织翻译,中国政法大学出版社1992年版,第778页。

有进行选民登记。“在法国约有10%，在美国有1/3的合格选民……没有进行登记。”①西方有学者指出：“尽管除了许多外籍人员以外，目前没有任何主要的集团会被剥夺选举权，然而，在西方国家中，选举体制上的障碍依然存在，其中最主要的是选民登记。”②可见在选民登记问题上，资本主义国家已从法律上、形式上限制选民，转向实际工作中对选民登记不予保障上来了。

第三，通过计票制度控制议会席位的分配。计票制度实际上即指把几万甚至几十万张选票归结为数目有限的席位的计算方法。尽管在19世纪末以前，人们对此并未引起足够的注意，而且大多采取简单的多数选举制，但随着选举实践的不断深入，特别是资产阶级通过选举实践不断认识到：不同的计票制度对议会议席的分配会产生不同的结果。同时在政治实践中，资产阶级政党总是从有利于本党利益的角度，决定采行的计票制度。如1951年法国国民议会选举中，当时的中间派政党为了打击法国共产党和法兰西人民联盟，决定在原有比例代表制基础上采用新的联合竞选制度，规定候选名单可以联合竞选，联合竞选的候选名单若获得了绝对多数的选票，便获得全部席位。由于法国共产党和法兰西人民联盟势如水火，所以选举结果完全达到中间派政党的目的。法国共产党获得101席，但如果采用旧的计票制度，那么法国共产党应得180席；法兰西人民联盟获得117席，但如采用旧的计票制度，法兰西人民联盟应得144席；中间派政党在这次选举中共获得400席左右，但如采用旧的计票制度则只能得到300席左右。所以，夏普萨尔

---

① 〔英〕戴维·米勒、韦农·波格丹诺编：《布莱克维尔政治学百科全书》，中国问题研究所、南亚发展研究中心、中国农村发展信托投资公司组织翻译，中国政法大学出版社1992年版，第778页。

② 同上。

称，"实际上，这是专门为了反对共产党而想出的绝招"。① 1958 年法国第五共和国国民议会选举时，由于戴高乐改变选举计票制度，采用"小选区二轮多数制"的办法，结果戴高乐的保卫新共和国联盟获得国民议会议席的 196 个，法国共产党全国范围内所获选票多于保卫新共和联盟，却只获得 10 个议席。又如 1974 年英国大选中，尽管保守党的得票总数比工党多 26 万张，但由于议席的分配不是根据得票总数，而是根据各选区候选人的当选情况，因而工党反而比保守党多了 5 席。对此，韦农·波格丹诺指出："这个事实的结果之一是，不仅那些使用复数法和多数法的民主政体中的议会多数党，而且大多数民主政体中的多数党都是虚构的多数党，也就是说，立法机关中的大多数并不反映选民的大多数。"②

由此可见，资产阶级不仅通过财产从根本上控制选举，从而最终控制议会和整个国家政权，而且还具体通过操纵有关选举程序，使资产阶级代表人物能够进入议会为其政治经济利益服务。

第三节　社会主义人民代表制与选举制度

社会主义人民代表机关之所以能真正代表广大人民群众的意志和利益，从而真正保障广大人民群众当家做主权利的实现，其根本原因就在于社会主义人民代表机关的代表与选民是"同质"的，也就是说，在社会主义人民代表制度下，国家权力的所有者与行使者实现了真正的

① 〔法〕雅克·夏普萨尔等：《1940 年以来的法国政治生活》，全康康等译，上海译文出版社 1981 年版，第 183 页。

② 〔英〕戴维·米勒、韦农·波格丹诺编：《布莱克维尔政治学百科全书》，中国问题研究所、南亚发展研究中心、中国农村发展信托投资公司组织翻译，中国政法大学出版社 1992 年版，第 220 页。

统一。尽管从最终基础的角度看,决定这种统一或“同质”的是生产资料社会主义公有制,但这种经济方面的终极原因则是通过政治环节的选举制度表现出来的。因此,社会主义选举制度在广大人民群众通过人民代表制实现当家做主的过程中居于十分重要的地位。

一、社会主义选举制度评析

社会主义选举制度是巴黎公社无产阶级选举制度在社会主义国家的运用和发展。1871 年法国巴黎无产阶级建立了人类历史上第一个无产阶级政权,实行了无产阶级的选举制度。为了保证工人和劳动人民的代表在公社中占优势,国民自卫军中央委员会打破了各选区代表人数相等的旧传统,确立了代表人物同各选区居民人数成正比的原则,从而使公社委员大多数都是工人或公认的工人代表,使劳动人民破天荒第一次享受到真正普遍的民主权利。因此,公社“实质上是工人阶级的政府,是生产者阶级同占有者阶级斗争的结果,是终于发现的可以使劳动在经济上获得解放的政治形式”①。

1917 年俄国革命胜利后,列宁和布尔什维克党领导制定的 1918 年宪法,专门规定了选举制度。它不仅取消了过去在选举资格方面的种种限制,而且明确规定,凡俄罗斯社会主义联邦共和国公民,不分男女,不问其信仰、民族、居住期限等情况如何,只要在选举日前已年满 18 岁,都享有选举权和被选举权,只有剥削他人者除外。1936 年的苏联宪法规定,凡劳动者代表苏维埃,包括苏联最高苏维埃、自治共和国最高苏维埃,以及各级地方苏维埃代表,均由选民平等、直接、无记名投票选举。凡年满 18 岁的苏联公民,不分种族及民族,不分性别,不分信仰,不分教育程度,不分社会出身、居住期限、财产状况以及过去活动如

① 《马克思恩格斯选集》第 3 卷,人民出版社 1995 年版,第 59 页。

何，皆有权参加选举，只有患精神病及由法院判决剥夺选举权者除外；凡年满23岁之苏联公民，不分种族、民族、性别、信仰、教育程度、居住期限、社会出身、财产状况及过去活动如何，皆有权被选为苏联最高苏维埃代表。第二次世界大战胜利后建立起来的一批社会主义国家，也都实行了社会主义选举制度。如1948年朝鲜民主主义人民共和国宪法规定，最高人民会议依普遍、平等、直接选举的原则，以秘密投票选出的议员构成。新中国成立后，从1953年选举法、1954年宪法到以后的多次修正，不仅明确肯定了普遍、平等、直接选举与间接选举并用以及秘密投票等基本原则，而且从选举程序等方面不断完善，从而建立起比较完备的社会主义选举制度。

从社会主义选举制度的历史演变我们可以看出：第一，社会主义选举制度一开始就无一例外地确认，应该使广大劳动人民群众的代表在人民代表机关中居于优势地位，为此不仅从法律上确认选举制度的各项民主原则，而且在选举工作实践中，从选举程序到具体的有关制度，都全面贯彻了这些民主原则。尽管资本主义国家的选举制度也从法律上、形式上确认了这些原则，但资产阶级通过各种各样的限制，使这些原则对广大人民群众来说成了不可兑现的抽象内容。社会主义选举制度则无任何限制地保证这些原则的实现，从而做到了选举原则在法律上的确定与实际工作中的贯彻落实相统一。

第二，社会主义生产资料公有制决定了社会主义选举制度是体现广大人民群众意志、保护人民民主权利的工具，是广大人民群众参与国家管理、实现当家做主的基本环节。资本主义国家的选举制度之所以出现原则与现实相脱节，从根本上说是由生产资料私有制决定的。因为“财产使贵族能左右农业区和小城市的代表选举；财产使商人和厂主能影响大城市及部分小城市的代表选举；财产使二者能通过行贿来加强自己的势力”①。因此,在生产资料私有制条件下,广大人民群众不可能通过选举制度实现当家做主。但社会主义生产资料公有制则不仅使广大人民群众成了社会经济生活领域中的主人,而且通过这种物质基础做保障,使广大人民群众在政治生活领域中也能真正实现当家做主。因为与资本主义国家仅仅限于规定公民的形式权利,而不注意实现这些权利的条件不同,社会主义国家政权“不是把重心放在宣布全体人民的权利和自由上,而是实际保证……劳动群众能实际参与国家管理”②。因此,“在任何一个最民主的资产阶级国家中,劳动群众从来也没有像在苏维埃政权之下那样广泛、那样经常、那样普遍、那样简便地行使选举权”③。

第三,我们在第一章中曾经指出,社会主义人民代表制有一项独特的监督原则。具体对社会主义选举制度来说,主要表现在选民对代表的随时撤换和罢免上。可以说,这也是保障代表与选民保持“同质”,使广大人民群众通过人民代表制实现当家做主的又一关键环节。在资本主义国家里,选举议员大都是“一锤子买卖”,选民只能把议员送上台,但不能把他撤下来。社会主义国家则不同,如果选出来的代表不称职,辜负了选民的期望和信任,选民随时可以依照法定程序加以撤换。列宁曾经指出:“任何由选举产生的机关或代表会议,只有承认和实行选举人对代表的罢免权,才能被认为是真正民主的和确实代表人民意志的机关。这是真正民主制的基本原则,对于一切代表会议是如此,对于立宪会议也是如此。”④正因如此,所以社会主义选举制度,都把对代

① 《马克思恩格斯全集》第1卷,人民出版社1956年第1版,1965年第3次印刷,第687页。

② 《列宁全集》第29卷,人民出版社1956年版,第87页。

③ 《列宁选集》第3卷,人民出版社1995年版,第723页。

④ 《列宁全集》第26卷,人民出版社1959年版,第314页。

表的随时罢免作为一项非常重要的内容，并通过立法的形式予以具体化、制度化①。

二、选举程序：广大人民群众通过人民代表制实现当家做主的基础

如果说由生产资料私有制决定的资本主义选举制度的原则与现实相脱离，是通过资本主义选举程序实现的话，那么由生产资料公有制决定的社会主义选举制度的原则与现实相统一，则是通过社会主义选举程序实现的。正因为如此，所以我们说，社会主义选举程序是广大人民群众通过人民代表制实现当家做主的基础。纵观各社会主义国家的法律规定和选举实践，这主要表现在以下几方面：

第一，通过增强选举机构的作用和独立性，确保选举工作公正有序地进行。在资本主义国家的议员选举过程中，各政党设立的选举机构发挥着主导作用，由于各选举机构都是从本党利益出发开展选举活动，因此所谓选举工作的“公正性”也就无从谈起。然而社会主义国家人民代表选举过程中，各政党并不设立选举机构，而是由人民代表机关的常设机关，或者专门设立的选举委员会来主持选举。正如有学者指出的那样：“绝对不能把选举委员会的职能归结为计算选票。选举委员会的职能是领导选举工作的进行，监督选举法的遵守，登记候选人，组织投票，公布投票结果，以及解决许多其他问题。”②也就是说，社会主义国家的选举委员会或者人民代表机关的常设机关在选举过程中发挥着主导作用。这不仅有助于选举工作的正常开展，而且随着其作用和独立性的增强，对于保持选举公正有非常重要的作用。

---

① 可参见〔苏〕托波尔宁：《社会主义政治制度》，黄中华译，群众出版社 1986 年版，第 131 页。

② 同上书，第 130 页。

第二,通过选区划分和代表名额分配,保证人民代表机关的代表构成充分体现人民当家做主的政权性质。社会主义各国在划分选区时的基本出发点在于:便于选民登记、投票,切实保证其充分行使选举权。如中国选举法规定:“选区可以按居住状况划分,也可以按生产单位、事业单位、工作单位划分。”这种选区划分原则,既便于选民挑选自己熟悉和信赖的人当代表,也便于选民就近参加选举活动,从而最大限度地保证选民参加选举;而且也便于代表联系选民,接受选民监督和向选民负责。它与资本主义国家资产阶级只为自身利益而随意调整选区存在本质区别。同时,在代表名额分配上,尽管各社会主义国家规定不尽相同,如有的规定一个选区只选一个代表,有的则可以选几个代表,但“这种制度的产生,其通常所依据的原则是一定区域内人口的数量决定该区代表的名额多少”①。这就保证了占国家人口绝大多数的广大人民群众在人民代表机关中占有绝大多数名额的代表。如1971年选举的苏联最高苏维埃代表中,481人是工人,282人是集体农庄农民,754人是知识分子和职员。1971年选出的各加盟共和国最高苏维埃的5879名代表中,工人代表1742名,集体农庄农民代表1211名,知识分子和职员的代表2916名②。中国第七届全国人大代表中工农占684名,知识分子占697名。社会主义人民代表机关代表的构成状况,既充分表明了广大人民群众在国家中的地位,又能通过人民代表机关的活动,保证广大人民群众充分行使当家做主的权利。

第三,通过选民登记,使广大人民群众积极参加选举活动。在社会主义各国,选民资格一般只有两项限制:一是年龄;二是没有被依法剥

① 〔苏〕契尔金:《宪法与政治制度》,周伟等译,四川大学出版社1988年版,第312页。

② 〔苏〕托波尔宁:《社会主义政治制度》,黄中华译,群众出版社1986年版,第132页。

夺政治权利①。这样,符合选民条件的人数在整个国家人口中占有很高的比例。而且社会主义各国的选民登记工作,由选举机构主动、积极、系统、全面地进行,因而也就不会出现资本主义国家那种具备选民资格却不能成为选民的情况。更何况社会主义国家在选举日前的一定时期即将选民名单公布,因此如有差错、遗漏还可补正呢!

第四,通过候选人的提名推荐和确定,把广大人民群众的真正代表选入人民代表机关。社会主义国家候选人的提名推荐一般有三种情况:一是各政党、组织单独提名推荐;二是各政党、组织联合提名推荐;三是一定数量的选民联合提名推荐。如苏联最高苏维埃选举法规定,代表候选人由苏联共产党、工会、共青团、合作社和其他社会团体、劳动集体以及部队军人大会提出。中国选举法规定,各政党、各人民团体,可以联合或者单独推荐代表候选人。选民或者代表,十人以上联名,也可以推荐代表候选人等。这样,一方面由于社会主义国家的执政党共产党是广大人民群众根本利益的代表,她没有也不谋求任何特殊利益,因而她推荐的代表候选人就是人民的忠实代表;另一方面选民自己还可推荐代表候选人,而且工会、青年团等社会团体在根本利益上与广大人民群众相一致,因而它所推荐的候选人也会为人民服务。因此,由这三种方式产生的代表候选人不仅具有充分的广泛性,而且从根本上代表着广大人民群众的一致利益。由此产生的人民代表机关的组成人员,也就都是广大人民群众的忠实代表。更何况在候选人的最终确定和正式投票过程中,由于国家提供了物质条件作保障,因而使选举活动不会为金钱所操纵,选民的选择不会被假象所迷惑,因此选民最终选举的代表,也就是他们最信赖、最满意的成员。

---

① 有些国家曾取消这一限制,参见〔苏〕托波尔宁:《社会主义政治制度》,黄中华译,群众出版社 1986 年版,第 129 页。

第五，通过计票制度，把广大人民群众的共同意愿转化为具体的人民代表机关。与资本主义国家计票制度经常随资产阶级政党的需要而随时调整不同，社会主义国家的计票制度具有相当的稳定性，而且其基本原则在于：在根据人口比例分配的代表名额范围内，根据选民的多数意愿确定当选代表。正如苏联学者契尔金概括的那样："在大多数社会主义国家，赢得投票总数一半以上的候选人被认为是当选者；如果所有候选人的得票都不足半数，便再次进行投票；如果赢得半数以上选票的候选人数额超过该选区的应选代表数额，那么赢得选票数多的候选人或姓氏笔画位于投票排列之首的候选人当选。"①值得注意的是，这种计票制度的最大优点在于，它能避免资本主义国家所谓"立法机关中的大多数并不反映选民中的大多数"的状况，从而使人民代表机关代表真正成为广大人民群众的公仆。

必须明确的是，我们说社会主义选举制度为广大人民群众通过人民代表制实现当家做主提供了前提和基础，并不意味着社会主义选举制度的这种前提和基础作用已经充分发挥出来了。

---

① 〔苏〕契尔金：《宪法与政治制度》，周伟等译，四川大学出版社1988年版，第313页。

第五章　代议制度与国家机构

在近现代民主政治中，人民主权是对民主内容的高度抽象和概括。因此，笔者认为，只有当人民主权转化为公民权利，具体化为国家权力和国家机关的职权时，人民主权才能得以贯彻落实。与此相对应，代议制度作为实现民主的基本制度，则是对间接民主形式的高度抽象和概括，就其展开的意义而言，它包含着民主政治生活中的一系列实际内容。换言之即代议制度只有具体化为各种机关、组织，并通过协调它们间的关系，才能真正成为实现人民主权的基本途径。因此，如果说人民主权尚须经过分解和转化的过程才能实现，那么代议制度也只有经过分解和具体化才能有效运行。所谓代议制度与国家机构阐述的就是代议制度如何转化、分解为具体机关、组织的问题。

第一节　政体、政权组织形式与代议制度

正如我们在第二章所揭示的那样，代议制度只是近代社会的产物。但私有制、阶级、国家的出现，却使国家政权成为人类社会管理过程中最为重要的力量。也就是说，当人类从蒙昧走向文明的时候，就始终面临着通过怎样的国家政权实现国家权力的问题。因此，代议制度只是人类社会国家政权建设过程中一定历史时期的具体表现。而且，虽然代议制度是间接民主形式的抽象，但它并不能包含一切实现民主的形式。更何况民主远不能概括不同社会形态中实现国家权力和进行国家

政权建设的所有问题。因此,笔者认为,在代议制度之上还有一个内涵和外延更为丰富和宽广的概念,这个概念就是政体。

一、政体及其他

(一) 政体的概念

要弄清政体的概念,首先必须弄清国体的概念。在政治思想史上,国体与政体的区分是社会历史发展到一定阶段的产物。古代学者,诸如柏拉图、亚里士多德等都将两者混为一谈。直至16世纪法国思想家布丹时,才初见国体和政体划分的端倪。他认为,应该将国家的组织形式和国家的管理形式区分开来,认为国家的组织形式取决于主权者的人数,国家的管理形式则取决于行使权力的方式、方法。但布丹“并没有找到区分国家类型和形式的真正的科学的标准,因而不仅混淆了国体和政体,对国家形式问题也弄得十分混乱”①。后来,霍布斯、洛克、卢梭等人在此问题上也没有走得更远。因此实际上,一切剥削阶级的政治学、宪法学都分不清国体和政体,即使有人把国体与政体分开,也是把一切国家的国体看成具有相同的性质。例如有人说,“一切的国家就其构成要素及政治性质而言,都是相同的,并无根本上的差异”②。世界各国的制度之所以形形色色千差万别,就在于政体的不同。因此,他们不讲国体与政体的区分,或者把两者混淆起来。

只有马克思主义才明确把国体与政体区分开来,认为国体是指国家的性质,指一个国家中哪个阶级占统治地位,哪些阶级居于被统治地位。在统治阶级中,如果是几个阶级联合统治,还要分清哪个阶级是领导者,哪个阶级是同盟者。但必须指出的是,尽管对于国体的概念已为

---

① 徐大同主编:《西方政治思想史》,天津人民出版社1985年版,第150页。

② 张金鉴:《政治学概论》,台湾三民书局1979年印行,第143页。

理论界所普遍接受,但遍寻各种论著也未见谁就此做过说明。

笔者认为,将我们的国体概念与布丹的有关思想联系起来,或许能有所启发。布丹的所谓"国家的组织形式"和"国家的管理形式"的区分,并没有多大意义,因为这两者实际上是说一个东西,即都是说的政府体制问题,并没有涉及所谓科学的国家类型。但布丹所谓"主权的归属"和"主权的行使方式"的区分却闪烁着真理之光。如果我们将这些与国体和政体相对称的话,则不难发现:所谓国体的问题也就是指的主权的归属问题;政体问题则是指的主权的行使方式、方法问题。但这些认识还属于超阶级的范畴。因此,如果我们运用马克思主义的阶级分析方法进行考察,那么实际上,国体的问题就是指的主权的阶级属性问题,即主权掌握在哪个阶级手里的问题。因此,笔者认为,所谓社会各阶级在国家中的地位,实际上取决于主权的阶级属性。换句话说,主权掌握在哪个阶级手中,决定一个国家的国体。如果资产阶级掌握了国家主权,这个国家就是资产阶级统治的国家。相反,无产阶级掌握了国家主权,国家就是无产阶级的国家。马克思主义诞生以前的政治学家、宪法学家,一般没有阶级分析的概念,因而他们对主权的阶级属性的认识是朦胧的。正因为如此,他们就不可能得出科学的国体概念。

因此,笔者认为,国体就是指国家主权归属于哪个阶级或者归属于哪些阶级,或者说是指国家的阶级属性或阶级本质。这也就是前述所谓国体即社会各阶级在国家中的地位和作用。

那么,什么是政体呢?西方学者一般是根据立法权的归属或政权组成人员的数量来确定政体的概念。这样确定的政体概念自然是不科学的,因为所谓立法权的归属问题,实际上属于国家内容范畴,而政权组成人员的数量变化,既可能受政权性质的影响,也可能受国家人口、地域以及国务繁杂程度等的影响,而这诸种变量的不稳定性,自然造成所谓"政体"的不确定性和混乱性。在无产阶级学者中,实际上也没有统一认识，而且也没有值得推敲的政体概念。尽管马克思主义经典作家，从各个角度论述过政体的有关问题，但没有给政体一个明确的定义。只有毛泽东同志在《新民主主义论》中论及新民主主义政治时，谈到“至于所谓‘政体’问题，那是指的政权构成的形式问题，指的是一定的社会阶级取何种形式去组织那反对敌人保护自己的政权机关。没有适当形式的政权机关，就不能代表国家”①。于是，毛泽东同志的这段话成了我们政治学、宪法学论著的政体概念。

笔者认为，政体是与国体相对而言的。如前所述，国体是指国家主权的阶级归属，亦即国家主权的阶级属性。那么，政体则是拥有国家主权的阶级，实现其国家主权的体制。笔者之所以如此定义政体，主要基于以下几点：第一，国体和政体的相互关系。第二，西方学者和马列主义的有关论述。笔者认为，尽管两者的论述存在根本区别，但都试图简略地说明实现国家权力的体制。第三，笔者赞同何华辉教授关于政体和政权组织形式存在区别的观点。

（二）政体与政权组织形式的异同

业师何华辉教授认为：“政体与政权组织形式都是实现国家权力的形式，两者有密切的联系，但它们又有区别。两种实现国家权力的形式各有侧重点，政体着重于体制，政权组织形式着重于机关。体制粗略地说明国家权力的组织过程和基本形态，政权组织形式则着重于说明实现国家权力的机关以及各机关之间的相互关系。”②

不仅如此，笔者认为，政体和政权组织形式实际上分属于不同层次。换句话说，政体是对政权组织形式的抽象和概括；政权组织形式则是政体的具体化。笔者认为，政体是宏观上的国家政权构架，是一般意

---

① 《毛泽东选集》第2卷，人民出版社1991年版，第677页。

② 何华辉：《比较宪法学》，武汉大学出版社1988年版，第144页。

义上的、概括意义上的政权构架。对政体类别的界定,必须以最基本的区别点为标准。也就是说,同类的政体,必须具备同一的最基本的特征。政权组织形式则是宏观政权构架的微观体现,是特殊意义上的、具体意义上的政权构架。对政权组织形式类别的界定,并不一定以基本区别点为依据。也就是说,不同的政权组织形式可能属于相同的政体,只是各种非本质的原因,使得它们存在差异。换句话说,由于各国具体历史条件存在差异,因而同一政体在具体化为政权组织形式过程中,必然产生不同。因此,笔者认为,从某种意义上可以说,政体是较高层次的政权构架概念,而政权组织形式则是初级的、较低层次的政权构架概念。

(三)政权组织形式与国家机关

如前所述,政权组织形式是指实现国家权力的机关以及各机关之间的相互关系。对此,理论界的看法基本相同。如有人提出:"国家政权的构成形式,主要是指政府机构的设置及其权限的划分,即统治阶级为了实现本阶级的意志,维护本阶级的利益,从巩固统治出发,根据法定的原则设立国家机构。"①因此,笔者认为,所谓政权组织形式,实际上即是指国家机关的组织体系,或者说是指的国家机构的内部构成形式。因为国家机构主要也是指一个国家内按照一定原则和活动机制设置的所有各种国家机关的总和。当然严格说起来,国家机构只是政权组织形式的静态表现。但政体与国家机关、国家机构并没有直接的联系。实际上政体是通过政权组织形式来与国家机关挂上钩的。因此我们可以将三者的关系这样标出:

政体 ⇄ 政权组织形式 ⇄ 国家机关

① 李智生主编:《新政治学》,湖南人民出版社 1987 年版,第 201 页。

二、代议制度与政权组织制度

（一）代议制度不是政权组织形式

在我国理论界，很多人不仅将政体和政权组织形式相等同，而且还认为社会主义人民代表制以及资本主义议会制，都是国家政权组织形式。也就是说，在他们看来，代议制度只是国家的政权组织形式。笔者认为，这种观点值得商榷。

首先，从两者的涵义看。如前所述，代议制度是指一国统治阶级从本阶级、阶层中，选举一定数量能够反映其意志、利益的成员，组成代议机关，并根据少数服从多数的原则，决定、管理国家政治、经济、社会等各方面重大事务的制度。简言之，代议制度是统治阶级管理国家的制度。政权组织形式则是指统治阶级实现国家权力的机关及其相互关系。简言之，政权组织形式主要是指国家政权机关。由此我们不难看出以下几点：第一，国家权力只有通过机关、机构才能实现，因而代议制度只有通过相应的机关，也就是说，只有将代议制度机构化后才能实现国家权力。第二，代议制度本身并不是国家机关，相反它是组织、产生国家机关的依据。众所周知的是，代议制度产生代议机关，代议机关又可产生其他国家机关。因此，如果说代议制度主要是指国家政权机关及其相互关系，岂不是有点颠倒黑白了么？

其次，从词源上看。根据《辞海》，“制度”有两种涵义：其一是指要求大家共同遵守的办事规程或行动准则，如工作制度；其二是指在一定历史条件下形成的政治、经济、文化等方面的体系，如社会主义制度。“形式”则是指事物的形状、结构等。政权组织形式也就是指政权组织结构。显然，“形状、结构”与“办事规程或行动准则”并无类似之处；那么，“形状、结构”与“体系”又如何呢？据查，“体系”是指若干有关事物或某些意识互相联系而构成的一个整体，由此可见，它们也有区别。因为“结构”是指各个组成部分的搭配和排列,而不是指形成的整体。因此,从词源上看,代议制度与政权组织形式也不一样。因为代议制度不光要搭配和排列国家政权机关,而且更主要的是它要组织和产生国家权力机关。

(二)政权组织形式与政权组织制度

笔者认为,在政治学、宪法学研究中,提出国家政权组织制度的概念很有意义。因为:第一,统治阶级要建立稳固的国家政权,必须遵循一定的原则或规程,否则就可能导致国家的衰亡。第二,从古今中外各国政权建设历史看,之所以一国或一国的一定历史时期所建立的国家政权是这种而不是那种结构,必然有其原因和依据。换句话说,各国政权组织形式的不同,必然产生于各国政权组织建设原则或规程的差异,只不过我们在以往的研究中未能将其概括罢了。第三,理论界以往将形式结构本身与建立这种结构的依据混同,既不利于政权结构本身的建设,也不利于探讨建立更好结构的依据。笔者认为,统治阶级为巩固自己的地位,按照一定的原则和方法组织、管理国家政权的制度,就是国家政权组织制度。

那么政权组织制度与政权组织形式关系如何?笔者认为,政权组织制度是一国政权组织形式的依据;政权组织形式则是政权组织制度形之于外的具体结构。因此,前者是内在的具有决定性影响的内容,后者则是前者的构架化。而且,笔者认为,一国政权组织制度的确立,并不是统治阶级一时心血来潮就能决定的。实际上,它是适应统治阶级特定价值选择的动静融合机制。首先它必须适应由国体与客观历史条件决定的政体;其次必须符合统治阶级的价值取向。因此,政权组织制度实际上是国体、政体、客观历史条件和统治阶级各种利益冲突相融合的产物。而且,政体作为实现统治阶级主权的方式、方法的体制,并不可能直接影响国家政权组织建设。实际上,直接决定和影响政权组织建设的是也只能是政权组织制度。因此,政权组织制度是政体和客观历史条件影响国家政权形式建设的媒介、桥梁。

(三)代议制度是国家的政权组织制度

既然不能说代议制度是国家政权组织形式,那么,代议制度应该属于什么范畴呢?从我们关于政权组织制度以及代议制度的分析,笔者认为,代议制度属于政权组织制度,是一国统治阶级为实现其国家权力而据以建构国家政权的直接依据。而且,如果我们对代议制度在各国的产生和运作进行考察,则不难发现,无论是资产阶级专政国家,还是无产阶级专政国家,代议制度在组建以代议机关为核心的政权形式过程中,都起着举足轻重的作用。当然,"三权分立"国家与非"三权分立"国家对此的表现各有不同,而且即便在"三权分立"国家,总统制国家和内阁制国家的表现也不一样。

此外,从前面的分析,我们可以得出一个这样的结论:即我们必须对目前的宪法学理论体系做部分调整。笔者认为,有关统治阶级实现国家权力形式的理论可以这样排列,即政体→政权组织制度→政权组织形式→政权机关。其中政体和政权组织制度属于"国家制度"的范畴;政权组织形式和政权机关则属于"国家机构"的范畴。这就与目前宪法学界的传统区分相冲突。因为政权组织形式在目前的宪法学中属于"国家制度"的范畴,尽管其内容实际上是指的政权组织制度。但由于政权组织形式与政权组织制度二者存在着差异,因此,笔者认为,从学科体系的完整性和科学性考虑,还是进行部分调整更恰当一些。

第二节 代议制度对国家机构的影响

由于国家机构是实现国家职能过程中具体的组织者、执行者,因此它的组织运行对国家职能和国家任务的完成至关重要。既然代议制度作为国家政权组织制度，只有具体化为政权机关、组织才能充分发挥其功能，那么，代议制度对近现代国家机构这一政权机关体系必然会产生重大影响。虽然中外学界对各国国家机构的组织运行大多进行过个案研究，但将国家机构的组织运行与代议制度联系起来进行研究，特别是探索代议制度对国家机构的实际影响却不多见。本节我们即想就此问题做些尝试。

一、国家机构概述

国家机构亦称国家机器，是统治阶级为行使国家权力、实现国家职能而建立起来的国家机关的总和。纵观人类社会发展史可见，国家机构是任何存在国家的社会形态中都存在的普遍现象。可以说有国家必有国家机构，没有国家机构的国家是不存在的。因为国家是阶级统治的组织，一个国家的统治阶级在实现其阶级统治时，没有一定的政治组织是不可能的。因此，国家机构不仅是国家职能的主要载体，而且是国家形之于外的主要标志。但在不同类型的国家、不同的历史时期中，国家机构的规模和国家机关的名称、组织形式、职权以及活动方法则存在不同。然而不论怎样，国家机构都具有以下主要特征：第一，历史发展的阶段性。国家机构并不是从来就有的。在国家产生以前就不存在国家机构。只有当私有制、阶级出现后，剥削阶级与被剥削阶级的矛盾不可调和时，国家机构才伴随着公共权力的出现而最终形成。但在人类社会发展到共产主义阶段以后，阶级和国家的消亡必然导致国家机构的消亡。第二，组织运行目的的阶级性。国家机构是社会上占统治地位的那个阶级，为了实现其阶级意志而独自建立或者和它的同盟者联合建立的组织，其目的在于巩固统治阶级政治、经济和社会生活等各方面的主导地位，因此它绝不可能是代表社会全体成员的组织。第三，内部结构的有机系统性。建立国家机构的目的决定了国家机构各组成部分之间必须各有分工，各司其职，并且彼此间互相联系，协调动作，从而建立起组织严密而又有机统一的结构系统。第四，以暴力组织作保障的国家强制性。在国家机构中，不仅其内部组成诸如军队、警察、监狱、法庭等本身就是暴力机关，而且其他国家机关在实现国家职能过程中，也充分运用了这些以暴力机关为后盾的国家强制性，从而不仅要求统治阶级内部的每个成员，都服从整个统治阶级的根本利益，而且强制被统治阶级遵守有关法律，以维持有利于统治阶级的统治秩序。

同时，由上述国家机构的概念和特征，我们还可看出两点：第一，国家机构的本质决定于国家的本质，有什么样本质的国家也就有什么样本质的国家机构。因此，国家的阶级本质是划分国家机构类型的依据，不同的阶级本质决定着不同类型的国家机构。一切剥削阶级国家的国家机构必然是剥削阶级维护生产资料私有制，巩固剥削阶级专政，因而对劳动人民和被压迫阶级进行经济剥削和政治压迫的工具。社会主义国家的国家机构则是无产阶级和广大劳动人民维护生产资料公有制，巩固无产阶级专政，实现广大劳动人民当家做主的工具。第二，国家机构的内部成分决定于国家职能，有什么样的国家职能就需要设置什么样的国家机关。如自由资本主义阶段，资产阶级国家为适应“不管的政府是最好的政府”的需要，其设置的国家机构并不庞大。但随着资本的集中和垄断，资产阶级国家为加强其对内对外职能，以适应垄断资产阶级的需要，便扩大了国家行政机关，尤其是强化了军队、警察、监狱和法庭等暴力机关。在社会主义国家建国初期，由于国家的内部职能主要是对内镇压剥削阶级的反抗，因此着重设置和健全镇压机关。随着剥削阶级的消灭，当国家的工作重点转移到经济建设上来后，又着重设置经济管理机关。由此可见，国家职能是决定国家机构的重要的直接因素。而且从国家机构的内部构成看，尽管不同的国家，由于阶级本质、历史任务、阶级力量对比等方面条件的不同，决定了国家机构设置的繁简，以及国家机关之间的相互关系存在区别，但一般都包括立法机关、行政机关和司法机关等部分。只不过是各国国家机构组成部分的地位和相互关系存在区别罢了。

二、代议制度如何影响国家机构

从国家机构发展史来看，国家机构经历了由简到繁、由低级到高级、由诸机关合体到各机关间进行科学合理分工的发展过程。尽管经济基础以及建立其上之国家的本质是决定国家机构最根本的因素，但导致各国或者一国不同历史时期国家机构各组成部分的地位和相互关系存在区别的直接因素，则是国家职能和国家政权组织制度。如前所述，国家职能的变化必然导致国家机构的变化，也就是说，国家职能决定着统治阶级设置何种国家机关。那么，决定国家机构各组成部分地位和相互关系的原因何在？笔者认为，这个原因就是政权组织制度。换言之，即国家的政权组织制度决定各种国家机关之间的相互关系，也就是说，决定国家机关在整个国家机构体系中的地位和作用。特别是在近现代国家和社会管理过程中，当代议制度成为近现代国家政权组织制度后，这种决定作用显得尤为突出。可以说，当代议制度随着商品经济的出现、民族国家的形成而成为发展民主制的关键的时候，代议制度实际上成为民主制国家和社会管理最基本的前提和基础。一般说来，代议制度对近现代国家机构的影响主要表现在以下几方面：

（一）代议制度是国家机构建立的依据

如前所述，政权组织制度是一国统治阶级为实现其国家权力而据以建构国家政权的直接依据，而国家机构则是统治阶级为行使国家权力、实现国家职能而建立起来的国家机关的总称。正因如此，笔者认为，作为政权组织制度的代议制度是近现代国家建立国家机构的依据。第一，不同性质的代议制度会导致不同性质的国家机构。具体说来，即以资本主义议会制为依据建立起来的国家机构必然是资本主义国家机构,而以社会主义人民代表制为依据建立起来的国家机构则是社会主义国家机构。第二,不同的代议制度会导致国家机构中不同的内部结构,也就是说,在不同的代议制度下,各国家机关之间的相互关系会产生不同。如社会主义人民代表制度下,由于人民代表机关是人民行使国家权力的机关,亦称全权机关或称主权机关,因此行政机关、司法机关等其他国家机关,则派生于人民代表机关。这样,社会主义人民代表制实际上构成为社会主义国家机构的基础。资本主义议会制度下,由于代议机关一般只是立法机关,而非社会主义人民代表机关那样是国家主权机关,因而资本主义国家机构中,立法机关与行政机关、司法机关等其他国家机关,一般为相互制约的平等关系。第三,代议制度的产生、完善,直接关系到国家机构的完备和发展。如果说奴隶制和封建制国家的国家职能,使奴隶制和封建制国家的国家机构较为简单,而资本主义国家职能,则使其国家机构日益繁复的话,那么代议制度的产生和发展,同样大大促进了近现代国家机构的完备和发展。因为在奴隶制和封建制国家的政权组织制度下,占社会成员绝大多数的广大劳动人民,不仅事实上而且形式上都无权参与国家权力的行使,因此,国家权力的行使方式比较单一,与此相应,国家机构的建立也就较为简便。但在代议制度产生以后,由于奉行人民主权原则,在形式上或者在事实上强调广大劳动人民参与国家权力的行使。因此,国家权力的行使方式日益复杂,这样国家机构也就势必日益繁复。第四,近现代国家大多是法治国家,在法治国家中,国家机构的建立务必以法律为依据,代议机关作为立法机关,其立法活动直接关系到其他国家机关的建立和完备。

（二）代议制度是国家机构运行的基础

统治阶级建立国家机构的目的在于,通过国家机构的运行实现和满足统治阶级的利益和愿望。代议制度作为近现代国家的政权组织制度，不仅是建立国家机构的依据，而且是国家机构运行的基础。第一，从国家机构的活动原则看，任何国家机构建立后都必须依据一定的原则开展活动。尽管国家机构的活动原则很多，但其最主要的活动原则却由代议制度来决定。也就是说，在不同的代议制度基础上，其国家机构的主要活动原则会存在不同。如分权、制衡原则不仅是资本主义议会制的独特原则，而且也是资本主义国家机构的主要活动原则；民主集中制原则不仅是社会主义人民代表制的独特原则，而且也是社会主义国家机构的主要活动原则，等等。第二，各国家机关只有通过行使职权才能充分发挥效能，从而保证国家机构的有效运行。但各国家机关的职能范围，行使职权的程序、方式和方法等则必须由法律予以规定。因此，以代议机关为主体的代议制度，为各国家机关职权的行使提供法律基础。第三，代议制度还通过解决国家机构运行中的矛盾，协调国家机构各组成部分间的关系。不同的国家机关之间，在具体的活动过程中必然会产生各种矛盾，代议制度作为政权组织制度，自然应该协调处理好有关矛盾。这在社会主义人民代表制下非常好理解。即使在资本主义议会制下，由于资本主义代议机关组成人员，大多是资产阶级不同阶层、集团的代表，因此，一旦各国家机关之间产生矛盾，完全可以通过资本主义代议机关各组成人员的活动得以解决。而且在政治实践中也确实如此。因此我们说，代议制度是国家机关运行的基础，代议制度的完善状况，直接关系到国家机构的运行状况。

第三节　资本主义议会制与国家机构

尽管一般地来说，代议制度对国家机构具有重要影响，另一方面，国家机构又是对代议制度的具体化，但不同国家的代议制，特别是两种不同类型的代议制对国家机构的具体影响却存在着诸多差别。因此，分别研究资本主义议会制和社会主义人民代表制对国家机构的影响实属必要。

一、资本主义国家机构评析

资本主义国家机构是资产阶级革命胜利,夺得国家政权后,为完成资产阶级面临的各项任务,实现资产阶级国家的各项职能而建立起来的。与奴隶制和封建制国家机构相比,由于资本主义国家机构赖以建立的经济基础是更为先进的生产方式,因而决定了资本主义国家机构是一切剥削者类型的国家机构中最完备和最高的表现。具体地说,第一,在指导思想上,奴隶制、封建制国家机构的理论基础是“君权神授”、“朕即国家”等专制主义政治思想;资本主义国家机构的理论基础则是“人民主权”、“三权分立”等资产阶级民主思想、民主原则。这些原则比起专制制度来是大大前进了一步。第二,从组织与活动来看,奴隶制和封建制国家的君主和主要官吏普遍实行世袭制和终身制,而且更多地实行着等级授职制。资本主义国家则普遍实行选举制,并建立和实行以资产阶级民主原则为基础的文官制度。这样,在选拔人才、录用和管理官吏的方式方法上,资本主义国家也比奴隶制和封建制国家高明得多。第三,与奴隶制和封建制国家由君主个人或统治者少数人的独断专行不同,资本主义国家提倡法治,强调国家机构的建立和运行必须以法律为依据,并建立了由代议机关行使立法权,以及司法独立、平等、辩护、陪审、公开审判等制度和原则。这就为整个国家机构的运行设定了明确的轨道。第四,从职能分工和机构完备性来看,奴隶制和封建制国家,不仅分工不明,而且机构简单;资本主义国家则随着产业革命的发展和国家管理经验的积累,不仅使各国家机关有合理、明确的分工,而且还与之相适应,建立起完备的国家机构体系。正因为如此,所以资本主义国家机构,在国家机构发展史上是一个巨大的、历史性的进步。

必须明确的是,我们说资本主义国家机构比奴隶制和封建制国家机构有进步,并不意味着资本主义国家机构在阶级本质上发生了根本性变化。由于资本主义国家机构是资本主义社会上层建筑的重要组成部分,是为巩固生产资料私有制,保护和促进资本主义生产方式的发展服务的,因此其阶级本质与奴隶制、封建制国家机构是一致的,都是统治阶级从经济上剥削和政治上压迫广大劳动人民的工具。只不过资本主义国家机构在组织上表现得更为巧妙和复杂罢了。更何况从其产生过程可以看出,资本主义国家机构,是对旧的国家机器继承、利用和发展的产物,因此它不可能从本质上对其进行彻底的改造。

从资本主义国家机构的内部构成看,尽管在不同的资本主义国家或者在资本主义发展的不同历史阶段存在区别,但一般说来主要有四大部分:第一,国家元首。国家元首亦称国家首脑,是一个国家在实际上或形式上代表国家主持对内对外事物的最高领导人。在国家发展的历史上和当代国家中,不论何种性质的国家,一般都要设置国家元首。但只有资本主义国家元首产生后,才使国家元首具有现代的涵义和职能。在资本主义国家中,不仅各国国家元首的名称不一,而且在形式上也多种多样。但资本主义国家元首通常采取个人元首制,只有极少数资本主义国家,诸如圣马力诺、瑞士等实行集体元首制。在产生方式上,一般有世袭制和选举制两种,与此相对应,其任期也就有终身制和限任制。从职权来说,资本主义国家元首大体上行使公布法律权、发布命令权、召集议会权、外交权、武装力量统帅权、任免权、赦免权、荣典权等。第二,立法机关。立法机关是指有权制定、修改或废止法律的机关。资本主义国家中的立法机关一般即指议会或国会①。第三,行政

① 这方面的内容本书在各章节均有论及,故在此省略。

机关。行政机关亦称行政机构或者政府,是行使国家行政权力,管理国家日常政治生活的机关。资本主义国家的行政机关是奴隶制和封建制国家官僚机构最完善、最彻底地演化的结果。特别是垄断资本主义阶段,垄断组织和行政机关的结合,不但使官僚机构日益庞大,而且使它成为垄断资本对内统治、对外扩张的主要工具。正因如此,所以有人称之为“万能政府”。但行政机关,特别是中央行政机关的形式如何,则取决于各国的政权组织制度。根据各国宪法和法律的规定,资本主义国家行政机关的职权大致包括执行法律权,立法参与权,对内政、外交、军事等方面进行管理的权力。第四,司法机关。司法机关是行使国家司法权的机关。在资本主义国家中,司法机关就是指法院。至于检察机关,有的属于行政机关的一部分,如美国联邦司法部兼检察机关的职能,司法部长兼总检察长;有的是法院的一部分,如英国法院中附设公诉处,执行检察机关的任务,等等。尽管根据“三权分立”理论,法院是以“司法权独立”的面貌和当事人的“公断人”身份出现,但无论法院的审判活动,还是司法裁决,其结果都是使代表资产阶级意志和利益的法律得到实施,使资产阶级的统治秩序得到维护。因此,资本主义国家的司法机关与其他国家机关并无本质不同,它们彼此之间相互配合,共同维护资产阶级政治上和经济上的统治。

二、资本主义议会制对国家机构的影响

尽管表面上,在典型的“三权分立”制国家中,由于强调立法、行政和司法三机关间,不仅权力分立而且相互制约平衡,因而立法机关亦即代议机关,相对于其他国家机关来说并无优越地位,因此,所谓代议制度是国家机构的依据和基础似乎不能成立,但有两点足以说明,这种认识并不全面。第一,代议机关与代议制度并非同一物。虽然代议制度以代议机关为核心,离开了代议机关也就无所谓代议制度,但代议制度

的内涵和意义远非这些。因此,单纯从代议机关的地位断定代议制度不能成为国家机构的依据和基础确有片面性。更何况我们说的代议制度与国家机构间的关系,是指代议制度与包括立法机关的国家机构间的关系。第二,在国家和社会管理史上,代议制度是作为近代民族国家实现民主的必要条件而产生和发展的,甚至可以说,没有代议制度,近代国家也就无所谓民主。因此,在近现代民主制国家中,代议制度是国家和社会管理最根本的形式和途径。从这一意义上说,代议制度构成为一切国家和社会管理机关、组织的基础。国家机构作为国家管理最基本的工具自然也不例外。潘恩在论述美国政府体制时曾经指出:"全部建立在代议制基础上的美国政府才是性质上和实践上的现存的唯一真正共和国。它的政府的目的只是处理国家的公共事务,因此它确实是一个名副其实的共和国;而且美国人已经注意到他们政府的目的应该永远是这个而不是另一个,他们抵制一切世袭的东西,把政府仅仅建立在代议制基础上。"①接着,潘恩论证指出,代议制是对君主制的否定和简单民主制的发展,是近代民族国家所能采取的最好的政府体制。具体到美国来说,只有当代议制度作为最好的共和国管理形式确立后,美国政府才能得以建立。由此可见,从总体上说,代议制度作为国家机构的基础,是近现代一切民主制国家的普遍规律。

就资本主义国家而言,由于代议制度在不同的资本主义国家有不同的表现,因此代议制度对国家机构的具体影响也就不同。但如前所述,代议制度对国家机构的影响,主要表现在影响国家机构各组成部分的地位及其相互关系。从各资本主义国家的宪法规定和政治实践来

---

① 〔法〕潘恩:《潘恩选集》,马清槐译,商务印书馆 1982 年版,第 244 页。

看,资本主义议会制对国家机构的影响主要有三种类型①:

第一,英国式的议会制共和国。其主要特点表现为政府的产生和存废以议会为基础,具体即指政府(内阁)由拥有多数议席的政党组成,并对议会负责。而且在英国,上议院是最高司法机构。当然,上议院的主要司法职能由英王任命的常任法官即上议院议员(或称上诉审贵族)行使,其他上议院议员并不参与司法活动。根据资产阶级宪法的规定,在议会制共和国中,议会是国家的最高权力机关,享有立法权和监督政府权。在议会与政府(内阁)的关系上,政府的产生,是由议会授权占议会多数席位的政党或政党联盟组成。政府及其阁员要对议会负责,当议会对政府的施政方针不支持,通过对政府的不信任案时,政府就得总辞职,或提请国家元首解散议会,重新大选。如果新议会仍然通过对政府的不信任案,政府必须总辞职。由此可见,在议会制共和国中,议会与政府(内阁)之间存在着一种密切的一致性,行政权与立法权实际上是相融合的,行政机关依赖于立法机关。这种类型的产生,从认识根源上说,在很大程度上渊源于人们试图削弱或限制行政权力。行政机关是每个国家政府体制中不可缺少的成分,而且是国家决策机器的中心,不管其法定权力如何,国家行政机关都典型地能够并且被要求制定国家的重要政策,同时它们也自然地参与执行这些政策。但正如让·布隆代尔指出:"正是考虑到行政机关的这种统治地位,自由主义者们才一直试图削弱或限制行政权力。不过,这种努力只在有限的范围内获得了成功。"②他接着指出:对行政权力的限制成功与否,更多

① 这里的分类标准主要是议会与政府的关系,因而阐述时主要从行政机关产生和组织方式等的不同着手进行。

② 〔英〕戴维·米勒、韦农·波格丹诺编:《布莱克维尔政治学百科全书》,中国问题研究所、南亚发展研究中心、中国农村发展信托投资公司组织翻译,中国政法大学出版社1992年版,第241页。

地取决于政治制度的运行特点和社会势力的组合，而较少取决于法律的有无①。对此，英国的政治实践即足以证明。根据议会制共和国的基本原理，政府的存废必须以议会为基础。但在客观政治实践中，政府相反地通过自己政党在议会中的多数席位控制着议会。不过，议会制共和国作为资本主义议会制对国家机构产生影响的一种典型形式之一，在资本主义国家的政治生活中发挥着非常重要的作用。

第二，美国式的总统制共和国。其主要特点表现为政府只对总统负责，而不对议会负责。具体即指由总统直接领导政府，以总统为首的行政机关独立于立法机关以外。联邦最高法院法官虽由总统提名经联邦参议院同意后由总统任命，但它同样独立于立法机关和行政机关，并通过司法审查和弹劾等对它们进行制约。根据资本主义国家的宪法规定，实行总统制的国家，总统定期由普选产生，既是国家元首，也是政府首脑，掌握行政实权；总统任命和领导的政府各部部长及一切行政机构，在法律上只对总统负责，不对议会负责；总统应向议会报告工作，对议会通过的法律可以行使有限否决权，但总统无权解散议会。美国是总统制共和国的典型。至于美国缘何采取这种形式，人们一般都追溯至创业的先辈们。正如《美国百科全书》指出："创业的先辈们强调了把制约与平衡作为保证个人自由、避免政府暴政的手段。"②也就是说，在立法机关与行政机关的相互关系上，由于不仅担心行政机关受议会控制，而且更担心立法机关受强有力的行政机关支配，因而制宪会议的大多数参加者，都同意采用"制衡"原则，不仅使行政机关和立法机关相互分离，即行政机关不由立法机关产生，从而彼此间保持相互独立，

---

① 〔英〕戴维·米勒、韦农·波格丹诺编：《布莱克维尔政治学百科全书》，中国问题研究所、南亚发展研究中心、中国农村发展信托投资公司组织翻译，中国政法大学出版社1992年版，第242页。

② 上海社会科学院法学研究所编译：《宪法》，知识出版社1982年版，第182—183页。

而且使它们互相牵制、互相平衡。如前所述,美国这种以“三权分立”为基础的国家机构的典型形式,同样是以代议制为前提和基础的。换言之,美国式的总统制共和国也是代议制政府。对此西方学者的看法也是这样。如理查德·马尔甘指出:“议会在各自的功能和结构方面可能不尽一致。在议会制政府制度中,政府或行政机关由议会中获得多数支持的议员组成。在总统制政府制度中,比如在美国,宪法规定了权力分立,国会主要行使立法职能。但就整个制度而言,总统制政府制度仍可以被称为代议制政府。”①当然,在这种制度结构中,议会制对国家机构的影响方式与议会制共和国有区别。如果说议会制共和国中,由于立法权与行政权的相互融合,因而议会制对国家机构的影响,表现为直接而明确性的特点的话,那么总统制共和国中,由于立法机关与行政机关的相互独立、彼此牵制,因而议会制对国家机构的影响,则主要表现为间接性的特点。具体说来,在总统制共和国中,议会制从两大方面影响国家机构:一方面,议会制作为国家的政权组织制度影响国家机构的建立和运行;另一方面,议会作为立法机关,通过制定法律,为国家机构的建立和运行提供法律依据来影响国家机构。

第三,瑞士式的委员会制。所谓委员会制,是指国家的最高行政权由委员会集体行使的制度,亦称“合议制”。瑞士联邦是实行这种制度的典型。由于瑞士宪法不采用三权分立制度,联邦议会是最高国家权力机关,因而联邦议会的职权,与其他国家议会的职权相比显著不同,实际上它兼具立法、行政乃至司法等多种职能②。因此,在瑞士联邦,

---

① 〔英〕戴维·米勒、韦农·波格丹诺编:《布莱克维尔政治学百科全书》,中国问题研究所、南亚发展研究中心、中国农村发展信托投资公司组织翻译,中国政法大学出版社1992年版,第648页。

② 曾广载:《西方国家宪法和政府》,湖北教育出版社1989年版,第649页。

议会制对国家机构的前提和基础作用表现得尤为突出。根据瑞士宪法的规定,瑞士联邦的最高行政机关(即政府)是由联邦议会从具有当选为众议员资格的公民中选出7人所组成的联邦委员会,并从其中选出主席、副主席各1人,任期1年,不得连任。主席(名义上的国家元首)只是在开会时主持会议,对外在礼仪上代表国家。7名委员的地位完全平等,委员各兼任一个部的部长,重要问题由委员会决定,集体行使最高行政权。联邦委员会(政府)和议会的关系与议会制共和国和总统制共和国不同,联邦议会享有立法权和监督权等,委员会执行议会通过的法律和决议,但对议会的法律和决议没有否决权,更没有解散议会的权力。议会对委员会的成员提出质询,但委员会提出的法案得不到通过时,并不引起不信任案,委员会无须总辞职。同时,瑞士宪法规定,联邦法院是联邦中央设立的司法机关。联邦法院法官由联邦议会两院联席会议,从具有当选为众议员资格的公民中选举产生。在关系上,联邦法院也从属于联邦议会,它每年必须向联邦议会提出司法报告,议会应讨论它的报告,并指出工作上应予改进之处,但不能干涉其司法审判活动。由此可知,在国家机构体系中,瑞士联邦议会是最高的,并且是统一行使国家权力的。正因如此,所以我们说,瑞士议会制对国家机构的前提和基础作用最为典型。

综上所述,笔者认为,尽管资本主义议会制对国家机构的影响,在不同的国家有不同的表现,在有些国家甚至表现得很不明显,但实际上,这种不明显本身同样是议会制运行特点所导致的结果。换言之,即由于美国议会制与英国、瑞士议会制相比,其运行有其自身的特点,因而由此形成的权力结构也就不一样,相应地,国家机构各组成部分的地位及其相互关系也就有不同。因此可以说,作为政权组织制度,资本主义议会制对国家机构的影响,具有极为丰富的内容。

第四节　社会主义人民代表制与国家机构

如果说社会主义人民代表制是社会主义国家广大劳动人民实现当家做主最基本的途径和制度，那么社会主义国家机构，则是执行、落实各项国家职能，从而保障广大劳动人民行使当家做主权力的具体组织者和执行者。因此，社会主义人民代表制与国家机构之间同样具有十分密切的关系。

一、社会主义国家机构评析

尽管资本主义国家机构比奴隶制和封建制的国家机构有进步，但并不意味着无产阶级对此可以继承和利用。因为无产阶级夺取政权，并不是本质基本相同的剥削者国家之间的更替。无产阶级所要建立的是彻底消灭剥削制度的新型国家。因此，"工人阶级不能简单地掌握现成的国家机器，并运用它来达到自己的目的"①，而应该彻底打碎旧的国家机器。社会主义国家机构就是在打碎旧的国家机器的基础上建立起来的。正因为如此，所以社会主义国家机构在本质上根本不同于资产阶级以及一切剥削者的国家机构。它是由人民的优秀代表所组成，执行社会主义国家职能的机构。从基本特点来说，社会主义国家机构主要有三大特点：第一，精简。社会主义国家的职能主要表现为统治职能和组织经济、文化建设的职能两大方面。就统治职能来说，列宁曾经指出：由昨天还是雇佣奴隶的多数人去镇压剥削者少数人，相对来说，还是一种很容易、很简单和很自然的事情，"剥削者没有极复杂的

① 《马克思恩格斯选集》第3卷，人民出版社1995年版，第52页。

实行镇压的机器就镇压不住人民，但是人民镇压剥削者却只需要有很简单的'机器'，即几乎可以不要'机器'，不要特殊的机构"①。列宁认为，只要有武装群众组织，即工兵代表苏维埃那样的机关就可以了。就组织经济文化建设的职能而言，列宁的设想也不是把一切经济事务都集中到国家机关手中，完全依靠行政手段去管理经济，而是强调由人民监督生产和分配，计算劳动和产品，用经济手段管理经济。第二，廉洁。马克思在总结巴黎公社的经验时写道："公社实现了所有资产阶级革命都提出的廉价政府这一口号，因为它取消了两个最大的开支项目，即常备军和国家官吏。"②因此，社会主义国家机构的组成人员已不再是官僚或者是官吏，而是人民的公仆。为了防止由公仆变为官僚，革命导师一再提到公社的经验，即对一切公职人员实行全面的选举制，而且可以随时撤换；把他们的薪金减到普通工人工资水平，并立刻转到"所有的人"都来执行监督和监察的职能。第三，高效。高效是指国家机构及其工作人员决定和处理国家事务，能够达到正确、妥善、快速。由于社会主义国家机构是为人民服务的工具，因而从本质上决定了它必须是高效的。

必须明确的是，我们所谓社会主义国家机构所具备的上述三大特点，是从生产资料社会主义公有制以及建立其上的国家政权的性质角度推导出来的。在社会主义国家机构的实际运行过程中，所谓精简、廉洁和高效虽然取得一定成绩，但并不十分理想。

从社会主义国家机构的内部构成看，一般说来，社会主义国家机构也主要包括国家元首、立法机关、行政机关和司法机关四大部分。但在社会主义国家中，这四大部分的意义、地位以及所建立起来的制度，却

---

① 《列宁选集》第3卷，人民出版社1995年版，第192页。

② 《马克思恩格斯选集》第3卷，人民出版社1995年版，第58页。

与资本主义国家存在诸多区别。就国家元首来说,社会主义国家通常采用集体元首制,由于实行民主集中制原则,因此,不论国家元首采取什么样的形式,其实际职权都由最高国家权力机关行使,而且国家元首本身,也由最高国家权力机关产生。就立法机关来说,社会主义国家的立法机关是国家的最高权力机关,是人民行使统治权的全权机关。与资本主义国家的立法机关不同,社会主义国家的立法机关,不受任何其他国家机关的牵制,不允许其他国家机关与之相抗衡,而且在社会主义国家机关体系中,它处于最高地位,拥有最高权力。就行政机关来说,社会主义国家的行政机关亦即管理机关,是国家权力机关的执行机关,因而它由国家权力机关产生并对其负责。社会主义国家的司法机关则指依照法律规定代表国家行使审判权和检察权的机关。它们和行政机关一样,都由同级国家权力机关产生并对其负责。由此可见,如果说资本主义国家机构与社会主义国家机构,在其内部构成成分上区别不大的话,那么实际上,它们之间不仅阶级本质不同,而且各组成部分之间的相互关系也有较大区别。换言之,即社会主义国家机构在形式结构上也具有自身的特点。表现在:第一,作为人民代表机关的立法机关是全权机关,在国家机关体系中居于主导和支配地位;第二,其他国家机关都派生于立法机关,都对其负责,受它监督。正因如此,所以社会主义国家的人民代表机关与资本主义国家的议会不可同日而语①。

二、社会主义人民代表制对国家机构的影响

也许是社会主义国家政权建设所遵循的理论基础具有较大的同一性,都是以马克思主义国家学说为指导,因而与资本主义国家政权建设所遵循的理论基础具有多样性不一样。因此,尽管社会主义国家建立

① 但在形式上与瑞士相类似。

起来的国家机关体系，在不同的国家并无纷繁复杂的表现，而是不论在内部构成，还是在各组成部分的相互关系上都趋于一致，但就代议制度与国家机构而言，社会主义人民代表制与国家机构间的关系，是国家政权组织制度与政权组织形式相互关系的典型表现，即社会主义人民代表制是建立国家机构的依据，国家机构是人民代表制形之于外的具体结构。具体就社会主义人民代表制对国家机构的影响来说，主要表现在以下两个方面：

（一）社会主义人民代表制为国家机构的建立和运行提供基础

社会主义国家政权是广大劳动人民当家做主的政权。因此，社会主义各国宪法都规定，国家的一切权力属于人民，人民行使国家权力的机关是各级人民代表机关。这样，根据社会主义人民代表制的理论，包括国家的立法权、行政权和司法权，都由各级人民代表机关来行使。也就是说，在社会主义人民代表制度下，国家的一切权力属于人民，而由人民代表机关统一行使国家权力。从这个意义上说，国家权力（包括立法权、行政权和司法权等）是不可分的。但社会主义人民代表制，又要求在人民代表机关统一行使国家权力的前提下，对于国家的行政权、审判权、检察权和武装力量的领导权等，都必须有明确的划分。因此，广大劳动人民在实现国家权力的过程中，不仅要设立统一行使国家权力的人民代表机关，而且还必须以之为前提，建立起一整套的国家机关体系。由此可见，社会主义人民代表制作为国家政权组织制度，在建立国家机构过程中具有十分重要的作用。而且在社会主义人民代表制下，广大劳动人民群众对国家机构的建立，具有更加直接而有效的影响。列宁曾经指出："在苏维埃式的国家制度下，劳动群众对国家的机构和管理的更直接的影响，即更高的民主形式，是靠下述两方面达到的：第一，选举的程序和经常进行选举的机会，以及改选和罢免代表的条件，对于城乡的工人来说，比在资产阶级民主的最好形式下都容易和方便得多。”“第二，在苏维埃政权下，基层选举单位和国家建设的基本单位不是按地域划分，而是按经济和生产单位（工厂）划分。国家机构同被资本主义联合起来的先进无产者群众的这种更为紧密的联系，除了建立起更高的民主制外，也为实现深刻的社会主义改造提供了可能性。”①

同时，我们前面阐述的社会主义国家机构内部各组成部分的地位、作用及其相互关系，之所以与资本主义国家存在区别，从根本上说，是由于社会主义人民代表制与资本主义议会制存在不同。社会主义人民代表制作为广大人民群众统一实现当家做主权力的根本途径，必然决定了社会主义人民代表机关是全权机关，而其他国家机关是派生机关；资本主义议会制在实现国家权力过程中，由于并不具有统一性，而且它所强调的是国家权力的分立和制衡，因而所建立起来的国家机关，一般都相互独立、彼此平行。因此我们说，社会主义人民代表制为国家机构的建立和各部分相互关系的调整和配置提供基础。此外，国家机构建立起来后，只有通过运行、通过开展各种活动，才能有效行使国家权力，实现国家职能。社会主义人民代表制，则在坚持统一行使国家权力的前提下，通过居于支配地位的人民代表机关的活动，为协调国家机构各组成部分间的关系提供基础。

（二）社会主义人民代表制为国家机构的统一和完备提供基础

尽管总的说来，任何国家的国家机构都是统治阶级实现阶级统治的工具，因此从阶级本质和阶级目的来说具有统一性。但国家机构内部的各构成部分及其运行是否具有统一性，则受制于一定的政权组织制度。由于社会主义人民代表制的出发点及其基本内容，强调的是统一行使国家权力，因此，国家机构的建立和运行必然具有统一性。同

---

① 《列宁选集》第3卷，人民出版社1995年版，第723页。

时,国家权力的实现依赖于各种不同的国家机关充分发挥效能,而且行使国家权力、实现国家职能的机关不可能一开始就十分完备。因此,只有通过不断总结经验,完备国家机关体系,才能达到这一目的。社会主义人民代表制作为实现国家权力的根本途径,则为国家机构的进一步完备提供了基础。

必须明确的是,我们说社会主义人民代表制对国家机构具有重要影响,是有条件的。正如同马克思、恩格斯所设想的“社会共和国”的实现,需要经济、政治、思想等方面的成熟条件一样,社会主义人民代表制对国家机构的影响作用,同样必须具备一定的条件:第一,社会主义人民代表制的地位和作用必须提高;第二,社会主义人民代表制的内部环节及其结构、制度必须完善。也就是说,社会主义人民代表制自身状况如何,直接关系到国家机构的完善程度。

第六章　代议制度与政党制度

在笔者看来，代议制度面临的根本问题是少数人的代议与多数人的利益及权利的关系问题。尽管人民的委托、人民的同意，或者说“公意”是以代议机关为核心的代议机关体系的权力基础，但“公意”又如何通过代议机关影响并落实于社会生活呢？由此，笔者认为，仅仅局限于代议制度的概念研究意义不大，关键还在于探讨代议制度的运行，弄清其运行的动力机制、运行规律，特别是其运行与民主的关系。从代议制度的理论与实践，我们可以看出，代议制度运行的动力机制主要有两部分：一是内部动力机制；二是外部动力机制。前者主要指代议机关体系中各机关的运行关系，或者说吸纳、表现“公意”的工作系统；后者则指与代议制度相伴随的有关政治集团、政治组织等的运行关系，或者说反映、传递“公意”的工作系统。如果说我们前面阐述的代议制度与选举制度、代议制度与国家机构问题，对内部动力机制已经有所涉及的话，那么从本章开始，笔者即想就外部动力机制中最重要的政党制度和利益集团等问题进行一些阐述。

第一节　政党与民主政治

日本著名宪法学家小林直树指出，政党和政党制度是涉及议会制成败，甚至是所谓近代立宪民主制度成败的大问题①；杨森先生甚至认

① 〔日〕小林直树：《宪法讲义》，东京大学1981年日文版，第78—79页。

为,无政党则无代议制①。虽然他们的这些说法不一定十分正确,但近现代民主政治实践充分表明,政党和政党制度与代议制度关系十分密切。

一、政党和政党制度概述

(一) 政党的概念与特征

政党是由一定阶级、阶层或集团中的中坚分子组成的,并为实现其反映政治、经济利益的政治纲领、政治主张而奋斗的政治组织。政党制度则是有关政党的地位和作用,特别是有关政党执掌、参与或影响国家政权的各种制度的统称,是现代国家政治制度的重要组成部分。尽管从广义上说,政党也属于利益集团的范围,因为以一定阶级、阶层或集团的利益为基础,旨在实现其各自的利益,是利益集团的基本内容,但在现代民主政治中,政党又具有诸多不同于一般利益集团的特征。总的说来,政党和利益集团的区别在于:两者的主要目的不同。政党以夺取和保持政权为主要目的,而利益集团则以影响国家政策为主要目的,或者说"压力团体通常只关心政府做什么,而政党是较关心谁主持政府"②。戴维·海因教授指出:"政党不同于其他社会构成,如利益集团(或根据韦伯著名的定义所言之,阶级或地位集团),因为政党不仅仅谋求对合法的立宪权力机构施加影响,而且还谋求占据其中的职位。""政党作为政治机构的确定性特征在于,政党是将国家机构与公民社会机构联系起来的机制。"③具体说来,政党的特征主要有:第一,政党

---

① 杨森:《香港社会改革》,香港广角镜出版社 1985 年版,第 255 页。

② 〔英〕戴维·米勒、韦农·波格丹诺编:《布莱克维尔政治学百科全书》,中国问题研究所、南亚发展研究中心、中国农村发展信托投资公司组织翻译,中国政法大学出版社 1992 年版,第 512 页。

③ 同上。

有具体、明确的政治纲领。这是政党区别于其他社会组织的重要标志。既然政党以夺取和维持国家政权为主要目的,那么为实现自己的政治目标,并在复杂的政治斗争中指导自己的行动,政党就必须对国内和国际问题有明确的政治主张。一个政党制定了明确的政治纲领,“这就是在全世界面前树立起一些可供人们用以判定党的运动水平的里程碑”①。第二,政党有明确的政治目标。政治斗争的中心问题是政权问题,在阶级斗争条件下形成的政党,就是以夺取政权和维护政权为主要目的的政治组织。具体地说,政党的政治目标就是本阶级、阶层或集团争取和实现对国家生活的统治权,在争得统治权之后,巩固其统治,最低限度是干预和影响国家生活的内容和任务、方式和政策,以便维护各自代表的阶级、阶层或集团的利益。政党的全部活动都服从于这个政治目标。第三,政党有定型的组织系统。政党组织是政党的存在形式。尽管在政治实践中,政党组织有严密和松散之分,但都有一定的组织系统。如果没有组织系统就只能是一盘散沙,就不可能统一本阶级的意志,从而形成集体的力量。在通常情况下,政党组织是指从党的基层组织直到中央组织所构成的宝塔型的统一的组织体系,并由一定的组织原则和权力关系所维系。第四,政党都具有组织纪律性。政党不同于国家机关,它主要通过成文或不成文的组织纪律约束其成员的行为,组织纪律是政党开展活动的重要保证,只是各政党纪律的严格程度和性质有所不同罢了。

(二)政党制度的历史发展

从政党的概念和特征我们可以看出,政党并非如资产阶级学者所说的那样,是表达民意的组织,是为争取选民投票支持它所提名的候选人而高度组织起来的集中统一的团体,而是代表一定阶级、阶层或社会

---

① 《马克思恩格斯选集》第3卷,人民出版社1995年版,第296页。

集团并为其根本利益而斗争的政治组织。列宁曾经指出:“在以阶级划分为基础的社会中,敌对阶级之间的斗争(发展到一定的阶段)势必变成政治斗争。各阶级政治斗争的最严整、最完全和最明显的表现就是各政党的斗争。”①因此,阶级性是政党的本质属性,政党则是一定阶级、阶层或社会集团的组织。虽然如此,但在历史上,政党并不是随着私有制、阶级的出现而出现的,而是阶级、阶级斗争发展到资本主义历史阶段以后才产生出来的。尽管奴隶社会和封建社会,由于利益冲突,也有各种互相对立的政治派别和集团,如古希腊、古罗马的贵族党和平民党,12 世纪至 15 世纪意大利的教皇派、帝王派等……但这些并不是有纲领、有组织、有纪律的现代意义的政党。那么,奴隶社会和封建社会为什么不可能产生政党呢?这可以从经济、政治和阶级斗争的方式等方面进行分析。从经济方面来说,奴隶社会和封建社会占统治地位的经济结构是自给自足的自然经济,商品经济处于从属地位,起着补充作用。由于生产力水平低下,因而在自然经济条件下,只能形成无数分散而闭关自守的经济单位,而统一的民族国家及其统一的民族市场,在当时根本不可能存在。因此,不仅广大劳动者阶级摆脱不了对占有者阶级的人身依附关系,不可能因为经济利益而聚集起来组织政党,而且占有者阶级也因为处在封闭式的自然经济状态中,彼此间缺乏联系,没有竞争,因而也没有组织政党的要求。从政治方面来说,由经济上的自给自足所决定,必然导致政治上的各自为政和无数小国的建立,而其政治统治形式,必然是君主专制制度。奴隶主和封建地主阶级为了强化专制主义的君主集权制度,不仅剥夺了被统治阶级的结社自由,而且也不允许本阶级的成员享有结社的权利。因此,在统治阶级内部虽因争权夺利,时常产生派别斗争,但各个派别必须依附于君主。因此,斗争

① 《列宁全集》第 10 卷,人民出版社 1958 年版,第 58 页。

的结果必然是顺君主者昌,逆君主者亡。这样,在统治阶级内部不可能形成政党。至于在被统治阶级中,更不可能产生政党。从阶级斗争的方式上说,与经济、政治条件相适应,这一历史时期的阶级斗争方式,也处在较低级的阶段。表现在,一方面,阶级斗争只在有限范围内分散进行,没有能够汇集成较大范围的阶级运动;另一方面,奴隶和农奴都不是新的社会生产方式的代表,他们只能采取破坏工具、逃跑、杀死主人、自发暴动等较低级的斗争形式。因此,经济上的闭关自守,政治上的分裂割据和专制制度,阶级斗争的分散进行和斗争方式的落后,使超越城邦国家进行经济、政治和社会联系,成为不必要和不可能的事情。所以在古代和中世纪,根本不存在形成民族国家范围内的政党的社会条件,根本不可能产生近现代意义的政党。

然而当人类社会发展到资本主义阶段后,特别是随着资本主义商品经济、议会斗争和自由民主思想的发展,现代意义的政党也就出现了。换言之,即资本主义阶段在总体上具备的以下两大条件,为政党的产生提供了可能:一是生产力发展到一定程度,社会经济利益日益分化,利益冲突和阶级冲突(包括同一阶级内部的利害冲突)日益明显并公开化;二是人们获得了一定自由,有了日益增强的主体意识,有了为自己的利益而干预权力的强烈欲望,具体表现在经济、政治等各方面。从经济方面来说,资本主义商品经济的发展不仅打破了封闭式的经济区,而且形成了统一的国内民族市场。同时,资本主义商品经济所要求的"自由"、"平等",必然导致资本主义议会民主制度的出现。这不仅表现在资本主义国家议会等机构采取普选的形式,还表现在资产阶级内部各个阶层和集团都享有组织政党、通过议会等机构,参与国家管理的自由平等权利。在资本主义经济制度下,资本家为了争夺市场、原料和投资场所,从而追逐最高利润,必然展开激烈竞争,并因而分化出不同的阶层,形成不同的利益集团。马克思曾经指出,随着社会分工和生产力发展的需要,产业资本的一些职能从流通领域中分离出来,形成商业资本、借贷资本、银行资本等,从而相应地出现不同的资本集团。一些资本集团在竞争中,为了共同利益而联合起来,以造成经济上的优势和垄断。由此导致资产阶级内部不同阶层和利益集团之间的矛盾和冲突。在斗争中,一些基于共同利益的阶层和集团为了取得胜利,必然结成政治联盟,组成政党,通过政党去争夺议会席位,攫取政府要职,掌握国家权力。从政治方面来说,政治总是与权力相联系的。资产阶级深知,只有在权力保障下,才有可靠的、持久的利益。这样,争夺权力不能不是资产阶级政党产生和演变的又一重要原因。因此,在资本主义制度下,不仅结束了封建割据局面,而且建立了资产阶级民主制度。在这种民主制度下,结社自由等以公民基本权利的形式确认下来。这样,不同的阶层、集团必然会为争取通过普选进入国家机关行使统治权而互相角逐。为了战胜对手,各阶层、集团便不能不寻找合作者,结成更大的政治力量。从思想方面来说,资产阶级启蒙思想家提出的民主、自由、平等、人权等学说,使资产阶级进行的反对封建主阶级的斗争具有明确的政治纲领,从而为资产阶级组织自己的政党提供了思想基础。从阶级斗争方式来说,随着统一民族国家的形成,阶级斗争也在现代交通工具和通信工具、报纸等物质文化手段的帮助下,从个别的、分散的、自发的、无组织的斗争,迅速地发展成全国规模的有组织的经济斗争、政治斗争和思想斗争。正是在上述条件下,资产阶级在反对封建势力的斗争中,便开始形成自己的政治派别,并逐渐形成为有自己的政治纲领,有一定组织成员、组织章程和组织机构,有一个有权威的领袖集团的近代意义的政党。在历史上,资产阶级政党起源于 17 世纪 70 年代英国的辉格党和托利党。当时,辉格党和托利党还只是议会中不同的政治派别,19 世纪 30 年代后才逐渐演变为保守党和自由党。美国于 18 世纪 80 年代产生了联邦党和反联邦党两派,后发展为政党。无产阶级政党则是在资本主义由简单协作的工场手工业阶段进入社会化机器大工业阶段，无产阶级反对资产阶级的斗争是由自发阶段发展到自觉阶段时产生的，是马克思主义学说同工人运动相结合的产物。1847年建立的共产主义者同盟是世界上第一个以科学社会主义为指导的无产阶级政党。随着资本主义在世界范围的发展，特别是第二次世界大战后，政党几乎成了各国普遍的政治现象。

在此笔者认为，有两个问题必须说明：第一，政党和政党制度并不是同时产生的。政党作为阶级、阶层或集团的领导者和阶级斗争的工具，可以在该阶级、阶层或集团还没有掌握国家政权时产生；政党制度则必须是一定的阶级、阶层或集团在本党领导下夺得国家政权后才能建立起来。第二，在各国政治实践中，政党制度表现为诸种不同的类型，但各国到底应该采取何种具体类型，则由各国历史、阶级状况、革命道路、经济基础、政治文化、民族传统等不同国情和民情决定。

（三）政党的功能和作用

既然政党是为适应客观社会历史条件而产生的，那么也就是说，政党的功能，以及通过政党功能的发挥所产生的作用，能够满足各种客观社会历史条件的需要。但政党的功能何在呢？对此，中外学者存在各种不同的观点，如亨廷顿认为："政党的功能是组织参与，聚合利益，充当使社会势力与政府相联系的纽带。"①戴维·海因认为，"几乎所有政党似乎都表现为两种功能的结合，即：一方面政党向社会做出反应；另一方面由政党对社会施以控制"。② K.冯·贝米则将政党的主要功能，

---

① 〔美〕亨廷顿：《变革社会中的政治秩序》，李盛平译，华夏出版社1988年版，第90页。

② 〔英〕戴维·米勒、韦农·波格丹诺编：《布莱克维尔政治学百科全书》，中国问题研究所、南亚发展研究中心、中国农村发展信托投资公司组织翻译，中国政法大学出版社1992年版，第520、521页。

具体化为“目标制定；利益表达；社会动员；精英的形成与遴选”①四大方面。应该说，西方学者的这些认识还是有一定道理的，只不过在概括的内容和抽象层次上还有待进一步深化而已。因此，笔者赞同业师何华辉教授的观点，即政党主要有维护政权和夺取政权两大职能②。具体说来，即形成政党政治和政党制度，执掌或参与国家政权，治理国家和社会。当然，政党的功能与政党的阶级性密切相关，归根结底是维护自己所代表的阶级利益。在资本主义民主制国家中，政党的功能是制定、公布并宣传其政纲，争取选民的支持和获得议会的席位，在议会中致力于国家立法和监督政府，争取领导或参加政府，在政府中制定并实施各项决策。无产阶级政党的功能在不同的历史时期则有不同的表现。在夺取政权前，主要是制定符合广大人民意愿和利益的革命纲领，通过党员的骨干作用，联系、发动、组织、领导人民群众，开展以武装斗争为主的群众性政治斗争，推翻剥削阶级的国家政权；在夺取政权后，主要是执掌国家政权，对全国、全社会实行政治、组织和思想领导，团结和依靠广大人民群众发展社会生产，不断提高人民的生活水平。

正因为政党具备上述功能，因此，近现代政党的出现，在历史上具有重大的进步作用，它使古代君主个人终身统治的专制政治，改变为近现代政党的民主政治。而政党民主政治，不仅使政治生活、政治斗争和政治决策公开化、团体化、群众化、程序化、法治化、制度化，从而发挥统治集团集体的作用，提高其治理国家和社会的才能，而且还能减少和消除各种危害国家和社会的滥用权力现象，从而维护政局和社会的稳定，推动国家和社会的进步和发展。

---

① 〔英〕戴维·米勒、韦农·波格丹诺编：《布莱克维尔政治学百科全书》，中国问题研究所、南亚发展研究中心、中国农村发展信托投资公司组织翻译，中国政法大学出版社1992年版，第520、521页。

② 何华辉：《比较宪法学》，武汉大学出版社1988年版，第321—323页。

二、政党政治是现代民主政治的基本内容

蒲莱斯曾经指出:“政党之在自由国家,乃为必生之组织。未有自由国家而无政党者,苟无政党则代议政治无由运用。”①凯尔森认为,“现代民主完全是建立在各政党的基础之上的,民主原则越是付诸实施,各政党的重要性也就越大”;“认为没有政治派别也能够实现民主,那不是幻想就是虚伪”②,因此主张必须给予各政党以宪法所认可的地位,也就是说,要使它们具有作为“形成国家意志的机制”的职能,这样,人们就能够使现代国家民主化。的确,尽管在历史上,政党现象从属于民主,但在现代民主政治中,它却构成为民主政治的基本内容,在一定条件下甚至成为民主政治的必要前提。

(一) 政党制度是代议制民主发展的产物

首先从政党的产生原因看。政党的产生原因虽然在根本上归结为资本主义商品经济的发展,但这种经济上的客观需要则主要表现为政治上的权力要求。表现在:第一,资本主义商品经济中的平等、自由原则,必然要求国家和社会管理的民主化,要求社会成员中的大多数都能参与国家的政治生活。第二,资本主义商品经济的发展,导致民族统一市场和民族统一国家的形成,使国家和社会管理权利,不可能像小国寡民的城邦国家那样,由公民直接行使,而必须通过中间体即代表的方式才能实现。第三,由资本主义商品经济引起的利益分化,不仅使各阶级、阶层或集团为了自身利益而通过代议制民主争夺国家权力,而且为了使争夺取得胜利,还通过寻找合作者来壮大自己的力量。这样,在利

---

① 〔英〕蒲莱斯:《现代民主政治》,参议院公报科 1923 年出版,第 90 页。

② 〔意〕萨尔沃·马斯泰罗内:《欧洲民主史——从孟德斯鸠到凯尔森》,黄华光译,社会科学文献出版社 1990 年版,第 399—400 页。

益多元化的社会中，政党就成为动员和组织属于一定阶级、阶层或一定社会集团的成员参与政治的一种形式。由此可见，导致政党产生的最直接原因就是代议制民主的发展。大约一个世纪以前，洛厄尔在其所著《大陆欧洲的政府和政党》一书中指出："对民主的历史大致一瞥，就应该足以使我们明白，在一个大国中，人民作为一个整体，是不，也不可能真正进行统治的。实际上，我们是由一些行动多少受公意指挥，但又未完全受公意指挥的政党来统治的。"①古德诺也说过："要使政府协调地运转，就必须找到某种使国家意志的表达和执行协调一致的办法……这种办法在政府体制内部不能找到，所以，必须到政府以外的一些法外的制度中去寻找。事实上，可以在政党中找到它。政党不仅担负起了挑选在政府体制理论中是表达国家意志的机关的成员，即立法机关的成员的责任，而且担负起了挑选执行这种意志的人员，即执行官员的责任。"②哈罗德·F.戈斯内尔等概括道："为了使人民对于政府所做的决定有发言权，并保护普通人民反对专横的政府，人们进行了长期的斗争，从而产生了民主的政党制度。"③

其次从政党的产生方式看。应该肯定，政党的产生方式各种各样，但最基本的一种则是在议会制民主基础上形成。也就是说，由议会中的不同派别发展成为全国性的独立政党。英国、美国、加拿大等主要的资产阶级政党（工党除外）都属于这一类型。如在英国斯图亚特王朝复辟时期，围绕詹姆斯王位继承问题，议会中形成托利党和辉格党两大政治派别。但这还不是完整意义上的现代政党。约翰·高兰曾经指

---

①　转引自〔美〕弗兰克·J.古德诺：《政治与行政》，王元、杨百朋译，华夏出版社1987年版，第8页。

②　同上书，第57页。

③　〔美〕戈斯内尔、斯莫尔卡：《美国政党和选举》，复旦大学国际政治系译，上海译文出版社1980年版，第2页。

出:“英国近代的政党制度是工业革命、金融资本及国家领导权以及工人阶级有组织地进行政治斗争的产物。”①工业革命后走上政治舞台的工业资产阶级和工人阶级,为实现参政权而强烈要求改革当时的议会制度,于是在1832年、1867年和1884年英国被迫多次进行选举改革和议会改革。为适应改革后的形势,议会中的不同政治派别积极建立和扩大自己的组织。如1832年,托利党改称为保守党,并在各选区设立选区协会,登记拥护保守党的选民并组织竞选。1867年选举改革法通过后,保守党又立即把各选区的协会联合起来,建立“全国保守党与宪政协会联盟”②以统一全党的宣传和竞选工作。1870年设立保守党的行政机构“中央事务所”,管辖党务工作。1886年又决定建立保守党的区域组织,至此保守党的组织体系日趋完备。英国辉格党演变为自由党,大体也经历过相似的过程。美国早期的两个党派联邦党和反联邦党人,也是在第一二届国会中出现,然后在此基础上演变为民主党和辉格党,最后形成为民主党和共和党的。由此可见,“资产阶级政党最初是在议会制基础上产生的,可以说是议会活动的产物”③。而且在历史上,最初工人阶级政党的产生也是利用了资本主义议会民主,并利用议会民主进行活动,为劳动者的权利进行斗争。因此在某种意义上可以说,最初的工人阶级政党也是代议制民主的产物。

(二) 政党制度促进了近现代民主政治的发展

政党制度并不消极地受动于代议制民主的发展。实际上,伴随着政党的产生和政党制度的建立,政党制度反过来又大大推动了近现代民主政治的发展。

---

① 〔英〕约翰·高兰:《英国政治制度》,希铭译,人民出版社1956年版,第81页。

② 1912年改称为“保守主义和自由统一主义团体协会”,1924年又改称为“全国保守主义与统一主义协会联盟”。

③ 吴江等:《民主与政党》,中共中央党校出版社1991年版,第17页。

首先,我们在前面曾经指出,政党制度的出现使古代君主个人终身统治的专制政治转变为近现代政党的民主政治,这可以说是政党制度对民主政治促进作用的高度概括。对此有学者指出,政党的出现标志着资产阶级民主政治走上轨道①。事实上,这在英国、美国表现得非常突出。因为在历史上,最初的议会经历了一个发展过程:开始时通过反君主制的斗争,只是初步确立了一些民主原则。在议会制形式下,最初出现的还是有权威的寡头统治,贵族和军人还有很大势力,民选国会的权力反而不大。英国从 1688 年"光荣革命"到 19 世纪末,美国从独立战争到 19 世纪 30 年代,大体都处于一种寡头统治的状态,或者贵族议院主政的时期。随着政党的出现,形成了多党或两党轮流执政,出现了责任制政府后,近代民主政治才真正产生。随着工人阶级政党的产生,广大劳动人民在工人阶级政党领导下,经过艰苦的斗争夺得国家政权,建立起自己的统治以后,也就有了自己的民主政治。由此可见,尽管工人阶级政党与资产阶级政党根本对立,但在促进民主政治的发展方面,它们具有某些形式上的类似性。

其次,政党制度是解决民主制度中不同群体间矛盾、冲突的重要途径。利益分化形成利益差别,是近现代任何国家都存在的普遍现象。因此,协调和处理由利益差别引起的利益冲突、利益矛盾,从而维持政治和社会秩序的稳定发展,是民主政治的重要内容。政党制度则在这一过程中起着非常重要的作用。利普塞特曾经指出,"一切民主制度固有的内在威胁是群体冲突——民主的生命线——可能固定化以致有瓦解社会的可能。因此,足以缓和党派斗争强度的条件,系民主政府必不可少的前提之一"。② 而且他还认为,在每一个民主政体下,社会集

---

① 吴江等:《民主与政党》,中共中央党校出版社 1991 年版,第 8 页。

② 〔美〕利普塞特:《政治人》,刘钢敏、聂蓉译,商务印书馆 1993 年版,第 58 页。

团的冲突都是通过政党制度表现出来的。政党制度在根本上表明了阶级斗争向民主形式的转化①。在资本主义国家,虽然基于个人主义的哲学基础,资产阶级内部不同利益冲突、利益矛盾异常激烈,但政党制度的建立和运行,则使这些矛盾、冲突在政党政治设定的轨道上得到解决②。在社会主义国家,尽管基于集体主义的哲学基础,广大劳动人民在根本利益上是一致的,但利益差别、利益矛盾仍然存在。无产阶级政党通过自身的努力,特别是通过与其他友党的沟通协商,同样能使矛盾、冲突得到解决。

再次,政党制度状况直接影响民主政治状况③。这一点最突出的表现就是多党制国家的政治局面异常动荡。如 1993 年上台的日本细川政府,在 1994 年初旋即转变为羽田政权,而且由于社会党的退出,使联合政权面临困境就是最好的例证。不仅如此,在一定历史条件下,政党制度的运行状况,还会关系到民主政治的成败。如第一次世界大战后和第二次世界大战结束初期,西方代议制政府普遍出现危机,很大一部分原因就是当时政党竞争存在的弊病造成的,诸如党派攻讦、贿赂选票、掮客现象等。

最后,政党制度还是扩大政治参与的主要措施之一。如前所述,政治参与是实现人民主权的基本途径,因此政治参与状况是影响民主政治建设最重要的环节。由于政党制度运行的结果,就是使一定阶级、阶层或集团的代表人物,能够对国家权力的行使发挥影响,因此它自然构

---

① 〔英〕戴维·米勒、韦农·波格丹诺编:《布莱克维尔政治学百科全书》,中国问题研究所、南亚发展研究中心、中国农村发展信托投资公司组织翻译,中国政法大学出版社 1992 年版,第 573 页。

② 对此可参阅〔美〕戈斯内尔、斯莫尔卡:《美国政党与选举》,复旦大学国际政治系译,上海译文出版社 1980 年版,第 7—8 页。

③ 可参见〔美〕亨廷顿:《变革社会中的政治秩序》,李盛平译,华夏出版社 1988 年版,第七章“政党与政治安定”。

成为促进政治参与的主要途径之一。亨廷顿对此曾经指出:“形成政治参与扩大的主要制度手段,是政党和政党体系。一个政党组织严密而政治参与水平仍然较低(如印度、乌拉圭、智利、英国、美国、日本)的社会,比一个政党在现代化过程中形成较晚的社会,其政治参与的扩大很可能较为稳定。”①

(三) 政党政治主要通过代议机关来实现

政党政治一般是指一个国家通过政党行使国家权力的形式。尽管政党政治是资产阶级革命胜利的产物,但当今世界,无论资本主义国家,还是社会主义国家,大多实行政党政治,只不过它们在实质上存在根本区别罢了。张友渔教授曾经指出:“要实行无产阶级专政,就必须有共产党的领导。事实上,在任何国家,由任何阶级专政,都是通过统治阶级的政党来实现的。资本主义国家的政府是由资产阶级政党组成的,政府的首脑通常就是执政党的党魁,政府的主要成员都是执政党的成员。政府所实行的方针、政策,都是由执政党所决定的形式上是议会通过的,但是议会也是由作为议会多数党的执政党操纵的。可以说,没有哪一个国家不是经过统治阶级的政党领导的。”②而且从各国政治实践的历史和现状看,这种所谓政党政治主要是通过代议机关来实现的。如果说在一定意义上,政党如古德诺所说的,在政府和人民之间起着某种中介作用,那么它与代议制在形式上则起着相似的作用。也就是说,在一个近代大国,在不可能实行直接民主的条件下,要通过政党的有组织的活动,才能够把散落的、繁杂的个体意志,集合起来形成“公意”,并以此为基础建构国家的上层建筑,使“公意”上升为国家意志。这

① 〔美〕亨廷顿:《变革社会中的政治秩序》,李盛平译,华夏出版社 1988 年版,第 387 页。

② 张友渔:《学习新宪法》,天津人民出版社 1982 年版,第 15 页。

样，政党与代议机关间就存在一种深刻的关系：代议机关是代议制度赖以确立的最根本的组织基础，政党则是实现代议制度最重要的组织者和推动者。具体说来，在资本主义国家中，资产阶级政党的主要作用可概括为操纵选举、控制议会、控制政府三大方面，但其核心则在控制议会。因为操纵选举和控制政府，在很大程度上是以控制议会为中心的。因此，议会是各政党施展其政治作用的核心场所。谁控制了议会的多数议席，谁就可能通过立法程序，把本党的党纲或政见上升为国家法律，就可以决定或影响国家预算的分配。在内阁制国家，获得多数席位的政党，还意味着获取了政权。各政党控制议会的主要手段，是在议会中建立自己的议会党团。在通常情况下，多数党的议会党团在议会中处于支配地位。

在社会主义国家中，无产阶级政党虽然是执政党，在国家生活中处于领导地位，但这并不意味着无产阶级政党可以取代社会主义国家政权机关，或者可以向社会主义国家政权机关发号施令。也就是说，尽管党领导着国家，但党不等于国家，它不能直接实现国家的职能，国家的各种职能只能由国家机关实现。这就产生了党的路线、方针、政策，必须由国家机关贯彻执行的必要性，产生了党的意志转化为国家意志的必要性。由于社会主义国家的人民代表机关既是国家立法机关，又是整个国家机关体系的基础，因此，党对国家的领导只能通过人民代表机关才能实现。这也就是说，社会主义国家的政党政治，也必须通过代议机关才能实现。

从前面的阐述可见，政党与近现代民主政治关系十分密切。在一定意义上可以说，政党是近现代民主政治的领导者。但正如本书第二章指出的那样，民主制的历史发展源远流长，事实上，在古希腊、罗马以及中世纪的少数城市共和国，也曾产生过一定程度的民主制度。由此产生的问题是，为什么古代及中世纪的民主制可以不要政党领导呢？

对此，聂运林教授曾做过较为系统的分析①。总起来说，这实际上是由民主制自身发展的某些特点决定的。具体说来，古代和中世纪的民主制之所以可以不要政党领导，主要是由以下原因决定的：第一，古代和中世纪的民主制是一种小国寡民的民主制。在此情况下，统治阶级即使没有政党作为领导核心，也比较容易形成统一的思想、统一的意志、统一的政策和统一的行动，从而能够有效维护统治阶级的利益，镇压被统治阶级的反抗。而在由于水利灌溉的需要而形成的较大范围的古代民族国家，统治阶级则一律实行君主专制统治。第二，古代和中世纪的民主制是一种直接民主制，其民主程序比较简单。既没有代议机关，也没有产生代议机关的普选制，一切问题均由全体公民用举手或秘密投票的方式决定，没有任何中间环节。这样也就没有政党发挥作用的场所。因此，政党对城邦国家直接民主制来说，是完全不必要的、多余的。第三，古代和中世纪的民主制与等级制并行不悖。也就是说，管理国家的民主权利只能由统治阶级的高贵等级所享有，它们稳定地、世袭地领导着本阶级的政治活动。而被统治阶级则根本无法企及国家政权。因此，没有政党领导，统治阶级同样可以通过民主制牢牢掌握国家权力。

第二节　资本主义议会制与政党制度

如前所述，当人类社会尚未突破封建专制的躯壳，新兴资产阶级尚未争得起码的民主权利之前，政党是不可能产生的。事实上，政党是资产阶级在政治领域中的一个创造。而且近代国家一般都实行政党政治，因此政党制度在各国有着纷繁复杂的表现。但从国家性质的标准

---

① 参见聂运林：《中国社会主义民主制度的发展和现状》，河北人民出版社 1988 年版，第 191—195 页。

来说,政党制度主要有资本主义国家的政党制度和社会主义国家的政党制度两大类。因此,所谓代议制度与政党制度,具体即指代议制度与资本主义国家的政党制度和代议制度与社会主义国家的政党制度。本节即开始对此做些阐述。

一、资本主义国家政党制度评析

首先必须说明的是,资本主义国家的政党包括资产阶级政党和非资产阶级政党两部分。资产阶级政党是指代表资产阶级意志和利益,并为维护其意志和利益而斗争的政治组织,它由资产阶级中政治上最积极和最活跃的分子组成,是资产阶级夺取和维护国家政权的重要工具;非资产阶级政党则指除资产阶级政党以外,资本主义国家存在的其他政党,主要是无产阶级政党和小资产阶级政党。马克思主义经典作家曾经指出:资产阶级时代"使阶级对立简单化了。整个社会日益分裂为两大敌对的阵营,分裂为两大相互直接对立的阶级:资产阶级和无产阶级"①。在资本主义国家,这两大阶级都通过自己的政党来争取和维护本阶级的利益。阶级利益的对立和斗争,集中表现为各政党之间的对立和斗争。因此,反映这两个阶级之间斗争的资产阶级政党和无产阶级政党,就构成资本主义国家政党的两个基本类型。由于资本主义国家的执政党都是资产阶级政党,因此资本主义国家的政党制度主要指资产阶级政党及其制度。

就基本内容来说,资本主义国家的政党制度一般是指经过几年一度的竞选,由某个或某些资产阶级政党执掌或参与国家政权,其代表人物担任政府首脑或参加内阁,在议会中占居多数或一定席位。而且一旦选举结束,就会形成执政党和在野党相并存的局面:执政党根据竞选

---

① 《马克思恩格斯选集》第1卷,人民出版社1995年版,第273页。

纲领治理国家和社会；在野党则与之相对立，力图取而代之。但这种表面上的权力斗争，并不说明它们之间存在根本矛盾。实际上，无论执政党还是在野党，它们的基本价值和基本社会目标是一致的，都是在维护资本主义制度，巩固资产阶级国家政权。所以，在换届改选、政局动荡和社会危机中，双方又会在激烈的争吵中，出现有限的抵制、微妙的配合和改头换面的取代。

就基本形式来说，尽管第二次世界大战以后，随着政党制度在更多国家的建立，一些西方学者提出了各种分类方法①，但本书仍然坚持传统的三分法，即根据一国实际执掌政权的政党数量，把政党制度分为两党制、多党制和一党制。两党制是由两个主要资产阶级政党轮流执政的体制。最先形成于英国，以后美国、加拿大、澳大利亚、新西兰等国家，也都实行两党制。多党制是由两个以上资产阶级政党联合执政的体制。在法国、意大利、德国等大多数资本主义国家，政党林立，各党势均力敌，很难有某一政党在议会竞选中独占绝对多数，这样就只能以一党为主，多党联合执政。一党制是由一个政党长期执掌国家政权的体制，主要是法西斯国家和民族独立国家实行此制。必须明确的是，尽管分类有三，但主要资本主义国家大多实行两党制或多党制。

而且，资本主义国家政党制度的基本内容和形式，似乎还从表面上说明，资本主义国家的两党制或者多党制非常民主。有些人甚至认为，两党制和多党制不仅有利于公平竞争，而且有利于权力制衡，因此他们非常推崇所谓“政治反对派”。如布莱克斯通就曾强调过“议会反对派”的职能。他指出：“自由主义的”制度不能不听取“反对派”的意见，

---

① 参见高放：“政党制度”，载《中国大百科全书·政治学》，中国大百科全书出版社1992年版，第477—478页。

没有反对派的存在会导致专制主义,因此单单接受宪法还是不够的,还必须允许成立反对派①。罗尔斯甚至指出:“没有忠诚的反对派的观念,没有对表达和保护这一观念的宪法条款的坚持,民主政治就不能被恰当地引导或长久地维持。”②那么,以“政治反对派”形式表现出来的资产阶级两党制和多党制,是否真的非常民主呢?事实并非如此。尽管个人主义的哲学基础,使不同资本家集团间的利益不仅矛盾,而且在一定条件下甚至相互对立,因而不同的资产阶级政党各自代表的利益集团不同,但它们的根本政治倾向却没有多大差别。正如尼克松指出:“我们的政党都是为了获得政权的组织,如果两党的原则分歧很大,以致使一个政党执政转到另一个政党执政就意味着根本的改变,那就太危险了。”③因此,资产阶级政党尽管形式上各种各样,实际上好比是同一辆车上的轮子,起的是同一个作用,为的是同一个目的,奔的是同一个方向。用马克思的话说就是:“它轮流地使政权从一只手中放下,又立刻被另一只手抓住。”④连杜鲁门都承认,美国的两党制是“两党合作制”。这就是说,如同资本家进行经济竞争只会使财富在垄断资本集团之间转移,终究还是掌握在资产阶级手里一样,资产阶级政党展开政治竞争,也只会使政权在不同的资本家集团之间转移,而不可能超出资产阶级的范围,加之建立在生产资料私有制基础之上的“美元政治”,从根本上决定着其阶级实质,所以,恩格斯在谈到美国的两党制时指出:“我们在那里可以看到两大帮政治投机家,他们轮流执掌政权,用最肮脏的

① 参见〔意〕萨尔沃·马斯泰罗内:《欧洲政治思想史——从十五世纪到二十世纪》,黄华光译,社会科学文献出版社 1992 年版,第 156 页。

② 〔美〕约翰·罗尔斯:《正义论》,何怀宏、何包钢、廖申白译,中国社会科学出版社 1988 年版,第 213 页。

③ 参见龚白生、杨束伟:“资产阶级多党制我窥——兼论在中国为什么不能搞西方式的多党制”,载《中国政治》1990 年第 1 期,第 101 页。

④ 《马克思恩格斯全集》第 11 卷,人民出版社 1962 年版,第 399 页。

手段为最卑鄙的目的运用这个政权,而国民却无力对付这两个大的政客集团,这些人表面上是替国民服务,实际上却是对国民进行统治和掠夺。"①而且列宁还曾指出:"美国和英国推行的这个所谓'两党制'是阻止独立的工人政党即真正的社会主义政党产生的最强大的工具之一。"②同时,对资产阶级来说,资产阶级政党政治既能以虚伪的民主形式欺骗广大劳动群众,又能诱骗劳动群众仅仅去反对某个政绩恶劣的资产阶级政党,而不去反对整个资产阶级的统治。因此,在资本主义国家两党制或多党制基础上建立起来的民主,只能是少数有产者阶级的民主。

二、相辅相成:资本主义议会制与政党制度

尽管在政党制度发展史上,政党产生于议会制民主的基础之上,但政党一经产生出来,就与代议制度紧密联系在一起。这种状况在资本主义国家的最突出表现,就是在一定条件下,资本主义议会制与政党制度相互融合、相互促进、相辅相成。正如有学者指出,"今天的代议民主制实际上是政党控制选举,公民选举政党的代表,这与历史上尚未出现政党时的代议民主制,以及与政党制度尚未完善时的代议民主制是不同的。应该说,随着政党政治的发展,这种代议民主制更加巩固了"。③

(一)资本主义议会制依赖于政党制度

从民主制发展的观点来说,代议制度是资本主义商品经济的发展、近代统一民族国家的形成等诸因素的产物,是民主制发展过程中不可逾越的历史阶段。但代议制度的目的在于,通过议员或代表的代议活动,使各阶级、阶层、集团的要求、愿望彼此交流、相互妥协,形成一种能为大众普遍接受的"公意",并据此治理国家和社会。然而,无论议员

---

① 《马克思恩格斯选集》第3卷,人民出版社1995年版,第12页。
② 《列宁全集》第18卷,人民出版社1959年版,第398页。
③ 曹沛霖等:《比较政府体制》,复旦大学出版社1993年版,第15页。

或代表的产生,还是议员或代表的活动,都离不开一定的中介力量来具体地组织。由于政党是社会各阶级、阶层或集团意志和利益的政治代表,因此在近现代民主政治中,政党也就成了选民与议会间的桥梁,政党制度也就成为代议制度组织和运行的重要环节。在资本主义国家中具体表现在以下两方面:

首先,议员的选举、议会以及政府的组成都为政党所操纵。如果说古代民主是一种无议会的民主,那么中世纪的议会便是一种无民主的议会。尽管形式上中世纪的等级代表会议也是一种代议制形式,但由于它们不是由选举产生,而是由国王决定,因而与近现代议会存在本质差别。因此,虽然有些国家的议会,如英国上议院并不由选举产生,但这种情况极为罕见。所以毫无疑问,选举是近现代议会的基础。纵观各资本主义国家的选举实践可知,尽管议员选举的具体程序、做法等各国存在差别,但有一点则是共同的,即凡议员由选举产生就必然与政党有关。无论选区划分、选民登记,还是候选人的提名、竞选以及计票等,无不与各资产阶级政党紧密相联。换言之,各资本家集团正是通过各资产阶级政党,控制议员选举的各个程序,从而将自己的代表人物推上议会和政治舞台的。这也就是说,各候选人彼此间的竞争,实际上也就是各资产阶级政党彼此间的竞争。如英国下议院由选举产生,两大资产阶级政党通过竞选争夺下院议员席位,由获得多数席位的政党组织内阁,掌握政府权力。因此可以说,英国政府实际上是“政党政府”,两党制内的政党则是“政府政党”。20 世纪 50 年代苏联学者提出英国“政党机关国家化”的概念,认为英国两党制度变成了国家的组成部分,变成了政府制度①,不是没有道理的。《世界政党辞典》曾将英国政党政治的特点概括为五大方面:第一,内阁由多数党议员组成,首相可

---

① 〔苏〕费多罗夫:《现代英国国家机构中的两党制》,贺玉梅等译,上海人民出版社 1959 年版,第 19—20 页。

以吸收非议员入阁,但必须适时补上其议员资格;第二,执政党掌握了议会过半数票,可以驾驭议会的一切决定,名义上内阁对议会负责,“议会至上”,实际上执政党决定一切,已变成“执政党至上”;第三,内阁既被称做实际进行工作的议会委员会,同时又是首相(党的领袖)领导的执政党和国家的最高决策机关;第四,内阁集体向议会负责,内阁更迭就是执政党的更迭,只要多数在手,议会的信任投票,也只是要挟内阁的手段,一旦失去对多数的控制,便根本无法通过调整政策或撤换阁员等办法,来维持原内阁;第五,内阁有权提前改选议会,日期取决于执政党选择对自己有利的时机①。由此可见,英国的议会制度、内阁制度与政党制度非常的协调一致。美国两党制中,尽管是否为执政党,取决于总统选举是否获胜,而与国会席位无关,但美国作为“三权分立”制的典型国家,加之国会行使国家立法权,因此国会议员议席同样为各政党所激烈争夺。在政治实践中,除了由两大政党控制国会选举的候选人提名外,美国还有许多仅仅对两党有利的选举规则,诸如实行单一代表制和相对多数制等②。也就是说,美国资产阶级为了顺利地运用国家权力,实现本阶级的统治,必然通过两大资产阶级政党包办国会选举,操纵国会。就连一些资产阶级学者都承认,政党是选民心目中的标记,是为候选人招兵买马和进行竞选的组织,是以组织和控制国家立法和行政机构为目的的领袖集团③,政党的职能就是“操纵争取政治权力的斗争并使之制度化”④。由此可见,在资本主义国家中,资产阶级在保持强大军事官僚

---

① 熊复主编:《世界政党辞典》,红旗出版社1986年版,第622页。

② 参见〔美〕戈斯内尔、斯莫尔卡:《美国政党和选举》,复旦大学国际政治系译,上海译文出版社1992年版,第19—20页;Frank J. Sorauf, *Party Politics in American*, Boston, Toronto, 1980, p. 237。

③ 参见 James Q. Wilson, *American Government*, Institutions and Policies, 1980, p. 134。

④ Albert B. Saye, John F. Allums, Merrit B. Pound, *Principles of American Government*, 1978, p. 136.

机器的前提下，主要通过其政党控制议会选举等来垄断国家机器。

其次，议会的运行也为政党所控制。操纵议会选举、议会和政府组成的目的，在于控制议会的活动，使议会的权力行使为政党所支配。因此，控制议会的选举和组成还只是开始，关键还在于控制议会的运行，亦即控制议会议案的提出、讨论和通过等。但政党的不同制度，对议员的行为约束不同，如英国的两大政党采取集中制，表现为在党内对议会投票格局具有有效的纪律，在每次重要投票中，所有党员都要求作为一个集团参加投票，并不折不扣地按他们共同的指示，或党的领导人为他们做出的决定投票，从而使多数党组成一个协调一致的稳固集团。而美国的政党组织松散，没有严格的纪律，对议员投票，两党也缺乏严格的纪律约束，议员投票的自由度较大，从而使国会两党中谁也不可能有稳定的多数等。然而，在议会中设置议会党团，通过议会党团对议员的控制从而最终控制议会，则是共同的。议会党团是政党在议会中进行活动的重要领导者和组织者。一般说来，各政党主要通过各自的议会党团对议会施加影响。有些国家甚至规定，议会党团可参与提名议长，组织议会下设的各种委员会，规定议会议事程序和其他事务的协商。议会党团的任务是，贯彻本党的纲领和政策，统一本党议员在议会中的步调。通常在议会正式表决之前，各政党通过议会党团，实际上已经预先决定了各自的立场和态度。如美国国会众议院议长，虽然形式上由全院大会推选，但实际上由多数党议会党团会议推选。参议院临时议长一般也从多数党议员中产生。此外，国会两院还设有若干常设委员会，各常设委员会主席一般由老资格的多数党议员担任。美国学者指出，在国会以及州的立法机关中，"政党组织了多数党和少数党的势力，立法机关领袖和委员会主席们是政党寡头"①。而且尽管美国政党

① Frank J. Sorauf, *Party Politics in American*, Boston, Toronto, 1980, p. 329.

的组织比较松散，纪律比较松懈，议员们可以不按党的纲领投票，但他们这样做的时候仍然要“冒受到惩罚的风险”，受到“非正式的压力”①。因此，有的学者称国会中两党的领导集团为“国会权势集团”，“它基本上决定了国会将要做的事情”②。

（二）通过议会控制或者影响国家政治生活是各资产阶级政党发挥作用的基本途径

资产阶级政党代表资产阶级掌权是通过各党之间争夺议会和政府的方式来进行的。尽管从整体上说，资产阶级利益同无产阶级根本对立，但在资产阶级内部，又存在着各种不同的阶层和集团，他们为最大限度地实现自己的利益，往往要在政治和经济方面展开激烈的斗争。资产阶级政党之间的斗争，就是资产阶级内部不同集团和阶层之间冲突和斗争的反映。为了控制国家政权，从而控制或者影响国家政治生活，各资产阶级政党在各级各类选举中，往往要展开激烈的斗争，以使本党能够掌握议会和政府。由此可见，虽然资产阶级政党控制或者影响国家政治生活的途径很多，但议会和政府则是最基本的途径。而且在英国式的政权结构中，由于政府的进退取决于议会席位的数量，因此，控制议会对于资产阶级政党来说具有极为关键的意义。即便在美国式的政权结构中，虽然政府的进退与议会席位并无关系，但在奉行法治原则的法治国家中，控制立法机关，从而控制立法活动，并进而将自己的意志和利益贯穿于法律规范中，同样具有非常重要的意义。更何况这种美国式的政权结构是典型的分权制衡结构，因而控制了议会，也就自然抓住了国家政权中重要的一环。因此，资本主义议会制是资产阶级政党控制国家政权的基本形式。

---

① Frank J. Sorauf, *Party Politics in American*, Boston, Toronto, 1980, p. 334.

② 〔美〕托马斯 · R. 戴伊：《谁掌管美国》，梅士、王殿宸译，世界知识出版社 1980 年版，第 103 页。

三、无产阶级政党和资本主义议会制

前面我们曾经论及,资本主义国家的政党包括资产阶级政党和无产阶级政党两个基本类型。尽管资本主义国家政权的阶级本质,决定了资本主义议会制只是资产阶级实现阶级统治的工具,但在马克思主义经典作家看来,在一定历史条件下,无产阶级政党应当利用议会讲坛,把资本主义议会制作为无产阶级政党的合法斗争工具。

(一)无产阶级政党可以利用资本主义议会制

自从19世纪40年代无产阶级政党产生以后,随着无产阶级政党在政治生活中作用的逐渐增强,使资本主义议会中,不仅资产阶级不同阶层、集团和派别之间的斗争,集中表现为资产阶级各个不同政党之间的斗争,而且无产阶级同资产阶级之间的政治斗争,也集中表现为无产阶级政党同资产阶级政党之间的斗争。既然资本主义议会制是资产阶级控制国家政权的基本形式,议会是资产阶级政党争夺国家权力的场所,那么议会同样应该成为无产阶级政党对资产阶级政党的斗争场所。加之资本主义"议会政治"在表面上允许政治反对派存在,因而无产阶级政党的议会斗争形式,具有一定的合法性。因此马克思主义者认为,在一定条件下,无产阶级政党应当参加议会斗争,通过利用议会讲坛,揭露资产阶级的本质,教育人民群众,积蓄革命力量。早在第三国际形成初期,德国"左派"共产党人曾对资产阶级议会采取完全否定的轻率态度。列宁对此进行了深入的批判,并指出,"在德国,议会制度在政治上仍未过时,革命无产阶级的政党必须参加议会选举,参加议会讲坛上的斗争,其目的正是在于教育本阶级的落后阶层,正是在于唤醒和教育不开通的、闭塞的和愚昧无知的农村群众。当你们还无力解散资产阶级议会以及其他类型的什么反动机关的时候,你们必须在这些机关内部工作,正是因为在那里还有被神甫愚弄的、闭塞愚昧的工人;不然,你们就有成为空谈家的危险”①。

（二）不能把阶级斗争仅仅局限于议会斗争

虽然马克思曾经设想过,在具有长期议会制民主传统的国家中,通过利用议会这一工具,“工人可能用和平手段达到自己的目的”②,但“这种‘用和平手段’达到的目的决不取决于议会制本身,而是取决于一个社会的社会意识、传统、社会和阶级力量的实力对比,等等。而这种实力也不仅仅表现于选票的数量,还要看工人阶级能否以民主的方式,也就是说借助于民主的多数,来影响社会的管理;换句话说,看工人阶级是否能在社会和政府中,获得使它能真正改变生产关系和社会经济关系性质的地位。这种地位不单纯依靠议会力量,而常常主要是依靠工人阶级真正的社会实力,依靠它影响生产关系发展和民主化的能力,依靠它的自治权利以及它在社会制度内的其他关键性地位的加强”③。所以,马克思主义者在强调无产阶级政党参加资产阶级议会斗争的必要性时,还从国家的阶级本质出发,指出了参加资产阶级议会斗争的局限性,认为只要国家机器还掌握在资产阶级手里,资产阶级政府就可能通过修改选举法来操纵选举,控制议会,就可以宣布选举无效,解散议会,甚至可以把共产党人从议会中排挤出去,宣布共产党非法,采用野蛮的暴力手段,镇压人民群众和进步力量。

因此,当伯恩斯坦、考茨基等竭力宣扬议会道路,反对暴力革命,反对无产阶级专政时,列宁指出:“如果把阶级斗争局限于议会斗争,或

---

① 《列宁全集》第31卷,人民出版社1958年版,第40页。

② 《马克思恩格斯全集》第18卷,人民出版社1964年版,第179页。

③ 〔南斯拉夫〕爱德华·卡德尔:《民主与社会主义》,邱应觉、周兴宝译,人民出版社1981年版,第34—35页。

者认为议会斗争是最高的、决定性的、支配着其余一切斗争形式的斗争，那就是实际上转到资产阶级方面去而反对无产阶级。”①他还指出，“只有自由主义者才会像考茨基那样忘记资产阶级议会制的历史局限性和条件性……当革命的新纪元已经开始的时候，考茨基却转过身子把背朝着革命，赞美垂死的资产阶级民主制的妙处”。②“这就是最纯粹最卑鄙的机会主义，口头上承认革命，实际上却背弃了革命。”③

总之，在一定历史条件下，资本主义议会制为无产阶级及其政党提供了一定的斗争形式和斗争场所。无产阶级可以利用资本主义法律范围内的言论、出版、集会、结社自由，开展合法斗争，在斗争中得到锻炼和提高，并利用资本主义议会制民主所提供的条件，发展自己的组织，建立自己的政党，提出自己的纲领，增强自身的团结，使工人阶级队伍不断发展壮大，最终为夺取国家政权而努力。

第三节　社会主义人民代表制和政党制度

在《共产主义原理》中，恩格斯曾经指出：“首先无产阶级革命将建立民主制度，从而直接或间接地建立无产阶级的政治统治。在英国可以直接建立这种统治，因为那里的无产者现在已占人民的大多数，在法国和德国可以间接建立这种统治，因为这两个国家的大多数人民不仅是无产者而且还有小农和城市小资产者，小农和小资产者正处在分化为无产阶级的过渡阶段，他们的一切政治利益的实现都愈来愈依赖无产阶级，因而他们一定很快就会同意无产阶级的要求。”④换言之，在恩

---

① 《列宁全集》第 30 卷，人民出版社 1957 年版，第 241 页。
② 《列宁全集》第 28 卷，人民出版社 1956 年版，第 228 页。
③ 《列宁全集》第 25 卷，人民出版社 1958 年版，第 476 页。
④ 《马克思恩格斯选集》第 1 卷，人民出版社 1995 年版，第 239 页。

格斯看来，无产阶级可以通过直接和间接两种形式实现其政治统治。然而从无产阶级政权的阶级本质来说，最理想的形式应该是由广大劳动人民群众直接行使政治统治权。因此，列宁在十月社会主义革命前后提出，新型国家要让群众直接参加整个国家生活的民主建设。也就是说，列宁的理想是要建立社会主义的直接民主制。但后来列宁十分遗憾地发现，俄国的落后使劳动者文化水平低下，不可能立刻实现劳动者对国家的直接管理。因此，"苏维埃虽然按党纲规定是通过劳动者来实行管理的机关，而实际上却是通过无产阶级先进阶层来为劳动者实行管理而不是通过劳动群众来实行管理的机关"①。由此可见，尽管社会主义国家政权与剥削阶级国家政权存在本质区别，但社会主义国家仍然处在多数人的统治要通过少数人的管理来实现的时代，即多数人委托少数人并通过一部分先进分子的领导，最后实现人民对国家的间接管理。那么，这部分先进分子从何而来？当然只能产生于代表新生产力的工人阶级。无产阶级政党也就是从代表新生产力的工人阶级中产生出来的无产阶级先锋队，是社会主义国家广大劳动人民实现间接管理国家和社会任务的领导者和组织者。

一、社会主义国家政党制度评析

如果仅仅从政党数量来看，那么社会主义国家的政党并非如一些人所说的那样只有一个，在有些社会主义国家同样并存着几个政党。但不论政党数量如何，无产阶级政党都是执政党。因此，社会主义国家的政党制度本质上属于一党制类型②。在阶级斗争历史上，无产阶级是所有革命阶级中最大公无私、革命最坚决和斗争最彻底的阶级。然

---

① 《列宁选集》第3卷，人民出版社1995年版，第770页。

② 顾肖荣等：《党制之争》，上海人民出版社1990年版，第21页。

而,正如马克思指出:"工人阶级在它反对有产阶级联合权力的斗争中,只有组织成为与有产阶级建立的一切旧政党对立的独立政党,才能作为一个阶级来行动。"①事实已经表明,只有在无产阶级政党领导下,无产阶级自身才能获得解放,社会主义革命和建设事业也才能取得胜利。因此,就社会主义国家政党制度的基本内容来说,主要是指社会主义国家的无产阶级政党执掌国家政权,其他政党参与或者影响国家政权的具体体制和运行机制。

那么,为什么在社会主义国家的政治实践中,会形成社会主义国家独特的一党制呢?从根本上说,这可以归根于无产阶级的革命斗争和社会主义国家政权建设特定的社会历史条件。正如苏联学者契尔金指出:"在社会主义社会,一党制是历史的产物。"②具体表现在:第一,在夺得国家政权的过程中,无产阶级政党即共产党经过无数次失败,在熔炉中历经千锤百炼,成为各种政治组织中最严密、最有纪律和最具战斗力的组织。因此共产党在广大人民群众中享有崇高的威望。第二,大多数社会主义国家诞生于相对落后的农业社会,因而面临艰巨的经济建设重任。这就必然要求共产党动员全社会的力量,在相当长的时期内通过严格纪律,统一意志地进行建设。第三,社会主义作为资本主义的对立物,必然力图克服资本主义的弊端,创立更为平等的制度。如果听任社会自然发展,则两极分化、贫富悬殊不可避免。共产党只有实行统制,才能防止分化,更平均地分配社会收入③。而且,尽管这种政党制度的形成有着各种深刻的历史和社会根源,但一个最基本的事实在于:共产党作为执政党是广大劳动人民群众自己做出的历史性选择。

---

① 《马克思恩格斯全集》第17卷,人民出版社1963年版,第455页。
② 〔苏〕契尔金:《宪法与政治制度》,周伟等译,四川大学出版社1988年版,第58页。
③ 顾肖荣等:《党制之争》,上海人民出版社1990年版,第23页。

二、不可分离:社会主义人民代表制与政党制度

既然社会主义人民代表制是社会主义国家广大劳动人民实现当家做主的基本形式,而政党政治又是社会主义国家政治生活的基本特点,那么,社会主义人民代表制与政党制度之间必然存在极为密切的联系。

(一)社会主义人民代表制是各政党发挥作用的基本途径

任何阶级、阶层或者集团组织政党的目的,都在于通过自己的活动控制或者影响国家权力的行使。社会主义国家的各政党也是如此。但在社会主义国家中,无论执政党还是参政党,都不能直接行使国家权力,管理国家事务。也就是说,尽管无产阶级政党是社会主义国家的执政党,在国家生活中处于领导地位,但执政党的领导作用,只有通过国家和社会管理的途径才能实现,参政党作用和影响的发挥也是如此。由于社会主义国家的本质在于人民当家做主,因此实现人民当家做主的基本形式也就是国家和社会管理的基本形式。这样,社会主义人民代表制作为实现人民当家做主的基本形式①,也就成为社会主义国家各政党发挥作用的基本形式。另一方面,社会主义人民代表制的组织和运行又必须坚持无产阶级政党的领导。社会主义国家是人民当家做主的国家,但人民当家做主需要作为无产阶级先锋队的共产党的领导才能实现。既然社会主义人民代表制是社会主义国家实现人民当家做主的所有民主形式中最基本的形式,那么它的组织和运行自然也必须接受无产阶级先锋队即共产党的领导,从而不仅在人民代表机关代表的选举、组织和代表机关职权的行使等各方面,而且在以人民代表机关为基础建立起来的整个社会主义人民代表制的组织和运行中,都必须

---

① 参见何华辉:《人民代表大会制度的理论与实践》,武汉大学出版社 1992 年版,第 33—36 页。

贯彻共产党的政治领导、组织领导和思想领导。同时必须明确的是，社会主义国家中无产阶级政党对社会主义人民代表制的领导实质在于，通过人民代表机关把党的意志转化为国家意志。毫无疑问，无产阶级政党这种领导作用的实现，必须获得人民代表机关中的多数支持。尽管本党党员在代表中居于多数是实现其领导的重要保证，但与资产阶级政党通过占据多数席位以控制代议机关为唯一保证不同，社会主义国家的执政党即使在人民代表机关中不占据多数席位，也能获得它的多数支持。因为社会主义国家的代议机关是真正的人民代表机关，党的决策能够体现人民的利益和意志，因此，党内代表固然要支持党的决策，党外代表也能接受党的决策并在议决事项中支持党的决策。

值得一提的是，在各社会主义国家中，除通过社会主义人民代表制，使各政党通过选派自己的代表发挥各自的作用与影响外，一些社会主义国家还通过建立由各政党选派代表参加的政治协商或民族阵线组织，从而使社会主义人民代表制和政治协商等制度与政党制度有机结合起来。

（二）正确处理两者关系，推动社会主义人民代表制建设

尽管我们提出社会主义人民代表制与政党制度不可分离，但这主要是就社会主义人民代表制和政党制度在保障人民当家做主过程中高度有机统一而言的。实际上，无论性质、范围、职能等方面，它们之间都存在较大区别，因此，正确妥善处理好它们间的关系，也就极为重要。然而，以往各社会主义国家的政治实践中，这一问题并未得到真正解决，其突出表现在党政不分、以党代政等诸多方面。笔者认为，要真正处理好社会主义人民代表制与政党制度的关系，关键在于正确认识和处理好执政党与国家权力之间的相互关系。具体说来表现在两个方面：首先，执政党的领导权与社会主义国家的政权性质，从根本上来说是一致的。如前所述，无产阶级政党即共产党是无产阶级的政治代表，是无产阶级的先锋队,而无产阶级又是全体劳动人民的先锋队。因此,无产阶级政党之所以处于执政地位,是因为这时的无产阶级是直接执政者,而无产阶级则只有通过自己的先锋队共产党才能实现对国家的领导。同时,社会主义国家的性质即社会主义国家政权,亦即无产阶级和广大劳动人民掌握和行使国家权力。因此,共产党的领导权与社会主义国家政权之间,从根本上来说是完全一致的,都是为了保障无产阶级和广大人民实现当家做主。其次,它们之间又存在着诸多差异。具体说来也就是,共产党作为国家的领导力量,领导人民掌握和运用自己的权力,但党并不代替人民直接执政。我们说共产党处于执政地位,是说共产党已经成为国家政权的领导力量,成为广大人民直接执政的指导者,或者说共产党帮助广大人民直接行使自己的领导权力,但不是代替人民直接行使国家权力。为此,就必须通过机构设置、制度健全等途径和措施,贯彻和处理好它们之间的关系,从而推动社会主义人民代表制的发展。

第七章　代议制度与利益集团

18世纪著名法国思想家托克维尔曾经指出："在我们这一代领导社会的人肩负的首要任务是：……逐步以治世的科学取代民情的经验，以对民主的真正利益的认识取代其盲目的本能。"①的确，人们之所以对民主有着无限的追求和向往，并不仅仅因为民主本身，从终极原因来说，民主还有其最根本的目的。正是这一根本目的使人们对这种政治理想孜孜以求。那么，民主的终极目的何在呢？笔者认为，尽管托克维尔没有就此全面阐述，但他所谓"对民主的真正利益的认识"却给我们以启示。在某种意义上可以说，利益就是民主的终极目的。然而，无论利益的表达还是利益的实现，都离不开一定的机关、组织。从近现代民主政治实践看，尽管前述国家机关、政党是表达、实现利益最重要的机关、组织，但除此以外还有一种最基本的形式，即利益集团。而且随着民主政治的深化发展，利益集团已成为民主政治建设最重要的参与者之一。既然代议制度是近现代实现民主的基本形式，那么它的组织、运行与利益集团间必然存在极为密切的联系。

第一节　利益、利益集团和民主

早在1842年，马克思就曾指出："人们奋斗所争取的一切，都同他

① 〔法〕托克维尔：《论美国的民主》（上），董果良译，商务印书馆1988年版，"绪论"，第8页。

们的利益有关。"①后来在论及阶级斗争时他又指出，阶级斗争"首先是为了经济利益而进行的，政治权力不过是用来实现经济利益的手段"②。列宁则称利益是"人民生活中最敏感的神经"③，并指出"利益推动着'民族的生活'"④。由此可见，马克思主义经典作家无不将利益问题置于非常重要的地位。尽管民主作为国家制度或者说国家形态，实际上即是政治权力的配置和运用，因而民主只是一定阶级、阶层或集团实现利益的一种手段。但从理论和实践上将民主与利益联系起来，在我国则还未真正全面展开。因此，要分析代议制度与利益集团，还必须首先弄清利益、利益集团与民主的具体关系。

一、利益满足是民主发展的根本动力

没有动机就没有人的行为。尽管思想动机是由需要决定的，但在社会生活中，人的需要采取了利益的形式。因此，从行为科学的角度而言，与其说人的需要是促发人的动机，推动人们从事社会活动的动力，不如说利益是促发人的动机，引起人们社会活动的动力。所以一般地、笼统地将利益满足称之为民主的原动力完全成立。因为民主的核心和本质即人民当家做主，但人民当家做主的目的，则在于实现和满足一定的利益要求⑤。然而，问题的关键在于，为什么人类发展到一定历史阶段，在追求和实现利益过程中会采取民主的政治统治形式。换言之，民

① 《马克思恩格斯全集》第1卷，人民出版社1956年第1版，1965年第3次印刷，第82页。

② 《马克思恩格斯选集》第4卷，人民出版社1995年版，第250页。

③ 《列宁全集》第13卷，人民出版社1959年版，第113页。

④ 《列宁全集》第38卷，人民出版社1959年版，第86页。

⑤ 参见美国学者基思·格雷厄姆的观点，见黄文扬主编：《国内外民主理论要览》，中国人民大学出版社1990年版，第382页。

主在人类追求和实现利益过程中到底处于怎样的地位和作用？同时，利益又是如何推进人类国家和社会管理方式的发展呢？

（一）利益概述

“利益”是一个非常宽泛的概念，而且人们大多将其理解为经济利益。因此尽管表面看来，人们对利益非常熟悉，但要弄清利益与民主政治的关系，则极有必要深化人们对利益问题的认识。那么，什么是“利益”呢？有人说，“利益”是需要主体以一定的社会关系为中介，以社会实践为手段，使需要主体与需要对象之间的矛盾状态得到克服，即需要的满足①；也有人说，“所谓利益，就是指在一定的社会形式中由人的活动实现的满足主体需要的一定数量的客体对象”②；还有人认为，“最简单地说，利益表现为人类自我的满足”③，等等。尽管人们对利益的认识和表述存在区别，但在满足需要这一点上则根本一致。因此，需要既是形成利益的根本前提，也是区分不同利益主体和利益形式，从而构筑利益体系的根本依据。

纵观人类社会发展史可见，每一社会的利益总是构成一个完整的体系。因为，“每一个社会中的生产关系都形成一个统一的整体”④。所以，由这个生产关系制约的各种利益，就必然地形成一个完整的、有机的、互相联系、互相制约的体系。但在不同社会形态中，或者不同国家、不同历史时期中，利益体系的构成成分，特别是利益体系中不同构成成分间的关系是不相同的。而且，正是这种构成成分相互关系的区别，决定了不同国家或者一国不同历史时期政治统治管理形式方面的不同。

由于需要具有丰富性和复杂性的特点，因而决定了利益主体、利益

---

① 王伟光、郭宝平：《社会利益论》，人民出版社 1988 年版，第 68 页。
② 苏宏章：《利益论》，辽宁大学出版社 1991 年版，第 21 页。
③ 张循理：《利益论九讲》，中国青年出版社 1987 年版，第 7 页。
④ 《马克思恩格斯全集》第 4 卷，人民出版社 1958 年版，第 144 页。

种类和形式及其相互关系，也异常地纷繁复杂。而且，这也决定了我们可以根据不同的标准对利益进行不同的分类。在此，我们主要就利益主体这一标准进行阐述。利益主体是从需要主体转化而来的。如同需要主体一样，利益主体也可区分为个体利益主体、集体利益主体和社会利益主体。与此相应就具有三种不同的利益，即个人利益、集体利益和社会利益。个人利益是指在一定社会形式中满足个体需要的一定数量的对象。尽管一般说来，在个人利益、集体利益和社会利益中，个人利益是其他利益的基础。"'共同利益'在历史上任何时候都是由作为'私人'的个人造成的"①，但在不同的生产资料所有制形式下，个人利益的性质、基础和范围等却不相同。在私有制形式下，不仅主体的生活需要，而且主体的生产需要，都以个人利益的形式来满足。也就是说，人们的生活需要几乎全部靠个人收入和个人支出的形式满足，而生产需要也几乎全部以私人积累和私人投资的形式实现。而在公有制形式下，生产需要的满足通常采取共同利益的形式，即使在个人生活需要的满足方面，以社会福利或集体福利即共同利益的形式来满足的部分，也占有相当大的和愈来愈大的比重。

集体利益是指在一定社会形式中满足一定集体的需要的对象。由于任何形式的集体都不能离开构成它的个体而单独存在，因此集体利益是以个人利益的存在为前提的，但又不能把它归结为个体的简单相加。尽管对个人来说，集体利益也就是他自己的利益，但它不同于狭义的个人利益，因为它所表现的是他们整个共同体生存和发展的需要。而且由于集体利益中既包含有社会利益的因素，又包含有个人利益的成分，因而使集体利益成为联结社会利益和个人利益的纽带，成为社会利益和个人利益矛盾的焦点。

---

①　《马克思恩格斯全集》第3卷，人民出版社1960年版，第275—276页。

社会利益是指在一定社会形式中满足社会需要的对象。虽然这种社会共同的需要并不直接以个人需要的形式出现，并以个人利益的形式满足，但它们大多是在个人需要和个人利益基础上发展和集中起来的。而且在不同的所有制基础上，社会利益具有不同的特点。在生产资料私有制条件下，社会利益的性质具有二重性：一方面它代表着整个社会的发展要求和发展条件，具有进步性；另一方面它又受占统治地位的剥削阶级利益的影响，代表着统治阶级的要求和需要，具有时代的和阶级的局限性。在当时的利益体系中，社会利益只占居着次要地位。而在生产资料公有制条件下，由于剥削阶级的消灭，形成了真正统一的社会利益，因而使其在利益体系中居于首要的和支配的地位。

同时，在利益分类中，还可以利益得以实现的不同时间为标准，分为目前利益和长远利益；以利益的社会功能或实现领域为标准，分为物质利益和精神利益；此外，还有所谓经济利益、政治利益等。

必须说明的是，笔者在此对个人利益、集体利益和社会利益进行系统分析的目的在于，通过阐述它们各自的特点，从而弄清不同利益结构的形成，以及它们对政治统治形式的不同影响。因为在笔者的观念中，基于个人主义哲学基础的资本主义国家的利益结构，与基于集体主义哲学基础的社会主义国家的利益结构存在根本区别。由此，建立于其基础之上的政治统治形式，特别是民主政治的内容和形式，也同样存在根本不同。

而且，尽管利益体系或利益结构中的各种不同利益，彼此间具有相对独立性，但这些不同形式的利益之间，不仅发生着横向联系，而且发生着纵向联系；不仅存在着差别关系，而且还存在着矛盾关系。这些利益之间互相作用、互相影响、互相制约，形成了一个纵横交错的网络式的利益关系。而在利益关系中，最稳定、最主要、起最基本作用的是利益矛盾，利益矛盾决定了利益关系的一切具体形式。

（二）利益矛盾是民主发展的直接动力

将利益满足作为民主的根本动力，是从民主的终极目的来说的，实际上，真正对民主发展具有直接影响和作用的是利益矛盾。换言之，即当利益矛盾发展到一定历史阶段，形成新的利益格局，而旧有的调节利益矛盾的政治统治形式，不再适应新的历史条件时，民主也就作为一种普遍化的政治统治形式出现了。这种利益矛盾对民主发展的直接动力作用，我们可以从以下三方面进行阐述。

第一，从民主的产生看。首先必须明确的是，尽管民主发展史上曾经有过古代城邦制民主、中世纪城市共和国，但我们这里所说的民主，主要指近现代民族国家的近现代民主。具体说来，即近现代民族国家的利益矛盾，促进了近现代民主的产生和发展。虽然在实际生活中，利益与人和人类社会共始终，但利益的发展却大致经过三个大的历史发展阶段：原始社会的利益一致，私有制社会的利益对立，社会主义社会的利益差别。当私有制、阶级和国家产生以后，亦即当利益一致成为历史，利益矛盾、利益对立成为社会利益结构主要特点的时候，国家机器等政治上层建筑，便成了统治阶级控制和实现利益最重要的手段。而被统治阶级则试图通过政治斗争，通过对国家机器等的制约和影响，改变旧的利益分配格局，以满足本阶级的利益要求。然而，自给自足的自然经济结构形式下的人身依附特点，不仅决定了被统治阶级不能真正成为独立利益主体，以对统治阶级进行足够的制约，而且决定君主专制是奴隶社会、封建社会基本的政治统治形式。亦就是说，在这两种社会形态中，君主专制是扼制被统治阶级的利益，保障奴隶主、封建主阶级利益的主要工具。但商品经济的萌芽和发展，则标志着新的经济结构形式的出现，决定了君主专制的政治统治形式，已无法适应新形势下的利益结构和利益矛盾。因为劳动的社会分工和劳动者独立利益的存在，是商品经济存在的必要条件。同时，自由竞争、等价有偿、平等交换等商品经济运行的基本原则，不仅决定了商品经济条件下，地位平等的利益主体之间的矛盾，是利益矛盾的主要特点，而且决定了必须建立一种能够平等保护社会经济生活参与者利益的政治统治形式。于是，近代民主作为国家和社会管理的新方式，作为国家调节和保障人们利益的新手段出现了。当然，资本主义国家资本特权的存在，决定了资本主义国家的民主实质上只是保护少数有产者阶级利益的工具。只有社会主义国家由于生产资料公有制，决定了其利益矛盾具有与资本主义国家的利益矛盾根本不同的性质，因而民主也就能够真正成为协调利益矛盾，保障社会中绝大多数成员利益的工具。

第二，从民主的实质看。我们曾经多次强调，民主的根本问题亦即少数人的执政与多数人的权利和利益的相互关系问题。如果我们进一步研究下去，那么这种相互关系，实际上也就是少数人与多数人的利益矛盾问题。具体说来，即从民主的本意来说，它应该是指多数人的统治，但在近现代民族国家中，这种多数人的统治，还只能通过少数人的执政来实现。但这种少数人的执政，或者说这种少数人对国家权力的行使，是以保障多数人的利益为宗旨，还是以保障其自身私利为目的呢？这实际上也就是民主自身包含的最根本的内在利益矛盾。民主的运用和实现，也就意味着这一矛盾的分化和解决。另一方面，既然民主是一种政治统治形式，那么也就必然决定了在统治阶级与被统治阶级两种根本对立的利益之间，既要保护和促进一种利益，又要剥夺或者限制另一种利益。

第三，从民主的活力源泉看。在最一般的意义上，民主既可理解为静态的政治结构，又可理解为动态的政治状况、政治过程。纵观世界各国民主政治的实际运行，我们发现，协调不同的利益矛盾就是民主发展的活力源泉。首先，民主政治的运行过程，实质上就是不同利益的协调过程。如前所述，民主政治本身即渊源于人们的利益需要，换言之，即民主政治实质上是人们不同利益协调的产物。列宁在论述宪法的本质时曾经指出:“宪法的实质在于:国家的一切基本法律和关于选举代议机关的选举权以及代议机关的权限等等的法律,都表现了阶级斗争中各种力量的实际对比关系。”①而且笔者认为,导致不同阶级进行力量对比的主要因素亦即利益需要。因此,不同力量的对比过程,也就是不同利益相互让步、妥协的过程。同时,民主政治的基本原则是少数服从多数,也就是少数人的意志和利益,必须服从多数人的意志和利益。而且民主政治不仅强调服从多数,还同时强调尊重和保护少数。但不论哪一方面都不能脱离利益协调。

其次,民主政治的运行状况取决于不同利益的协调状况。有序性是系统具有活力的根本标志,民主政治的有序运行和发展是民主政治充满活力的直接体现。由于民主政治涉及社会生活的诸方面,是近现代法治国家各阶级、阶层、集团和个人实现自己意志、利益的根本途径,因此,民主政治是否有序运行和发展,直接取决于人们的利益关系状况。在历史上,当人们的利益关系处于比较协调、缓和的情况下,民主政治就表现了较强的运行和发展活力;当人们的利益关系处于比较紧张、对抗的情况下,民主政治就表现出混乱、趋向于零的运行。因此,利益协调状况直接决定着民主政治的运行状况。

尽管我们说利益矛盾是民主发展的直接动力,但这并不意味着民主政治本身只是消极被动的。正如美国学者基思·格雷厄姆指出:“从利益角度的分析来看,人们追求民主制度的动机是因为,在大多数时候民主制度能够实现每个人的利益。”②也就是说,因为民主本身具

① 《列宁全集》第15卷,人民出版社1959年版,第309页。

② 转引自黄文扬主编:《国内外民主理论要览》,中国人民大学出版社1990年版,第382页。

有积极主动的作用,所以人们才予追求和运用。而且事实上,民主政治运行导致利益矛盾的解决,从另一方面来说,也就意味着一定利益的满足和实现。因此,“假定人们的自我利益要求是合理的,那么民主制度的优越性就在于它能够保证每个人充分表达自己的利益要求,能最大限度地满足人们的利益要求。也许,在某些非民主政体中,也能够满足个人的利益要求。但是只有在民主政体中,每个人的利益才能得到尊重,人民的利益才能得以实现。因为在民主政体中,决策是按照人民的愿望、要求来制定的”①。

二、利益集团是民主政治机制的组成部分

一定的利益差别,必然导致不同的利益集团。那么,什么叫利益集团呢? 戴维·杜鲁门指出,利益集团是指一种“在其成员所持的共同态度的基础上”,“对社会上其他集团提出某种要求”的集团②;罗伯特·达尔认为,“从最广泛的含义上说,任何一群为了争取或维护某种共同的利益或目标而一起行动的人,就是一个利益集团”③;格雷海姆·威尔逊认为,“一个利益集团是一种组织,它设法代表一些有着一种或几种共同利益或共同信念的个人或社团”④;中国学者王伟光等认为,“利益集团是基于利益差别而形成的具有共同利益要求的社会组织”,等等。由此可见,尽管诸位学者在具体的文字表达中存在出入,但在利益集团基本内容的概括上则大体相同:第一,利益集团是一定

---

① 黄文扬主编:《国内外民主理论要览》,中国人民大学出版社 1990 年版,第 381 页。

② David B. Truman, *The government Process*, 2nded, Affred A. Knopf, New York, 1971, p. 33、37.

③ Robert A. Dahi, *Democracy in the United States*, 4thed, Houghton Mifflin Cor. Boston, 1981, p. 235.

④ Graham k. Wilson, *Interest Group in the United States*, Clarendon Press, Oxford, 1981, p. 4.

个人的集合体；第二，这些聚集一起的个人具有相同的利益要求或者共同愿望。

从人类社会历史发展的角度而言，利益集团是一个历史的范畴。在不同的历史条件下，利益集团具有不同的历史内容。人类社会最初的利益集团是基于一定血缘关系和地域范围而集合成的原始人群体，如氏族、部族、部落联盟等。随着社会分工和私有制的发展，社会划分为阶级，阶级又分为不同的阶层，阶层内部又可分为不同的小一些的利益集团，阶级、阶层是阶级社会中最稳定的利益集团。而各阶级之间、各阶层之间、各个小的利益集团之间，又通过横向的社会联系，形成一些基于某种共同利益要求的相对稳定的超利益集团，如家族、民族、各种经济实体等。由于社会主义社会同样存在着利益差别，所以社会主义社会也同样存在着各种不同的利益集团。这些利益集团首先表现为工人阶级和农民阶级两大利益集团。同时，在工人阶级内部又可分为全民所有制企业工人利益集团、集体所有制企业工人利益集团、知识分子阶层利益集团；此外还有因性别、职业等各种特征而形成的利益集团，等等。

毋庸置疑，不论在何种社会形态或者国家中，利益集团形成的目的，都在于通过运用集体的力量维护和实现其共同利益。但阶级社会中，任何阶级、阶层或集团的利益，只有以国家权力为后盾，才能得以全面地维护和实现。因而任何阶级、阶层或者集团，都希望掌握国家权力，或者通过各种途径和措施，影响国家权力的行使。正是在这一意义上我们说，从广义上看，政党属于利益集团的范围。但我们在本书中所称的利益集团，既不同于没有政治目标的社会群体，也不同于以夺取和行使全国政治权力为宗旨的政党，它们只是争取和维护本集团的利益。正如艾伦·考森教授指出："利益集团是致力于影响国家政策方向的组织，它们自身并不图谋组织政府。”①因此，参与国家政治生活，操纵或者影响国家政策的制定和执行，同样也是各种利益集团活动的主要目标之一。但一些西方资产阶级理论家则认为，利益集团最终是基于政治目的而不是经济目的形成的，利益集团的关键性标志是政治权力地位而不是经济特征。尽管我们绝不否定利益集团的政治目的和政治权力特征，并且认为这是利益集团实现和维护利益的根本手段，但利益集团形成的最根本原因，则是生产资料占有制为主的经济关系。任何利益集团首先是经济利益集团，其次才是政治利益集团。任何政治利益集团背后，总是隐蔽着一定的经济利益；任何政治权力集团，总受一定经济利益集团支配，为实现经济利益集团的经济利益而从事政治活动。

必须明确的是，我们强调利益集团的经济目的，并不意味着否定利益集团的政治目的，只是说其政治目的服务于经济目的。而且实际上，只有利益集团在政治领域中能够充分发挥影响时，才能最终达到自己的经济目的。然而，利益集团对国家政治生活的影响并不是无条件的。只有当外在条件允许利益集团发挥政治影响时，这种作用的发挥才有可能。由于奴隶社会、封建社会自然经济结构，以及建立其上的君主专制制度，从根本上表现为人身依附、等级特权，因此不仅在国家经济生活，而且在国家政治生活中，都不可能允许各种利益集团都参与国家的政治活动，只有统治阶级内部不同的利益集团，才能发挥有限的影响。但资本主义商品经济，以及随着商品经济的发展而形成的民主政治制度，则为各种利益集团参与国家政治，提供了经济、政治等方面的条件。

---

① 〔英〕戴维·米勒、韦农·波格丹诺编：《布莱克维尔政治学百科全书》，中国问题研究所、南亚发展研究中心、中国农村发展信托投资公司组织翻译，中国政法大学出版社1992年版，第362页。

而且从民主政治发展史看，尽管利益集团大规模参与政治生活还只有近一个世纪，但利益集团与民主政治的确紧密相联，并实际成为民主机制中的重要组成部分。对此，艾伦·考森指出，“利益集团曾经被抨击为民主程序的破坏者，后来被人们广泛看做是民主多元主义制度的本质内容，人们认为，利益集团是位于公民个人和国家这个庞然大物之间的缓冲器。本特利和杜鲁门那样的政治理论家论证说，利益集团是政治过程的基石，政治制度的变化可以视为是集团压力使然。人们不再把利益集团看做是对民主程序的威胁，因为人们认为，所有个人都可以自由地组织利益集团，当对某政治问题持特定见解的集团产生时，持相反见解的集团也可以产生出来，从而达到平衡”。① 具体说来表现在：第一，商品经济不仅强调经济生活参与者自由竞争，而且还强调他们彼此间平等竞争，也就是说，在经济生活领域中，各种经济利益主体彼此间可以自由平等地参与经济生活。与此相应，这些利益主体为了满足和实现各自的利益，必然也应自由平等地参与国家政治生活。因此，商品经济不仅决定了国家必须采取民主的政治统治形式，而且还决定了各利益集团是这种政治统治形式的重要参加者。第二，既然利益矛盾是民主发展的直接动力，利益满足是民主发展的根本动力，那么民主政治的建立和运行，怎么离得开各种利益集团对自身利益的表达和追求呢？同时，如前所述，民主政治的核心和本质是人民当家做主，但人民当家做主并不是抽象的，其最具体的表现在于实现多数人的利益。但这种多数人利益的实现，却在很大程度上依赖于各种利益集团的活动。

① 〔英〕戴维·米勒、韦农·波格丹诺编：《布莱克维尔政治学百科全书》，中国问题研究所、南亚发展研究中心、中国农村发展信托投资公司组织翻译，中国政法大学出版社1992年版，第362页。

“可以说,民主制度作为人民统治的制度能够保证个人利益和社会利益的实现,因而受到人们的赞成。”①第三,从民主政治实践看,尽管资本主义国家和社会主义国家,利益集团对民主政治生活的参与存在很大区别,但一个最基本的事实在于:利益集团是民主政治生活中最活跃的因素之一。因此,它是“民主政治进程不可缺少的组成部分”②。维尔甚至认为,“集团间的相互作用是民主政体的本质”。③ 但由利益差别到利益集团,是否会导致多元民主制?我们应该怎样正确认识多元民主制呢?对此我们将在本章第三节中予以阐述。

第二节 资本主义议会制与利益集团

龚祥瑞先生曾经指出,在西方,“一般地说,政治就是由各集团之间为控制诸如政府机关这样的政治组织而展开的斗争,在某种意义上说,不了解利益集团就无从了解西方国家的政治制度,也就无从细致地了解西方国家实际的决策过程”④。由于民主政治最先是由资产阶级搞起来的,加之资产阶级在利益满足、利益结构问题上,奉行个人主义哲学,所以利益集团在资本主义国家的民主政治中不仅历史最长,而且也最为活跃、最为典型。

一、资本主义国家利益集团评析

在资本主义国家中,利益集团的概念常与压力集团的概念交叉使

① 黄文扬主编:《国内外民主理论要览》,中国人民大学出版社1990年版,第381页。

② Norman J. Ornstein, Shirly Elder, *Interest groups, Lobbing and Policymaking*, Congressional Quarterly Inc., Washington D. C., 1978, p. 12.

③ 〔英〕维尔:《美国政治》,王合等译,商务印书馆1988年版,第109页。

④ 龚祥瑞:《比较宪法与行政法》,法律出版社1985年版,第307页。

用。但实际上它们之间存在诸多区别，主要表现在压力集团纯属政治性概念，是参与政治的利益集团，而利益集团则既可以是政治性的，也可以是非政治性的。一些西方学者认为，只有当利益集团成为政治角色，企图影响公共决策方向和公共权力运用，使自己获得好处的时候，它们才转变为压力集团。因此，压力集团是维护特殊利益，实现特定目标的工具。其首要特征是参与政治过程，影响公共政策，但并不谋求正式控制政府。不过，资本主义国家的利益集团一般也都是压力集团。因此我们在本书中还是使用“利益集团”这一概念。

麦迪逊曾经指出：“……造成派别的最普遍而持久的原因，是财产分配的不同和不平等。有产者和无产者在社会上总会形成不同的利益集团。债权人和债务人也有同样的区别。土地占有者集团、制造业集团、商人集团、金融业集团和许多较小的集团，在文明国家里必然会形成，从而使他们划分为不同的阶级，受到不同情感和见解的支配。管理这各种各样、又互不相容的利益集团，是现代立法的主要任务。”①从历史发展的角度来说，尽管早在 18 世纪末，美国就出现了全国啤酒制造商协会、全国棉花生产商协会等利益集团，以后英国、法国等其他西方国家也相继出现类似团体，但早期的利益集团毕竟为数不多，而且对社会的影响程度也很有限。直到 19 世纪中叶，工业化的浪潮席卷西方各国，产业、行业、职业在工业化过程中迅速分化，各种社会矛盾进一步发展，政府职能也随之扩大，政府对各种法律和政策的制定，几乎涉及社会上不同人的利益，由此引起人们对政府行为的普遍关注，各种利益集团迅速发展起来。英国企业协会、英国造船联合会、美国制造商协会、美国商会、法国造船联合会、日本的经济团等，都是在这一时期形成的，

---

① 〔美〕汉密尔顿等：《联邦党人文集》，程逢如、在汉、舒逊译，商务印书馆 1980 年版，第 47 页。

它们对现实政治已产生较普遍的影响。进入20世纪,尤其是第二次世界大战以后,西方国家随着社会经济文化的发展,政府对经济和社会管理职能的扩展,科学技术的进步,各种社会矛盾的进一步尖锐化、复杂化,使利益集团在西方大量涌现。以美国为例,根据美国《协会全书》的统计,1980年全国性非营利组织14726个,到1989年却增至4万多个。调查表明,60%的美国人属于一个或数个集团,并且其中有50%的人是活动的积极分子。由此可见,当代西方资本主义国家中利益集团的数量之多。而且,利益集团的产生、发展还充分表明,利益集团的发展状况与政府职能紧密相联,"从历史的角度看,政府的政策最先涉足的领域也是压力集团出现得最早的领域;从现实状况看,政府干涉得越多的地方,也是压力集团活动越活跃的地方。压力集团的产生和发展,都与政府职能扩大有关,越是国家权力涉及的地方,就越有可能出现压力集团"①。

同时,根据利益集团的组织目标指向与受益的对象,学者们将资本主义国家的利益集团分为两大类,即特殊利益集团与公共利益集团②,或者将其分为保护特定局部利益的集团和致力于推动一项事业的集团③。特殊利益集团追求其成员自身的特殊要求,一般以经济利益关系为基础建立起来,是形成最早、存在最广泛的一类集团。资本主义国家存在的特殊利益集团一般有:工商界利益集团、金融界利益集团、农民界利益集团以及劳工组织。此外,还有基于不同种族、民族、性别、年龄、宗教等的特殊利益集团。公共利益集团的目标范围非常广泛,凡是

① 龚祥瑞:《比较宪法与行政法》,法律出版社1985年版,第310页。

② 参见《中国大百科全书·政治学》,中国大百科全书出版社1992年版,第205页。

③ 参见〔英〕戴维·米勒、韦农·波格丹诺编:《布莱克维尔政治学百科全书》,中国问题研究所、南亚发展研究中心、中国农村发展信托投资公司组织翻译,中国政法大学出版社1992年版,第362页。

对社会具有普遍意义的公共利益问题,都可能成为公共利益集团的组织目标。资本主义国家普遍存在的公共利益集团,一般有环境保护组织、消费者协会、推动核裁军的和平组织等。

在资本主义国家民主政治发展过程中,上述利益集团的存在、发展,以及对国家政治生活的影响,在不同的历史发展阶段是不同的。如果说利益集团是伴随着政府职能的扩大而发展壮大的话,那么利益集团的政治影响,则是随着利益集团的发展而不断增强的。具体说来,即在自由资本主义阶段,利益集团不仅自身发展有限,而且其政治作用也很小,但到了垄断资本主义阶段以后,利益集团则不仅自身发展迅速,而且其政治作用和影响也非常强大。英国学者维尔甚至将其称之为是垄断资本主义时期,资本主义国家中决定国家政策的三大力量之一。他在描述当代美国政治决策的情况时指出:“做出各项政治决定……我们可以区分三个互相交错的主要方面即政府本身的体制机构,政党制度和有利害关系的集团,这三者产生对各种问题的最终解决办法。”“就制定政策而言,处于国会与总统制之外的政党机构力量较弱,这就造成了一个真空,需要由利益集团的复杂结构来填补。”①因此,在当代资本主义国家政治中,利益集团起着非常重要的作用,而且无所不在,无孔不入。同时笔者认为,在正确认识资本主义国家利益集团过程中,还必须弄清以下几个问题:

第一,尽管从表面上看,任何基于共同利益的个人都可以形成利益集团,但不同利益集团在资本主义国家政治中的作用和影响却不相同,因此各种利益的实现程度也就很不平等。美国学者基思·格雷厄姆指出,“讨论利益问题,必须考虑到平等问题。不考虑到平等,利益讨论就毫无意义。如果政治权力的平等分配确实能够保证最大限度地实现

---

① 〔英〕维尔:《美国政治》,王合等译,商务印书馆 1988 年版,第 107 页。

每个人的利益,那么这可以说是坚持权力平等分配的一条理由。但是权力的平等分配是不可能的。在代表民主体制中,即使每个人的利益都得到了平等的考虑,但个人利益能得到最大限度满足的或许只是那些拥有政治权力、能够命令代表们按照他们的意志来行动的人”。① 因此,艾伦·考森以利益集团与政府间的关系为标准,将资本主义国家的利益集团,分为“圈内”集团与“圈外”集团②。“圈内”集团可以定期与政府磋商,并对政策的制定和实施发挥积极作用;“圈外”集团则通常被政府视为非法,它们为在政治事务中获得立足之地而奋争。因此,当今资本主义国家的利益集团,已不再是将广泛的不同意见吸引到民主进程之中的机制,那些享有特权的利益集团,正在行使着相对远离民主监督的准公共权力。

第二,尽管一些资产阶级学者宣称,各利益集团参与国家政治,标志着资本主义国家管理的充分民主,但在资本主义国家中,各种利益集团的活动,只能限于资产阶级统治所能允许的范围之内。一方面,由于资本主义国家的政治是金钱政治,因而在国家政治生活中,能真正发挥重要影响的只能是拥有雄厚经济实力的资本家。另一方面,虽然在一定历史时期,资本主义国家也允许一些劳工集团存在,并参与一定的政治生活,但这只是资产阶级为了缓和阶级矛盾、冲突,化解劳资之间紧张关系的一种手段。一旦这些利益集团的活动危及资产阶级的根本利益,资产阶级政府就会采取强硬的镇压措施,以巩固资产阶级的国家政权。因此,建立在资本主义国家多元利益集团基础之上的所谓多元民主制,实质上仍然是资产阶级一个阶级的民主制,利益集团的存在和活

---

① 黄文扬主编:《国内外民主理论要览》,中国人民大学出版社 1990 年版,第 381 页。

② 〔英〕戴维·米勒、韦农·波格丹诺编:《布莱克维尔政治学百科全书》,中国问题研究所、南亚发展研究中心、中国农村发展信托投资公司组织翻译,中国政法大学出版社 1992 年版,第 362 页。

动，并不会改变资产阶级专政的政权本质。

第三，从工人阶级的角度来说，允许利益集团参与国家政治也并非毫无好处。“以往资产阶级为了压制无产阶级意志的表达，在代议制的选区问题上大做文章，使工人阶级没有讲话的机会，而压力集团则绕过了这种阻碍，工人阶级同样可以并且已经组成了自己的压力集团。”①尽管在政治实践中，许多劳工集团被上层分子甚至工头把持，因而使其不能充分表达劳动者阶级的意见和要求，但随着劳动者阶级觉悟的提高，这种状况一定会改变。而且劳动者阶级通过这一方式，不仅可以更有效地为争取民主和自由而斗争，而且还可以在组织利益集团过程中，加强劳动者阶级的团结。更何况随着劳动者阶级利益集团的发展，资本主义国家还不得不制定一些反映劳动者阶级利益和要求的政策。当然毫无疑问，劳动者阶级夺取国家政权，消灭人剥削人的制度等根本要求，只有通过无产阶级革命才能实现。

二、资本主义议会制：各利益集团参与国家政治的基本途径

在通常情况下，当一个集团确定了自己的特殊利益后，最重要的问题即在于如何将自己的特殊利益要求传达到决策中心去，从而给公共政策的制定施加压力，以增进和实现其本身的利益。由于代议机关既是民意机关，又是国家立法机关，因而长期以来，资本主义国家的利益集团一直把议会当做施加压力的主要对象，而以议会为核心的资本主义议会制，也就成了各利益集团追求和实现其特殊利益的基本途径。

事实上，在利益集团存在和发展的缘由问题上，不仅包括资本主义

---

① 龚祥瑞：《比较宪法与行政法》，法律出版社 1985 年版，第 318 页。

从自由发展到垄断,以及资本主义国家政府职能的日渐扩大等原因,而且还包括一个非常重要的方面,即资本主义议会制的日趋衰落。尽管在议会制度产生初期,议会制度曾充当过公民与政府互相沟通的渠道,因而是传达“民意”的一种有效手段,但随着现代生活的复杂化、专门化,议会已不能很好地代表社会各方面的利益。这种状况自第二次世界大战以来,随着政府职能范围在经济和社会事务方面的扩大,已越来越明显。这必然会引起首先是资本家阶级和工人阶级,而后是其他各阶级的不满。于是,利益集团作为一种信息渠道也就应运而生。从此以后,这种非正式的政治实体,就开始在民意代表过程中,扮演着极为重要的角色,甚至可以说成了代表民意的基本形式。如果说以往政党是民主制度的主要扮演者,那么现在的利益集团,则正在发挥着与政党同样重要的作用,并将不可避免地发挥更加重大的作用。必须明确的是,我们说利益集团的存在和发展,在一定程度上缘于资本主义议会制度的不足,并不意味着利益集团将对其取而代之,而只是强调利益集团与议会制度存在极为密切的联系,在一定历史条件下,利益集团对议会制度具有促进和弥补作用。而且,由于在现代民主制国家中,议会制度仍然是实现民主的基本形式,议会作为国家立法机关仍然是国家主要的决策中心,因此,利益集团的政治影响作用,在很大程度上还必须依赖于议会制度。那么,资本主义国家各利益集团是怎样通过议会制度影响国家政治的呢?具体说来主要有以下几方面:

(一)在议员选举活动中,积极争取自己利益的代表者入选

议员是议会的主体,因而控制或者影响议会,主要也就是控制或者影响议员。因此,议员选举是利益集团控制或者影响议会的首要阶段。一般说来,利益集团对议员选举活动的影响主要有三:

第一,影响政党的竞选政纲。政党的竞选政纲是政党执政后奉行

的基本政策方向，也是获取选民支持、争取选举胜利的重要手段。利益集团往往通过提供或者撤销给某政党以支持等手段，对政党的政纲施加影响。如不动产协会可能使用压力让政纲里列入有利于建筑私人住宅的条文；农会联盟可能要求准许他们在国家的农业计划中发表意见，某些种族团体可能要求在政纲里采纳一种反映他们对中东问题意愿的外交政策等。

第二，直接提名候选人。如果说在美国，利益集团主要依靠“院外活动”来施加影响的话，那么在英国、德国、意大利等，则是直接派遣利益集团的代表进入议会。例如在英国，1979 年当选的 269 名工党议员中，有 133 名是工会提名的候选人①。在德国联邦议会中，利益集团的代表约有 1/3，他们或者是由利益集团直接派遣，或者因职务之便同利益集团保持密切来往②。在意大利，“天主教行动”联盟在议会中“直接代表”人数最多、势力最大。其他社会团体中，也有不少领导人通过竞选角逐跻身议会③。

第三，鼓动集团成员投票，提供选举经费。在选举期间，拥有大量成员的利益集团的发言人或者代表人物，会积极参加竞选活动，组织民众大会、发表演说，在报纸、电台和电视上为他们所拥护的候选人进行宣传，特别是为候选人募集捐款，提供选举经费。它们通过对候选人的提名表示支持、提供政治捐款、协助做好选民登记、动员选民参加投票等活动，可以在竞选活动中给一个友好的竞选人以很大帮助。一个组织得比较好，而且在一些地区的会员力量又比较强的利益集团，可以为一个候选人提供重要的选票基地。如美国在 20 世纪 60 年代末 70 年

---

① 参见曹沛霖等：《比较政府体制》，复旦大学出版社 1993 年版，第 97 页。
② 同上书，第 340 页。
③ 同上。

代初，出现了由一些企业、行业协会或政治观念相近的人建立的政治行动委员会（有的叫政治委员会或政治教育委员会）①。它们在选举中，从财政上、道义上支持符合自己利益的候选人。它们实际上是不同利益集团影响民主党和共和党竞选的工具。1974 年《联邦竞选法》规定，政治行动委员会可以向候选人提供不超过 5000 美元的捐款，而一个候选人从多少个政治行动委员会接受捐款则不受限制。此后，政治行动委员会作为合法的捐款组织，在美国的影响日益增大，数量也日益增多，80 年代中期，大约有 3000 多个这类团体。在法国，各大利益集团一般拥有自己的报纸或宣传机器，在投票前，利益集团把候选人的各种主张印发给自己的成员，动员他们支持那些允诺作为本集团利益代言人的候选人，抵制反对自己利益的候选人。70 年代形成的保卫独立工人全国联盟委员会，其会员就有 20 万人。这是一个反对大企业、超级市场，保护以家庭工业为主的小企业的利益的利益集团。它在全国性议会选举中，没有多大影响，但是在 1977 年 3 月的地方选举中，他们对当时的商业部长和一位财政部长进行抵制，结果使两人都失去了原来兼任的市长职务。此外，进入垄断时期，特别是第二次世界大战以后，在利益集团的影响下，竞选方式也发生重大变化。新的竞选方式往往是依靠雇佣的竞选经理人、公共关系公司、政治分析专家、专业募金人员等，组织竞选班子。这个班子在很大程度上与政党没有关系。这种竞选方式发生变化的关键在于：利益集团为候选人提供大笔资金，使候选人能够抛开政党的正式竞选组织，另组自己的竞选班子。事实上，利益集团在选举中施加影响的手段，主要就是提供作为竞选前提和后盾的大量资金。从下表可以看出，竞选费用水平越高，其经费来源于巨额

---

① 参见李寿祺：《利益集团与美国政治》，中国社会科学出版社 1988 年版，第 98 页。

捐助者和利益集团的部分的比例也越高。

1972 年美国众议院选举经费来源分析①

竞选费用水平	来自小额捐款者和政党委员会的经费的份额	来自巨额捐款者和势力集团的份额
0—3 万美元	57.9%	27.1%
3—7 万美元	50.6%	34.6%
7—12 万美元	46.7%	36.5%
12 万美元以上	39.1%	40.4%

（二）对议会的活动施加压力和影响

选举自己的代表或者代言人并不是各利益集团的最终目的，控制或者影响议会的立法和任免等活动，竭力促使议会通过符合其利益的议案，阻挠和反对不符合其利益的议案，才是其真正目的。因此，议会不仅是政党的传统活动场所，而且也成了利益集团进行活动最活跃的场所。但与政党对议会的影响主要是通过议会内有组织的活动不同，利益集团对议会的工作，主要是在议会外进行的，其方法主要是通过院外活动集团来施加影响。所谓"院外活动集团"主要包括两部分：一部分指一些专门从事"游说议员活动"的政治掮客。他们被各种利益集团雇佣，通过各种手段收买和影响议员，造成对利益集团有利的立法。另一部分则是利益集团本身或者他们设立的专门办事处。在各国政治实践中，院外活动集团对议会的作用和影响很大。一位研究院外活动的美国学者卡尔·施里夫特盖曾经指出："院外活动是与立法同时产生的，压力集团是与政治同时产生的。"②英国学者维尔也指出，"今天

---

① 〔美〕戈斯内尔、斯莫尔卡：《美国政党和选举》，复旦大学国际政治系译，上海译文出版社 1980 年版，第 272 页。

② Karl Schriftgeisser, *The Lobbyists*, Little, Brown, Boston, 1951, p. 3.

美国法令全书中的很多重要法规来源于利益集团的办事处”。① 詹宁斯在《英国议会》一书中也就此做过精彩论述②。

同时，纵观各国政治实践，利益集团对议会进行的工作，一般说来主要有三：一是设法在议会中争取几个或者更多的议员能够为自己说话、出力；二是积极参与拟订有关法令，协同友好的议员，力争法令的内容能够符合自己的要求；三是在议会制定法令过程中，尽量做好争取人的工作，以期在投票表决时能够得到多数的支持，通过自己所要的法令，反对自己不要的法令。其具体做法主要有以下几种：

第一，给议员提供各种材料和情报。关税、农产品价格、金融、社会保险、工资工时，诸如此类的立法，都需要专门知识和背景材料，院外活动人员则往往能拿出一定的材料供议员参考。在美国，这种材料和情报都应该有一定根据而言之成理，因而能够站得住脚，否则就会引起议员不满，从而损害自己的信誉。特别是在两院的小组委员会、委员会或者全院会议审议法案过程中，有关利益集团及其院外活动人员，要及时给那些同自己合作的议员提供各种为辩论用的论据③。在意大利，由于议会缺乏完备而系统的情报系统，严重依赖外来机构提供资料，因而利益集团经常借助自己的代表，源源不断地向议会提供片面的信息，在社会舆论和立法依据方面抢占优势④。

第二，积极争取在议会的委员会和小组委员会中发挥作用。在美国，各利益集团一般都争取在这些委员会举行的有关听证会上作证，而且它们一般都精心准备这种听证会上的证词，从而给听证会成员提供

---

① 〔英〕维尔：《美国政治》，王合等译，商务印书馆 1988 年版，第 122 页。

② 参阅〔英〕埃费尔·詹宁斯：《英国议会》，蓬勃译，商务印书馆 1959 年版，第七章“谁在立法？”，第 205—221 页。

③ 参见蒋劲松：《美国国会史》，海南出版社 1992 年版，第 418—419 页。

④ 参见曹沛霖等：《比较政府体制》，复旦大学出版社 1993 年版，第 433 页。

各种有说服力的材料。在意大利,各利益集团则利用常设委员会有权审批和制定法律,由自己的代表在尽可能的范围内,制定和通过有利于特定利益集团的立法。同时,各利益集团还力争由自己的代表作为常设委员会向全院报告的代表。报告者在向议会汇报立法过程前,就已经准备和搜集各种具有偏袒性的论据,为本利益集团竭力争辩。他甚至可以篡改事实,挑选对自己最有用的资料,提供大会参考。报告者还能以手续问题或收取材料为借口,加速或拖延讨论法案。为了反对一项立法,报告者的所作所为,少则能使立法推迟,多则能使立法归于失败。

第三,建立立法联盟。在美国,有些力量强的利益集团,往往要同支持自己的议员合作,在某一法案的审议过程中,制定共同的议会斗争战略和策略,建立临时的立法联盟。利益集团不仅给议员出主意,而且还帮助议员起草法案。这种立法联盟是没有组织形式的,而且常常有政府行政部门中持相同立场的官员参加,成为一种临时的"行政中心"。

第四,广泛使用基层院外活动的做法。为了加强对议员的影响和压力,许多利益集团还发动本集团的成员或议员所在地区的选民,用访问、信电等方式,对议员提出要求。有时利益集团还利用广播、电视和报刊广告等进行宣传,以争取社会舆论。

第五,搞好社交活动。社交活动是利益集团同议员搞好关系的一种重要手段,而且许多游说活动,都是在社交形式下进行的。如果其利益集团同议员没有交情,那么它的游说也就不容易深入进行。因此,利益集团及其院外活动人员经常根据议员的爱好,安排不同方式的社交活动。

当然在政治实践中,利益集团对议员的作用和影响,除了上述正面笼络、争取以外,对于那些在议会投票中一再违背其要求的议员,利益集团则对其进行报复,从而迫使议员们为本利益集团服务。总之,在资本主义国家的议会政治中,利益集团不只是弥补政党政治的不足,而且事实上正在日益发挥着与政党同样重要的作用。这种状况甚至还引起不少人的忧虑。如美国参议员爱德华·肯尼迪,即曾在1977年就利益集团对国会的影响发表过评论。他担心国会不能按照国家的利益进行立法,并且指出,他在参议院工作的16年中,看到了国会山上的代议政治,已经发展到一种最坏的状态。他认为,问题的中心就是参议院和众议院,都已经淹没在特殊利益的竞选捐款和院外活动的汪洋大海之中①。

第三节 社会主义人民代表制与利益集团

尽管我们明确提出,利益集团是民主机制中的重要组成部分,但利益集团在各国民主政治建设中地位和作用的具体表现则并不相同。如果说资本主义国家利益集团的存在和兴起,推动了资本主义民主制的发展,那么在社会主义民主政治的理论和实践中,对利益集团的认识和重视,则还有待深化和提高。

一、社会主义国家利益结构的特点

我们在前面的阐述中已经多次涉及社会主义国家的利益问题,但并没有从利益结构角度对此进行过分析。由于利益结构不仅关系到各利益集团彼此间的相互关系,以及其政治地位和作用,而且关系到国家的政治统治形式,因此,对社会主义国家利益结构的主要特点进行阐

---

① Ronald J. Hrebenar, Ruth K. Scott, *Interest Group Politics in America*, Prentice-Hall, Inc. Englewood Cliffs, 1982, p. 130.

述,也就极有必要。笔者认为,虽然社会主义国家利益结构的特点很多,但主要有三:

第一,集体主义是其赖以存在的哲学基础。如前所述,资本主义国家的利益结构建立在个人主义基础之上,由于个人主义是一种以个人为中心对待社会或他人的思想和理论观点,因而它往往把个人与社会对立起来,一切从个人需要和个人幸福出发,反对统一的社会价值标准。而且,一旦个人主义发展到极端,就会为了个人利益而不择手段地损害社会利益和他人利益。这就决定了建立在其基础之上的利益结构中的不同利益和利益集团,必然矛盾重重,甚至严重对立。集体主义则指从无产阶级根本利益出发,处理个人与集体、个人与社会之间的关系,强调无产阶级的集体利益高于个人利益,要求个人利益服从集体利益,眼前利益服从长远利益,局部利益服从全局利益。由此可见,尽管社会主义国家也强调保护正当的个人利益,但在不同利益的相互关系上,则侧重集体利益。这就决定了社会主义国家利益结构中的不同利益和利益集团,虽然也存在差别和矛盾,但这些差异和矛盾并不是根本性的,它们完全可以统一于集体主义的旗帜下面。

第二,生产资料公有制是其赖以存在的经济基础。事实上,这是集体主义在所有制形式上的具体表现。如前所述,在不同的生产资料所有制形式下,不仅个人利益的性质、基础和范围等存在不同,而且社会利益等也有不同特点。具体说来,即在生产资料公有制形式下,不仅个人生产需要的满足,采取共同利益的形式,而且在个人生活需要的满足方面,也有很大部分采取共同利益的形式,同时还形成了真正统一的社会利益。因此,在社会主义国家的利益结构中,共同利益、社会利益居于主导地位。这样,各利益集团在实现利益过程中,也就能够彼此协调,共同促进。

第三,多元利益的有机统一是其存在的基本形态。任何社会都由具有一定社会利益的个人组成，个人必然要依赖于社会群体，个人利益的实现必然有赖于群体利益的实现，因此，个人必然根据共同利益而结成一定的社会利益集团。任何一个社会都是由处于不同社会地位的多个利益集团所组成。不同的利益集团相互依赖、相互制约、相互影响、相互渗透、相互对立，构成了一个多元社会利益体系。如果说资本主义的社会经济条件，决定了资本主义社会多元利益体系，是以工人阶级和资产阶级两大利益集团的利益对峙为基干，那么社会主义社会多元利益体系，则是在根本利益一元化条件下，多种利益集团并存的利益体系。也就是说，尽管社会主义利益结构中存在多元利益集团，但由于其根本利益相一致，因而决定了各种多元利益集团彼此间的有机统一。

二、社会主义人民代表制：各利益集团参政议政的核心环节

在社会主义国家的政治实践中，参政议政是各利益集团一项最基本的政治功能。由于利益集团不是国家政权机关的组成部分，因此在国家和社会管理过程中，要真正反映和贯彻各利益集团的意志和利益，只有通过参政议政才能实现。而且在笔者看来，利益集团参政议政的实质在于，制约和影响国家权力的运用和行使。由于社会主义国家的人民代表机关，是代表广大人民统一行使国家权力的机关，因此，我们说，以人民代表机关为主体的社会主义人民代表制，是各利益集团制约和影响国家权力的核心环节。具体说来表现在：

（一）选派代表参加人民代表机关是各利益集团参政议政的首要步骤

人民代表机关由人民代表组成，人民代表机关对国家权力的行使，也只有通过人民代表的活动才能实现。因此，选派代表是社会主义国家各阶级、阶层和集团行使当家做主权利的基本途径。根据社会主义

各国宪法和法律的规定,公民只要达到一定年龄,没有被依法剥夺政治权利,就有选举权与被选举权;同时各社会团体亦即利益集团,既可单独又可联合推荐代表候选人。这就为各利益集团选派代表参加人民代表机关提供了宪法和法律保障。而且,由于社会主义国家是绝大多数人当家做主的国家,因此,代表构成的广泛性,是社会主义国家政权性质的必然要求。这就为各利益集团选派代表参加人民代表机关提供了必要性。对此,A. A. 别祖格洛夫在总结苏联的情况时指出:“宪法和选举法都保障社会团体有权提出代表候选人,有权自由和切实地讨论所提出的候选人,有权选派自己的代表参加各级选举委员会的工作,保证选举的顺利进行。社会团体在苏维埃机关的成立中也占重要地位。此外,它们还有权听取苏维埃代表和公职人员的汇报。最后,代表召回法还规定社会团体有权提出把辜负选民信任的代表召回的问题。”①

(二) 直接参与或者影响人民代表机关的活动,是各利益集团参政议政的基本内容

应该说,尽力影响代议机关的活动是资本主义国家和社会主义国家利益集团参与国家政治的共同特征。道理很简单:既然法治国家的基本要求是依法治国,那么法律的制定机关必然十分关键。如果法律内容中能够反映利益集团的利益要求,那么其利益的实现和满足,自然也就不在话下。但是,与资本主义国家的利益集团不同,在社会主义国家的政治实践中,利益集团还直接参与人民代表机关的活动。

不过,实事求是地说,这种参与和影响的客观效果还比较有限,因此笔者认为,社会主义国家在此问题上还亟待努力。具体说来,在认识

① 〔苏〕A. A. 别祖格洛夫主编:《苏维埃建设学》,刘家辉等译,中国人民大学出版社1983年版,第185页。

上，不仅必须明确社会主义国家以前的所谓社会团体就是利益集团，而且必须明确，虽然这些利益集团的根本利益相一致，但它们同样也有自己的特殊利益。在实践中，则必须从法律上、制度上，更进一步明确利益集团在人民代表制中的地位和作用，包括利益集团有权提出代表候选人，在代表组成中，各利益集团应占有一定比例，利益集团可以群众集合体的形式，监督代表及代表机关的活动，利益集团应该自觉遵守、执行代表机关制定的法律、法令和做出的决议、决定等。

第八章　资本主义议会制的比较

毋庸置疑,研究代议制度绝不可脱离代议制度本身。与任何其他事物一样,代议制度的生存和发展,同样面临内因和外因两大方面。尽管外因对内因具有重要的影响,但内因是事物存在和发展的根据则绝不会动摇。如果说我们通过阐述代议制度的基本理论和代议制度建立、运行过程中的相关问题,从而对代议制度的抽象理论和外部系统有了较深了解的话,那么对代议制度本身我们则还未进行系统、全面的分析。因此从本章开始,我们即对代议制度的结构、功能,特别是它在不同国家的不同表现进行一些论述。由于资本主义议会制与社会主义人民代表制两者间存在诸多差异,因而在研究中,我们分别对其进行阐述,并通过比较分析,以寻求异同和导致异同的原因。

第一节　资本主义议会制的模式分析

在中外理论界,不少人视"议会制"为区别于总统制的国家政权体制,并以英国为其典型。但正如本书反复强调的那样,本书所谓"资本主义议会制"即资本主义代议制,它是对代议制在资本主义国家政权体制中各种表现的抽象概括。因此,无论在概念内涵还是外延等诸方面,它们均有不同。同时,在第二章中笔者曾经指出,从资本主义议会制的产生过程,我们可以看出,虽然各资本主义国家议会制的阶级本质一致,但由于各自阶级力量对比、历史文化传统、民族心理等方面存在差异，因而必然会形成各具特点的不同形式。而且，正如挪威诺贝尔学会会长盖尔·伦德斯塔德撰文指出，世界正在变大，1945 年联合国仅有 51 个成员国，现在已有 184 个①，而且还在增加。尽管这 184 个国家中有些是社会主义国家，还有些国家并未实行民主制，但绝大多数国家都建立了资本主义代议制。这样，资本主义议会制在各资本主义国家中的表现更加异彩纷呈。因此，在研究资本主义议会制过程中，要对各国议会制的制度结构、运行机制进行一一阐述，困难实在太大，只有从大的基本特征角度，形成"类"的概念，然后进行具有典型意义的类型间的分析比较，才能简便易行。这就要求我们首先必须进行模式分析。

一、模式与模式分类

尽管在科学研究中，模式的建立和对模式的内涵、外延、变异的分析与掌握，是进行类型比较的前提条件，但对于什么是"模式"，在《大英百科全书》、《中国大百科全书》、《辞海》等权威工具书中，并没有设置相应的条目，因此查有梁先生从模式论的角度，对什么是模式，给出了一个百科全书式的定性叙述："模式是一种重要的科学操作与科学思维的方法，它是为解决特定的问题，在一定的抽象、简化、假设条件下，再现原型客体的某种本质特征；它是作为中介，从而更好地认识和改造原型客体，构建新型客体的一种科学方法。从实践出发，经概括、归纳、综合，可以提出各种模式。模式一经被证实，即有可能形成理论；也可以从理论出发，经类比、演绎、分析，提出各种模式，从而促进实践发展。模式是客观实物的相似模拟（实物模式），是真实世界的抽象描写（数学模式），是思想观念的形象显示（图像模式）。"②应该说，虽然

① 这是 20 世纪 90 年代中期统计的数据。

② 查有梁："什么是模式论"，载《社会科学研究》1994 年第 2 期。

这一“模式”定义，表述得似嫌繁复，但它的确概括得非常全面、完整。而且在进一步的阐述中，查先生还就“模式”的意义进行了分析。概言之主要有三：第一，模式是作为认识过程的中介的科学方式；第二，模式是作为一种解决问题的思维方法；第三，模式是沟通实践与理论之间的桥梁。不过，在笔者的研究中，之所以要运用模式方法，其目的在于：通过建立和运用模式，将复杂的政治法律现象系统化和规律化。

事实上，马克思主义经典作家们就非常重视通过建立各种模式，对各种社会现象进行类比研究。马克思在《前资本主义形态》一文中，就建立了各种前资本主义的社会形态模式；恩格斯在《家庭、私有制和国家的起源》一书中，也吸收了摩尔根的模式，把古代社会分为蒙昧、野蛮和文明三个时代；后来，斯大林在《论辩证唯物主义和历史唯物主义》一文中，将社会形态概括为原始公社制、奴隶制、封建制、资本主义制和社会主义制五种模式，等等。在宪法学、政治学领域中，所谓君主制、共和制、二元君主制、议会君主制、议会共和制、总统制和委员会制等，同样是模式方法运用的结果。因此，正如我们前面已经指出的那样，模式的建立和运用是比较研究的前提条件。

那么，到底应该怎样建立和运用模式？不同的模式又是如何分类形成的呢？对此，笔者认为，我们可以从以下方面进行阐述。第一，建立模式最根本的问题在于明确模式的内涵和外延。模式的内涵反映了模式的主要特征，它是建立和确定模式的基础和条件。比如总统制模式的内涵我们即可概括为三：一是它表示以总统为首的行政机关独立于立法机关之外；二是作为国家元首的总统同时兼任实际行政首脑；三是总统制根据立法、行政、司法三权分立的原则建立起来，这三种权力之间存在着相互制约和平衡的关系。这样，通过明确总统制模式的内涵、特征，也就建立起了总统制的模式。而所有符合总统制模式内涵特征的国家政权体制，也就是总统制模式的外延。但必须明确的是，模式的内涵并不是不可改变的。一般说来,在模式的基本涵义不变的情况下,模式的内涵可以根据各种具体历史条件做各种各样的补充,以使之丰富和发展。

第二,不同模式的分类,渊源于决定模式内涵间存在区别的一定标准。换言之,只有在一定标准下,才能形成不同类型的模式。而且,分类的标准不一样,分类的结果也就不相同。这就是说,在同一次分类中必须坚持同一分类标准。对此,尼尔·J.斯梅尔塞关于卡莱伯格批评阿尔蒙德对政治制度所做分类的介绍,值得我们参考。阿尔蒙德将政治制度分为以下类型:(1)英美型,包括某些英联邦国家;(2)大陆欧洲型,包括斯堪的纳维亚和低地国家;(3)前工业或部分工业型;(4)极权型。卡莱伯格认为,这些类型之间的比较是不可能的,因为"(阿尔蒙德)的分类并没有……共同标准";此外,按照一致性程度对这些制度进行比较也不可能,因为阿尔蒙德并没有"说明可能在(所有)这些国家中找到一个标准,以便由此而规定这种一致性"。在提出这种批评之后,卡莱伯格继续做了一个总的评论:"比较政治学的研究者必须牢记的第一个要求,在于必须细心地把分类与比较区别开……第二个要求是必须有恰当定义的比较概念。真正的比较概念……只有在完成分类之后才可能指出。分类是一个'二者择其一'的问题;比较是一个'或多或少'的问题。被比较的两种对象,必须已经表明它们属于同一类别……"①由此可见,确立同一的分类标准,是进行模式分类的首要环节。同时,在一定意义上,我们完全可以说,分类标准不仅是不同模式之所以存在的依据,而且也是不同模式彼此间能够进行比较的中介、桥梁。

---

① 参见〔美〕尼尔·J.斯梅尔塞:《社会科学的比较方法》,王宏周、张平平译,社会科学文献出版社1992年版,第185—186页。

第三，在模式运用过程中，还必须注意并解决好以下两大问题：一是不能把模式当目的，为模式而模式。换言之，模式的建立和运用，目的在于为宪法学、政治学研究服务，而不是相反。如果把建立模式当作研究的目的，必然会造成研究工作的僵化状态。二是必须将"分类标准"与"比较标准"区别开来。尽管在通常情况下，世间的一切事物之间，都具有同一性和差异性，因此在原则上它们之间都可以比较，但两个或者几个事物之间，又必须找到一定的角度和联系，找到第三者作中介，才能进行具体的比较。这里所谓的"角度"、"联系"或"中介"，亦即所谓"比较标准"，它实际上是两个或两个以上比较对象之间的联结点。研究者如果找不到这样的联结点，比较就进行不下去。如果这样的联结点确定得不妥当，研究的效果便会受到严重影响。但联结点不能主观臆造，而必须从客观社会政治现象中抽象出来。也就是说，比较标准是一种客观存在，研究者的能力就是善于去发现它、抓住它。可见"分类标准"与"比较标准"的确不同。如果说"分类标准"是建立模式过程中，进行模式分类的重要因素的话，那么"比较标准"则是在不同模式建立起来后，进行比较研究时确立的中介和桥梁。因此，它们分属于比较研究过程中的两个不同阶段。

二、资本主义议会制的不同模式

我们在前面曾经说过，在历史和现实的政治实践中，资本主义议会制在不同的国家有着不同的表现形式。同时，由于资本主义国家数量多，不同国家间的情况和各种具体历史条件又存在千差万别，因此，要研究资本主义议会制，特别是要对资本主义议会制进行比较，势必面临异常复杂的困难。而建立模式，通过模式分类进行分析比较，则是走出这一困境的有效途径。正因如此，所以中外理论界不少学者就此进行过不懈努力，他们基于各自不同的分类标准，把资本主义议会制分为诸多不同的模式。如从立法机关与行政机关的相互关系着眼，把资本主义议会制分为二元君主制、议会君主制、议会共和制、总统制和委员会制①；以议会的构成方式为标准，把资本主义议会制分为一院制、两院制和多院制②；以议会的实际作用为标准，把资本主义议会制分为"象征性"议会制和强议会制③；以议会立法的独立性程度为标准，把资本主义议会制分为社会利益反映式议会制和自主立法式议会制。还有人将代议制政府分为"虚君"共和制、总统共和制和议会共和制三大类型④，等等。

应该肯定，上述各种分类都是学者们从不同角度，基于不同标准进行研究的结果。从这一点来说，它们均有其存在的合理性，因而无可厚非。但笔者认为，如果我们站在本书的立场进行考察则会发现，这些分类中的任何一种，都不完全适合本书的研究目的。因此在比较研究之前，还须另外确立标准，进行分类。如前所述，代议制度是国家的政权组织制度，是国家机构建立的依据和运行的基础。因此我们在对资本主义议会制进行模式分类过程中，必须从这一角度，站在这样的立场上，确立分类标准。由于议会是议会制的核心和主要的物化形式，因此，本书确立的对资本主义议会制进行模式分类的标准在于：议会在国家权力体系中与其他国家机关，特别是行政机关所形成的关系，以及在

---

① 这一分类为大多数中国学者所主张，本书在第五章阐述资本主义议会制对国家机构的影响时也曾基于这一角度。但这种分类有个很大的缺陷，即将政体、政权组织形式、行政机关体制和本书称之为政权组织制度的代议制的分类相混淆。因为这种分类都曾被纳入过上述几个本来存有区别的范畴，因而并不仅仅是对议会制的分类。

② 可参见李林：《立法机关比较研究》，人民日报出版社 1991 年版，第三章。

③ 〔英〕戴维·比瑟姆：《马克斯·韦伯与现代政治理论》，徐鸿宾、徐京辉、康立伟译，浙江人民出版社 1989 年版，第 97—106 页。

④ 曹沛霖等：《比较政府体制》，复旦大学出版社 1993 年版，第 3 页。

这种关系中所处的地位。实际上,这一分类标准融合了上述分类中涉及的好几个方面。如果我们以此为标准进行模式分类,那么资本主义议会制可以分为王在议会制、纯粹议会制、议会总统平行制、半议会制四大主要模式。

(一)"王在议会制"

所谓"王在议会制",佐滕功教授称之为"包括国王的议会","就是说它是国王、上院、下院三者意志的综合体"①。英国是王在议会制的典型,亦就是说"英国议会是由英王、上院和下院三部分组成的"②。佐滕功认为,英国政治机构独特性的核心就在于,"国王的权能及其与议会的结合"③。尽管不成文特点使英国宪法的内容和条文规定甚为繁复,但正如戴雪所指出的那样,英宪精义却异常清楚,这就是"议会主权"和"法治"。一般说来,"议会主权"是指议会可以根据自己的判断,就任何自己认为适合立法的问题制定法律,在宪法下,没有任何其他权力能同议会相制衡、否决议会的立法,议会的立法权是无限的。"法治"则指一切国家机关的权力均须来自法律,并受立法和司法的限制。由于"议会主权"和"法治"是近代民主制的基本内容,因此要使它们与君主制不发生任何矛盾,就必须从理论上和国家权力结构上,将它们协调起来。而英国通过运用"含糊不清的"主权理论④,使这一问题得到解决。在英国的宪法理论中,除了"议会主权"以外,还有"政治主权"、"法律主权"、"名义主权"之分。英国宪法认为,"英王是一切权力的源

① 〔日〕佐滕功:《比较政治制度》,刘庆林、张光博译,法律出版社 1984 年版,第 112 页。

② 《英国政府机构》编写组:《英国政府机构》,上海人民出版社 1973 年版,第 15 页。

③ 〔日〕佐滕功:《比较政治制度》,刘庆林、张光博译,法律出版社 1984 年版,第 115 页。

④ 同上书,第 112 页。

泉”,这显然与“人民主权”原则相矛盾。因此,为了调和“国王主权”与“人民主权”间的关系,洛克提出了“委托”的理论。也就是说,君主的地位来自国民的委托。“那么到哪里去发现国民委托的意志呢?那就是议会,于是议会主权思想便产生出来了”①,而君主拥有的只是“名义上的主权”,换言之,即君主实际上寓于议会之中。同时,为了调和“议会主权”和“人民主权”的矛盾,则用“法律主权”和“政治主权”相区分。“法律主权”是指立法权力不受任何法律限制,英国宪法中的“法律主权”,显然是指由国王、上院、下院三位一体共同组成的“议会主权”。而且,由于议会由选民选出,必须服从选民的意愿。因此,选民握有至高无上的权力,这即是所谓“政治主权”。由此可见,在英国,正是通过上述理论,特别是通过建立“王在议会制”,从而达到了“调和议会主权和国王关系的目的”②。“王在议会制”在权力结构上的另一基本特征则在于,要求政府与议会保持相互协调的关系,即政府的组成,必须和议会多数人的意志取得某种协调,一旦政府得不到议会的信任,就须发生政府的更迭或议会的改选。在英国,随着内阁制度和政党制度的发展,这种协调关系主要表现为,由下院中的多数党组阁,产生政府,内阁不对君主负责,而对下院负责,丧失下院信任的内阁,必须总辞职或解散下院,但不得两次解散议会。从世界范围内的历史和现实看,由英国最早确立的“王在议会制”,后来逐渐传播到欧洲大陆。到19世纪末期,西班牙、葡萄牙、荷兰、比利时、瑞典、挪威等国也先后采用此制。第二次世界大战后,“王在议会制”盛行于世界上的许多国家,除欧洲的英国、荷兰、比利时、卢森堡、瑞典、挪威、丹麦、西班牙等国家外,

---

① 〔日〕佐滕功:《比较政治制度》,刘庆林、张光博译,法律出版社1984年版,第113页。

② 同上。

北美的加拿大、太平洋的澳大利亚、新西兰以及位于亚洲的日本、泰国、马来西亚等都实行这一体制①。

（二）“纯粹议会制”

所谓“纯粹议会制”，有学者亦称之为“议会共和制”，它实际上是英国式的“王在议会制”在共和制国家中的应用，其基本特征主要表现为两大方面：第一，国家元首是由选举产生并规定有任期的总统，总统一般不掌握实际权力，其地位与“王在议会制”中的君主相同。可以说，“纯粹议会制”与“王在议会制”的基本区别，即在于国家元首的不同，前者为总统，后者为君主。尽管总统与君主的地位相同，但它们之间的区别也很明显：一是君主对自己的行为不仅不负政治责任，而且不负法律责任。君主的行为触犯刑法时，议会既不能弹劾，法院也不能审判。总统虽然享有不受普通法院管辖的特权，但许多国家的宪法都规定，总统在有叛国或违宪等行为时，须受控告或弹劾，并由一定机关（如参议院、宪法法院、特别高等法院）审理。如联邦德国基本法规定，联邦议院或联邦参议院可以对联邦总统蓄意损害基本法或其他联邦法律的行为，向联邦宪法法院上诉。联邦宪法法院如果确认联邦总统蓄意损害基本法或联邦其他法律，可以宣布他的职权失效。二是君主的职位一般是终身的、世袭的，总统的职位除个别国家（如突尼斯、赤道几内亚、海地、马拉维、西萨摩亚）外，一般由选举产生并规定有任期。尽管总统选举产生的方式有多种，但大多数实行“纯粹议会制”的国家，总统均由议会或议员等选举产生。如法兰西第三、第四共和国，第一次世界大战后的波兰和捷克，现代的希腊共和国，总统均由议会选举

① 当然，在上述国家中，也有一些国家并未明确宣布君主是议会的一部分，如日本，由于其权力结构和权力关系与“王在议会制”大致相同，因此本书也把它们纳入“王在议会制”。

产生。希腊1975年宪法规定,总统必须由议会2/3的多数票选出。意大利共和国总统由参众两院议员和各省议会选出的3名代表联合选举产生。印度总统由议会两院议员及各邦立法院议员选出人员组成的“选举团”选举产生。联邦德国基本法规定,联邦议院的全体议员和同等人数的、由各州根据人口比例选举产生的代表,组成联邦大会,总统由联邦大会选举产生等。

第二,与“王在议会制”相类似,“纯粹议会制”下的内阁,也必须和议会保持某种协调关系。当议会对内阁表示不信任时,或者内阁必须辞职,或者必须解散议会。在“纯粹议会制”下,对内阁表示不信任和解散议会的方式多种多样。在有的国家,只要议会对内阁中一名成员表示不信任,内阁就要集体辞职;在有的国家,议会只能对内阁总理个人表示不信任,而不能对一般内阁成员表示不信任,但内阁总理辞职,内阁其他成员也须随之辞职。在解散议会的方式上,有的只能解散下院而不能解散上院;有的在下院解散时上院也同时解散;有的需经下院表决,如2/3多数同意,则下院自行解散;有的则需得到上院4/5议员的同意,总统才有权解散下院。为了保持内阁和议会的相互协调关系,内阁一般也是由议会中占多数席位的政党和政党联盟组成。不过在政治实践中,实行多党制的国家,内阁和议会之间的协调关系,一般难以维持较长时间。

由上面的阐述可见,“纯粹议会制”与“王在议会制”在很多方面有相似之处。在历史上,法兰西第三共和国和第四共和国是最典型的“纯粹议会制”国家。正如有学者评价法国1946年宪法时指出,“给予国民议会更多的权力是1946年宪法的指导思想”①,因此,“1946年第

① 〔法〕雅克·夏普萨尔等:《1940年以来的法国政治生活》,全康康等译,上海译文出版社1981年版,第144页。

四共和国宪法规定的政府体制最明显的特征是，国民议会成为国家权力的中心，法国成为典型的多党议会制国家”①。根据该宪法的规定，议会由国民议会和参议院组成。国民议会由普选产生，它“单独享有议决法律案之权，该项权利不得委托代行”。国民议会还得于每届议会之始，通过选举组成最高法院。国家元首总统由议会选举。总统的任命权必须按照国民会议的决议行使，总统的赦免权必须经最高司法会议决议后行使，总统指派内阁总理必须经国民议会投票通过后才能行使，总统实际上只是权力装饰品。而且，内阁对国民议会负责，不对参议院负责，当国民议会做出不信任决议时，内阁须总辞职等。其他还有波兰、捷克等在历史上也曾实行过“纯粹议会制”。在现代，联邦德国、意大利、芬兰、奥地利、希腊、冰岛，以及印度、新加坡共和国等亚非国家，也都实行这一体制。在某种意义上，瑞士也可归入这类模式。

（三）“议会总统平行制”

所谓“议会总统平行制”，是指作为立法机关的议会与以总统为首的行政机关相互分离，彼此独立，不仅行政机关不由立法机关产生，而且它们之间还相互牵制，以达到相互平衡。美国是实行“议会总统平行制”最典型的国家，以后的德国魏玛共和国也是如此。其基本特征表现在：第一，议会和总统由选民或通过选举人团分别选举产生。在美国，议会（即国会）由众议院和参议院组成。尽管最初只有众议员由人民选举产生，但后来经过 1913 年的第 17 条宪法修正案，参议院议员也由选民直接选举产生。与实行“纯粹议会制”的国家不同，美国总统并不是由议会选举产生的。根据间接选举总统的宪法规定，由全体选民

---

① 曹沛霖等：《比较政府体制》，复旦大学出版社 1993 年版，第 179 页。

投票选出选举人团,再由选举人团选举产生总统。这种规定,“使总统选举摆脱了国会控制”,“使美国政治体制得以免于向议会制演变”①。第二,与产生方式相联系。既然议会、总统都由选民选举产生,所以在形式上它们都只对选民、对宪法负责,“总统(行政机关)与议会(立法机关)不是相互依存、相互沟通的关系,原则上两者的关系是被切断的”②。但由于“议会总统平行制”国家严格实行立法、行政、司法三权分立原则,因而在法律上,国会(议会)、总统(政府)、联邦法院,是三个权力平行而又互相制约的独立机构。具体地说就是立法、行政、司法三权不仅地位平等,而且它们之间还相互制约。在美国的宪政体制和宪政实践中,这一点得到了非常全面的体现。如在美国,行政机关的任免权就受到立法机关的某种限制,总统任命国务院重要官员、各部部长和驻外大使,需得到参议院的同意。立法机关的立法权则受到行政方面的否决权和司法方面司法审查权的限制。美国宪法规定,国会所通过的任何法案,都必须送交总统签署,签署后才能成为法律。如不同意,总统有权加以否认,但国会如以2/3多数再次通过法律草案,不经总统签署即可成为法律。如总统收到国会通过的法律草案后10天内,既不签署,又不否决,在国会仍在开会的情况下,就可以认为此法案经总统签署成为法律;如国会已经休会,这一法案就被认为失效。最高法院也有权审查联邦法律或州法律是否符合联邦宪法,被最高法院宣布为违宪的法律,法院就不能再予执行。司法机关的组织则是由立法机关以法律规定的。最高法院的法官则由总统提名,经参议院批准后任命。参议院有审讯各种弹劾案的权力,当总统受审时,最高法院首席法官担

---

① 李道揆:《美国政府和美国政治》,中国社会科学出版社1990年版,第391页。

② 〔日〕佐滕功:《比较政治制度》,刘庆林、张光博译,法律出版社1984年版,第203页。

任主席。由此可见,在美国,尽管从理论上说,立法、行政、司法三机关之间的职能互相分离,并不存在某一机关凌驾于其他机关之上的问题,但实际上它们之间时常因职权界限不明而发生争执和冲突,而且这三机关也并不完全平行。由此可见,“议会总统平行制”最核心的特点,还在于议会与总统之间并不相互依存,因而两者在法律地位上相互平行。在世界范围内,实行“议会总统平行制”的主要是拉丁美洲和非洲的一些国家。如拉丁美洲的墨西哥、萨尔瓦多、哥斯达黎加、巴西、哥伦比亚、委内瑞拉等国,非洲的尼日利亚、扎伊尔、塞内加尔、加蓬等国家。亚洲的印度尼西亚、斯里兰卡实行的体制,也与此大体相同。

(四)“半议会制”

所谓“半议会制”,亦称为“半议会制和半总统制”。“这种制度从表面上讲似乎是政府中总统模式和议会模式的结合”①,换言之,即这种体制既具有“纯粹议会制”的特征,也具有“议会总统平行制”的特征,因此与“纯粹议会制”相比较而言,笔者将其称为“半议会制”。法国第五共和国宪政体制亦即现行体制,就是这一体制的典型。其基本特征表现在:第一,“半议会制”具有诸多“纯粹议会制”的特征。如前所述,法国第四共和国是典型的“纯粹议会制”。在这一体制中,议会是国家权力的中心。但正如佐滕功教授指出,“如果第四共和国的政治机构是以国民议会为中心进行活动的话,那么,新的政治机构则是以总统为中心进行活动的”。② 尽管如此,第五共和国仍然保留有不少“纯粹议会制”的内容。如政府对议会负责,并接受议会监督,议会可以通过对政府的不信任案推翻政府。根据法国第五共和国宪法的规

---

① 〔英〕戴维·米勒、韦农·波格丹诺编:《布莱克维尔政治学百科全书》,中国问题研究所、南亚发展研究中心、中国农村发展信托投资公司组织翻译,中国政法大学出版社1992年版,第694页。

② 杨祖功等:《西方政治制度比较》,世界知识出版社1992年版,第292页。

定,“总理在内阁会议讨论后,应就政府的施政纲领或者必要时就一项总政策声明向国民议会承担政府责任”。“当国民议会通过一项弹劾案或当它否决政府的施政纲领或总政策声明时,总理必须向共和国总统提出政府辞职。”此外,实行行政双头制,总统不负政治责任,政府成员必须从议会多数派中挑选,议会拥有传统的三大职权等都是议会制的基本内容。但由于宪法的“目的是要努力反对第三共和国末期和第四共和国时期那样的滥用议会制度,同时也要反对由普选产生的国民议会的至高无上的权力”,这样,“议会只是在与政府的关系这一点上,才有自己的权力。议会本身没有任何权力”①。因此,虽然法国第五共和国体制具有一些议会制的特点,但它并不是“纯粹议会制”。

第二,“半议会制”包含有许多“议会总统平行制”的因素,因而在另一个角度又可称之为“半总统制”。如法国,总统由普选产生;虽然设有以总理为首的中央政府,但国家的最高行政权并不掌握在总理手中,而是掌握在总统手中;总统任免总理和组织政府,根据第五共和国宪法的规定,总理由总统任命,总统根据总理提出的政府辞职要求,解除总理职务,并根据总理的提议任免政府其他成员。总理名义上是政府首脑,实际上起着辅佐总统的作用。法国前总统蓬皮杜即曾说过,总理实际上是政府的“首席部长”。总统不仅是国家元首、实际上的行政首脑、三军统帅,而且还拥有一般总统制下总统所没有的解散议会下院(国民议会)的权力。因此,尽管宪法规定政府体制实行分权原则,亦即国民议会和参议院组成的议会是立法机关,总理领导的政府是行政机关,最高法院是司法机关,但法国的这种分立的三权之间,既没有美国式的“制约与均衡”关系,也没有英国式的立法和行政相一致的关

---

① 〔法〕雅克·夏普萨尔等:《1940年以来的法国政治生活》,全康康等译,上海译文出版社1981年版,第379页。

系,法国的所谓“三权分立”,实质上只是围绕着总统的权力,并受其控制和支配的三个职能部门的分工。宪法规定:“共和国要确保宪法得到遵守,总统通过仲裁,保证公共权力机构正常行使职权和国家的持续性。”总统凌驾于三权之上,既是国家“统一”的保证人,又是“分歧”的仲裁人。而且,虽然总统实际上掌握着行政大权,但总统却不对议会负责,反而要实际上并不掌握行政大权的总理向议会负责,等等。

由此可见,“半议会制”兼有“纯粹议会制”和“议会总统平行制”的特点,是这两种体制折中和妥协的产物,是一种混合制。“在这种混合制中,总统和议会是第五共和国政治体制尖拱的两个组成部分,它们相互支撑着,缺一不可,而拱顶石则是议会中的多数派。”①具体地说,在“半议会制”中,虽然总统是国家权力的中心,但其权力、地位和作用并非固定不变,而是与议会多数派的变化密切相关,这与实行“王在议会制”、“纯粹议会制”或“议会总统平行制”的国家并不一样。在那里,国家元首的权力、地位和作用比较稳定,基本上不受议会中党派力量消长的影响。

必须说明的是,以上四大模式基本内容和特征的阐述,只能侧重最主要的方面,因而难免挂一漏万。同时,上述模式分类,也仅为大致的具有典型意义的划分,因而不可能穷尽和涵盖世界各国的全部情况。而且各种模式之间也有一些相通互似之处,而并不是截然的不同。

三、资本主义议会制不同模式产生的原因

应该肯定,如果我们对资本主义议会制不同模式的分析仅仅停留于其内涵特征的描述层面,那么这样的研究也就只能是浅层次的、表面的,其意义和价值也就不能不大打折扣。因此,笔者认为,只有

---

① 杨祖功等:《西方政治制度比较》,世界知识出版社 1992 年版,第 292 页。

从导致这些模式产生的原因入手进行分析，才能真正了解和把握这些模式之所以存在的合理性，也才能全面、系统地评断这些模式，对于政治实践产生的能动影响，并且预示这些模式的生命力及其历史走向。如前所述，各国阶级力量对比、历史文化传统、民族心理等诸因素，必然导致资本主义议会制在不同国家有不同的形式。但这些抽象概括的因素，是如何具体地表现并发挥作用的呢？在此，我们即分别对四种不同模式在四个典型国家形成的原因，简单地进行一些具体分析。

（一）"王在议会制"产生的原因

尽管我们在前面已经指出，"王在议会制"是为了协调"议会主权"与国王相互关系的结果，但这仅仅是其最直观的表现。实际上，决定民主制与君主制必须相互协调的因素，才是问题的关键。纵观英国议会政治史可见，这些因素既有经济方面的、政治方面的，也有思想方面的、传统方面的等。从经济方面看，这突出表现在两点：一是由于在英国资产阶级革命过程中，资本主义经济还没有充分发展，还处于工场手工业时期，资产阶级的经济实力虽有较大增强，但并没有强大到足以消灭封建地主阶级，事实上封建地主阶级在经济上还有相当大的势力；二是英国早期国王的一个共同弱点是，他们虽然控制着政治上很大的权力，但却始终缺乏足够的财力来支持他们的政策，从 13 世纪起，国王们就不得不求助于社团和郡的代表，并从他们那里征得对征税的同意。这种经济方面的状况反映到政治上，就决定了"相互妥协"是英国资产阶级革命的基本特点，即新兴资产阶级与以王权为代表的封建贵族相互让步，共同执掌国家政权。这样，民主制与君主制也就必须相互协调。从思想方面来说，当英国进行资产阶级革命的时候，资产阶级的政治理论、民主学说并未全面形成，也就是说，其民主宪政实践并无系统的民主宪政理论为依据。正如戴雪指出，英国宪法并不是制成的，而是长成的。它不是抽象理论的结果，而是直觉的结果。这种直觉使英国人不可能像建筑师那样，而只能像蜜蜂建筑蜂巢那样，是一座无图纸的建筑物①。这就是说，其民主宪政体制必须服从于现实政治斗争的需要。从传统方面来说，英国人认为，国王不仅是联邦统一的象征，而且由于她在政治上的中立性、无党派性，因而也是英国安定与连续性唯一的象征。“这种确信可以说已经成为一般英国人的信念。它一方面确是根源于不合理的感情，然而应该注意的是它在另一方面，又是根源于英国人的现实主义、经验主义思想。”②由此可见，尽管英国资产阶级要求建立民主宪政制度，但各种力量对比，使得其必须与国王相妥协，“王在议会制”就是这种妥协最重要的结果。虽然后来资产阶级完全控制了国家政权，但传统的、民族心理方面的因素，为“王在议会制”的继续存在提供了最为强劲的支持。

（二）“纯粹议会制”产生的原因

如前所述，“纯粹议会制”的主要特征是以议会作为国家政治活动的中心，法国第三、第四共和国是其典型。如果从历史发展的角度来看，“纯粹议会制”的出现，是同19世纪末20世纪初欧美各先进国家逐渐形成“议会至上”、“议会权力”的历史过程相适应的。也就是说，法国第三共和国实行“纯粹议会制”，与当时的“议会至上”观念和潮流紧密相联。不过问题的关键在于，当欧美其他资本主义国家，伴随着垄断资本主义的发展，议会权力日益削弱，行政权力不断加强之时，为什么法国在经历了第三共和国70年之久的“议会至上”状况后，建立第四共和国时，尽管戴高乐极力反对，但仍然“出于本能地恢复了第三共和

① 参见龚祥瑞：《比较宪法与行政法》，法律出版社1985年版，第28页。

② 〔日〕佐滕功：《比较政治制度》，刘庆林、张光博译，法律出版社1984年版，第183页。

国的传统”，给法国带来“一种与第三共和国相似的代议制生活”①呢？对此，洪波先生曾进行过系统分析。具体说来主要有以下几点：第一，法国长期是一个小农经济和中小型企业占主导地位的国家，进入垄断资本主义阶段后，其垄断与集中的程度还不如美、德等国高，几次战争的创伤大大影响了其经济的发展，战后初期法国处于经济恢复时期，少数垄断集团一时还无力控制政权。第二，法国是一个经历了多次政治革命的国家，议会权力的形成是革命的直接产物，因而对议会权力特别重视，甚至广大人民也把普选产生的议会，看做是人民权力的体现者。第三，法国是一个多党制国家，任何一个政党都无力单独组织政府，各个政党都想在议会中争得一定席位，把议会作为自己争夺权力的主要活动场所，试图通过控制议会来操纵政策。第四，法国议会的权力历来比英、美要大得多，特别是对政府的监督权与倒阁权，成为各个政党和政治集团迫使政府推行自己政策的重要手段，故绝不愿意削弱议会权力。第五，法国人民对历史上几次因行政权力加强，而导致个人独裁的教训记忆犹新，因而对加强行政权力深怀恐惧，而希望通过议会权力来钳制行政权力。第六，在反法西斯战争中，武装力量迅速壮大并在战后制宪议会拥有大量席位的共产党领导人，迷信议会道路，幻想通过掌握议会多数和平过渡到社会主义，因而主张维护议会权力②。应该说，洪波先生的分析非常全面。概括起来说，法国第三、第四共和国的“纯粹议会制”同样渊源于经济、政治等诸方面。不过，有一点笔者想强调的是，从上面的阐述我们可以看出，法国人在民主宪政建设中非常重视理论原则。佐滕功在对英、法进行比较的时候曾经指出，“在法国是政治

① 〔法〕雅克·夏普萨尔等：《1940年以来的法国政治生活》，全康康等译，上海译文出版社1981年版，第4、129页。

② 洪波：《法国政治制度变迁》，中国社会科学出版社1993年版，第198页。

理论先行于实际的政治变革,而在英国则是政治哲学追随着实际的政治变革"。① 因此,如果我们站在政治理想的角度进行判断,那么可以说,在某种意义上,"纯粹议会制"是法国人政治理想的结果。

（三）"议会总统平行制"产生的原因

关于美国通过立法、行政、司法三权分立并且互相牵制平衡,中外学界论述颇多。如果说分析"议会总统平行制"产生的原因,必须从多方面进行的话,那么在这里我们首先指出,指导"议会总统平行制"建立的,是由美国具体历史条件决定的"均衡"思想。而决定这种"均衡"思想的具体历史条件,同样表现于经济、政治等诸多方面。从经济方面来说主要有两点:第一,"美国宪法是18世纪末的产物,当时北美洲基本上还是农业社会,政府的作用很简单。制宪者对于要建立的中央政府将来是怎样,既难预料,又无信心。他们鉴于殖民地时期的教训,重视将来的自由,所以只希望政府不要侵犯自由就行了"②。因此,为保障自由和所谓公民权利,特别是为了保障资本主义经济自由发展,分权制衡思想也就深为制宪者们所欣赏。第二,经济的发展必然导致财产不平等的矛盾激化。为了保障私有财产权,维持稳固的统治秩序,"在宪法起草者们的思想中,出现了所谓平衡统治(balanced government)的思想……这就是必须调整各种利益阶层、各党派由于财产不平等而产生的对立。换言之,必须建立一个能防止某一利益阶层进行多数统治的政治机构。这个平衡统治(balanced government),首先不能是所谓直接民主政治(pure democracy),而必须是代议制(Republic)"③。克里斯曼在评价制宪会议时曾经指出:"这次会议为保障财产的安全,面临着

---

① 〔日〕佐滕功:《比较政治制度》,刘庆林、张光博译,法律出版社1984年版,第55页。

② 曹绍濂:《论美国的民主》,武汉大学出版社1989年版,第158页。

③ 〔日〕佐滕功:《比较政治制度》,刘庆林、张光博译,法律出版社1984年版,第205页。

别选良策以代替寡头政治的问题(在英国,是由人民服从寡头统治而确保财产安全的)。他们制定了对人民来说刀插不入、水泼不进的错综复杂的制约与均衡的制度,代替了传统的要求人民服从权力的做法。"①从政治方面说,一方面鉴于邦联时期无政府状态的教训,制宪者们希望有一个强有力的政府,但殖民时期行政权的专横又令他们心有余悸,制约平衡则是解决这一问题的有效措施;另一方面,民主宪政是"独立宣言"高倡的政治思想,但大商人、大资产阶级又害怕所谓"多数人的专制"。马萨诸塞州代表、大商人戈利甚至在制宪会议上宣称,"现在的灾难,来自过火的民主"。因此,正如佐滕功指出:"三权分立,抽象地说可以认为是由于害怕走向专制而建立的体制。这里害怕的不是以前的专制行政部门,而是最能与人民大众直接结合在一起的立法部门,特别是下院。所以他们认为三权分立的制约与均衡的理论,主要应针对立法部门,特别是针对下院。"②从思想方面来说,制宪者中不少人深受启蒙学者提出的自由、平等、人权、分权等思想的影响,因此在设计政治体制过程中,自然会尽力将其付诸行动。同时,还须注意的是,制宪会议的代表们,"都是希望秩序安全的有产者阶层。宪法就是这些人的作品。他们不是从普通的、理念的、抽象的观点出发,而完全是从现实主义的观点出发来制定这一宪法的"③。这在某种意义上与英国类似。

(四)"半议会制"产生的原因

虽然有学者断言,法国"半议会制"的建立具有极大的"偶然性",

① 转引自〔日〕佐滕功:《比较政治制度》,刘庆林、张光博译,法律出版社 1984 年版,第 207 页。

② 〔日〕佐滕功:《比较政治制度》,刘庆林、张光博译,法律出版社 1984 年版,第 206 页。

③ 同上书,第 205 页。

实际上它是戴高乐"非法地"或者是"政变式地"再度上台的结果，但我们只要将第四共和国建立时戴高乐的改革方案受挫和第五共和国时期这一改革方案却深深植根于法国民主宪政体制中联系起来考察，就会得出一个非常肯定的结论，即它的建立具有深刻的历史背景和特殊的国内外环境。实际上，它是历史发展的必然结果，是各种经济、政治等诸因素综合作用的产物。具体说来表现在：第一，生产和资本的集中、垄断，是"半议会制"产生的最基本原因。第二次世界大战后，法国经济经过恢复和发展，到50年代末已经发生了重大变化，它不仅实现了以重工业为基础的初步工业化，而且农业也开始向机械化进军，而所有变化中最主要的是生产和资本的集中，不仅私人垄断程度提高，而且国家垄断资本主义、国际垄断资本主义，也得到空前发展。所有这些都要求国家权力的集中和加强。第二，国内矛盾激化，则是"半议会制"产生的最直接原因。1958年5月，阿尔及利亚的法国殖民军和极端殖民主义者发动军事叛乱，法国国内的极右分子等则与之遥相呼应；左翼政党、工会和劳动群众，则试图反击极右分子等的阴谋，内战大有一触即发之势。但第四共和国政府在危急局势面前陷入瘫痪，从而加深了法国的政治危机和社会危机，也预示了必须建立新政权体制的迫切需要。第三，第四共和国建立的"纯粹议会制"，尽管在总结第三共和国教训的基础上，对总统、议会、政府三者间的权力关系做了调整，但并没有解决政府更迭频繁、政局动荡不安的问题。第四共和国期间，法国政府像走马灯似地更换了20届，而每届政府的平均寿命不超过6个月，其中最长的不过一年多，最短的只有两天。因此，改革政制以维持政局稳定，是当时法国的关键环节。于是，戴高乐将军顺应客观历史条件的需要，将以议会为中心的"纯粹议会制"，改造为"半议会制"。这种体制用戴高乐自己的话来说，"既是议会制的又是总统制的，既符合我们均衡的需要，又具有我国的特点”①。

从上面我们对资本主义议会制四种不同模式产生原因的阐析，可以看出，尽管在抽象的层面上，不同模式都是经济、政治等诸因素作用的结果，但这诸种因素在不同国家以及一国不同历史时期，却有着千差万别的表现。这是一方面。另一方面，尽管在对待政治理想和政治现实问题上，英美都立足政治现实建立议会制度，而法国则经历了从注重政治理想到立足政治现实的转变，但有一点我们应该深信不疑，即任何政治制度的建立，只有符合一国的具体历史条件，才能解决现实政治问题，也才能维持这一制度的存在价值和发展活力。因此，我们在学习、借鉴他人的政治管理经验时，对此必须有着清醒的认识。

第二节　资本主义议会制的组织结构比较

在西方政治理论研究中，阿尔蒙德曾在戴维·伊斯顿提出的政治系统理论基础上，创立了结构功能理论。阿尔蒙德认为，各种不同类型的政治系统，都有一定的政治结构，而结构所起的作用就是功能。尽管不少人对结构功能理论存在非议，但笔者认为，作为一种研究方法，结构功能理论同样具有重要意义。中国学者董崇山也曾就一般事物的结构、功能问题，进行过一番颇有见地的阐述。他认为，任何事物都是结构和功能的统一。事物的结构就是事物内部诸要素及其相互关系。事物的功能则是事物能够与周围环境，在一定形式下进行某种相互作用的本质属性。因此，事物之间的区别主要有二：即结构的不同和功能的不同。具体说来，即一方面是事物的结构，决定着事物的功能，事物有什么样的结构，它就有什么样的功能；另一方面则是功能的改变，意味

① 〔法〕戴高乐：《希望回忆录》第1卷，上海人民出版社1973年版，第289页。

着结构的改变。这样,不同事物间的根本区别,主要是在事物结构上的不同。而不同事物在结构上的不同有二:一是构成事物的元素、要素不同。不同性质的元素、要素,不管其相互关系如何,其结构必然不同;二是构成事物的元素、要素的相互关系不同。不同的相互关系,不管要素本身是否相同,其结构也必然不同①。应该承认,在比较研究不同模式的代议制度过程中,特别是在寻找"比较标准"过程中,阿尔蒙德的结构功能理论,特别是董崇山先生关于事物结构功能的一般分析,给了笔者诸多启示。

如前所述,"比较标准"是两个或两个以上的比较对象之间的联结点。因此,要对资本主义议会制的不同模式进行比较研究,就必须找出这些比较对象之间的联结点,否则比较就不可能进行下去。既然任何事物都是结构和功能的统一,那么将结构和功能作为"比较标准",就完全可以将这些比较对象联结起来。因此,本节和下一节我们即分别从结构和功能两方面对资本主义议会制进行一些比较分析。

一、资本主义议会制组织结构的一般分析

我们曾经指出,代议制度是国家的政权组织制度,资本主义议会制自然也不例外。因此,如果从政权组织制度角度分析资本主义议会制的组织结构,那么其内涵和外延势必异常复杂。所以在此我们首先必须明确的是,这里所谓资本主义议会制的组织结构,实际上是指资本主义议会的自身构成,及其各构成部分的相互关系。具体说来主要包括两方面:一是议会内部组织机构的设置;二是由各组织机构形成的权力关系。由于议会的组织构成存在不同的层次,加之不同构成部分在运行中的关系,亦即所谓权力关系不同,因此我们这里主要从议会的宏

① 董崇山:《政体论》,中国展望出版社 1986 年版,第 123—124 页。

观体制与微观的内部组织结构两个层次，阐述资本主义议会制的组织结构。

（一）资本主义议会的宏观体制：一院制、两院制和多院制

尽管各资本主义国家议会的具体构成方式复杂而又多样，但如果以“院制”为标准，则可把资本主义议会从宏观体制上分为一院制、两院制和多院制三大类型。

“一院制”是指议会只设一个议院并由其行使全部职权的一种议会制。据有些学者统计，“在150个资本主义国家中，除了14个国家未设议会或解散议会迄今尚未恢复外，其余136个国家均设有议会。其中采用一院制的91国，采用两院制的45国”①。从历史发展的角度看，一院制首创于1789年的法国大革命时期。1789年5月，法王路易十六为解决财政困难，不得已召开三级会议。起初，三级会议拟由贵族及僧侣代表组成一院，平民代表组成一院，分别举行会议，后终因平民代表的强烈反对而中止。6月，平民代表决定举行会议，劝请其他两个等级的代表参加，并宣布不参加者为自动缺席，结果有3名僧侣代表参加了会议。会议通过了改定名称的议案，宣布国民会议正式成立。路易政府在对国民会议使尽各种破坏手段而未果之后，不得不向议会屈服，贵族和僧侣代表也不得不在国王命令下，与平民代表合并开会，从而使议会成为完整的一院制，并开一院制之先河②。从理论渊源来说，资本主义国家一院制的设立，主要源于卢梭的人民主权学说。如前所述，卢梭认为主权是公意的运用，公意一经宣布就成为主权行为，并且构成法律。正因如此，所以大革命初期的革命派认为：既然法律是公共

① 杨柏华、明轩：《资本主义国家政治制度》，世界知识出版社1984年版，第128页。

② 参见洪波：《法国政治制度变迁》，中国社会科学出版社1993年版，第117—121页。

意志的表现，而公共意志只能有一个，代议机关又是代表公意的，因此议会应是一院制的，一院制才符合主权在民原则。同时，他们还认为，一院制可以防止封建制度复辟，一院制有利于迅速做出革命决策等①。

尽管一院制作为法国革命高潮时期的产物，后来曾被许多资本主义国家所仿效，但从它产生之日起，就始终伴随着与两院制相比较孰优孰劣的争论。虽然争论双方各执一端，互不相让，但“在许多国家，两院制立法机关的合理性与可行性受到了怀疑”②，这些国家的学者，不仅从人民主权原则出发，而且还站在政治实践角度，力主实行一院制。他们认为，拥有立法权的代议机关实行两院制，可能导致分裂国家主权；而且从议会和行政机关的关系来说，在议会中设置两院，极易使议会内部发生矛盾，导致议会失去牵制行政机关的能力，甚至被行政机关所操纵；此外，他们还认为，实行一院制行动敏捷，可避免办事拖拉，因而容易通过国家所需要的各种法律；同时可以加强议员的责任感，避免互相推诿；可以简化机构，避免浪费人力物力。正因如此，所以“从实践上看，采用两院制的国家有萎缩趋势，实行一院制的国家则愈来愈多。据统计，1927 年，采用两院制的国家有 44 个，采用一院制的国家有 18 个。1955 年，采用两院制的国家有 47 个(其中单一制国家 31 个，联邦制国家 16 个)，采用一院制的国家 16 个。到了 1982 年，在世界设有议会的 152 个国家中，采用一院制的国家 107 个，采用两院制的国家 44 个，采用三院制的国家 1 个”③。

“两院制”则指议会分设两个议院并由其共同行使职权的一种议会制。在历史上，两院制最早产生于英国。13 世纪中叶以后，随着英

① 洪波：《法国政治制度变迁》，中国社会科学出版社 1993 年版，第 128—129 页。
② 李林：《立法机关比较研究》，人民日报出版社 1991 年版，第 121 页。
③ 同上书，第 120 页。

国资本主义的发展,一部分中小封建主把自己的领地改为畜牧场并兼营商业,向资本主义剥削方式转化,形成为资产阶级化的贵族。随着资产阶级化的贵族和一部分自由市民经济实力的增强,他们提出“不出代议士不纳税”的口号。1295 年,爱德华一世召开了所谓“模范国会”,参加者不仅有王国的伯爵、男爵和显要教士,而且有骑士、显要市民和一般市民代表。爱德华三世统治时,为征收额外款项,不得不定期召开议会。从 1343 年开始,议会内部逐渐形成两种势力,一种由大贵族、大僧侣组成,一种由市民和资产阶级化的贵族组成。前一种势力发展成为上院,即贵族院,后一种势力发展成为下院,即“平民院”。于是在英国,逐渐形成了带有浓厚封建色彩的两院制议会制。正如前面提到的,19 世纪到 20 世纪初,世界各国议会采用两院制的占绝大多数。从 20 世纪中期起,亚洲等地区的新兴独立国家,多采用一院制。一般来说,资本主义发展较早的国家,采用两院制者居多,实行联邦制的国家也多采用两院制,但在两院的名称上各有不同。如英国最初叫贵族院和平民院,后改称为上议院和下议院;美国、日本等国叫参议院和众议院;法国叫参议院和国民议会;荷兰叫第一院和第二院;瑞士叫联邦院和国民院;联邦德国叫联邦议院和联邦参议院等。而且,有些国家两院的组成和职权在某些方面是相同的,但有些国家的两院却差异较大,等等。

从理论渊源来说,资本主义国家两院制的创立主要源于孟德斯鸠的分权学说。孟德斯鸠认为,作为立法机关的议会由两部分组成,可以通过相反的反对权彼此钳制,并且认为这是英国基本政制的一部分,也是英国优越于古代共和国的一个重要因素。但如前所述,随着后来的一院制的出现,关于两者的论争就一直存在。主张两院制的学者常从孟德斯鸠的理论出发,阐述实行两院制的理由:第一,实行两院制可以防止议会的专横腐化。如蒲莱士即以英国的两院制与古罗马的两执政相比拟,认为古罗马的两执政是为了防止个人专制,而英国的两院制则是为了防止团体专制。第二，实行两院制可以防止立法的轻率。如美国制宪会议的参加者莫里斯，即从“钳制”的观点出发，认为众议院由人民中产生，常易流于轻率，爱走极端，而参议院由财产多的上层阶级组成，能抑制“民主的骚动”。还有学者认为，法律是政府与人民的共同行为规范，与人民有密切的利害关系，应当审慎制定，而上院则可发挥“慎重”的作用，以防止下院“轻率”的立法行为。第三，实行两院制可以缓和立法机关与行政机关的冲突。他们认为，当议会中的一院与行政机关不能协调时，另一院可以从中斡旋，不至于使双方陷入僵局，或者卷入激烈的斗争中。第四，实行两院制还可适应现实需要，协调和平衡各种不同利益。西方一些学者认为，一院不能担负起现代形势所要求的高度工业化国家的全部立法任务，而应该由另一个院来分担。而且在各种利益矛盾日趋激烈的情况下，以两院制来瓜分立法权，从而通过平衡代表的利益，达到平衡不同阶级、阶层之间利益的目的；在联邦制国家设置两院，还可维持联邦与各邦之平衡的特殊作用，等等。尽管对两院制，主张者大力赞美，但它“不仅在理论上受到了质疑，而且在实践上也受到了挑战”①。关于实践上的发展状况，我们前面已经述及。从理论上来说，一些学者认为，通过第二院防止议会草率立法的观点不能成立；以两院互相制约，达到防止议会专横腐化的目的，也不足为信；用两院制这种形式调和阶级利益，既不可取也不可能②，等等。

“多院制”是指议会分设三个或者四个议院，并由其共同行使职权的一种议会制。尽管绝大多数资本主义国家的议会，不是实行一院制就是实行两院制，但由于在历史上或者现实生活中，有个别国家实行过三院制或者四院制，所以在此我们简单地予以阐述。在历史上实行三

① 李林：《立法机关比较研究》，人民日报出版社1991年版，第118页。
② 同上书，第118—120页。

院制的有法国第二共和国时期，“亲王——总统”路易·拿破仑于1852年1月公布宪法。该宪法规定立法机关由参议院（又译元老院）、立法院（又译立法团）和参政院三院组成。其中参议院负责维护宪法和法律，监督对殖民地的管理；立法院对法案进行讨论和表决；参政院在总统指挥下草拟法律和行政法规，解决行政上出现的难题，并且在参议院和立法院讨论法律草案时，代表政府发言。此外，玻利维亚在1826年后的一段时期，亦曾设立三院议会。1981年以前，南非议会由总统、参议院和众议院组成。1984年9月3日起，则实行三院议会制，即议会由白人议院、有色人议院和印度人议院组成。议员的产生方式包括直接选举、间接选举和总统任命三种。三院的职能包括，就本民族的事务制定法律和法令，审议有关三个种族共同事务方面的议案，等等。四院制则只有1799年11月拿破仑担任第一执政后，根据12月24日颁布的宪法实行过。该宪法规定，国家立法机构由参政院、保民院（又译评议院）、元老院、立法院（又译立法团）四院组成。这种四院制形式现已不复存在。

（二）资本主义议会内部的组织构成：议长、委员会、议会党团和工作机构

毫无疑问，在资本主义议会的内部构成上，议员是最基本的要素。可以说，没有议员也就无所谓议会。因此，如果全面阐述议会的内部构成，就应该从议员说起。但由于我们这里主要重在组织结构上，因而只对议长、委员会、议会党团和议会内的工作机构进行一些分析。但必须明确的是，尽管这四种组织机构是大多数资本主义议会内部最基本的部分，但绝不可将其当做资本主义议会的必然要件，比如在有些国家的议会中，就没有委员会，而在另一些国家的议会，则不允许议会党团存在，等等。因此，在政治实践中，资本主义议会内部的组织构成，势必存在诸多差异。不过，这并不影响我们将其作为最基本的要件予以分析。

“议长”是议会的主持人。由于议长和副议长一起共同构成议会的主要领导机构，因而议长职务十分重要，在一定意义上可以说，议长是执政党控制议会，保证本党纲领转化为国家意志的重要工具。从各国宪法、法律和政治实践看，议长的产生方式各国不尽相同，大致可分为选任制、当然担任制、任命制和轮流担任制四种。各国议会通常总是采用其中之一产生议长，但以选任制即从议员中选举产生的方式为主。在有些两院制国家，两院议长各用一种方式产生。如美国，众议院议长由选举产生，参议院议长则由副总统当然担任。从议长的地位来说，各国的差异也很大。有些国家议会的议长是国家的主要领导人之一，总统因故出缺时，议长可代替总统。如在美国，总统因免职、亡故、辞职或不能执行总统职务时，总统职务由参议院议长执行；有些国家议会的议长则只是议会的领导人，议长的职权一般限于议会内部，其身份为议会会议的主持人，等等。此外，尽管各国宪法和议会法对议长职权的规定不尽相同，但一般说来，议长对外代表议会，对内主持议会活动：决定议事日程；决定法案送交哪个常设委员会审议；主持议会辩论，宣布停止质询和议会休会；依法召开议会特别会议；主持议会各种议事规则的制定，并保证其执行等。此外，议长还代表议会进行活动，如兼任国家领导职务；负责与现政府首脑的联系；在某些特殊情况下代行总统职务等。

“委员会”在议会内部的组织结构体系中，“被认为是最重要的结构要素”①。与议长一样，议会内部的委员会制度也同样首创于英国，是随着议会制度的不断完善，议会规模的日益扩大，为适应新形势下的政治需要和社会经济发展与专业化分工的需要而产生的。在资本主义国家的议会中，委员会大致可分为常设委员会和临时委员会两大类。

---

①　李林：《立法机关比较研究》，人民日报出版社1991年版，第162页。

常设委员会一般也是专门委员会,即专门就一定问题进行初步审议并对相应的政府机关的活动进行监督而成立的委员会。因此,这样的委员会大都同某一特定部门的活动有关,如财政、行政、司法、外交事务、教育、国防、社会事务等,并被授权来审议此特殊领域的议案或其他有关事项。委员会专门化的程度因国而异。在多数国家,常设委员会的授权范围同各个政府部门的职责一致(如美国、加拿大、日本、荷兰、西班牙等)。在有些国家,委员会专门化同政府之间的联系并不要求这么严格,每个常设委员会的授权调查范围,同两个或更多的政府部门一致,或同特殊的课题有关。如英国的常设委员会除确定有专门名称者外(如苏格兰委员会、私议案委员会等),其余均以A、B、C、D等字母来表示。由于常设委员会的决定往往为议会所接受,成为议会的决定,所以它是所有委员会中最重要的一种。在常设委员会中,程序委员会(或议事规程委员会)由于其掌握着议案的生杀予夺之大权,因而显得尤为重要①。一位美国议员甚至直截了当地把程序委员会称为堆着许多议员提案的"无名尸体招领所"。各国议会常设委员会的数目不一,有的国家只有2个,而有的国家却有近30个,这实际上主要与议会的大小、立法期的长短以及各国的政治传统有关。而且一个常设委员会重要与否,也完全取决于那个国家的政治需要。常设委员会的人选,一般按各党派在议会中占有议席的比例分配,由各党派幕后确定。各委员会的主席一般由执政党的议员担任。也有些国家,执政党的议员担任重要的委员会的主席,反对党的议员则担任次要的委员会的主席。临时委员会则是为解决某个具体问题而成立的委员会,有关问题一经解决,临时委员会即行撤销。如由议会决议就某一

① 可参见〔英〕维尔:《美国政治》,王合等译,商务印书馆1988年版,第142—143页。

专门议题或案件进行审理或调查的委员会;或者当议会需做出与两院共同有关的决议,或审议与处理议会两院意见不一致的议案时成立的两院协商委员会,等等。此外,在有些国家还有由议会中某一院的全体议员组成的"全院委员会"。全院委员会与议院全体会议不同,它只讨论某些特定事项,议事规则也比较灵活,实际上是按特定程序进行的某一院的本身活动,而且会议由全院委员会主席或者副主席主持。

从委员会的职权来看,虽然各国间差异较大,但一般包括立法提案权、议案审查权和立法监督权等方面。就提案权来说,如日本、联邦德国,不仅所有议员均得提出议案,而且委员会对属于其所管之事项,也得提出法律案;就立法监督权来说,如在法国,委员会在审议议案时,可以传唤有关的政府官员到会说明和提供资料,并通过委员会的报告去监督检查政府的活动。美国的委员会对议案不仅有搁置权,而且还有修正权和否决权等。至于议案审查权则是委员会最为基本的职权了。正是由于委员会的职权主要是协助议会审议法案,在立法过程中发挥着重要作用,并且在实质上构成议会内部的权力网络,因此,当今资本主义国家议会的主要活动,已逐渐向各种委员会转移,委员会成为议会的核心。如同美国政治家和学者指出,"国会政府就是由国会各种委员会控制的政府"①,"国会中最有效的工作是在离开众议院或参议院议员席的常设委员会中进行的"②,"国会已不再运用它的立法职权,这种职权已转到各种委员会"③。正因如此,所以,尽管委员会的设立在

① 美国前总统伍德罗·威尔逊语,转引自《各国国会制度》,台湾正中书局1981年印行,第28页。

② 〔美〕伍德罗·威尔逊:《国会政体》,熊希龄、吕德本译,商务印书馆1986年版,第41页。

③ 〔美〕贺烈德:《众院议长》,转引自《各国国会制度》,台湾正中书局1981年印行,第28页。

议会的实际运行过程中发挥着不可缺少的作用，但仍然受到许多学者和政治家的强烈批评①。

"议会党团"是指议会中由属于同一政党或政治倾向相同的议员组成的，以统一本党成员在议会中的行动为目的的集团，是政党政治发展的产物。在现代议会政治实践中，议会党团是议会内政治活动的基本单位，它对于选举议长、确定议会日程、选举议会常设委员会等，都具有重要作用。就其产生而言，大致有两种情况：一种是由议会规程正式承认其合法性并具体规定其组成条件，如规定组成议会党团必须有一定数量的议席等；另一种则是对其组成不做任何规定，如美国、英国、澳大利亚等国。各国议会党团，通常有一定的组织机构，负责本议会党团的领导、管理工作和与议会、政府的协调工作。议会党团的最高决策机构一般是议会党团全体会议，它选举议会党团主席、副主席、各工作委员会负责人等。比如在奥地利，议会党团设主席、副主席，由党的重要领导人担任。下设同各议会委员会对口的工作小组，以便在各委员会审议法案时制定本党的对策等。议会党团的主要任务是，按照各议会党团的实力或议席的比例，推荐本党议员参加议会各委员会；根据议会党团的利益和决定提出立法动议或提出议案；对议事程序发表意见，请求议会领导机关督促议会开会；对政府实施监督；统一本党议员的思想和行动，组织、指挥本议会党团在议会的活动等。各议会党团通常规定有自己内部的纪律，如议会表决时，党员议员必须服从本党议会党团的决定，如有不同政见，可以缺席，不参加表决，但不得采取相反的立场，否则将受到党的纪律的处分等。

"工作机构"则是各国议会设立的，主要由非议员组成，负责议会的政策研究、立法咨询、信息收集与分析、行政管理等各项工作的组织。

① 参见李林：《立法机关比较研究》，人民日报出版社 1991 年版，第 173—180 页。

虽然各国议会的工作机构及其人员的情况相异，所承担的职责及发挥的作用也各有不同，但一般说来，多数国家的议会设立有立法事务的工作机构、行政管理机构和图书资料系统。如在英国下议院，即设有下议院事务处、议长办事处、行政处、警卫处、图书馆等工作机构。美国、法国等设立的工作机构更加庞大。这些机构为议会这部机器正常、高速运行，提供了重要保障。

二、不同模式的资本主义议会制在组织结构方面的异同

由于我们的模式分类主要以议会的地位和作用为标准，所以当我们从组织结构方面，对不同模式的资本主义议会制度进行比较时，首先就会看到这么两种情况：第一，各种模式的典型国家，无论在宏观体制还是在内部组织结构上均有惊人的相似；第二，同一类模式的不同国家，却在宏观体制或者内部组织上存在诸多差异。而且在模式分类过程中，我们已经对不同模式的权力结构及其基本特征进行过阐述，因此现在要从组织结构上比较异同，困难实在不少。不过，各种具体历史条件的差异，决定了任何政治机构的设置和运行并不会完全一样，即便同一种机构在不同国家或者一国的不同时期，其地位和作用也可能截然不同。因此，这里我们即从相同与相异两方面，对不同模式的资本主义议会制进行一些分析。

（一）相同方面

应该说在组织结构方面，不同模式的资本主义议会制存在的相同之处颇多。诸如都以议会作为具体的物化构架；议员是议会最基本的构成要素；议员都主要通过选举产生，且都有一定的任期；议会内部均设置有各种组织、机构等。但在此我们主要指出以下三点：

第一，在宏观体制上，每种模式的典型国家都实行两院制，无论是“王在议会制”的英国，“纯粹议会制”的法国第三、第四共和国，还是

"议会总统平行制"的美国、"半议会制"的法国第五共和国，其议会均由两院组成。同时，除"半议会制"只有法国第五共和国一个国家，因而其宏观体制异常单纯外，其他三种模式中，都有实行一院制的国家存在。比如属于"王在议会制"模式的丹麦、瑞典、卢森堡、新西兰，就是采行一院制；属于"纯粹议会制"模式的芬兰、希腊、新加坡，属于"议会总统平行制"模式的哥斯达黎加、加蓬、塞内加尔、萨尔瓦多、扎伊尔、斯里兰卡、印度尼西亚等，也是如此。

第二，尽管在完备程度、地位和作用等方面，不同模式以及同一模式的不同国家，均存在区别，但在议会的内部组织构成上，大多数资本主义国家的议会，都设置了议长、委员会、议会党团和工作机构。

第三，不同模式以及同一模式的不同国家，在设置议会的组织机构，以及建立议会内部的权力关系过程中，无不受制于其所处的社会历史条件，特别是阶级力量对比关系、历史传统以及各种政治需要的影响。

（二）相异方面

毫无疑问，宏观体制的不同，必然导致议会的内部构成与权力关系存在区别。因此一院制国家与两院制国家，不仅在组织机构的设置，而且在议会的权力结构诸方面，均有不同。比如瑞典虽然属于"王在议会制"模式，但它并不像英国那样实行两院制，而是实行一院制。这样，瑞典议会不仅独自行使立法权、决定征税和如何使用公共资金，并检查政府及国家行政行为，而且"与两院制相比，一院制议会内的党派之争更加激烈"；同时，"与此相适应，议会同行政的关系变得更为有力"①，因此，不同模式或者同一模式实行不同宏观体制的国家，在组织结构方面必然存在差异。这种差异主要表现在，是否存在两个或者两个以上相对独立的部分共同行使议会职权并且相互制约上，以及是否

① 曹沛霖等：《比较政府体制》，复旦大学出版社 1993 年版，第 502 页。

存在两个或者两个以上的内部组织机构系统等两大方面。

由于本书提出的四大模式中的典型国家，在宏观体制上都实行两院制，因此，我们这里主要分析一下，实行两院制的国家在组织结构方面的差异。具体说来主要有以下几方面：

第一，尽管都实行两院制，但"王在议会制"模式，却强调议会由国王、上院和下院"三位一体"共同组成，而其他模式的权力结构，虽然也有作为国家元首的总统，却并不构成议会的一部分。

第二，尽管一般说来，不同模式的下院议员通常都按人口比例，由各选区通过直接或者间接选举的方式选举产生，但上院议员的产生方式，在不同模式或者同一模式的不同国家间，却存在不同。如英国的上院议员全由贵族担任，根本不通过选举。日本的参议院议员却由普选直接产生。法国的参议员则由各省的国民议会议员、省议会议员和市议会议员组成的选举团选举产生。德国参议院议员由各州政府的成员组成；每州至少3席，居民人数超过200万的为4席，超过600万的为5席，超过700万的为6席；各州政府负责推选和罢免。意大利总统还有权指定5人为终身参议员。美国的参议员则按州为选区，平均每州2名，由选民直接选举产生，等等。

第三，上、下两院的地位、职权以及由此而形成的权力结构，在不同模式间也存在区别。在"议会总统平行制"模式中，上、下院不仅地位平等，而且权力也大致平等。如美国的参、众两院，各自都有一些特别的权限，"两院的立法权限、地位是平等的，如有一院反对，法案便不成立；下院虽对财政案有先议权，上院仍保有修正权"①。而其他模式中，议会的职权则主要由下院行使。如英国议会享有的立法、监督、决定预算等权力，主要集中在下院。根据1911年和1949年的"议会法"，财政

---

① 李林：《立法机关比较研究》，人民日报出版社1991年版，第98页。

法案只能在下院提出；对于下院通过的一般议案，上院不能否决，只有权将议案拖延1年生效；对于下院通过的财政法案，上院只能拖延1个月生效。法国在第四共和国时代，国民议会权力很大，几乎独揽了立法大权。第五共和国宪法虽对参院与国民议会的职权划分做了调整，仍赋予参院不少立法和政治权力，但总的看，国民议会比参院享有更多一些职权，地位相应也重要一些，等等。而且，“王在议会制”模式在国家权力的转移过程中，大多经历这样的发展轨迹：即由王权向议会主要是上院转移，再由上院向下院转移，当下院取得至高无上的权力后又跨过顶峰，逐步失去权力，以至成为“取得下院多数席位的政党的驯服工具”①。

第四，形成两院制的原因，在不同国家中也有不同。比如在美国形成两院制，一方面基于殖民地时期的传统，另一方面则是以此作为州与联邦的纽带。而说到底主要是为了在立法机关中，兼顾人民和各州的利益和要求，即不仅通过下院反映全体人民的意志，而且还通过上院代表各州的利益。因此，实行两院制的联邦制国家中，上院与下院的关系，主要不是制约关系，而是调和关系，即使国内各种利益和阶层的冲突，能在立法机关中得到最大限度的调和。在英国建立的两院制，则以上院代表特殊阶级（僧侣、贵族等），以下院代表平民百姓，其设立的基础和原因是阶级或等级的分化，而通过立法机关能在某种程度上把各阶级或等级的要求反映出来，同时以上院来防止下院专横，两院以制约关系为其特色等。

此外，在议会内部组织机构的设置方面，瑞典的“议会督导专员制度”也很有特色。尽管在其他国家的议会中也有“议会督导员”，但这些国家的议会督导员主要与各政党以及政府有关。正如有学者指出，“政府的议会督导员与政府事务管理者们一道，负责安排议会的日程

---

① 〔英〕休·塞西尔：《保守主义》，杜汝辑译，商务印书馆1986年版，第148页。

表。主要反对党的议会督导员(较小的政党则正规程度差一点)也会应邀参加协商,正是这种联络构成了‘通常的渠道’。督导员还可以作为前座议员与其支持者们之间的沟通渠道而进行活动,他们劝说那些犹豫不决的成员支持本党的政策路线”。“在英国,议会督导员的价值在于,他们为所有议会党派所任用;在许多国家不同类型的立法机构和国民议会中,他们则是共同任命的。”而投票反对督导员,其效果实际上是反对某个政党①。由此可见,在这些国家的议会中,议会督导员主要是各政党监督和联络本党议员的一种“沟通渠道”。与此形成鲜明对照的是,瑞典的议会督导专员制度则源于国家机关,特别是司法系统和行政系统的“一切公开”原则。瑞典历来具有监督公职人员行使职权的传统,议会督导专员则在舆论和公众监督公职人员过程中,起着很好的“桥梁”作用。

瑞典的议会督导专员产生于19世纪初。设立的初衷是调查情况和听取意见,监督公职人员和文官的工作,并向那些认为自己受到当局不公平对待的人提供帮助。议会专员由议会选举产生,任期4年,可连任两届。当选者需“通晓法律,行为正直”,需征得各党一致同意,而且必须是具有高等法律学历的终身法官。议会督导专员督察的对象,包括法院法官、检察官、警官、军官、狱吏,以及其他国家和地方机关(包括半行政机关和国营企业、公司在内)及其官员的所有活动。宪法规定,议会专员有权参加法院或行政机关的任何会议、取得任何机关的会议记录和其他文件,任何文件不得对议会专员保密,任何官员都有向议会专员提供情况和报告书的义务,不得拒绝回答议会专员提出的问题,

① 〔英〕戴维·米勒、韦农·波格丹诺编:《布莱克维尔政治学百科全书》,中国问题研究所、南亚发展研究中心、中国农村发展信托投资公司组织翻译,中国政法大学出版社1992年版,第800页。

如果拒绝就处以一定数量的罚金，并且还可以采取其他惩戒性措施。如果官员违法失职或者行为不当，议会专员可以要求有关当局予以撤职或者停职，或对其直接提起追诉。从瑞典的政治实践看，其议会督导专员制度，不仅有助于防止司法系统和行政系统出现"过于腐败"的现象，缓和社会冲突和矛盾，而且还有助于增强人们对政府乃至国家机关的信任。因此，在维护社会和政治稳定方面，瑞典的督导专员制度，具有非常特殊的作用。

三、不同模式的资本主义议会制在组织结构方面存在异同的原因

从历史发生学的角度看，不同模式的资本主义议会制，在政治实践中之所以存在组织结构方面的异同，自然有其最基本的内在原因。笔者认为，不同模式的资本主义议会制，在组织结构方面存在相同之处，主要决定于两点：

第一，是由于议会相同的性质、任务和作用。资本主义商品经济导致的近代民主思潮，不仅从观念上刷新了人们的思维定式，而且从政治实践中带来了一场实实在在的深刻革命。如果说在自然经济基础上，国家政权的建立和运行，必须以个人或者少数人的意志为最高依据的话，那么在商品经济基础上，国家政权的建立和运行，则至少在形式上必须以社会绝大多数成员的意志为准则。但社会成员的意志如何获取，这些意志又如何能够成为国家意志并在国家强制力的保障下付诸实现呢？于是，议会作为代议机关、民意机关，也就应运而生了。具体地说，在性质上，议会亦即民意机关，而民意机关的任务和作用，也就是充分表达民意，通过不同意愿的代表者相互交流、相互妥协，最终形成为绝大多数代表所接受的"公意"，即国家和社会管理过程中必须遵循的法律。尽管在有些国家，议会作为民意机关、立法机关的实际作用非

常有限,有些国家的议会甚至只是履行一下手续而已,但不论哪一个国家,只要它宣称实行民主政治,决定开设议院,那么它就必然面临着相同的问题、相同的任务。由此也就决定了它们在组织机构上,必然会存在相同或者相似之处。

第二,是由于不同国家的议会制度相互渗透、相互影响。在历史上,英国堪称"议会之母"。它不仅最早形成两院制议会,而且最早设置议长、委员会、议会党团等内部组织。而当其他国家既面临建立议会制度的客观需要,自身又无这方面的传统和经验时,其必然的出路就是向别国学习。更何况一些老牌资本主义国家,如英国、法国等大多有殖民的经历,因此其政治制度的影响更为强烈。如美国建国前即为英国的殖民地,因此英国的议会制度对美国就曾产生过很大的影响。满云龙先生在比较英、美两院制的思想基础时曾经指出:"历史运动的结果是,美国政府体制在形式上继承了英国模式,不但建立了两院制议会,而且保留了君主制(总统)、贵族制(参议院)和民主制(众议院)混合政府的外壳。但在理论基础上,美国体制摈弃了世袭贵族概念,在自然贵族观念指导下创立了民选参议院,与英国上院分道扬镳。"①洪波先生在分析法国1814—1830年两院制的再次出现时,首先指出的原因就是"受英国议会制度的影响,可以说是对英国议会的模仿,甚至提法都与英国一样"②。而后来的一些新兴资本主义国家,更是深受英、美、法等国家的影响。

同时,笔者认为,不同模式的资本主义议会制在组织结构上存在不同之处的根本原因,在于各国的国情不同。尽管上面提到的两点,使各资本主义国家在建立议会制度过程中具有一致性,但如前所述,任何制度的生命和活力,取决于它与其赖以生存的历史环境相适应的程度。

---

① 满云龙:"混合政府学说与贵族政制",载《世界历史》1990年第6期。

② 洪波:《法国政治制度变迁》,中国社会科学出版社1993年版,第134页。

因此，各国或一国的不同历史时期，在建立议会制度过程中，必然会受制于阶级力量对比状况、历史传统和各种政治需要的影响。比如，在一院制和两院制的取舍问题上，有些国家幅员较小、人口较少，国事并不过于浩繁，领导集团要求权力集中，或者存在必须集中权力的历史因素，那么它们就应从本国实际情况出发，选择一院制。如前面提及的瑞典，虽然属于"王在议会制"模式，却实行一院制。其他如非洲许多新独立的民族主义国家，以及北欧的丹麦等，也莫不如此。另外如法国第三、第四共和国与第五共和国，之所以属于不同模式，而且这两种模式在组织结构上，特别是在权力结构和权力关系上，存在诸多差别，从根本上来说，也是取决于第三、第四共和国与第五共和国所处的不同历史条件。因此，如果分析形成差异的具体原因，也许不同的国家或一国不同的时期，会很不相同。

第三节　资本主义议会制的功能效应比较

既然任何事物都是结构功能的统一，那么资本主义议会制自然也不例外，因而它也包括组织结构和组织结构所产生的作用亦即功能两方面。而且，如果从外在特征上进行考察则会发现，资本主义议会制的组织结构，实际上只是其静态的具体构架，在很大层面上，它还只具有通过宪法和法律条文进行政治设制的意义。更何况在辩证唯物主义的基本观点看来，评价任何政治设制的优劣，最基本而且最有效的方法，就是考察该政治设制对于政治实践的能动作用和影响。因此，在阐述了资本主义议会制的组织结构后，我们还必须对资本主义议会制在动态运行中的功能效应进行一些分析。

一、资本主义议会的一般职能

所谓资本主义议会的一般职能，实际上也就是从理论上以及各资本主义国家宪法、法律规定概括的,议会应该具有的一般职权。从理论上说,资本主义议会的产生和存在,是以其需要行使某些权力并承担某种职能为基础和前提的。由于议会是近代以来资本主义国家机构的重要组成部分,因此其职能必然与国家职能,特别是与国家职能的实现过程紧密相联。具体说来也就是,由于国家某些权力的行使需要一定的主体来承担,所以议会才有产生和存在的必要。尽管在西方政治思想史上,思想家们的各种主张、学说纷纭复杂,但在论证议会的职能问题上,占主导地位的观点,则是以国家职能需要分工为由,主张在实现国家职能过程中,必须进行国家权力的划分。议会的职能就是分权原则赋予议会行使的那部分国家权力。洛克、孟德斯鸠、康德等即是其代表。从政治实践来说,虽然各国国情的差异,决定了各国议会的职权不可能完全相同,但各国宪法、法律的规定,以及各资本主义国家议会的政治实践表明,资本主义议会的一般职权主要有三,即立法权、财政权和监督政府权。

(一) 立法权

简单地说,立法权亦即制定、修改和废除法律的权力,是近现代议会的一项传统权力。尽管立法权的行使,或者说立法活动古已有之,在历史上它是伴随着私有制、阶级和国家的产生而产生的,但在立法权的所有者或者行使主体问题上,不同时代以及不同国家却存在不同。在近代资本主义国家形成以前,立法权主要属于个人或者少数人,君主们的"言出法随"可以说是其最典型的表现。但当商品经济蓬勃发展的力量摧毁了旧的生产方式基础上的君主专制制度,并因而导致国家和社会管理过程中一种崭新的体制——即多数人的统治出现时,立法权的主体也就发生了具有深刻历史意义的转移。也就是说,在立法权的最终归属上,立法权的所有者已经从原来的个人或者少数人,转移到多数人了,"人民主权"就是在此方面的最高理论概括。但在近现代民主政治实践中，为什么由议会来具体行使立法权呢？在笔者看来，这主要有以下几点：

第一，如前所述，近现代民族国家还不具备实行直接民主制的条件，国家和社会管理还必须主要通过代议制民主的方式来实现。因而虽然在理论上，人民是国家的主人，是一切国家权力的所有者，但人民所拥有的国家权力，则必须通过一定的中介和桥梁才能实现。这在洛克、孟德斯鸠等资产阶级启蒙思想家那里得到了系统的阐述。在他们看来，国家是须由人民的同意，为了保护人民的自由、平等和财产而建立的，任何法律都须由人民的同意才能实行，因而立法权无疑应归全体人民所有。但正如孟德斯鸠指出："这在大国是不可能的，在小国也有许多不便，因此，人民必须通过他们的代表来做一切他们自己所不能做的事情。"①也就是说，立法权应该由议员代表人民来行使。

第二，议会的性质和作用，决定了由它来行使立法权最为合适。我们在前面也曾反复提出，代议机关亦即民意机关，代议机关组成人员不仅必须充分表达民意，而且通过相互交流、相互妥协，还会形成为大家都能接受的"公意"。而这里的"公意"实际上也就是表现统治阶级意志和利益的法律。正如我国台湾学者曾繁康先生指出："所谓民主政治，系以国家机关之统治权力来自人民为其最根本之法理基础。盖法律乃人民意思之表示，而国会则为表示人民意思之机关。故立法权之应属于国会，倘从逻辑观之，乃系自然而然之结论。何况由于国会立法权之行使，而全国各种不同之意见，得以反映，全国各种之不同利益，得以调和，整个国家之政策，由是制定，而政府行政部门之活动，亦因是而获得指导与监督。从而人民之各种权利义务，亦能获确实之保障。"②

① 〔法〕孟德斯鸠：《论法的精神》（上），张雁深译，商务印书馆1982年版，第158页。

② 曾繁康：《比较宪法》，台湾三民书局1993年印行，第275页。

第三，由议会行使立法权也是国家权力分立的结果。如果所有的国家权力都集中于一个主体统一行使，就如同奴隶社会和封建社会那样，君主一人大权独揽，那么由一个相对独立的机关来行使立法权，也就既无必要也无可能。但分权思想的出现，分权原则的形成，则使国家权力应该分为立法权、行政权和司法权三大部分，成为近现代国家权力运行的基本轨迹。议会作为"民意机关"，在某些国家甚至作为最高国家权力机关，来行使立法权也就十分自然。正因如此，所以在议会的各种职权中，立法权是其首要职权。

在此应该提及的是，虽然在立法权应由议会行使问题上一般没什么异议，但在议会如何行使立法权问题上，西方一些思想家的观点却有很大差异。作为启蒙思想家的洛克和孟德斯鸠，都没有详细讨论这个问题，但既然他们都主张议会享有制定法律的权力，而且孟德斯鸠在讨论行政权参与立法时，还特别提到行政只有反对权而没有创制权，因此我们完全有理由认为，他们是主张议会在立法问题上，应享有包括创制权在内的全部立法权的。而约翰·密尔则认为，议会不适宜于从事直接的立法事务，因为"几乎没有任何脑力工作像立法工作那样，需要不仅是有经验和受过训练，而且通过长期而辛勤的研究训练有素的人去做"。① 他主张，立法工作应主要由极少数人组成的专门委员会去做，议会在这个问题上的职权就是讨论法案，然后决定是通过还是否决。

而且从宪政实践看，各国议会的立法范围并不一样。尽管绝大多数国家对议会的立法范围不加限制，但有些国家议会的立法范围则有一定限制。比如美国和德国的议会，只能在联邦立法权限和联邦与各州共同立法权限内立法，各州的立法权则归地方议会。又如法国1958年宪法规定，议会只能对以下事项有权立法：公民权利和义务，个人国

---

① 〔英〕约翰·密尔：《代议制政府》，汪瑄译，商务印书馆1982年版，第76页。

籍、身份和法定能力，婚姻、继承和赠予，犯罪和刑罚、刑事诉讼程序，大赦，司法制度和法官的地位，税收和货币制度，中央议会和地方议会的选举制度，公共机构的设立，文职和武职人员的保障，企业国有化以及公共财产向私有部门的转移；对以下事项议会可以确立法律原则：国家体制、地方体制、教育、财产权和不动产权以及民事和商事契约，劳动、工会和社会保障，有关财政法和计划法等。除此之外，议会均不能立法。

根据各国宪法、法律的规定，议会在行使立法权，开展立法活动过程中还必须遵循一定的规则，按照一定的程序来进行。尽管不同种类、不同性质的法案，各有其不同的立法程序，但一般说来，议会的立法程序主要包括法案的提出、法案的讨论、法案的通过和法律的公布四个阶段。

议会在讨论和通过法律之前，首先要由有关的机构和人员，对制定法律提出相应的动议，因此，法案的提出是议会立法程序的第一阶段。但在由谁提出法案的问题上，各国的具体规定不完全相同。不过一般说来大体可以分为两大类：一类是机构、组织。包括行政机关、国家元首、政党组织、社会或经济组织等。由于"议会总统平行制"国家认为，立法权完全属于议会，政府要提出法案，须通过议员代为之，因此行政机关没有法案提出权。但在"纯粹议会制"国家、"王在议会制"国家以及"半议会制"国家中，宪法一般都确认行政机关享有立法提案权。在有些国家，国家元首也有立法提案权，其具体形式中，既有国家元首亲自提出法律草案，亦有由其他机关或人员以国家元首名义提出法律草案。比如巴林宪法第 35 条规定，埃米尔有立法创议权。有些国家的政党组织、社会或经济组织，也有提出法案权。如在意大利，国家经济与劳动会议有提出关于经济和劳动的法律草案的权利，省议会也有向意大利议会两院，提出有关本地区事务的法律草案的权利；在芬兰，福音路德教堂可以提出修改关于教堂组织和管理的基督教会法的法律草案，省议会可以提出有关本省事务的法律草案等。还有些国家议会的常设委员会，也有权提出法案。另一类则是人员，其中主要是议员。议员有权提出法律草案，在许多国家的宪法中，都有明确规定。如法国宪法第39条，德国宪法第75条，意大利宪法第71条，瑞士宪法第93条等。在美国，尽管大部分立法提案由有关政府部门倡议或者起草，但至少必须通过一名议员才能在国会提出。也有的国家规定，只有议员凑足到一定数量，才可联署提出法案。如德国规定，联邦议院议员至少凑足26人，才可提出法案。西班牙甚至规定需要50人联署。

法案的讨论是指在议会中对列入议事日程的法律草案，正式进行审查和展开辩论。根据资本主义议会中议员辩论每个法案的次数，可分为一读通过、二读通过和三读通过等三种议事程序。一读通过程序一般要求首先将议案交由有关委员会审议，委员会可以提出修改意见，然后由委员会向议院大会提出审议报告，在议院大会上，议员可针对报告进行质问和辩论，也可提出修改意见，议案讨论完毕即进行表决。法国、挪威、西班牙、瑞典、日本和塞内加尔等国的议会，即实行一读通过程序。二读通过程序的具体做法是，一个议案在提交委员会之前，议院大会对其总的原则进行辩论，即为一读；议案提交有关委员会后，委员会对议案进行审议和修改，并向议院大会提出审议报告，由议员对议案条款和委员会的修正案进行详细审议，最后进行表决，即为二读。荷兰、希腊、喀麦隆、叙利亚等即采行二读通过程序。三读通过程序一般包括对议案原则的辩论，委员会讨论，委员会提出报告、辩论、修正、表决通过等几个阶段。在英国下院，一读是指宣布议案名称，规定二读日期，将议案付印，分发给议员；二读是指就议案的内容和原则展开辩论，如获通过即送交有关常设委员会审议，委员会将议案连同修正意见向下院报告，下院再展开辩论及提出修正意见后重交委员会研究；三读则是除非是有6名以上议员要求辩论，否则一般不经过辩论即对议案表决通过。美国、澳大利亚、加拿大、印度、爱尔兰、新西兰、德国、奥地利、丹麦、马来西亚、泰国以及英国等，都实行三读通过程序。

法案的通过是指议会采用表决形式，对法律草案表示正式同意，使法案成为法律。因此，在整个立法程序中，这是最重要和最有决定意义的阶段。尽管议会在表决法案过程中，遵循的都是多数决定原则，但法案的性质不同，其要求也有区别。通常一般法律以普通多数通过即可；宪法和宪法性法律则要求以2/3以上的多数通过。有的国家甚至规定，这类法案还必须经过公民复决。如德国规定，对《基本法》的修改和补充，必须得到联邦参议院2/3多数票的赞同。议会的表决方式有呼喊表决、举手表决、起立表决、分组列队表决、点名表决、投票表决、掷球或做记号表决、使用表决器表决和鼓掌欢呼表决等9种。重大法案一般都通过使用表决器等秘密投票方式表决。在实行两院制的国家，议会在通过法案时，还有以下几种情况：一是法案经一院通过后再交另一院审议，如果也得到通过便成为法律，如法国、美国等；二是下院拥有通过法律的权力，上院只能表示反对，拖延法律生效，如英国、日本等；三是法案必须经两院通过，每院均可对另一院通过的法案提出修正案，如存在分歧而不能解决时，则举行两院代表协商会议，如仍达不成协议，法案就失效，加拿大等就是如此；四是法案必须两院通过，如三个月后仍不能达成协议，得解散两院，如新选举产生的两院仍不能达成协议，则法案得以议会两院联席会议成员的绝对多数票通过，澳大利亚等国议会即采用这种办法。

法律的公布是指法案经议会通过后，由有权机关等根据法定程序和方式予以正式公布，使该法律正式生效的活动，是立法程序的最后阶段。从资本主义各国宪法规定看，虽然各国的规定繁简不一，但一般都规定了公布法律的程序，只有印度尼西亚、法国、几内亚、马里、菲律宾、瑞士等少数国家的宪法,没有这方面的内容。而且大多数国家都规定,由国家元首行使公布法律的权力。但有些国家规定,国家元首在行使公布法律权力时,可以否决或拖延法律的通过。同时,大多数国家的法律,都公布在《政府公报》或《法律公报》上。如德国的法律,一般都公布在《联邦法律公报》上。

(二)财政权

财政权又叫财政监督权,或者预决算议决权,是议会最古老的权力。其基本内容是指政府提出的财政预决算、赋税、公债等,只有经议会审议通过,才能付诸实施。具体说来也就是,议会的财政权是通过对财政法案的审议来实现。财政法案包括国家收入和支出的各种法案,其中以预算案和决算案最为重要。预算案一般以 1 年为限,这叫财政年度或会计年度;决算案则是每个财政年度预算执行情况的小结,一般由财政部门汇编制定,送请审计机关审核后,转呈议会审议通过。在历史上,议会的财政权与议会制度一样,起源于英国。英国资产阶级革命时期,新兴资产阶级通过与国王进行斗争,形成了"国王除由议会许可外无权征税"的原则。1627 年的《权利请愿书》进一步具体规定,今后非经议会同意,不得强迫任何人提供捐献、借款、缴纳租税,以及其他类似性质的款项。1688 年的《权利法案》又重申,凡滥用皇权征课赋税,以供皇室经费而久未经议会核准,或超出议会所规定之年限以外征收之皇室费用,或用其他未经议会核准之程序以征课赋税者,均属非法。1706 年,英国议会确立了两条有关财政监督的宪法原则:第一,金钱是通过议会立法授予国王的;第二,除非由国王建议,否则议会不接受任何有关公共职务的支出请求,或者讨论任何要求给予拨款或从公共收入中做出开支的动议。由此原则而形成了要由国王致书下议院请求款项,才能讨论拨款的惯例。这一系列法律的制定和惯例的形成,使议会获得了两项重要权力:国王不得横征暴敛的租税承诺权和国王支出须获同意的支出承诺权。租税承诺权与支出承诺权,后逐渐发展为预决算议决权,亦即所谓财政权[illegible]。

那么为何议会应该拥[illegible]财政权呢?这在资产阶级思想家的学说中,与政府的目的紧密相联[illegible]如前所述,在资产阶级思想家看来,人们组成政府的目的在于,和平[illegible]安全地享受自己的财产,这就要求政府保证"在社会中享有财产权的人们,对于那些根据社会的法律是属于他们的财产,就享有这样一种权利,即未经他们本人的同意,任何人无权从他们那里夺去他们的财产或其中的任何一部分"②。当然这并不意味着政府无权要求人们拿[illegible]他们的一部分财产,正如汉密尔顿指出,"在政府的结构中必须含有[illegible]这种或那种方式征税的全部权力"。③ 但问题的关键在于,为什么必[illegible]保证征税权即国家的财政权保留在议会手中,由议员代表人民而不[illegible]由行政机关来行使?对此可以从两方面进行分析:第一,由于人民只对于法律规定属于他们的财产,才享有不经其同意不得擅取的权利,[illegible]此征集国家经费的最好办法,就是通过制定征税法案,使原来根据法[illegible]属于人民所有的一部分财产,变成不属于他们的财产。根据立法权属于议会的原则,这项职权只能由议会拥有。第二,政府若要从人民手中[illegible]得他们的一部分财产,必须经过人民的同意。在代议制政府中,所谓[illegible]民的同意,也就是"他们所选出的代表所表示的大多数的同意"④。[illegible]此,为了保证政府目的的实现,必须由议会代表人民行使财政权⑤。

由于议会的财政权具有立法性质,因此财政法案也必须经过类似

---

① 吴大英等:《比较立法制度》,群众出版社 1992 年版,第 289 页。

② 〔英〕洛克:《政府论》(下),瞿菊农、叶启芳译,商务印书馆 1982 年版,第 86 页。

③ 〔美〕汉密尔顿等:《联邦党人文集》,程逢如、在汉、舒逊译,商务印书馆 1980 年版,第 145 页。

④ 〔英〕洛克:《政府论》(下),瞿菊农、叶启芳译,商务印书馆 1982 年版,第 88 页。

⑤ 参见钟欣:"论资产阶级的议会职权理论",载《北京师范学院学报》1990 年第 4 期。

于其他法案的立法程序。虽然财政法案通常由政府向议会提出,但也有一些国家议会和议员有提案权。英国的财政法案即由政府向下议院提出,并由下议院审议,在下议院审议通过之后,上议院无权修改或否决。根据美国宪法规定,财政法案由国会提出,但由于国会及其议员对政府的收支,难以全面了解,因此后改由政府提出预算案。但不论何种财政法案,都只能向众议院提出,众议院独占财政法案的接受权,拥有财政法案的先议权。然而,美国参议院在众议院审议通过后,仍有依照一般立法程序进行审议的权力,而且非经参议院通过,财政法案不能成立。由此可见,美国两院的财政权基本平等。日本的财政法案也须向众议院提出,众议院审议通过后,参议院有权审议。如果参、众两院的决议不同,则依有关法律规定召开两院协议会;如果两院意见仍不一致,则以众议院的决议作为议会的决议。可见,日本众议院也拥有优越于参议院的权力。但与英国不同的是,虽然日本众议院拥有优越于参议院的权力,但它在程序上,则显示出对参议院意见一定程度的尊重。此外,也有少数国家,两院完全平等地行使财政权。如瑞士宪法规定,拟定每年国家预算、批准国家决算及发布发行公债法令,属于两院管辖事项,其立法程序中,没有任何一院拥有优先或优越的权力。

(三) 监督政府权

约翰·密尔曾经指出:“代议制议会的适当职能不是管理——这是它完全不适合的——而是监督和控制政府:把政府的行为公开出来,迫使其对人们认为有问题的一切行为做出充分的说明和辩解;谴责那些该受谴责的行为,并且,如果组成政府的人员滥用职权,或者履行职责的方式同国民的明显舆论相冲突,就将他们撤职,并明白地或事实上任命其后继人……此外,议会还有一项职能,其重要性不亚于上述职能：既是国民的诉苦委员会，又是他们表达意见的大会。”①密尔的这番论述，比较清楚地阐明了议会监督政府的职能。不过在理论渊源上，资本主义议会拥有监督政府权，主要源于议会的性质和立法权的性质。如前所述，议会是“民意机关”，也是行使国家立法权的立法机关。在民主政治体制下，政府的行为和活动状况，只有通过作为民意机关的议会进行监督，才能真正体现其人民当家做主的本质。同时，在启蒙思想家看来，立法权是一个国家的最高权力。既然立法机关有权制定法律，当然也有权监督法律的实施。正如洛克指出：“当立法机关把执行他们所制定的法律的权力交给别人之后，他们认为有必要时仍有权力加以收回和处罚任何违法的不良行政。对外权的情况也是这样，它和执行权同是辅助和隶属于立法权的，而立法权，正如前述，在一个有组织的国家中，是最高的权力。”②因此，议会作为行使立法权的立法机关，自然应该有权监督政府。根据各资本主义国家宪法、法律的规定及其宪政实践，资本主义议会的监督政府权，主要包括质询权、不信任投票权、国政调查权以及弹劾权等方面。

质询权是指议会议员在议会开会期间对内阁总理、阁员、部长等，就内阁的施政方针、行政措施和其他事项进行质问和询问，并要求在法定期限内予以答复的权力，是非总统制国家议会对政府监督的一种重要形式。质询权最初也源于英国，是由请愿权发展而来的。对质询权的作用，英国宪法学家詹宁斯的概括可谓典型。他指出，在政治运行机制中，“议会质询是最后的补救方法，而不是最初的补救方法”，“一个议员是想要纠正一件错事，还是想要攻击哪个大臣，提出质询的权力总是重要的。它迫使各部在它们的行动中谨慎小心；它能防止一些小小

① 〔英〕约翰·密尔：《代议制政府》，汪瑄译，商务印书馆 1982 年版，第 80 页。
② 〔英〕洛克：《政府论》（下），瞿菊农、叶启芳译，商务印书馆 1982 年版，第 94 页。

不公平之事,这些事情是如此普遍地和官僚主义联在一起的;它迫使行政人员去注意个人的不平之鸣"①。

在各国宪政实践中,质询在形式和内容上均有不同。如果以质询的方式为标准,可以分为口头质询和书面质询;如果以质询的后果为标准,则可分为正式质询和普通质询。"正式质询"也称质问②,是议员对内阁施政方针、重要政策措施的质询。一般认为,它较早产生于法国。1791 年的法国宪法就规定,当议会要求部长做出解释时,部长应当答复。19 世纪 30 年代,质问已成为法国立法机关的正式规定,到了第三、第四共和国时期,质问制度被广泛应用。从基本特点来说,质问主要有二:第一,它提出的通常是涉及公共利益的重要问题,因而会引起一般性的辩论;第二,它通常具有政治制裁的性质,在辩论终结时,立法机关对政府全体阁员或某某部长,往往有信任和不信任的表决。因此,质问不是单纯获取信息的手段,而是一种非常有效的监督形式,它直接要求阁员等对议会负责。"普通质询"又称"询问",是议员对内阁阁员、政府部长掌管事项的质询,它只构成质询者与被质询者之间的问答,因而在一般情况下,是被质询者只予回答而不构成辩论的一种监督形式。普通质询经常被作为对政府施加压力和保障个人权利和自由的工具而广泛使用,其目的在于从政府方面了解具体情况,要求其干预并且在必要时予以解决。在历史上,普通质询产生于英国,后为许多国家的议会所采用。

在质询权的行使过程中,各国均有一些限制条件。特别是在正式质询的运用上更是如此。比如由于法国第三、第四共和国时期,正式质询经常被利用为倒阁手段,造成政局极不稳定,因而在第五共和国时

① 〔英〕埃弗尔·詹宁斯:《英国议会》,蓬勃译,商务印书馆 1959 年版,第 123 页。
② 质问是德国和法国的一种制度,又称为"大质询",颇似英国的不信任投票。

期,正式质询已被废止。德国虽然保存着正式质询与普通质询并用的传统,但根据其议会的议事规程,正式质询须有30名议员签署才能提出。英国至今仍然保留着只有普通质询而无正式质询的宪政传统。此外,有些国家在质询方式上也有限制,如日本议会法规定,提出质询的议员应就质询事项,做成简明主旨书提交议长,只有在遇到紧急情况时,才能提出口头质询;还有些国家有质询时间的限制,如法国宪法规定,每周有一次会议专供议员提出质询和政府进行答辩,德国议会议事规程规定,联邦众议院每月至少有一次为时1小时供议员提出口头质询的时间,但质询的事项必须于3日前向有关部长提出。

根据有关规定,议员提出质询后,政府有关人员必须做出答复。如果议员对答复不满意,还可以补充提问由政府成员回答。在法国,这种质询几经回答即告结束。在英国,尽管传统上只实行普通质询,因而一般情况下,如果质询时间终了,政府大臣可用书面作答,但对重大问题的质询,议员可以提议延长会议时间,变更议会议事日程,这种提议只要有40名以上的议员表示赞同即告成立。议会在延长期内可以进行辩论,除非质询者对政府有关人员的答复表示满意,否则辩论后还要进行表决,这样,普通质询就意味着变为正式质询。

不信任投票权亦称“倒阁权”,是责任内阁制国家中,议会不同意政府的政策和施政方针时,对政府提出不信任案,以敦促其去职的权利。如果议会通过不信任案,政府必须总辞职,或提请国家元首下令解散议会,重新改选,由新的议会决定政府的去留。不信任投票制度起源于英国。1841年,英国下院因反对辉格党内阁而对其表示不信任,托利党在选举中获胜后组成了罗伯特·庇尔内阁,从此确立了下院可以对内阁提出不信任案的制度。其基本特征有三:第一,虽然不信任投票是议会对政府政策进行监督的一种有效手段,但它只存在于责任内阁制国家,如英国、日本、意大利、德国等。因为只有在责任内阁制国家,政策由内阁决定,但它又必须对议会负责。第二,由于责任内阁制国家的一切政策均由内阁决定,国家元首不负实际政治责任,因此不信任投票,只适用于内阁,而不能延及总统或君主。第三,由于一般情况下,下院直接代表民意,因而通常下院才有不信任投票权。如日本宪法规定,内阁在众议院通过不信任案,或者信任案遭到否决时,如果在10天内不解散众议院,内阁必须总辞职。不过也有少数国家规定,政府必须获得两院的信任。如意大利规定,两院都得以记名并说明理由的方式,对政府表示信任或不信任。不信任案至少需有该院1/10的议员签名,并需在提出之日起3天后才能提交讨论。

在宪政实践中,议会对政府表示不信任,可以采用五种不同的方式:一是议会拒绝通过政府提出的某一重要政策的议案;二是议会否决政府就某一政策向议会提出的要求信任案;三是议会通过对政府的"谴责决议案"或弹劾案;四是议会通过对内阁或内阁中某一成员的不信任案;五是议会通过一项反对政府提案的反提案。同时各种实践表明,如果责任内阁制国家存在两个以上的政党,存在多数拥有一定政治势力和政治影响的政党,它的内阁往往由议会中拼凑起来的政党联盟所组成。这种政党联盟虽然在议会中占据多数席位,却常常因各政党自身的利害关系而互相倾轧,分崩离析,以致常常利用不信任投票权,作为迫使内阁辞职,重新分配权力的手段,从而造成动荡的政治局面,因此,有些国家对议会的不信任投票权规定了一些限制。限制之一是,议会提出对内阁的不信任案,必须有一定数量的议员签署。如法国宪法规定,至少有国民议会1/10的议员签名,才能提出不信任案。限制之二是,提出不信任案后,必须经过一定时间后才能进行表决,以便议员进行充分而周密的考虑。如德国、法国宪法规定,两者相隔时间为2天,意大利宪法规定为3天,等等。

国政调查权是指议会拥有对政府的行为进行调查的权力,是议会监督政府的又一有效措施。尽管多数国家的法律,对此并无明确规定,因而长期以来只不过出于传统习惯而承认议会有此权能,但在政治实践中,国政调查权发挥了非常重要的作用,有些国家甚至将其视为实现立法权不可缺少的环节。

议会的国政调查权起源于17世纪的英国,也有人认为起源于瑞典的“议会督导专员制度”。如前所述,瑞典的议会督导专员有权参加法院或行政机关的任何会议,取得任何机关的会议记录和其他文件。任何文件不得对督导专员保密;任何官员都有向督导专员提供消息和报告书的义务,如果拒绝,将处以罚金或采取其他惩罚性措施。瑞典的这一制度,后来被芬兰、丹麦、挪威、新西兰等国家所仿效。国政调查权的内容一般包括以下方面:一是围绕立法权的行使进行调查;二是选举调查;三是针对有关行政部门及其工作人员的“违法”行为而进行的政治调查;四是涉及国家机关侵犯公民权利问题的调查等。调查的方法包括,由议会各委员会举行各种听证会和调查会等。在调查过程中,不得使用搜查、扣押、逮捕等手段,也不得对证人施加不正当的心理压力。

但在有些国家中,议会的国政调查具有司法机关的某些权限。比如意大利宪法规定,议会两院对有关公共利益的问题,均得进行调查。为此,各议院得从本院议员中按照能反映各个议会党团间力量对比关系的比例,任命委员会。这种调查委员会在进行调查或研究时,具有与司法当局同样的权限。又如德国联邦议会有权并应1/4议员的要求,有义务设立调查委员会,以便公开搜集必要的证据,但也可以秘密进行。为了提出证据,调查委员会可以相应地运用刑事诉讼的若干规定。法院和行政机关有义务对调查委员会给予司法上和公务上的帮助。调查委员会的决议免送法院审查。

弹劾权是指议会对于总统、高级行政官员等公职人员的违法犯罪行为予以检举、处分和追究法律责任的权力。在历史上,弹劾的起源很早,在古希腊的斯巴达国家中,就有从公民会议选出的监督官监督国王的活动。公元前509年,雅典克利斯提尼政治改革制定的“贝壳放逐法”,实际上也就是“贝壳弹劾制”。近代议会的弹劾权,则开始于14世纪的英国。英国首创弹劾权的历史背景和理论渊源在于:当时责任内阁制尚未形成,议会对政府大臣的违法犯罪行为,尚不能通过不信任案解除其职务,而诉诸法院又因司法独立制度尚未形成,难于做出公正裁决。加之根据英国法律,对犯罪的起诉权属于陪审团,陪审团由人民组成,而英国下院被视为人民的代表机关,上院即英国的最高法院,因而由下院提出弹劾案,上院进行审判,也就十分自然。因此,当1386年,平民院因财政大臣萨福克伯爵滥用职权,组成大陪审团向贵族院起诉,经贵族院小陪审团判决,撤销萨福克职务时,也就确立了弹劾案由平民院提出,贵族院审判的惯例。资产阶级取得政权后,这一惯例在1701年的《王位继承法》中得到确认。以后,弹劾作为议会监督政府的一种手段,被其他资本主义国家所普遍采用。不过在实际运用中,各国的情况并不完全一致。

就弹劾对象来说,在君主制国家只适用于高级官吏,不适用于君主;在共和制国家,大都适用于总统、总理、内阁成员,而不适用于一般官员。在美国、日本、菲律宾等国,可以对法官提出弹劾。在挪威、荷兰、乌拉圭、尼加拉瓜等国,则可以对议员提出弹劾。不过一般国家都规定,弹劾不适用于军官。军官犯罪,由军事法庭审理。就弹劾案的提出和审理来说,主要有以下几种情况:一是由议会下院提出弹劾案,上院进行审理,如英国、美国等即属此类。但美国众议院提出弹劾案时,应交由特别委员会或常设委员会进行调查,然后决定是否予以追诉。二是由两院共同组成特别机构,通过弹劾案并进行审判。如日本是从参众两院议员中互选20人组成诉追委员会(追究委员会),负责对应被弹劾官员的调查诉追。同时从两院议员中各选7人组成弹劾裁判所

(弹劾法院),负责对受到诉追官员的审判。三是由议会两院联席会议决议,或两院中一院以2/3多数票决议,提出弹劾案,由宪法法院审理。如德国对总统的弹劾,由联邦议院或联邦参议院1/4的议员提出,并且有2/3多数议员赞同,提交联邦宪法法院审判,宪法法院以2/3多数法官赞同做出判决。意大利对执行职务时犯罪的总统、内阁总理和各部部长进行弹劾,也是先由议会两院联席会议做出决定,然后由宪法法院予以审理。四是由议会下院通过弹劾案,由普通法院审理。如比利时宪法规定,凡弹劾案由下院过半数通过,提交最高法院审理。就弹劾事项来说,最初在英国没有限制,以致弹劾与不信任投票没有区别,直至19世纪以后两者才区别开来:弹劾用以监督违法,是法律问题;不信任投票用以监督失策,为政治问题。不过,在具体的弹劾事项上,各国间还是存在不同。如意大利总统受弹劾事项以其叛国或违宪行为为限,内阁总理和各部部长受弹劾事项则限于执行职务时的犯罪行为。在美国,受弹劾的事项较为广泛,叛国罪、贿赂罪或其他重罪轻罪都在受弹劾之列。但根据弹劾案例,被弹劾的事项以其罪行足以损害国家利益,或足以证明其不适于执行公务者为限。在德国,受弹劾的事项,为故意违反基本法或联邦法律等。就弹劾的后果来说,弹劾案经过审判后,其结果只有两种:或者认定无须处分被弹劾人,或者认定必须处分被弹劾人。对被弹劾者的处分,也大体有免职和刑罚两种。

必须明确的是,资本主义议会除了上面阐述的立法权、财政权和监督政府权三大职权外,还有任免政府高级官吏、决定对外宣战、批准政府与外国缔结的国际条约等重要职权。而且,由于议会只不过是由议员组成的一个团体,它的一切活动都具体表现为议员的活动,因此,议会职权的实现,只有通过议员的活动才能完成,而议会的职权,也总是具体表现为议员的职权,包括提案权、讨论权和表决权等诸方面。

二、不同模式的资本主义议会制在职能方面的异同

既然在总体上,资本主义议会制都是各资本主义国家为实现其间接民主而建立起来的国家政权组织制度,而且作为议会制主要物化形式的议会,在性质上都归结为"民意机关",那么其职权、功能等在基本的方面必然相同。因此,从职能方面对不同模式的资本主义议会制进行比较,其相同点必然处于主导地位。具体说来表现在:第一,尽管不同国家在具体规定和实践中,可能存在一定差别,但不论何种模式的资本主义议会制,议会都有立法、财政和监督政府等基本职权。因而从理论上说,绝大多数国家的议会都处于国家权力的中心。第二,在实现各项职权过程中,虽然不同模式的资本主义议会制,在程序、方式、方法等方面也存在一些区别,但它们彼此间在必须依法定程序和依法定方式、方法行使职权方面,则是相同的。而且在实行两院制的国家中,下院一般都在职权方面优越于上院,因而是行使议会职权的核心环节。

但不同模式的资本主义议会制之所以不同,从根本上说,就在于它们相互之间存在区别。虽然在职能方面,不同议会制的相同方面居于支配地位,但不同之处同样存在。具体说来主要也有两点:第一,在资本主义议会的一般职能中,立法权和财政权都是各国议会最传统的权力,这两大权力在不同模式的议会制中,无论是理论渊源、政治现实需要,还是基本内容等方面都基本相同。但在监督政府权方面,不同模式的议会制却存在较大区别。如果说,王在议会制、纯粹议会制和半议会制中,议会有监督政府权,不仅宪法有明确而具体的规定,而且也是基于立法权是最高权的理论以及执行权必须服从立法权的政治需要的话,那么议会总统平行制却并非如此。虽然议会总统平行制中,议会通过弹劾等方式,也可以对政府施加压力和影响,但其理论渊源则在于分权制衡。也就是说,议会总统平行制的权力结构与其他三种模式不同,

它的立法权与行政权之间并不是一体化的关系,因此,作为行政机关的政府并不需要对作为立法机关的议会负责。但既然强调立法、行政和司法三者之间相互牵制以达到相互平衡,那么议会势必拥有牵制政府的权力和手段。尽管这种牵制的实际效果,是对政府的一种有力监督,但在理论依据和政治需要上,却与其他模式的监督政府权不同。与此相联系,议会总统平行制模式中的议会,也没有质询权、不信任投票权等监督政府的权力。第二,虽然不同模式的议会制都有立法权和财政权,但在具体行使的程序和方式、方法上,不同的模式之间也有不同。比如就提出法案权来说,在实行议会总统平行制的美国,由于采取典型的分权原则,因而法案的提出权属于国会两院议员,行政机关则不能向议会提出任何法案。在实行"王在议会制"和"纯粹议会制"的国家中,由于采取以议会为重点的分权原则,因而政府要向议会负责,但政府不仅是执行法律的机关,而且也是可以参与立法活动的。因此,法案的提出权归议员和政府共同享有。在实行半议会制的法国,则采取折中办法。它的宪法规定,立法创议权同时属于总理和议会议员。这样,它一方面把政府的法律提案权限于总理一人,同时又规定议员的提案,以不减少国家收入、加重国家负担为限度,等等。

在此应该提及的是,资本主义议会的组织结构,对议会职权的行使、职能的发挥也具有非常重要的影响。阿尔蒙德曾经指出:"政府各机构之间功能上的差别,是同它们之间结构和程序上的差别相关联的。"①具体对资本主义议会来说,也就是议会的组织结构不同,其职能的分配、行使的程序和方式、方法等,也就有差异。最典型的就是一院制议会与两院制议会,在行使职权过程中存在鲜明的不同。一般来说,

① 〔美〕加布里埃尔·A. 阿尔蒙德等:《比较政治学》,曹沛霖等译,上海译文出版社1987年版,第303页。

一院制议会的法案在议会通过后即可颁行，但两院制议会的法案在一院通过后，通常还需送交另一院审议。此外，议会中的委员会、议会党团等内部组织状况，也在很大程度上影响着议会职权的行使。

三、不同模式的资本主义议会制的功能效应简析

应该承认，我们上面对资本主义议会职能的阐述，主要是从宪法、法律的条文规定进行综合的，因此，对资本主义议会职能的实际发挥亦即其功能效应，我们还必须进一步分析。正如学术界所一致公认的，资本主义议会的地位和作用状况在不同的历史时期有着不同的表现。如果说在自由资本主义阶段，议会在资产阶级巩固政权、建立民主政治过程中发挥着非常重要的作用的话，那么当资本主义发展到垄断阶段后，议会的地位和作用则日益走向衰落。尽管作为一种总的历史趋势，这一结论存在于各个不同的资本主义国家，但在不同模式的资本主义议会制中，议会实际的功能效应，特别是导致议会功能效应状况发生变化的具体情况，则存在不同。

如前所述，虽然不同模式的资本主义议会制由于各种原因，在其职权、职能及其行使程序等方面，存在着一定差异，但在主要的方面却基本相同。因此，要分析不同模式的资本主义议会制的功能效应，了解其议会职权是否得到有效行使，必须从不同模式的议会在国家权力中的实际地位，以及制约、影响议会职权行使的诸因素等方面进行阐述。

（一）议会在不同模式的资本主义议会制中的地位

毫无疑问，议会制的功能效应状况，在很大程度上取决于议会的地位。议会地位高，其作用发挥得必然理想；议会地位不理想，其作用发挥得自然有限。因此，考察议会的地位，是分析议会制功能效应的首要突破口。在四种不同模式的资本主义议会制中，议会在国家权力结构中的具体地位大致有三类情况：一是议会在国家权力结构中处于中心

地位，整个政权体制奉行“议会至上”原则。“王在议会制”和“纯粹议会制”就属此类。比如在英国，当1689年的权利法案确定了下院的最高权力，国王从此退出了对国家权力的争夺之后，尽管整个国家权力的转移，开始在议会内部展开，但议会控制着整个国家权力，则是确定无疑的事实。议会不仅有权选择政府，而且还牢牢地控制着政府。第三、第四共和国时期的法国也是如此：议会是国家政治活动的中心；内阁由议会（下议院）中占多数席位的政党或政党联盟组成，政府对议会负责；国家元首总统与君主一样并不掌握实际权力，处于“虚位元首”地位。在这种权力结构下，议会职权的有效行使，自然能够得到保障。在此必须说明的是，议会的这种地位在后来的历史发展过程中，发生了很大变化。二是议会在很大程度上受制于总统，是总统而不是议会成为国家权力的中心。戴高乐创立的“半议会制”就是这种类型。在这种国家权力结构中，总统不仅领导和控制着政府，而且还享有在特殊形势下的“非常权力”，以及越过议会通过公民投票，决定国家大事的特殊权力。同时，不仅议会选举总统的权力被剥夺，而且议会的立法权也受到限制：两院应按政府所规定的次序，优先讨论政府所提出的法律草案和经政府同意的法律草案。从此，“议会已不再是政策和政府所赖以产生的源泉了”①。三是议会在国家权力结构中，与行政司法机关的地位基本平行，但略占优势。“议会总统平行制”就是这种类型。在这种权力结构中，虽然不同的权力彼此分立，而且强调权力平衡，但由于议会既是“民意机关”又是“立法机关”，而在民主法治国家，一切机关、组织、个人都必须以法律为根本的行为准则，因此，相对于其他机关来说，议会又略占优势。此外，由于这种权力结构强调不同的权力应该有较强的相对独立性，因此这又从另一方面保证了议会能够有效行使自己的职权。

---

① 〔法〕戴高乐：《希望回忆录》第1卷，上海人民出版社1973年版，第289页。

（二）制约、影响议会职权行使的因素

如果我们从深层次考察资本主义议会的地位问题，那么我们可以看出，它具体表现为理论地位、法律地位和实际地位三种。从功能效应的角度来说，只有议会的实际地位才是议会职权行使状况的晴雨表。那么，制约、影响议会实际地位，从而制约、影响议会职权行使的因素何在？概而言之，这方面的因素大体包括两大方面，即内在因素和外在因素。所谓内在因素是指议会内部的组织结构、工作制度状况，特别是由此而形成的行使职权的能力状况。由于资本主义议会制已经建立、运行几百年，因此在这方面，大多数资本主义国家，特别是一些老牌资本主义国家已经打下较好的基础，积累了较为丰富的经验。因此，在资本主义议会制的实际运行过程中，这些内在因素的消极影响并不太大。相反，制约、影响议会职权行使的主要还是外在因素。从资本主义议会的实际运行，特别是从其职权的实际行使状况看，尽管经济、文化、社会稳定状况等外在因素，对议会职权的行使影响很大，但笔者认为，在此方面具有最直接、最重要影响的因素还是两种，即议会与政府的关系、政党和利益集团。由于政党和利益集团在前面已有阐述，因此这里我们主要谈谈议会和政府的关系。

事实上，当我们分析议会在不同模式的资本主义议会制中的地位时，涉及的主要也就是议会和政府的关系。虽然资本主义国家遵循和贯彻立法、行政、司法三权分立的原则，但在整个国家权力结构及其实际运行中，总存在着某一种权力处于中心地位的情况，而且这种权力不是立法权就是行政权，二者必居其一。因此，制约、影响议会职权行使的最重要的因素就是行使立法权的议会与行使行政权的政府的力量对比关系。如前所述，在资本主义议会制的四种不同模式中，议会的理论地位和法律地位大致有三种类型。但由于议会和政府力量对比关系的变化，以及政党和利益集团等因素的影响，议会的实际地位并未与其理

论和法律地位相一致。这在“纯粹议会制”和“王在议会制”中,表现得最为明显。从理论和法律规定来看,在这两种议会制模式中,议会都处于国家权力结构的中心,因此,如果议会的实际地位果真如此,那么其职权必然能得到充分有效地行使。但这两种议会制模式的实际运行充分表明,其议会的地位伴随着与政府力量对比关系的变化,而变得完全名不符实。正如美国学者史蒂文·凯尔曼指出,在这种议会制度下,尽管“总理(首相)依靠议会多数议员的支持才能保住职位,但是在党纪严明的议会制度中,一种足以消除议会这种在表面上的最高权力的力量出现了。由议会选举的总理和内阁变成议会多数的代表和领袖。由于历届总理都是由议会多数选举产生的,因此他们提出的议案总能获得议会多数议员的支持。总理和内阁负责提出政策建议并为此动用政府各部所掌握的巨大资源。议会变成了橡皮图章”。① 既然如此,那么这种议会制的功能效应自然可想而知。胡康大先生在论述英国政治制度时,曾具体分析了政府对议会的控制。他指出,政府通过控制决策权、控制立法、控制财政立法、控制下院时间表等方式,使英国的议会逐渐变得不再是决策过程中的一个重要部分。即使在强调议会、总统不仅分立而且相互平行的“议会总统平行制”模式中,总统也已实际成为国家权力的中心。在议会本来就受制于总统的“半议会制”中,议会的实际地位更不理想。

由此可见,不论是何种模式的议会制,议会的地位和作用都呈现出衰落趋势。导致这种现象的原因主要有三②:第一,经济原因,随着资本主义由自由资本主义阶段发展到垄断资本主义阶段,国家干预经济生活的功能日益加强,而自由竞争的市场经济行为,则不断受到限制。经济生活的变化,迫切要求国家以全社会利益代表的身份,控制人们的

---

① 〔美〕史蒂文·凯尔曼:《制定公共政策》,商正译,商务印书馆 1990 年版,第 38 页。
② 可参见李林:《立法机关比较研究》,人民日报出版社 1992 年版,第 81—82 页。

经济行为。由于议会立法旷日持久，缺乏随机应变能力，因而不能适应经济发展的需要；行政机关则以其权力的高度集中、富于机动和善于应变等优势，而超越于议会之上。第二，政治原因。资产阶级革命胜利之初，资本主义议会肩负着用法律形式确认资产阶级革命成果的重任；资产阶级也试图利用议会来“兑现”主权在民的允诺，以便笼络更多的民众，最大限度地孤立封建势力，巩固自己的统治，因此需要资产阶级控制的议会高居于君权之上。但随着资产阶级政治地位的巩固和政治力量的加强，资本主义议会开始走向衰落。对此马克思曾经指出，资产阶级“先使议会权力臻于完备，为的是能够推翻这个权力。现在，当它已达到这一步时，它就来使行政权力臻于完备，使行政权表现为最纯粹的形式，使它孤立，使之成为和自己对立的唯一的对象，以便集中自己的一切破坏力量来反对行政权”①。第三，思想原因。资产阶级革命时期，民主、自由、平等、人权等资产阶级思想，反映在政治制度上，亦就是人民的参政议政。议会制度的创立，使理想变为现实。但随着19世纪中叶以后，社会本位权利观和国家主权思想的出现，把个人的政治参与行为融合于社会和国家之中，议会作为民意代表机关的意义，对于公民个人来说已经锐减，行政机关作为国家和社会的象征及代表，却越来越得到人们的认同。正是因为以上原因，议会的地位自19世纪中后期起日渐下降，而行政机关的地位则逐渐提高。在这种情况下，议会职权的行使状况，也就越来越不理想。

不过，在四种不同模式的资本主义议会制中，议会地位下降的幅度，其职权行使弱化的程度等，并不完全一样。如果说，在“纯粹议会制”、“王在议会制”和“半议会制”中，这种现象十分严重的话，那么在“议会总统平行制”中，这种现象虽然存在但并不十分突出，而且议会

① 《马克思恩格斯选集》第1卷，人民出版社1995年版，第675页。

与政府的力量对比关系经常反复。正如史蒂文·凯尔曼指出:"在美国历史上,总统与国会的力量对比经历过多次起落。总统的权力从本世纪30年代起开始加强一直延续到60年代。国会在70年代重新确立了自己的地位。"他还进一步解释道,尽管"国会并没有获得那种靠选择行政部门首脑而产生的高居于行政部门之上的表面优势,然而它却因为可以通过也可以否决立法提案而握有真正的权力。当总统属于一个政党,而国会多数派属于另一个政党时,那种在议会制国家中常见的自动批准议案的情况在这里是不可能发生的——即使国会中有严格的党纪也罢。甚至在总统和国会多数派属于同一政党的情况下,国会中党纪的松弛也排除了自动形成多数派的可能性"。这样,"即使是总统的提案,怎样处理还得由国会做主"①。因此,尽管在"议会总统平行制"中,以总统为首的政府地位和作用日渐强化,但无论是在过程还是程序等方面,它都与其他模式存在差别。

① 〔美〕史蒂文·凯尔曼:《制定公共政策》,商正译,商务印书馆1990年版,第39页。

第九章 社会主义人民代表制的比较

如前所述,社会主义人民代表制的产生,是代议制度历史发展过程中具有重大历史意义的一步。尽管相对于资本主义议会制来说,社会主义人民代表制存在的时间并不长,在世界范围内真正实行的国家也不很多,但由于社会主义人民代表制无论在存在基础,还是在自身构成和运行等方面,均与资本主义议会制存在区别,特别是不同的社会主义国家,社会主义人民代表制有着不同的表现,因此,要对代议制度进行系统全面的研究,就必须比较分析社会主义人民代表制。

第一节 社会主义人民代表制的模式分析

与任何其他阶级一样,无产阶级夺得国家政权后,同样也面临着组织国家政权、实现国家权力的艰巨任务。但从政体来说,与其他剥削阶级国家,既可以采取共和制形式,也可以采取君主制形式不同,社会主义国家却只能采取共和制形式。正如恩格斯指出:“对无产阶级来说,共和国和君主国不同的地方仅仅在于:共和国是无产阶级将来进行统治的现成的政治形式。”①“我们的党和工人阶级只有在民主共和国这种政治形式下,才能取得统治。民主共和国甚至是无产阶级专政的特

① 《马克思恩格斯选集》第4卷,人民出版社1995年版,第734页。

殊形式。"①尽管在社会主义国家政权建设过程中，这种共和制政体表现为人民代表制这一国家政权组织制度，但由于各国的具体历史条件不同，因而人民代表制在各社会主义国家的实际运行中，必然各具特点。正如列宁指出："一切民族都将走到社会主义，这是不可避免的，但是一切民族的走法却不完全一样，在民主的这种或那种形式上，在无产阶级专政的这种或那种类型上，在社会生活各方面的社会主义改造的速度上，每个民族都会有自己的特点。"②因此，比较分析社会主义人民代表制，首要的是对社会主义人民代表制进行一些分类。

本来，进行分类的前提在于确立分类的标准。正如我们在第八章提出的那样，"只有在一定标准下才能形成不同类型的模式。而且分类的标准不一样，分类的结果也就不相同"。但由于社会主义国家并不多，远不如资本主义国家那么复杂，加之在理论基础上它们都坚持以马列主义国家学说为指导，在实践中大多又学习、借鉴了第一个无产阶级专政政权巴黎公社和第一个社会主义国家政权苏俄政权的经验，特别是在社会主义人民代表制的理论和实践中，人们已经形成了一些基本的类别，所以对社会主义人民代表制并无必要进行专门的分类，因此，笔者在此从约定俗成的角度，主要阐述苏维埃制、人民代表大会制和人民会议制三大模式。

一、苏维埃制

"苏维埃制"③是在俄国工人运动和十月革命基础上创建的人类历史上第一个社会主义人民代表制形式，是马克思主义国家学说同俄国

---

① 《马克思恩格斯全集》第22卷，人民出版社1965年版，第274页。

② 《列宁全集》第23卷，人民出版社1958年版，第63—65页。

③ 对此，本书第二章第二节已有涉及。

具体历史情况相结合的产物。根据1918年苏俄宪法的规定,国家最高权力机关是全俄苏维埃代表大会,大会由工人、农民、红军和哥萨克代表组成。全俄苏维埃代表大会休会期间,俄罗斯联邦最高权力机关是全俄中央执行委员会,这个委员会由全俄苏维埃代表大会选出并对它负责。全俄中央执行委员会是俄罗斯联邦最高立法、执行和监督机关。俄罗斯最高国家管理机关是由全俄中央执行委员会组成的苏俄人民委员会,该委员会下设若干人民委员部,它们对全俄苏维埃代表大会和全俄中央执行委员会负责。各省、州、县、乡的国家政权机关是省、州、县、乡的苏维埃代表大会。各省、州、县、乡苏维埃代表大会选举各级执行委员会,在各级代表大会闭会期间,各级执行委员会即为地方的最高政权机关。村、镇苏维埃及其执行委员会是最基层的政权机关,由选民直接选举产生。随着苏联的成立,苏维埃代表大会制也相应地做了调整,改为:苏联苏维埃代表大会;加盟共和国和自治共和国苏维埃代表大会;省、县、乡苏维埃代表大会;市、村、镇苏维埃。

1924年的苏联宪法不仅确认了这些变化,而且明确规定苏联苏维埃代表大会是全苏最高国家权力机关。大会闭会期间,苏联中央执行委员会为最高权力机关。与1918年宪法不同,这时的苏联中央执行委员会由联盟苏维埃和民族苏维埃两部分组成。苏联中央执行委员会闭会期间,由苏联中央执行委员会主席团行使苏联最高立法、执行及发布命令的权力。苏联人民委员会则为苏联中央执行委员会的执行及发布命令的机关。1936年的苏联宪法根据新形势下的实际情况,将工农兵代表苏维埃改名为劳动者代表苏维埃,确立了劳动者代表苏维埃体系,包括苏联最高苏维埃、加盟共和国最高苏维埃、自治共和国最高苏维埃;边疆区、州、自治州、民族区、区、市、镇、村劳动者代表苏维埃。宪法规定,苏联最高苏维埃为苏联最高国家权力机关,由权力平等的联盟苏维埃和民族苏维埃两院组成。苏联最高苏维埃闭会期间,由它选出的苏联最高苏维埃主席团行使其职权。苏联人民委员会为执行机关。苏联最高苏维埃还选出苏联最高法院并任命苏联检察长。与1924年宪法相比,1936年宪法不仅完善了国家权力机关的组织结构,增强了国家权力机关的权力,而且还确立并进一步发展了苏维埃代表制及其他制度,1977年的苏联宪法,则将劳动者代表苏维埃改名为人民代表苏维埃。尽管人民代表苏维埃与劳动者代表苏维埃,在本质上没有什么不同,但在两者转变过程中,苏维埃制仍然获得了发展,这突出表现在两大方面:一是扩大了苏维埃的权限,特别是最高苏维埃的监督职能得到显著加强;二是提高了苏维埃代表的地位。但从1985年3月以后,苏维埃制逐渐发生了较大变化。特别是1989年人代会制和总统制的建立,标志着苏联走上了西方议会民主制的道路,"使前苏联由传统的苏维埃体制转到了三权分立的议会民主体制"①。

二、人民代表大会制

"人民代表大会制"是中国各民族人民在中国共产党领导下,继承、发展人民革命根据地政权建设经验,并参照苏联和各人民民主国家的实践,而创立和发展起来的。早在第一次国内革命战争时期,革命的工人阶级和农民阶级,即曾建立过带有人民革命民主政权萌芽性质的政治组织。如1925年省港"罢工工人代表大会"和"罢工委员会",1927年上海工人武装起义胜利后召开的上海"市民大会"和由它选出的"市民政府",以及各地农民暴动胜利后建立的"农民协会"等。在第

① 王仲田、高金海:《历史剧变——社会主义的挫折及其教训》,山东人民出版社1993年版,第164—166页。

二次国内革命战争时期，各革命根据地人民建立了工农兵代表大会制度。1931年11月，在江西瑞金召开了中华苏维埃第一次全国代表大会，成立了中华苏维埃临时中央政府，选举产生了全国苏维埃临时中央执行委员会为最高政权机关。抗日战争时期，各抗日根据地的革命民主政权，则采取了参议会的形式，由参议会组织政府，在参议会闭会期间，领导各地政务。在解放战争时期进行土改的地区，农村一律建立贫农团和农会，代行基层政权的职权，并在此基础上建立区、村（乡）两级人民代表会议，产生人民政府。毛泽东同志曾指出，这"是一项极可宝贵的经验"，"这样的人民代表会议一经建立，就应当成为当地人民的权力机关"①。

中华人民共和国成立之初，召开了中国人民政治协商会议，它代行全国人民代表大会的职权，制定了作为临时宪法的"共同纲领"。"共同纲领"在总结我国民主革命中政权建设经验的基础上，第一次把人民代表大会制度规定为我国的政权组织制度。1954年宪法，则标志着我国人民民主专政政权和人民代表大会制度的正式确立。但自1958年后，人民代表大会制度在地方开始被忽视，在中央也逐渐被削弱。十年动乱时期，人民代表大会制度更是遭到严重破坏。1978年宪法和1982年宪法，以及重新颁布实施的选举法和组织法等，进一步完善和发展了我国的人民代表大会制度。根据宪法的规定，在人民代表大会制度下，全国人民代表大会是最高国家权力机关，地方各级人民代表大会则是地方各级国家权力机关。全国人民代表大会以及县以上地方各级人民代表大会均设有常设机关，在同级人民代表大会闭会期间依法行使职权。全国人民代表大会和地方各级人民代表大会，还要选举产生同级国家行政机关、审判机关、检察机关等。这些由人民代表大会选

---

① 《毛泽东选集》第4卷，人民出版社1991年版，第1308页。

举产生的国家机关,必须对人民代表大会负责,受它监督。所有的国家机关,包括各级人民代表大会,则向人民负责,受人民监督。同时,作为国家权力机关,各级人民代表大会还拥有广泛的职权。从此,中国的人民代表大会制度,走上了健康发展的轨道。

三、人民会议制

“人民会议制”是朝鲜实行社会主义人民代表制的具体形式。从其基本内容和基本特征看,它与中国的人民代表大会制相类似。在朝鲜,1948 年 6 月,在平壤召开了南北朝鲜各政党、社会团体的领导人协议会,宣布南朝鲜 1948 年 5 月举行的“单独选举”无效,决定举行南北朝鲜人民总选举。8 月下旬,南、北两半地区以不同的方式,分别举行了选举,共选出议员 572 人,1948 年 9 月 2 日,在平壤举行最高人民会议第一次会议。这次会议通过的宪法,正式确认人民会议制是朝鲜人民实现国家主人权利的基本形式。根据朝鲜宪法的规定,朝鲜的最高国家权力机关称为“最高人民会议”。而且朝鲜的最高人民会议是国家的唯一立法机关,它有权通过和修改宪法,制定法律,产生并监督国家领导人员,如选举国家主席,组织最高国家行政机关,产生最高审判机关和检察机关领导人,有权决定经济发展计划、批准国家预算、决定战争与和平等重大问题。同时,朝鲜的最高权力机关也设有常设性的机构,称为“最高人民会议常设会议”。此外,朝鲜还设有“国家权力的最高领导机关”——“中央人民委员会”。与中国人民代表大会制度一样,朝鲜设立政务院作为最高国家权力机关的执行机关,对最高国家权力机关负责并报告工作。

从上面对“苏维埃制”、“人民代表大会制”和“人民会议制”等社会主义人民代表制的模式在形成过程及基本概况方面的简述,我们不难看出它们之间的诸多共同点:第一,它们大多产生于革命战争时期,并随着各自政治、经济的发展而不断完善、发展,其产生和发展的道路均呈曲线型;第二,它们都是在本国无产阶级政党领导下,彻底打碎旧的国家机器,不断总结、借鉴自己及他人政权建设经验教训的结果;第三,都继承、体现了巴黎公社的原则,实行的都是人民代表制,是巩固无产阶级专政,保障劳动人民行使当家做主权力的政治形式。

由于各国阶级力量实际对比关系、历史传统等的差异,决定了上述三大模式在产生和发展过程中,也存在着这样或那样的不同。表现在:第一,在起源上,苏维埃制起源于工人代表苏维埃,中国的人民代表大会制度起源于上海工人武装起义时的“市民大会”和农村的“农民协会”,等等。从这里可以看出,它们在起源上虽然各具特色,但无不打上了当时政治、经济斗争的烙印。第二,在各国用根本法形式确认人民代表制时,在阶级关系上存有区别。在中国生产资料所有制的社会主义改造基本完成以前,存在着劳动人民与可以合作的非劳动人民的联盟关系及其组织形式,如中国的人民政治协商会议,它是工人阶级(通过共产党)领导的,以工农联盟为基础的人民民主统一战线的组织形式。而在苏俄等就不存在这一情况。第三,同样,在人民代表制初始阶段的选举权上也有不同。根据1918年的苏俄宪法,剥削分子和其他损害劳动人民群众利益的人没有选举权。但在中国,根据1954年宪法,只剥夺了官僚买办资本家、地主和反革命分子的政治权利,而没有剥夺民族资产阶级的政治权利。

第二节　社会主义人民代表制的组织结构比较

作为国家政权组织制度,社会主义人民代表制也是结构与功能的统一。具体地说亦即社会主义人民代表制,只有物化为一定的机关、组织,并通过这些机关、组织的活动,才能在政治实践中真正发挥其效能。

因此,比较研究社会主义人民代表制,首先就必须从组织结构角度,比较分析社会主义人民代表制的不同模式。

一、社会主义人民代表制组织结构的一般分析

尽管社会主义人民代表制涵盖的内容很多,涉及的面很广,但正如我们在第八章中论及资本主义议会制的组织结构时已经指出的,这里的组织结构主要着重于代议机关本身。具体就社会主义人民代表制而言,它主要是指人民代表机关的自身构成,以及各构成部分间的相互关系。在此,我们仍然从宏观和微观两个层次进行一些阐述。

(一)社会主义人民代表机关的宏观体制:一院制和两院制

如果站在“院制”角度,从宏观上考察社会主义人民代表制的组织结构,那么社会主义人民代表制同样有一院制和两院制之分。如中国的“人民代表大会制”、朝鲜的“人民会议制”,实际上就是一院制;而“苏维埃制”实行的则是两院制。尽管在社会主义人民代表制的实际运行中,既有一院制也有两院制,但从马克思主义经典作家开始,就有不少人从批判资本主义国家两院制的角度,主张一院制而反对两院制。比如列宁在1917年4、5月间曾经指出:“俄国民主共和国宪法应当保证:第一条建立人民专政;国家整个最高权力应当属于人民代表,人民代表由人民选举产生并且可以由人民随时撤换;人民代表组成单一的人民会议,即单一的议院。”①同时,他还指出:“两院制是不是政治生活的正常条件呢?我们认为不是。进步派和立宪民主党人却认为是。由于自由派有这种看法,我们指责他们是反民主主义和反革命的。而当我们对自由派提出这种责难的时候,我们也就更严厉地指责了一切右派。”②针对

① 《列宁全集》第24卷,人民出版社1957年版,第428页。
② 《列宁全集》第18卷,人民出版社1959年版,第113页。

自由派所说的实行两院制虽然是对民主主义的违背，但可以得到更多人的赞同的观点，列宁指出，他们“对自己的思想作了这样的解释：要求愈低，赞同的人就愈多”。“而我们的论点不同。没有群众的觉悟，情况就不可能有任何好转。这是我们的基本前提。”“如果不去说明两院制的害处……我们就会推开群众，这就是说，在群众看来，民主主义并不是外交手腕，不是一句漂亮话，而是一件休戚相关的事情，是个有关生死存亡的问题，他们定会丧失对两院制拥护者的信任；这也就是说，对两院制的攻击一削弱，就表示群众的觉悟程度不够。”①

又如斯大林1918年4月在同《真理报》记者谈俄罗斯联邦共和国的组织时说：“美国和瑞士联邦制实际上形成了两院制，一方面是根据普选原则选出的议会，另一方面是由各州或各邦组成的联邦院。这也就是事实上造成资产阶级立法滞缓的那种两院制。不用说，俄国的劳动群众是不会同意这种两院制的。至于这种制度和社会主义的基本要求完全不符合，那就更不用说了。”②他还说，“在中央执行委员会和人民委员会之间就不会有而且不应该有所谓第二院了”，“无论实践创造出什么样的形式，它决不会复活已经被我们的革命铲除和埋葬了的两院制”③。1918年5月，斯大林在鞑靼——巴什基里亚苏维埃共和国成立大会筹备会议的讲话中，批判资产阶级国家的两院制是“形成了立法滞缓、扼杀任何革命事业的两院制”，并指出，“我们反对在国内实行这种政权建设制度。我们反对它，不仅因为社会主义根本否定这种两院制，而且还因为实际考虑到目前的局势”。具体说来，亦即由于资产阶级还没有被镇压下去，经济破坏、粮食恐慌还没消除，社会主义新世

---

① 《列宁全集》第18卷，人民出版社1959年版，第114—115页。

② 《斯大林全集》第4卷，人民出版社1956年版，第66页。

③ 同上书，第67页。

界还没有建成,因此,"在这个时候,国家必须有一个能够彻底镇压社会主义的敌人,组织新的共产主义经济的强有力的全俄政权"。"如果建立同中央政权平行的地方的和区域的自主政权机关,那实际上就会使任何政权瓦解而倒退到资本主义。"①加里宁也曾说过:"在资本主义国家中,第二院(上院)是正在退出历史舞台的阶级借以维持本身生存的一个院……这是统治阶级保护自己的一扇大门,而这扇大门是用来防止下院对他们采取某种'叛逆'的步骤的。"②

的确,既然社会主义国家的一切权力属于人民,那么国家权力的统一原则就应该成为人民代表制度,以至于整个国家政权的基础。因此,如果从国家权力的统一原则出发,那么社会主义的人民代表机关就完全应该建立一院制的组织结构,更何况在资本主义议会制的实际运行中,二院中总有一院趋于保守,因而充分表现了两院制的诸多不足。然而问题的关键就在于,不管两院制存在怎样的不足,它在社会主义人民代表制的组织结构中有着实实在在的表现,却是千真万确的事实。那么,为什么有些国家在建立社会主义人民代表制的组织结构过程中,也采取两院制的形式呢?

毫无疑问,社会主义国家采用两院制,并不是为了用上院抑制下院。从苏维埃制最初的发展情况来看,采用两院制主要是为了解决好民族问题。对此,斯大林曾做过系统阐述。1923 年 2 月,斯大林就向俄共政治局提出苏联中央执行委员会建立第二院的建议。他在提交俄共十二大讨论,并经中央批准的报告提纲中,谈到设立民族院的原因时说:"联盟的最高机关就应当不仅要充分反映联盟内各民族的共同需

① 《斯大林全集》第 4 卷,人民出版社 1956 年版,第 182 页。

② 转引自〔苏〕基利钦柯:《前苏联最高国家权力机关》,森英译,法律出版社 1956 年版,第 34 页。

要和要求，而且要充分反映个别民族的特殊需要和要求。因此，除了现在的代表整个联盟劳动群众的不分民族的联盟中央机关以外，还应当根据平等原则设立代表各民族的专门机关。这样组织联盟中央机关，会使我们有充分可能倾听各民族的需要和要求，及时给他们必要的帮助，造成完全相互信任的环境，从而用最无痛苦的方法消灭上述遗产。"①

在1936年《关于前苏联宪法草案》的报告中，斯大林指出："如果前苏联是一个单民族的国家，那么一院制会比两院制好。但是前苏联不是单民族的国家。大家知道，前苏联是多民族的国家。我们有一个不分民族而代表前苏联一切劳动者共同利益的机关，这就是联盟院。可是，前苏联各民族除了共同利益以外，还有与民族特点有关的各自特有的特别利益。可以忽视这些特别利益吗？不可以。是不是需要一个正是反映这些特别利益的专门最高机关呢？绝对需要。无疑，没有这样一个机关，就无法管理前苏联这样一个多民族的国家。这样的机关就是第二院，即前苏联民族院。"他接着指出："有人援引欧美各国议会史中的事实，说两院制在这些国家里只有坏处，第二院一般都成了反动的中心，成了前进的障碍。所有这一切都是对的。可是，这些现象所以发生，是因为这些国家里的两院是不平等的。大家知道，第二院往往比第一院有更多的权利，而且第二院照例不是通过民主方式成立的，往往是用上面指定议员的方式成立的。毫无疑问，如果两院平等，第二院也像第一院那样用民主方式成立，就不会有这种坏处。"②

由此可见，尽管由列宁、斯大林设计的苏联最高苏维埃由二院组

---

① 《斯大林全集》第5卷，人民出版社1957年版，第156页。这里所谓"遗产"指俄罗斯大国沙文主义残余、民族主义残余和各民族在经济文化上的不平等（引者注）。

② 《斯大林选集》下卷，人民出版社1979年版，第415页。

成，但两院制的产生，并不是为了防止一院代表的热情与冲动，更不是为了欺骗群众，而是为了适应解决国内民族问题的需要，以便既照顾全国人民的共同利益，也照顾各个民族的特殊利益。当然，在社会主义人民代表制的运行实际中，也有一些多民族国家采用的是一院制。这不仅与各国的传统习惯有关，而且也与国家权力的统一、人民利益的一致等理论原则存在密切联系。但一国到底应该采行一院制还是两院制，“都须从实际需要出发，不能抽象地认定孰优孰劣”①。

（二）社会主义人民代表机关的内部组织构成：常设机关、委员会和工作机构

代表是社会主义人民代表机关最核心、最基本的构成要素。但单个的代表只有组织起来形成为一定的权力主体，才能具体地行使人民代表机关的职权。上述所谓宏观体制中的一院或者二院等，就是这方面的典型表现。然而，由于各种原因，无论是在一院制还是两院制下，人民代表机关要真正全面有效地行使自己的职权，都必须依赖于人民代表机关内部的机关组织。具体说来，主要有人民代表机关的常设机关，以及委员会和工作机构。

“常设机关”是社会主义人民代表机关闭会期间经常设立的机关，是社会主义国家广大劳动人民群众经常性地行使最高国家权力的机关。在资本主义议会制度下，由于议会本身是经常活动的，比如美国国会的例会一般持续9个月，会议每年于1月3日开始，宪法并没有规定结束的时间，但不得迟于下次例会开始之日；日本国会开会的天数为150天；英国下院每年开会的时间平均为165天，等等。既然它们的议会会期如此之长，那么也就没有设立常设机构的必要了。但社会主义国家的人民代表机关例会的时间却非常有限。尽管在宪法条文上，不

---

① 何华辉：《比较宪法学》，武汉大学出版社1988年版，第269页。

少国家规定,最高国家机关每年开会一至两次,如苏联1977年宪法第112条规定,“前苏联最高苏维埃会议每年举行两次”,朝鲜宪法第77条规定:“定期会议每年召开一至两次”等。但在政治实践中,真正开会的时间,每年大致在20天左右。因此,设置常设机关,也就成了维持人民代表机关工作和活动的经常性、连续性,使人民实现当家做主的途径时刻保持畅通的关键环节。正因如此,所以在1918年的苏俄宪法中就明确规定,全俄苏维埃代表大会是最高国家权力机关,在全俄苏维埃代表大会闭会期间,由全俄苏维埃代表大会选出并对它负责的全俄中央执行委员会是俄罗斯联邦最高国家权力机关,其后的各部宪法和各社会主义国家的宪法,无不对此有所规定。如1977年的苏联宪法规定,苏联最高苏维埃主席团是苏联最高苏维埃的常设机构,由苏联最高苏维埃两院联席会议从代表中选举产生,对苏联最高苏维埃报告自己的全部工作,并于苏联最高苏维埃闭会期间,在宪法规定的范围内行使苏联最高国家权力机关的职权。朝鲜宪法规定,最高人民会议常设会议是最高人民会议的常务机关。中国1982年宪法规定,中华人民共和国全国人民代表大会是最高国家权力机关。它的常设机关是全国人民代表大会常务委员会,等等。

从社会主义人民代表制的理论与实践看,设置人民代表机关的常设机关具有非常积极的意义。第一,设置常设机关更利于吸收广大人民群众参加国家管理。社会主义国家人民代表机关的代表,同资本主义国家议会的议员相比,人数要多得多。其所以如此,是因为资本主义国家的议会没有常设机关,一切工作都须由议会自身解决。因此,如果议员人数太多,那么其浩繁的工作势必无法进行,其工作效率必然会大打折扣。在社会主义国家,由于人民代表机关的日常工作由常设机关处理,因此尽管代表人数较多,也并不会妨碍人民代表机关的工作,影响其工作效能。相反,人民代表机关人多面广,不仅意味着它具有广泛的群众基础，而且还能充分吸收广大人民群众参加国家管理，使社会主义国家政权的民主本质，得到全面充分的体现。第二，设置常设机关能大大提高人民代表机关的工作效率。尽管代表人数多表现了较高的民主性，但人数过多，又会导致讨论问题不充分，工作活动不灵便。设置常设机关即能弥补这些缺陷。第三，设置常设机关也便于持续充分地发挥各专门委员会的作用。在资本主义国家中，议会各专门委员会只是为议会服务的辅助性机构，一旦议会休会，其作用的发挥必然受到影响。而在社会主义国家中，各专门委员会不仅服务于人民代表机关，而且在人民代表机关闭会期间，还服务于人民代表机关的常设机关。这样，不仅使常设机关的工作，因为能够得到专门委员会的协助而提高工作质量和效率，而且能够使各专门委员会的工作具有连续性。第四，虽然在人民代表机关闭会期间，常设机关经常性地行使着国家权力，但最根本性的重大问题，还是由人民代表机关集中处理和决定。加之常设机关必须对人民代表机关负责并接受监督，因此，设置常设机关，不仅无损于人民代表机关的权威，相反还会进一步强化人民代表机关的作用和权威。

“委员会”是人民代表机关内部的重要组织，是人民代表机关及其常设机关辅助性的工作机构，一般包括常设性委员会或称专门委员会和临时性委员会两大类型。众所周知，人民代表机关是国家权力机关，它不仅拥有立法权、任免权、监督权，而且还有决定重大事务的决定权。由于现代立法工作日趋繁杂，政府工作日益增多，因而远非代表所能全面了解。加之人民代表机关不可能常年集会，这就要求设置各种委员会，以加强对法案的审议等准备工作，并协助人民代表机关加强对政府的监督，等等。因此，社会主义国家人民代表机关内部同样存在各种委员会，如苏联在1936年宪法中曾明文规定，苏联最高苏维埃认为有必要时，得组织任何问题的调查委员会或审查委员会。在1957年以前，苏联最高苏维埃两院各设4个委员会,1966年后为加强委员会的作用,增加到16个。根据1980年的公报,苏联最高苏维埃两院各设资格审查委员会、法案委员会、计划预算委员会、外交委员会、工业委员会、农业委员会、青年事务委员会等17个,共计34个。中国1954年宪法即规定,全国人民代表大会设立民族委员会、法案委员会、预算委员会、代表资格审查委员会和其他需要设立的委员会。目前,中国的全国人民代表大会共设有民族委员会、法律委员会、财政经济委员会、教育科学文化卫生委员会、外事委员会、华侨委员会、内务司法委员会和环境保护委员会、农业与农村委员会等9个专门委员会。

一般说来,人民代表机关设置的委员会委员由人民代表机关选举产生。如苏联的委员会委员、主席,在联盟院和民族院代表中选举产生。据统计,苏联两院代表在1979年参加委员会的人数,占代表总数的76%。中国全国人民代表大会各委员会的人选,由全国人民代表大会主席团在代表中提名,由大会表决决定。就委员会的职能来说,一般包括以下几项:一是立法提案权。如苏联最高苏维埃两院的委员会均有提案权;中国全国人民代表大会各委员会有权向全国人民代表大会主席团或全国人民代表大会常务委员会提出属于全国人民代表大会或者全国人民代表大会常务委员会职权范围内同本委员会有关的议案等。二是议案审查权。苏联并非把所有提案都交给委员会审查,如苏联最高苏维埃1958—1962年间通过的27个法案中,只有14个法案经过委员会审查;1962—1966年间收到的241个议案,也只有53个议案交付委员会。现阶段的中国,全国人大专门委员会的审议工作却异常繁重,如审议全国人大主席团或全国人大常委会交付的议案、质询案,必要时向全国人大主席团或全国人大常委会提出报告;审议全国人大交付的被认为同宪法、法律相抵触的国务院的行政法规、决定和命令,国务院各部、各委员会的命令、指令和规章,省、自治区、直辖市的人大及其常委会的地方性法规和决议，以及省、自治区、直辖市人民政府的决定、命令和规章，并提出报告等。三是监督检查权。如苏联规定，委员会就分管问题有权听取苏联政府机关及其他全苏组织负责官员的报告并提出质询，取得情报资料，有权监督政府机关和组织的活动，以及对法律执行的情况，等等。四是工作建议权。如苏联两院的委员会有两种建议权：一是向两院和主席团提出工作建议，其中包括将某个法案或问题提交全民讨论的建议；二是对中央和地方行政机构的工作建议。委员会对苏联部长会议也有工作建议权，等等。

在社会主义人民代表制下，“工作机构”主要是指人民代表机关常设机关下设的工作机构，这是保证人民代表机关及其常设机关正常、高效运行的基本条件。在中国全国人大常委会，不仅有委员长、副委员长、秘书长组成的委员长会议，负责处理全国人大常委会重要的日常工作，而且在全国人大常委会委员长会议之下，设置有法制工作委员会和全国人大常委会办公厅，为全国人大及其常委会会议服务，为专门委员会的工作服务，为全国人大代表和常委会组成人员依法行使职权服务。如法制工作委员会的主要职责即在于，协调全国人大常委会和全国人大法律委员会起草、研究、修改法律草案；全国人大常委会办公厅则在秘书长领导下，通过各下属机构，分工研究、处理有关日常具体事务。此外，常务委员会还可根据需要设立其他工作委员会等。

二、社会主义人民代表制组织结构的异同及其原因

如果从组织结构角度对苏维埃制、人民代表大会制和人民会议制进行比较，不难发现它们之间主要存在着以下相同之处：第一，都是从中央到地方普遍采行的政治形式。如在苏维埃制度下，既有苏联最高苏维埃、加盟共和国和自治共和国的最高苏维埃，也有地方各级人民代表苏维埃；在中国既有全国人民代表大会，也有地方各级人民代表大会

等。第二,都以民主集中制的组织与活动原则代替了资产阶级的三权分立原则,由此形成的国家权力结构也就有着极为鲜明的特点。具体说来,即国家机关在职权上虽有所分工,但相互之间不存在制衡关系,立法机关也不是一个单纯行使立法权和监督权的机关,而是一个拥有一切国家权力的国家权力机关。各级国家行政机关、审判机关和检察机关等,均由各级国家权力机关产生。第三,由于人民代表机关是会议性质的机关,因此在人民代表机关闭会期间,一般均另设有常设机关来行使国家权力。委员会和工作机构等,则协助人民代表机关及其常设机关行使有关职权,等等。那么,导致上述诸多相同的原因何在?笔者认为,这主要有以下两点:第一,是由于各国国家政权的本质相同,所遵循的政权建设指导思想和理论原则等也相一致。与资本主义国家政权根本对立,社会主义国家政权是广大劳动人民群众当家做主的政权。因此,在政权组织制度的实际运行中,必须紧紧围绕这一中心。同时,马列主义国家学说是各社会主义国家政权建设根本性的指导思想。尽管各社会主义国家在贯彻过程中,一般都结合其具体实际情况,但指导思想的同一性,必然导致组织结构方面的相同点。第二,是由于都曾以巴黎公社和苏维埃制作为学习的样板。巴黎公社是世界历史上第一个无产阶级政权,它创立的一系列民主原则以及积累的经验教训,对后来的社会主义国家产生了非常深远的影响。十月社会主义革命胜利后建立起来的苏俄政权,则是世界上第一个社会主义国家政权。中国、朝鲜等都是第二次世界大战胜利后,建立起来的社会主义国家。因此,各种客观情势,决定了这些新兴的社会主义国家,在建立社会主义人民代表制,进行全新的社会主义政权建设方面,必须借鉴已有近 30 年建国历史的苏联的经验。因此,不同模式的社会主义人民代表制在组织结构方面存在相同之处,也就势所必然。

与此同时,不同模式的社会主义人民代表制在组织结构方面,同样存在着不同之处。而且笔者以为,对本质相同的事物、现象进行比较时,既要求同,又要求异。而主要应是求异,特别是要求产生诸异的历史背景,以及诸异对于事物、现象的能动作用,从而达到借鉴"他山之石"的目的。具体说来其相异之处主要有:第一,在人民代表机关的宏观体制上存在区别。人民代表大会制、人民会议制采行的是一院制。苏维埃制在中央则采两院制。第二,代表的产生方式也有不同。如中国全国人民代表大会代表由间接选举产生,而苏维埃制的两院代表则由选民直接选举产生,等等。

应该承认,概括地说,不同模式的社会主义人民代表制,之所以在组织结构上存在差异,最根本的就在于各国的国情不同,以及各国在坚持马列主义基本原理的前提下,进行了一些新的探索。如前所述,决定苏维埃制采行两院制的原因,主要就在于苏联面临着民族问题需要解决。中国尽管也面临着民族问题,但中国的历史传统,以及各民族间的相互关系和民族分布特点等具体国情,又决定了应该采行一院制。

第三节 社会主义人民代表制的功能效应比较

我们已经多次指出,社会主义人民代表制是社会主义国家广大劳动人民群众实现当家做主的基本形式。尽管在前面的阐述中,我们从诸多角度对此进行过分析,但这些分析大多局限于组织形式和基本理论,因而从功能效应角度考察社会主义人民代表制对于政治实践的影响,也就尤为必要。

一、社会主义人民代表机关的一般职能

如前所述,在资本主义国家的议会职权理论中,议会的职能就是分权原则赋予议会行使的那部分国家权力。但在社会主义国家学说和宪

法理论中，人民代表机关则是广大劳动人民实现当家做主的国家权力机关。而且既然在社会主义国家，国家的一切权力属于人民，那么在理论上，人民代表机关具有全权性，是社会主义国家全面地、全权地代表全体人民行使国家权力的全权机关。但由于人民代表机关是会议性质的机关，而且其每年开会的时间也很有限，因而由人民代表机关实际行使全部国家权力确有困难。因此，根据民主集中制原则，在坚持人民代表机关统一行使国家权力的前提下，在国家机关之间还须进行必要的分工。这样，在社会主义国家的政治实践中，人民代表机关的实际职能，则以宪法、法律的明确规定为限。也就是说，尽管在理论上，人民代表机关是全权机关，但在政治实践中，其职能同样局限于一定范围。根据各社会主义国家宪法、法律的规定，以及社会主义人民代表制在各国的实际运行，我们可以将社会主义人民代表机关的一般职能，概之为法制方面的职权、任免权、监督权和决定权四大方面。

（一）法制方面的职权

社会主义国家人民代表机关在法制方面的职权主要包括立法权和监督宪法、法律的实施两部分。由于地方各级人民代表机关一般均无国家立法权，因此这里我们主要侧重阐述社会主义国家最高人民代表机关的有关职权。就立法权来说，由于宪法是法律的一种，因此立法权本应包括制定和修改宪法的权力。但宪法的特殊性却使各国代议机关是否有权制定和修改宪法，成为一个异常复杂、亟待研究的课题。在资本主义国家的议会职权中，议会并无制定宪法的权力，即使是修宪权也只能部分享有。比如美国国会是根据联邦宪法产生的，在宪法产生之前根本不存在国会，因而国会的制宪权当然无从谈起。而且在国会两院 2/3 的议员提出宪法修正案后，还须经 3/4 的州议会或经各州 3/4 的制宪会议批准，才能成为宪法的一部分。可见，美国国会的修宪权也极为有限。尽管有些社会主义国家的宪法只规定最高人民代表机关有修宪权,但社会主义国家的宪政史却说明,最高人民代表机关既有制宪权也有修宪权。如1918年的苏俄宪法,即是由全俄中央执行委员会制宪委员会起草,由全俄苏维埃第五次代表大会通过的;中国1954年宪法也是由宪法起草委员会起草,由第一届全国人民代表大会第一次全体会议通过的。有些社会主义国家的宪法则明确规定,最高人民代表机关有制宪权。如朝鲜等国宪法则规定,最高人民代表机关有权通过和修改宪法。在修改宪法方面,苏联宪法规定,只有根据苏联最高苏维埃每院全体代表至少2/3的多数通过,才能修改宪法;中国宪法规定,只有全国人大常委会或者1/5以上的全国人大代表提议,并经全国人大全体代表的2/3以上多数通过,方能修改宪法。可见,社会主义国家的宪法都把通过和修改宪法的权力,赋予国家的最高人民代表机关。与此同时,各国宪法还规定,最高人民代表机关享有普通法律的制定和修改权。如苏联宪法规定,苏联最高苏维埃是苏联最高立法机关,享有国家最高立法权等。就监督宪法、法律的实施来说,各社会主义国家的宪法一般也将这一权力赋予最高人民代表机关。

必须提及的是,尽管我们说地方各级人民代表机关一般均无国家立法权,但并不意味着地方各级人民代表机关在法制方面无所作为。实际上,在实行联邦制国家结构形式的国家中,如苏联各加盟共和国、自治共和国的人民代表机关就拥有立法权。即使在实行单一制国家结构形式的国家中,地方各级人民代表机关也有权制定地方性法规。如中国的省、自治区、直辖市的人大及其常委会,省会所在地的市的人大及其常委会和经国务院批准的较大的市的人大及其常委会,就有地方性法规的制定权。而且,为了保证宪法、法律的贯彻落实,各国宪法一般还规定,地方各级人民代表机关有责任保证宪法、法律在本行政区域内的贯彻实施。

(二)任免权

作为国家权力机关,社会主义国家的人民代表机关还有权通过选举产生或者决定任命的方式，组织其他同级国家机关。如苏联宪法规定，苏联最高苏维埃是唯一有权“设立对其报告工作的苏联机关”的机关，它有权产生苏联最高苏维埃主席团，组织苏联部长会议，选举苏联最高法院，任命苏联最高检察长，批准苏联人民监督委员会主席，并有权在任何时候通过无记名投票方式，免去苏联最高苏维埃主席团主席的职务，免去其他国家机关高级领导人的职务等；各加盟共和国和自治共和国最高苏维埃，有权选出最高苏维埃主席团，组织共和国部长会议；地方人民代表苏维埃则选举地方苏维埃执行委员会，作为自己的执行机关和发布命令的机关。中国宪法规定，全国人大有权选举全国人大常委会委员长、副委员长、秘书长和委员，选举国家主席、中央军事委员会主席、最高人民法院院长、最高人民检察院检察长；有权根据国家主席的提名决定国务院总理的人选，根据国务院总理的提名，决定国务院副总理、国务委员、各部部长、各委员会主任、审计长和秘书长的人选；根据中央军事委员会主席的提名，决定中央军事委员会副主席和委员的人选。对于以上人员，全国人大有权依照法定程序予以罢免。地方各级人大分别选举并且有权罢免本级人民政府的负责人；县以上各级人大选举并且有权罢免本级人民法院院长和本级人民检察院检察长。选举或者罢免人民检察院检察长，须报上级人民检察院检察长提请该级人大常委会批准，等等。

（三）监督权

既然同级其他国家机关均由人民代表机关选举或者组织产生，那么，这些国家机关必须对人民代表机关负责，并接受人民代表机关的监督，也就成为必然。另一方面，各级人民代表机关也只有通过监督其他国家机关，才能保证国家权力由人民代表机关统一行使，从而真正保证广大劳动人民群众的当家做主地位。因此，监督权是人民代表机关一项非常重要的职权。如苏联宪法规定，苏联最高苏维埃监督宪法的执行，并保证各加盟共和国的宪法和法律同苏联的宪法和法律相适应；苏联最高苏维埃对向它报告工作的所有国家机关实行监督；苏联最高苏维埃指导人民监督系统的首脑机关——人民监督委员会的活动；加盟共和国最高苏维埃对加盟共和国最高苏维埃主席团和共和国部长会议实行监督；地方各级人民代表苏维埃对境内的上级所属企业、机构遵守法律的情况实行监督，协调并监督它们在土地使用、保护自然、建筑、劳动资源的使用、消费品生产，以及对居民的社会文化服务、生活服务和其他服务方面的活动。中国宪法规定，全国人大有权监督由其产生的其他国家机关的工作，全国人大常委会对全国人大负责并报告工作，全国人大可以改变或者撤销全国人大常委会不适当的决定；国务院、中央军事委员会主席、最高人民法院和最高人民检察院，都要对全国人大负责；地方各级人大行使对本级人大常委会、人民政府、人民法院和人民检察院的监督权等。从各社会主义国家人民代表机关监督的内容来看，主要包括法律监督和工作监督两部分；从具体的监督制度来看，既有报告制度、质询制度，也有法律、法规审查批准制度等等。

（四）重大事项的决定权

社会主义各国的人民代表机关，均有议决重大事项的权力。就最高人民代表机关来说，主要包括审查批准国民经济发展计划和社会发展计划及其执行情况的报告，审查批准国家预算及其执行情况的报告；制定对外政策总路线，批准同外国缔结的条约；决定战争与和平，宣布动员令；规定行政区域组织等。如苏联宪法规定，只有苏联最高苏维埃才有权接纳新的共和国为苏联成员，有权批准建立新的自治共和国和自治州；苏联最高苏维埃通过审查和批准苏联部长会议的政府工作报告，通过批准苏联国民经济发展和社会发展计划，通过批准苏联国家预算以及计划和预算执行的报告，决定该时期对内对外政策的具体方针，保证总的对内对外政策的基本方针得以实现。就地方各级人民代表机关来说,主要是决定本行政区域内的重大事务。如苏联宪法规定,地方各级人民代表苏维埃在苏联社会主义共和国联盟、加盟共和国和自治共和国法律所赋予的权限内,有权就辖区内的重大问题通过决定。该苏维埃辖区内的一切企业、机构、组织以及公职人员和公民,都必须执行地方苏维埃的决定。中国宪法规定,县以上地方各级人大有审查和批准本行政区域内国民经济和社会发展计划、预算以及它们执行情况的报告,讨论、决定本行政区域内政治、经济、教育、科学、文化、卫生、民政、民族工作的重大事项;乡、民族乡、镇的人大有权根据国家计划,决定本行政区域内经济、文化事业和公共事业的建设计划,审查和批准本行政区域内财政和预算执行情况的报告,决定本行政区域内民政工作实施计划,等等。

二、社会主义人民代表制不同的组织结构与职能

应该肯定,尽管由于各国国情存在差异,因而不同模式的社会主义人民代表制在职能方面,也会存在这样或那样的不同,但在最基本、最主要的方面,它们之间却并无差异。因此,如果从职能角度对其进行比较,那么完全可以说它们基本相同。然而,不同模式的社会主义人民代表制,在组织结构方面的差异,则决定了它们在行使职权,实现职能的方式、程序等方面存在不同。最典型的就在于宏观体制上的一院制,或者两院制对人民代表机关职权的行使具有不同的影响。如果采取的是一院制,如人民代表大会制、人民会议制等,那么理所当然由一院来行使各项职权。但如果采取的是两院制,如苏维埃制,那么则有不同的行使职权的方式。在苏维埃制度下,联盟院和民族院在权力行使上是平等的,每个院都有同等的立法提案权,一切法律草案都必须由两院出席代表的过半数通过,才能成为法律。

此外,对人民代表机关职能行使具有重要影响的,还有人民代表机关内部的组织机构状况。具体说来,即常设机关是否健全,委员会和工作机构是否完备,与之相联系的各项制度是否能够有效运行等,都直接关系到人民代表机关行使职权的方式以及实现职能的客观效果。

三、社会主义人民代表制的功能效应简析

如前所述,从理论上说,社会主义人民代表机关是全权机关,即使由于国家机关之间分工的需要,人民代表机关的职能必须以宪法和法律规定的范围为限,但从上面的概述可见,人民代表机关的职能仍然十分广泛。然而在政治实践中,不仅西方国家的政治家和学者称社会主义国家的人民代表机关为"橡皮图章",而且就是社会主义国家的广大人民群众,也对社会主义人民代表制在政治实践中功能效应的发挥不够满意。那么,社会主义人民代表制的实际功能效应如何?制约、影响其实际功能效应的主要因素又有哪些?

从历史发展的角度来说,随着社会主义各国民主与法制建设的日益加强,社会主义人民代表制的功能效应也日益得到提高。具体表现在:第一,各国人民代表机关的地位和权威得到提高。聂运林教授在总结人民代表苏维埃的历史发展简史后指出,从 1917 年到 1985 年,"苏维埃制度获得了较大的发展和加强:苏维埃政权所代表的社会基础不断扩大;各级苏维埃特别是地方苏维埃的地位和作用明显提高"①。中国各级人民代表大会尽管在"文化大革命"时期也曾遭遇劫难,但自中国共产党十一届三中全会以来,各级人民代表机关不仅得到迅速恢复和加强,而且其地位和权威也得到迅速提高。第二,各国人民代表机关行使职权的能力得到增强。发挥社会主义人民代表制功能效应最重要

① 聂运林:《前苏联社会主义民主制度研究》,武汉出版社 1992 年版,第 87 页。

的前提之一，就是人民代表机关具备行使职权的能力，能够将宪法、法律赋予人民代表机关的各项职权，在政治实践中加以贯彻落实。社会主义各国人民代表机关，通过加强组织机构建设和工作制度建设，提高有关组成人员及工作人员的素质等措施，从而大大增强了人民代表机关行使职权的能力。第三，各国人民代表机关在政治实践中的作用日益得到增强。随着人民代表机关地位的提高和行使职权能力的增强，人民代表机关在政治实践中的作用越来越大。

必须明确的是，我们说社会主义人民代表制的功能效应得到提高，并不意味着其功能效应状况已经十分理想。事实上，由于各种原因，社会主义人民代表制应有的功能效应并没有充分发挥出来。从社会主义人民代表制的运行实际看，尽管制约、影响其功能效应的因素很多，但主要也是内在因素和外在因素两大方面。从内在因素来说，主要是人民代表机关内部的组织机构还不是十分健全，工作制度还不是十分完备。因此，虽然其行使职权的能力有所提高，但并未达到其应有水平。具体说来，主要有常设机关的设置，在有些国家的基层人民代表机关还没有解决，其组成人员的素质和能力还不是十分理想；委员会的设置数量过少，其任务、职责等还欠明确，组成人员的素质和水平还须加强；工作方式、工作程序等尚须制度化、系统化，诸如提案制度、质询制度、罢免制度、联系制度等，都还未能全面建立和加强等。正因为社会主义人民代表制内部，还存在着上述诸多问题，因此必然会影响其功能效应的发挥。

如果说这些内在因素将随着社会主义民主和法制的加强而能较好地得以解决的话，那么与这些内在因素相对应的外在因素，在解决的过程中将会困难得多。从社会主义国家的政治实践看，对人民代表机关职权行使具有最直接、最重要影响的外在因素，主要是几对关系，即人民代表机关与行政机关的关系、人民代表机关与人民法院和人民检察院的关系、人民代表机关与同级执政党组织的关系。而在这几对关系中，最主要的则是人民代表机关与同级执政党组织的关系，或者如有的学者所说，是执政党的“执政权力”与人民当家做主的“国家权力”的关系①。毫无疑问，如果这一关系不理顺，那么，人民代表机关职权的行使，社会主义人民代表制功能效应的发挥，都将会受到制约和影响。但长期以来，社会主义国家政治实践中的党政不分、以党代政现象却异常严重，甚至于形成以执政权力替代国家权力的现象。因此，从认识上弄清、实践中处理好它们之间的相互关系，也就十分必要。事实上，当广大劳动人民群众成为国家主人的时候，这个国家也就必然会出现两种权力：一是执政党的领导权力（执政权力）；二是人民当家做主的统治权力（国家权力）。尽管执政党在通过领导国家权力机关以实现自己的政纲，以及广大人民群众通过自己的权力机关执行自己的意志和体现统治阶级的地位这一过程中，似乎执政权力和国家权力没有什么分别，但实际上它们是两种职能不同、互相不能代替的权力系统。正因如此，所以在社会主义政治实践中，一方面必须坚持执政党对国家权力机关亦即人民代表机关的领导，但另一方面这种领导主要是路线、方针、政策的领导，这种领导只有通过国家权力机关转变成有约束力的法律，才能真正实现。因此，执政党对国家的领导主要是政治领导、间接领导和原则领导，执政权力不能直接干预国家权力，更不能代替国家权力。

① 邱敦红：《中西民主政治论》，中国工人出版社 1992 年版，第 118 页。

第十章　资本主义议会制与社会主义人民代表制的比较

毫无疑问，本书最基本的立场和出发点就在于，资本主义议会制和社会主义人民代表制都属于代议制度范畴，都是代议制度的具体表现。正因如此，所以本书从一开始就将资本主义议会制和社会主义人民代表制，作为彼此对应的参照系统，在阐述过程中进行分析、比较，并在此基础上得出一些最基本的结论。但从组织结构和功能效应方面，对资本主义议会制和社会主义人民代表制进行比较，特别是从总体上分析两者间相互关系中的有关问题，则还未能解决。本章即想就此做些尝试。

第一节　资本主义议会制与社会主义人民代表制的组织结构比较

如前所述，组织结构是代议制度最基本的物化形式，是代议制度基本功能的主要载体，因而无论资本主义议会制，还是社会主义人民代表制，都面临着组织结构这一最基本的问题。而且，由于它们都是实现间接民主的基本形式，无论议会还是人民代表机关，都属于民意机关，因此，决定了它们在组织结构方面，既有相同之处，也有不同之点。

一、相同点

必须明确的是，辩证逻辑理解的"同"、"同一"，并不是绝对的等同,而是"异中之同",是存在着差异和对立的"同一"。因此,我们这里对资本主义议会制和社会主义人民代表制组织结构方面相同点的总结,也只能是相对的。同时,由于各国国情等具体历史条件存在差异,因而决定了这些所谓的"相同点",并不一定适合于所有国家。加之我们的研究还只能是粗线条的,所以在归纳总结中难免不全。具体说来,它们在组织结构方面的相同点主要有以下四点:

(一)在议员或代表产生方式上,既有直接选举方式也有间接选举方式

尽管从理论上来说,直接选举方式能够保证选民直接行使选举权,从而充分反映民意,但无论是资本主义议会的议员,还是社会主义人民代表机关的代表,在产生方式上,却既有直接选举方式,也有间接选举方式。在资本主义议会制下,如英国、美国、法国、德国、意大利、瑞士、巴西、日本等国的下议院议员,就是用直接选举的方式产生的。虽然19世纪以来,沿用间接选举的国家已经越来越少,但法国参议院、比利时上院的部分议员等,仍然由间接选举产生。在社会主义人民代表制下,如苏联各级苏维埃代表、中国县以下各级人民代表等,即由直接选举产生。而中国县以上各级人大的代表,则由间接选举产生,等等。不过从选举制度实践看,在这两种方式的运用上,资本主义议会制和社会主义人民代表制又各有侧重:资本主义议会制大多在选举议员时,以直接选举方式为主;而社会主义人民代表制在代表选举过程中,则以间接选举方式为主。

(二)在议员或代表候选人的提名上,政党或选民均可提出代表候选人

日本学者佐滕功曾就苏联1936年宪法的有关规定与资本主义国家的有关制度进行过比较。苏联1936年宪法规定,候选人的提名权由工会、群众团体和共产党组织行使。虽然这一规定遭到西方学者的非

难,但佐滕功认为,由于这种做法在候选人提名过程中,必须对其反复进行评价,因而为选举人民的真正代表,打下了坚实的基础。而"在资本主义国家的自由提名候选人制度中,是不进行这样的群众讨论和对人物的评价的,因此,自由提名候选人的制度只不过是一种粉饰"①。此外,由于各级苏维埃代表负有对选民报告工作的义务,并可根据选民的决定随时被撤换,因此,"它在某种意义上可以说是曾经存在过的强制委任(Mandat imperatif)制度的再现,但在这里却可以看到苏维埃代表和资本主义国家议员的区别,即前者是有人民群众作为真正的基础的"②。

尽管佐滕功先生这里所比较出来的主要是区别、是不同,但现在有关法律的规定或者选举实践却表明,在候选人提名过程中,无论资本主义议会制,还是社会主义人民代表制,都存在政党或选民均可提出代表候选人的情况。如中国选举法就规定,选民或代表 10 名以上联名,可以推荐代表候选人;各政党、各人民团体可以单独或者联合推荐代表候选人。不过,各国法律规定的能够提出议员或代表候选人的选民数量却不相等。法国、日本、瑞典、芬兰、巴西、阿根廷等国规定,候选人的提名不需要任何选民的支持。印度在提名候选人时只需 1 人支持,新西兰需 2 人,塞拉利昂需 4 人,澳大利亚需 6 人,英国需 10 人,瑞士需 15 人,荷兰需 25 人,奥地利(国民议会)和比利时(众议院)需 200—500 人,比利时(参议院)需 100 人③,等等。政党提名候选人,现已成为世界各国选举的一种普遍做法,无论是在法律规定上或者习惯上,英国、

---

① 〔日〕佐滕功:《比较政治制度》,刘庆林、张光博译,法律出版社 1984 年版,第 252 页。

② 同上。

③ 杨柏华、明轩:《资本主义国家政治制度》,世界知识出版社 1984 年版,第 102 页。

美国、法国、德国、意大利、日本、苏联等国，均实行政党提名候选人的做法。

当然，在选举实践中，资本主义议会制和社会主义人民代表制，在实际确定候选人时又有不同：在资本主义议会制下，政党推荐的候选人往往占有优势，而且一般说来，如果没有强大的政党做后盾，那么公民是极难被提名为候选人或者当选的；在社会主义人民代表制下，则往往强调各政党推荐的候选人必须与选民推荐的或者其他团体组织推荐的候选人相平等，因此即使是选民或者其他团体推荐的，也很有可能被确认为正式候选人。

（三）在宏观体制上，都有一院制、两院制的形式

关于资本主义议会制和社会主义人民代表制的宏观体制问题，我们在前面两章中已有阐述。在资本主义议会制下的瑞典、芬兰、卢森堡、希腊、丹麦、葡萄牙等实行的就是一院制；美国、英国、法国、德国、日本、加拿大等实行的则是两院制。在社会主义人民代表制下的中国、朝鲜等实行的是一院制，而苏联实行的却是两院制。由此可见，就“院制”而言，一院制或者两院制，是两种不同性质的代议制度都可运用的形式。但是从政治实践看，不同国家在实际运用这些宏观体制过程中，又会产生不同。比如，虽然资本主义议会制和社会主义人民代表制都运用两院制，但不同国家在运用的时候却存在区别。首先，形成两院的原因不同。资本主义国家的两院在理论上主要源于分权学说，其设立的目的在于，以一院来牵制另一院。社会主义国家的两院则是为了解决民族问题，是为了在反映各族人民普遍利益的同时，反映各民族的特殊利益。因此，从宏观体制与国家结构形式的相互关系而言，社会主义国家建立两院制与联邦制的国家结构形式有关，都是为了解决民族问题。资本主义国家的两院制却不一定与国家结构形式有联系，虽然美国等存在着这方面的问题，但法国、日本等却并非如此。其次，在两院的产生方式上有不同。在资本主义议会制下，虽然下议院一般均由选举产生，但上议院则有很多通过任命、选举辅加任命、选派、指定或当然担任等方式产生。如英国上院、加拿大参议院、牙买加参议院、巴哈马参议院，等等，都不是由选举产生。但社会主义人民代表制下，两院则都是通过选举产生。第三，在两院的职权范围上也有不同。一般而言，资本主义国家的下院职权比上院要大，但社会主义国家则并非如此。在苏联，两院的权力完全平等。

（四）在内部组织结构上都有委员会和工作机构

委员会是为适应政治经济发展和专业化分工的需要而产生的，是代议机关能够正常有效运行的重要条件。工作机构则是为议员或代表以及为代议机关提供各种服务的组织。在代议机关职权行使和工作开展过程中，委员会和工作机构发挥着非常重要的作用。正因如此，所以资本主义议会制和社会主义人民代表制在内部组织结构上都设置了各种委员会和工作机构，但在政治实践中又存在着诸多差异：第一，资本主义议会制下的委员会，一般比社会主义人民代表制下的委员会，数量相对来说要多一些。如美国第99届国会（1985—1987年）共有294个委员会和小组委员会。其中参议院有16个常设委员会，90个小组委员会，4个特别委员会；众议院有22个常设委员会，153个小组委员会（其中14个称为“特别工作组”），5个特别委员会；两院联合委员会有4个。而中国全国人民代表大会则只有9个委员会。第二，资本主义议会制下的委员会职权，一般要大于社会主义人民代表制下的委员会。如美国国会的委员会不仅有立法提案权，而且有法案搁置权、法案修正权和否决权，等等。如1960年艾森豪威尔政府被搁置的提案占政府提案总数的23%。1965年到1967年的约翰逊政府提案被搁置了10%。在美国，委员会的审查报告书对议案能否成为法案起着决定性作用。德国、意大利、瑞典等国家的委员会与美国相似。如意大利的委员会常将大约20%的政府提案和80%的议员提案搁置起来不予讨论。但社会主义人民代表机关委员会的职权则有限得多。如前已述及的苏联最高苏维埃1958—1962年间通过的27个法案中,只有14个法案经过委员会审查,1962年到1966年间收到的241个议案,也只有53个议案交付委员会。第三,资本主义议会制下的委员会比社会主义人民代表制下的委员会,在政治实践中的作用要大得多。既然职权范围大,那么由职权行使产生的实际政治作用自然也就大。正因如此,所以在资本主义国家,委员会已经成为议会的核心,议会的主要活动已逐渐向各种委员会转移。正如有学者指出,"国会政府就是由国会各种委员会控制的政府"①。然而,在社会主义国家,虽然人民代表机关的委员会的作用有所提高,但与资本主义议会的委员会相比,则还须大大加强。

应该承认,上述四点只是资本主义议会制和社会主义人民代表制组织结构方面相同点的几个侧面。那么,为什么它们之间会存在共同之处呢?对此可以从两个方面进行解释:一是它们都属于代议制度范畴,都是与直接民主制相对应的间接民主制的表现形式。因此,既"代"又"议"是其最基本的共同特征。尽管在"代"的对象和"议"的内容等方面,资本主义议会制和社会主义人民代表制可能根本不同,但在"代议"的形式上,它们都具有一致性。这就决定了它们在组织结构方面,必然存在相同点。二是资本主义议会制和社会主义人民代表制的相互借鉴和影响。由于代议制度最先是资产阶级搞起来的,加之在一些形式条件上,社会主义人民代表制与资本主义议会制又有相似的地方,因此,社会主义国家在建立人民代表制过程中,借鉴资本主义议会制的有关经验,从而使二者在组织结构方面存在相同点也就不足为奇。

---

①　美国前总统伍德罗·威尔逊语,转引自《各国国会制度》,台北正中书局1981年印行,第28页。

二、不同点

自然,除了上面的相同点,资本主义议会制和社会主义人民代表制在组织结构方面还存在不同点。但辩证逻辑理解的“异”、“不同”,不是抽象的、不相干事物之间的差异和不同,而是具体的、相互联系的事物、方面的不同,是“同中之异”。具体说来,在组织结构方面,资本主义议会制和社会主义人民代表制的不同,主要表现在以下几方面:

(一)在代议机关组成人员的阶级基础上存在不同

议员或代表是资本主义议会和社会主义人民代表机关最核心、最基本的构成成分。但在议员或代表的来源上,两种不同的代议制度却存在着很大区别。在资本主义议会制度下,议会议员中的绝大多数甚至全部都是有产者,或者是有产者阶级的代理人。如前所述,早期资本主义国家的选举法,大多通过规定选举权在财产状况、文化程度、居住期限等方面的限制,使劳动群众不能参加选举;同时通过规定交纳保证金等制度,不让劳动群众有机会当选为议员。尽管进入20世纪后,资本主义国家在这些方面的限制逐步减少,在一些主要的资本主义国家,这些方面的限制甚至被基本取消,但劳动群众仍然很难获得当选为议员的机会。其原因就在于前已述及的,资产阶级在通过选举控制议会问题上,已经把重点从原则、形式转移到程序上来了,资产阶级通过选举程序的控制,从而仍然控制着议会议员的选举,使资产阶级代表人物能够进入议会为其政治经济利益服务。而且,由于资本主义国家的议员竞选以经济实力为基础,谁的钱多谁就能够当议员,这就很难真正体现代议制度的民主本意,也不能从根本上保障社会管理人才的质量。在社会主义人民代表制度下,人民代表机关的组成人员,则都是广大劳动群众的代表性人物。根据社会主义各国宪法和选举法的规定,除依照法律被剥夺政治权利的人以外,凡达到法定年龄的公民,不分民族、种族、性别、职业、家庭出身、宗教信仰、教育程度、财产状况、居住期限，都有选举权和被选举权。而且，社会主义国家的选举程序，使社会主义选举制度的原则与现实真正实现了统一。因此，社会主义国家的人民代表都是根据人民意志选举出来、由人民派遣到人民代表机关而为人民所信赖的人员。

（二）在内部组织结构上存在不同

资本主义国家议会中设置的议长和议会党团就是其独有的。如前所述，在资本主义议会制度下，议长是议会的主持人，是政党控制议会、保证本党纲领转化为国家意志的工具；议会党团则是议会内政治活动的基本单位，它对于选举议长、确定议会日程、选举议会常设委员会等，都具有重要作用。但资本主义议会内部设置的这些重要机构，在社会主义人民代表机关中却并无相应的组织。尽管朝鲜最高人民会议设有议长、中国全国人民代表大会也设有委员长等，但他们都是人民代表机关常设相关的负责人，而并非人民代表机关的主持人或负责人。如《中华人民共和国全国人民代表大会组织法》规定："主席团主持全国人民代表大会会议"；"常务委员会委员长主持常务委员会会议和常务委员会的工作"，等等。但与此同时，社会主义人民代表机关设置的常设机关则是其独有的。由于资本主义议会例会时间长，其工作和活动能够保持一定的连续性，因此无须设置常设机关。但社会主义人民代表机关的工作特点，则决定了设置常设机关不仅有其必要性，而且能够发挥积极作用。

（三）在组织和活动原则上存在不同

由于资本主义国家整个国家机构的组织和活动原则是分权、制衡，因此资本主义议会在组织和活动中，必然会严格遵循分权、制衡原则。而且，资产阶级民主实质上是资产阶级及其官僚们的民主，所以也可以说，资本主义议会在实际的组织和活动中，实行的是资产阶级及其官僚的集中制。资本主义议会组织和活动中的官僚集中制，保证了整个资产阶级特别是垄断资产阶级的意志和利益得以实现。社会主义人民代表制则是根据民主集中制原则组织起来并开展活动的。在社会主义人民代表制度下，广大人民群众通过民主选举产生的代表机关行使国家权力，管理国家，并有权监督罢免各级人民代表机关不称职的代表。因此，民主集中制为社会主义人民代表机关充分表达人民群众的共同意愿，维护人民的根本利益，使其成为统一的、具有极大权威的国家权力机关，奠定了组织基础。

（四）在权力结构方面也存在不同

毋庸置疑，分权、制衡原则决定了资本主义议会一般说来只是行使国家立法权的立法机关，因此，尽管在整个国家权力结构中，议会居于重要地位，但一般说来，并不会居于绝对的支配地位。加之设置二院的目的，主要也是为了互相牵制。因此，在资本主义议会制度下，分立与平衡是其权力结构的基本特点。但民主集中制原则却决定了社会主义人民代表机关不仅是行使国家立法权的立法机关①，而且是统一行使国家权力的全权机关。具体说来，在整个国家权力结构中，人民代表机关居于绝对的支配地位。即使在实行两院制的国家，也不是为了彼此牵制，而是为了更好地统一行使好国家的权力。因此，在社会主义人民代表制度下，集中统一是其权力结构的基本特点。

由前面的阐述可见，资本主义议会制与社会主义人民代表制在组织结构方面主要是异多于同。因为我们在阐述相同点的过程中，实际上也述及了其不同，因此，如果加上这里所提到的四大方面，得出如此结论，也就势所必然。那么，为什么它们之间会存在诸多差异呢？笔者

---

①　有些国家是最高人民代表机关行使国家立法权，地方各级人民代表机关则无权行使。

认为,第一,是由于它们的性质不同。资本主义议会制是资本主义国家的政权组织制度,其目的在于通过这一制度,动员和组织整个资产阶级的力量,维护和实现资产阶级的利益和意志,巩固资产阶级的国家政权。社会主义人民代表制则是社会主义国家的政权组织制度,其目的在于通过这一制度,维护和实现广大劳动人民的利益和意志,巩固广大劳动人民的国家政权。这种根本不同的性质,决定了它们在组织代议机关,设置有关机构方面,必然会存在不同。第二,是由于各国不同的具体历史条件。任何国家的政治设置都不可脱离其客观历史条件。因此,具体历史条件不同的国家,在建立代议制度过程中,其组织结构方面也会有不同的表现。

第二节　资本主义议会制与社会主义人民代表制的功能效应比较

应该肯定,由于组织结构总是具体表现为一定的政治设置,因而虽然它经常以静态的形式出现,但毕竟比较实在,因此从组织结构角度比较资本主义议会制与社会主义人民代表制的异同,也就较为方便。然而从功能效应角度,对它们进行比较则困难得多。这不仅表现为功能效应本身不好把握,而且表现在比较标准、评价尺度不好确定等方面。但既然要比较研究资本主义议会制和社会主义人民代表制,就不能不比较研究其功能效应。因此,本节我们仍然从相同与不同两方面对此进行简单阐述。

就相同点而言,主要可以概括为两方面:第一,都行使国家立法权、监督权,在国家政治生活中发挥着重要作用。在资本主义议会制度下,议会不仅是民意机关,而且也是行使国家立法权的立法机关。众所周知,近现代民主政治的核心在于人民当家做主,因此任何法律都应该经由人民同意才能实行,立法权应归全体人民所有。但各种主客观原因决定了立法权还只能由议会代表人民来行使。加之议会的性质和作用以及分权制衡原则等,也决定了由议会行使立法权最为合适。因此,尽管资本主义各国议会的立法范围、立法程序、立法原则等方面存在不同,但它们都是国家的立法机关。在社会主义人民代表制度下,虽然人民代表机关(通常是最高人民代表机关)的性质等与资本主义议会不同,在立法的目的、内容,特别是在反映和维护的意志和利益等方面存在根本区别,但它们都行使国家立法权则是一致的。监督权也是如此。尽管分权、制衡原则使资本主义议会的监督功能不如社会主义人民代表机关,但由于其制度健全,形式完善,加之法律又赋予议会以这方面的职权,因此,资本主义议会在监督政府等方面发挥着重要作用。社会主义人民代表机关所处的绝对支配地位,则决定了其监督功能更加强大。第二,其实际功能效应都受制于内外在因素。如前所述,无论资本主义议会,还是社会主义人民代表机关,都存在着理论地位、法律地位和实际地位三种情况。所谓代议机关的实际功能效应,主要也即其实际地位。纵观资本主义议会制和社会主义人民代表制,其功能效应的实际状况无不取决于代议机关内在的组织机构设置和工作制度建设状况,以及与外在的相关机关、组织等的协调状况。道理很简单:如果代议机关内部组织机构不健全,工作制度不完善,其行使职权的能力必然不高。这样,其功能效应当然不理想。与此同时,如果其行使职权的能力较强,但其外部关系不协调,那么其外在因素无疑会制约其能力的发挥。因此,其功能效应同样不理想。

从不同点来看,主要可以概括为两方面:第一,社会主义人民代表机关的职权范围比资本主义议会的职权范围要大得多。我们已经多次指出,从理论上说,社会主义人民代表机关是全权机关,是统一行使国家权力的机关。虽然基于主客观原因,宪法、法律赋予人民代表机关的实际职权也有一定范围，但从其职权内容和在整个国家权力结构中的地位看，社会主义人民代表机关比资本主义议会要优越得多。诸如任免权、监督权以及重大事务决定权等方面，都是资本主义议会无法比拟的。第二，与此相联系的是，社会主义人民代表机关还兼具执行功能。佐滕功先生在比较苏联1936年宪法与资本主义议会制时指出，“前苏联最高苏维埃与资本主义国家的议会不一样，其本身就具有执行机关的性质”①。他还认为，如果把苏联部长会议看作执行机关，那么在这个限度内，比起议院内阁制中以议会为基础的内阁来，这个执行机关的隶属性更为明显。的确，在人民代表制下，作为执行机关的行政机关，不仅由人民代表机关选举产生，而且对它负责并报告工作。因此，虽然实际执行是行政机关的事，但如果将行政机关与人民代表机关联系起来，那么人民代表机关具有执行功能，也就不言而喻了。第三，在发展方向上存在不同。正如我们在第八章中阐述的那样，由于经济、政治、思想等各方面的原因，不论在何种模式的资本主义议会制中，议会的地位和作用，都呈现出日益衰落的趋势，而行政机关的地位和作用则日益得到提高。在社会主义人民代表制度下，人民代表机关的地位和作用却正在呈现出向上发展的趋势。尽管由于各种原因，人民代表机关的功能效应还不理想，但从社会主义人民代表制纵向发展的历史角度进行考察，则会发现其地位和作用，正以较大的幅度日益得到提高。

第三节　几点思考

在笔者看来，对资本主义议会制和社会主义人民代表制进行比较，

---

① 〔日〕佐滕功：《比较政治制度》，刘庆林、张光博译，法律出版社1984年版，第245页。

最突出的一条就在于,它们之间的性质存在不同。具体说来,即它们分别是两种不同类型国家的政权组织制度。同时,通过前面的比较分析,笔者认为,对以下三大问题进行阐述也极有必要。

一、不同性质的代议制度同样存在一定的历史联系

尽管作为政权组织制度,资本主义议会制与社会主义人民代表制根本对立,但这并不意味着它们之间没有一定的历史联系。也就是说,由于各种原因,社会主义人民代表制对资本主义议会制同样具有继承性,它们之间存在着一种"影响——承受"关系。而决定这种相互关系的宏观原因主要有三:

第一,从马克思主义的历史发展观看。马克思和恩格斯指出:人们自己创造自己的历史,但他们并不是随心所欲地创造,而"是在现有的现实关系的基础上进行创造"①,"是在直接碰到的、从过去承继下来的条件下创造"②。也就是说,"历史的每一阶段……都遇到有前一代传给后一代的大量生产力、资金和环境,尽管一方面这些生产力、资金和环境为新的一代所改变,但另一方面,它们也预先规定新的一代的生活条件,使它得到一定的发展和具有特殊的性质"③。于是乎,社会生活条件,尤其是物质生活条件的这种继承性,决定了前一社会制度与后一社会制度之间,"在相互关系上表现为不同的发展阶段",各个发展阶段之间有着一定的"联系"和某种"连贯性"④,因此,社会主义人民代表制与资本主义议会制之间必然存在着某种"连贯性",它们只是代议制度发展中的不同阶段。

---

① 《马克思恩格斯选集》第4卷,人民出版社1995年版,第732页。
② 《马克思恩格斯选集》第1卷,人民出版社1995年版,第585页。
③ 《马克思恩格斯全集》第3卷,人民出版社1960年版,第43页。
④ 《列宁选集》第1卷,人民出版社1995年版,第33—34页。

第二,从辩证的否定观看。新事物是对旧事物的否定,但指对旧事物的质的根本否定,而不是把旧事物内部的一切因素全部抛弃。恩格斯说得好:“在辩证法中,否定不是简单的说不,或宣布某一事物不存在,或用任何一种方法把它消灭。”①因此,辩证法的否定,是包含着肯定的否定。新事物比旧事物优越,不但表现在新质优于旧质,而且表现在它敢于批判地继承旧事物中一切合理的东西,有选择地吸收旧事物中可以为新事物生存和发展服务的因素。社会主义人民代表制与资本主义议会制之间的关系也不例外。

第三,从内容与形式的辩证关系看。内容决定形式,形式又具有相对独立性。新内容的发展,需要新形式为自己服务,也可以利用旧形式中的某些成分。列宁在《共产主义运动中的“左”派幼稚病》中,批评“左”倾学理主义不懂得“旧形式中”可以“装满新内容”,指出新内容可以通过各种各样的形式,其中包括旧形式为自己开辟道路。苏维埃政权和无产阶级政权,能够而且应该利用、改造、战胜一切旧形式②。实际上,苏维埃深入而广泛地“发展了标志着资产阶级民主比中世纪有伟大历史进步性的那一面”,同时,“也摈弃了资产阶级民主制消极的一面”③。因此,社会主义人民代表制从形式上、程序上学习、借鉴资本主义议会制的有关内容,也就完全必要。

如果我们仅仅从代议制的角度,分析社会主义人民代表制对资本主义议会制有继承性的具体原因,那么也可表现为三点:第一,就政体而言,无论资本主义议会制,还是社会主义人民代表制,实际上都属于共和政体。“然而,任何国家的共和政体,只要是‘共和’的,就都有一

① 《马克思恩格斯选集》第 3 卷,人民出版社 1995 年版,第 484 页。
② 《列宁选集》第 4 卷,人民出版社 1995 年版,第 197—198 页。
③ 《列宁选集》第 3 卷,人民出版社 1995 年版,第 723 页。

个共同的标志：国家权力中至关重要的立法权由公民选举产生的代表制或代议制机关来掌握。而且代表制机关和代议制机关产生和活动的方式、规则和程序，也有一定的共同性。”①第二，它们都是与直接民主制相对应的间接民主制的表现形式。在直接民主制下，公民亲自参与决定国家重大事务，因而与之相适应的制度、程序和方法等，必然紧紧与“直接性”的特点相联系；在间接民主制下，公民是通过代表参与、决定和管理国家重大事务，因而与之相适应的制度程序和方法等，必然紧紧与“间接性”的特点相联系。因此，既然资本主义议会制和社会主义人民代表制都是实现间接民主的具体形式，那么在有关制度、程序和方法等方面具有共同性也就顺理成章。第三，虽然资本主义议会制和社会主义人民代表制的性质不同，但任何一个现代民主政权都面临着一个效率问题或者说最终目标问题：能否以及如何反映民意、实现人民主权、推动社会前进？尽管在“人民”的范围以及“民意”的内容等方面，它们之间可能迥然有别，但面临问题的共同性，决定了它们在解决问题过程中，势必学习、借鉴各自的有关方法。

正因如此，所以尽管资本主义议会制是资本主义国家政治制度的重要内容，但社会主义国家同样可以学习、借鉴其有关制度和形式。正如列宁指出：“摆脱议会制的出路，当然不在于取消代表机构和选举制，而在于把代表机构由清谈馆变为‘工作’机构。”②在无产阶级夺得政权的条件下，作为资本主义特殊制度的议会制是不存在的，但“代议机构仍然存在”，“没有代表机构，我们不可能想象什么民主，即使是无产阶级民主”③。因此，社会主义人民代表制与资本主义议会制存在一定的历史联系，不仅是可能的，而且是必要的。

① 柳振铎主编：《新型国家论》，读书·生活·新知三联书店 1991 年版，第 46 页。
② 《列宁选集》第 3 卷，人民出版社 1995 年版，第 151 页。
③ 同上书，第 152 页。

二、不同国家的代议制度不可简单摹仿

恩格斯在谈到文明社会的权利、平等和博爱时，曾经援引摩尔根的话说："这将是古代氏族的自由、平等和博爱的复活，但却是在更高级形式上的复活。"①我们说社会主义人民代表制与资本主义议会制存在一定的历史联系，具有继承性，并不是说社会主义人民代表制是资本主义议会制的简单复归，相反它必须而且只能是在新的历史条件下，"更高级形式的复活"。不过，这里的意思主要是指，代议制度发展到社会主义阶段后，必须随着社会主义条件的变化发展而变化发展。如果我们将此观点与不同的国家联系起来，那么一个最基本的结论就在于：不同国家的代议制度不可简单摹仿。

事实上，在政治思想史中，古今中外的学者们都曾论证过，不可简单摹仿别国政治制度的问题。亚里士多德在《政治学》中曾指出："何以政府有许多形式，是因为每个国家有许多成分。"②卢梭也曾从自然条件特别是气候条件角度论证过，"没有一种政府形式适宜于一切国家"③。《北欧式民主》的作者特别强调，北欧现代民主制度是在传统的历史制度和特殊的社会背景下形成的，它国不可照搬④。中国资产阶级革命的先行者孙中山认为："……中国几千年以来，社会上的民情风土习惯，和欧美的大不相同。中国的社会既然是和欧美的不同，所以管理社会的政治，自然也是和欧美不同，不能完全仿效欧美……如果不管中国自己的风土人情是怎么样……把外国管理社

① 《马克思恩格斯选集》第4卷，人民出版社1995年版，第179页。

② 转引自〔美〕利普塞特：《政治人》，刘钢敏、聂蓉译，商务印书馆1993年版，第2页。

③ 参见〔法〕卢梭：《社会契约论》，何兆武译，商务印书馆1982年版，第103—110页。

④ 〔丹麦〕福尔默·威斯蒂主编：《北欧式民主》，赵振强等译，中国社会科学出版社1990年版，"前言"，第2页。

会的政治硬搬进来，那便是大错。"①马起华教授说得更明白："制度要配合国情。不同的国家有不同的制度。同一制度不尽适合于不同的国情。正如同一尺码的鞋子不适合于不同大小的脚一样。一般地说，造成的制度，有如量脚而定制的鞋子，应该合脚的；长成的制度是天然生在脚上的鞋子，最为合适；至于移植的制度，其成效要看该制度是否与被移入国家的国情配合以为断。如果配合不当，便要削足适履了。"②

马克思主义经典作家在此问题上同样有过明确论断。列宁在1922年苏维埃政权制定民法典时，一方面指出，"凡是西欧各国文献和经验中所有保护劳动人民利益的东西，都一定要吸收"。同时，另一方面又指出，"不要迎合欧洲"，"不要照抄陈旧的资产阶级的民法概念，而要创造新的"③。毛泽东同志指出："我们的方针是，一切民族、一切国家的长处都要学"，包括政治、经济、科技、文艺，"但是，必须有分析有批判地学，不能盲目地学，不能一切照抄，机械搬运"④。

从马克思主义经典作家和古今中外学者们的论述，我们不仅可以明确不同国家的代议制度不可简单摹仿，而且可以明确不可简单摹仿的原因，除了国家性质不同等因素外，最根本的一条就在于不同国家的国情不同。王沪宁先生在对不同国家的政治形式进行比较分析的过程中，曾从政治形式、政治发展的道路、社会和文化结构、经济发展水平等方面，论证过这些变量对于一国政治形式的影响，并得出结论说，"这些综合的因素，既为历史的因素，又为社会的因素，又为文化的因素，它

---

① 转引自顾不先：《民权主义民主政治论》，台湾三民书局1988年印行，第561页。

② 马起华：《政治学精义》，台湾帕米尔书店1975年印行，第705页。

③ 《列宁全集》第33卷，人民出版社1957年版，第173页；《列宁文稿》第4卷，人民出版社1978年版，第222页。

④ 《毛泽东著作选读》下册，人民出版社1986年版，第740页。

们的多样性决定了政治形式的多样性”。① 的确，包括代议制在内的任何政治制度，其生机和活力状况，在很大程度上取决于这些制度与有关国家的国情相适应的状况。因此，尽管我们在研究中，曾多次指出资本主义议会制和其他社会主义国家的人民代表制存在诸多独到之处，但它们能否为我国人民代表大会制度所吸收，则在根本上取决于我国的具体历史条件。同时，综合前面的论述，笔者认为，在代议制度问题上，我们必须坚决反对两种错误倾向：一是抹煞社会主义人民代表制与资本主义议会制的本质区别，无条件地崇拜资本主义议会制；二是否定社会主义人民代表制与资本主义议会制的历史联系，一概拒绝吸收资本主义议会制中的合理因素。

三、代议制度功能效应的发挥取决于诸多因素

我们曾从内在和外在两方面，分析了制约资本主义议会制和社会主义人民代表制功能效应发挥的因素。尽管内在的组织机构和工作制度，以及外在的相关关系，的确是制约代议制度功能效应发挥的重要因素，但在笔者看来，这些因素还只是直接的、表面的环节。林鹰先生在介绍利普塞特的精辟见解时特别提到，“政治体制的改革如何与经济发展和社会经济结构的变迁相适应，是实现政治现代化、民主化的一个关键问题”②。实际上，代议制度功能效应的发挥，从深层因素来说，同样存在着一个代议制度如何与经济发展和社会经济结构相适应的问题。资本主义上升时期，资本主义议会之所以地位较高，作用较大，从经济的观点来说，其根本原因就在于，自由、平等竞争的资本主义经济为此提供了基础；然而，资本的集中、垄断，则使国家行政权日渐强大，

① 王沪宁：《比较政治分析》，上海人民出版社 1987 年版，第 90 页。

② 〔美〕利普塞特：《政治人》，刘钢敏、聂蓉译，商务印书馆 1993 年版，中译本“序言”。

国家权力日渐集中到行政机关手中，并因而形成一种以行政权为核心的议会外权力。这种“议会外权力的增长使议会的地位日益下降”①。在社会主义国家，人民代表机关之所以长期以来地位和作用并不理想，社会主义人民代表制的功能效应未能充分发挥，从经济的角度来说，其根本原因就在于，其薄弱的经济基础未能为人民代表制作用的发挥提供物质保障，加之计划经济管理体制，使国家行政机关成为国家权力中心，从而制约了人民代表机关的权威。正因如此，所以在政治实践中，要充分发挥代议制度的功能效应，还必须从经济方面提供基础。

与此同时，笔者认为，决定或者制约代议制度功能效应发挥的深层因素，还有公民的参与意识、文化传统和民族心理等方面。众所周知，只有以民意为基础的代议制度，才可称之为代议制民主，否则它在实现间接民主制过程中的作用将会丧失殆尽。阿尔蒙德等曾经指出：“若民主政治有什么意义，它意味着政府的精英必须以某种方式对公民的愿望和要求作出应答。”②这是一方面。但另一方面，“只要人们未能符合主动公民的理想，民主政治就是失败的”③。然而，“最近进行的政治行为的研究对理性和实践主义者模型提出了疑问，因为事情逐渐明朗：民主国家的公民很少符合此模型。他们没有熟练的政治知识，没有很深的参与，不是特别的主动；他们作出选举决定的过程绝对不是理性的判断过程……熟练的、参与的、理性的、主动的公民更多地存在于成功的民主国家”④。毫无疑问，阿尔蒙德等通过对英国、美国、德国、意大

---

① 〔南斯拉夫〕爱德华·卡德尔：《民主与社会主义》，邱应觉、周兴宝译，人民出版社1981年版，第48页。

② 〔美〕加布里埃尔·A.阿尔蒙德等：《公民文化——五国的政治态度和民主》，马殿君等译，浙江人民出版社1989年版，第566页。

③ 同上书，第565页。

④ 同上。

利、墨西哥五国公民文化的比较分析得出的这一结论，从正反两方面充分说明了，公民参与事关民主政治成败的意义。代议制度作为民主政治的重要内容，自然不会超出这一范围。在某种意义上甚至可以说，如果公民的参与意识不强，在政治实践中未能积极主动地投身进去，那么代议制度的功能效应绝对不会理想。然而，在经济文化落后、封建积习很深的国家，人们政治参与意识的确立，民主习惯的形成，要比建立代议制度本身困难得多。因此，如何树立参与意识，建立有效的参与机制，是发挥代议制度功能效应过程中面临的重要课题。

从文化传统和民族心理来说，这实际上也就是前述所谓"国情"的具体表现。它们对代议制度功能效应的制约作用，最突出地表现在，它们能够运用自己已经占据的地盘和已经形成的力量，促进或者抵制代议制度功能效应的发挥。对此结论的最好解释来自各国的政治实践：尽管亚、非、拉诸多新独立国家也建立了代议制度，但由于它们没有与之相适应的文化传统和民族心理做基础，所以在政治实践中，必然遭到原有文化传统和民族心理的排拒。这样，其功能效应必然很难充分发挥出来。列宁在十月革命胜利后曾经指出："苏维埃政权在原则上实行了高得无比的无产阶级民主，对全世界做出了实行这种民主的榜样，可是这种文化落后性却贬低了苏维埃政权并使官僚制度复活。"①历史已经无情地证明，要使代议制度真正成为实现人民当家做主的基本形式，不仅要抓必要的制度建设，而且要大力推进经济文化建设，提高公民的政治文化素质，培养公民的政治参与等民主观念和法制观念。

---

① 《列宁全集》第29卷，人民出版社1956年版，第152页。

后论　代议制度的发展趋势

奥地利著名法哲学家汉斯·凯尔森曾在20世纪20年代断言:“只有议会制表明自己是一个能够解决当代社会问题的工具时,现代民主才能生存”,更进一步说,“议会制的命运也将决定民主的命运”①。阿尔温·托夫勒也指出,“代议制政府成了初期权力制度令人头晕目眩的发展”,“代议制政府不以世代相传的方法,尽可能有秩序地进行政权的转移。它打开了社会从上到下反馈的渠道。它提供了政治竞争的舞台,使不同集团之间的分歧可能和平解决”②。美国著名政治学家乔·萨托利则在1987年将代议制的建树概括为二:“首先,它把权力缩小成了不充分的权力。在代议制政治制度中,谁也没有行使绝对(即无限)权力的地位。其次,与此同时存在的是,在代议制政治制度中,人民通过能够监视和更换掌权者而实际行使权力(政治权力)。”③简言之,代议制度为人民行使权力,实现民主提供了前提。然而在一些未来学家看来,尽管代议民主制在以前“是组成一个民主国家的实事求是的办法”,但现在“代议民主制的历史作用已经完成了,我们直觉

① 转引自〔意〕萨尔沃·马斯泰罗内:《欧洲政治思想史——从十五世纪到二十世纪》,黄华光译,社会科学文献出版社1992年版,第400页。

② 〔美〕阿尔温·托夫勒:《第三次浪潮》,朱志焱、潘琪、张焱译,三联书店1984年版,第133页。

③ 〔美〕乔·萨托利:《民主新论》,冯克利、阎克文译,东方出版社1993年版,第76页。

地意识到它已经过时了”①。那么,到底代议制度的命运如何？它的发展趋势怎样呢？这里,笔者从两个方面对此做些阐述。

一、代议制度正在日益衰落吗

佐滕功先生在论及代议制原理随着历史发展过程而发生相应变化时指出:“代表这个概念,是以与被代表者的一致为前提的。当初,近代的议会制的所谓一致,事实上就是与市民阶级利益的一致。然而随着资本主义的发展,市民社会的统一性已经丧失了,现代议会已经不能发挥其正确反映市民利益的职能了。在那里,议会外群众的发言权增大了,压力集团(Pressure group)在议会之外直接地诉诸政府、政党和国民,并试图打动它们的现象产生了。”②这也就是我们在第八章中曾经论述过的,资本主义议会地位和作用所发生的变化。曹沛霖教授将这种变化称之为“从代议民主制演变为行政集权民主制”,并且认为这“是历史发展的趋势”③。具体说来也就是,随着资本主义的发展,资本主义国家内部的固有矛盾不断尖锐,政府只管“法律和秩序”,已经不能保证资本主义社会运动的正常运行。因此,政府作为总资本家“不得不承担起对生产的领导”④。它在保证资本主义再生产的外部条件的同时,还要在社会再生产内部的一切领域和一切环节上发挥作用。于是,以议会为中心的代议制政府在内部权力结构上,不得不把议会的权力逐步向行政机关转移。曹沛霖教授把这种“行政集权民主制”的

---

① 〔美〕约翰·奈斯比特:《大趋势:改变我们生活的十个新方向》,孙道章译,中国社会科学出版社1984年版,第162页。

② 〔日〕佐滕功:《比较政治制度》,刘庆林、张光博译,法律出版社1984年版,第338页。

③ 曹沛霖等:《比较政府体制》,复旦大学出版社1993年版,第20页。

④ 《马克思恩格斯选集》第3卷,人民出版社1995年版,第752页。

基本特征概括为三:“第一,行政集权民主制在各国仍然保留着代议民主制的普选制、议会制、内阁责任制等民主形式及其设施;第二,议会的权力已大大地削弱,传统的议会制已不复存在,行政集权民主制不是议会立法行政执行,而是行政执行自己制定的法律,议会只是授权或起通过认可的作用;不是议会监督行政而是行政监督议会,行政可以指导议会活动,有的国家行政还为议会安排程序;第三,行政权力大大加强,行政首脑成为权力的中心。”①

应该肯定,无论佐滕功先生还是曹沛霖教授的阐述,与我们前面关于资本主义议会制功能效应的简析基本一致:现代资本主义国家的权力结构已经发生变化,行政而非议会成为国家权力的中心。因此,从议会的实际地位和作用来说,资本主义议会制的确正在走向衰落。然而,如果从静态角度,特别是从宪法、法律在形式上的规定,以及资本主义议会制的组织结构和工作制度角度考察,那么就很难得出资本主义议会制正在走向衰落的结论。从资本主义议会政治史来说,随着资产阶级统治管理经验的不断积累,资本主义国家无论是在宪法、法律对议会制的规定上,还是在议会制的组织结构和工作制度等方面,都有一定的发展。因此,如果单纯考察这些方面,那么完全应该说,资本主义议会制正在不断发展。但任何政治设施的生命和意义,最根本的就在于它的实际功能效应。既然资本主义议会在资本主义国家权力结构中的地位有所下降,在政治实践中的作用和影响也有所削弱,那么尽管资本主义议会制本身在建设方面有所发展,但从资本主义国家整体政治设施,特别是从整个资本主义国家的政治实践来说,资本主义议会制的确在从鼎盛走向衰落。

然而,由资本主义议会制正在走向衰落是否即可断言代议制度正

① 曹沛霖等:《比较政府体制》,复旦大学出版社 1993 年版,第 20 页。

在日益衰落呢？毫无疑问不可。因为资本主义议会制的这种发展趋势，并不具有普遍性。如前所述，在现代世界各国中，代议制度主要有两类具体表现：资本主义议会制和社会主义人民代表制。与资本主义议会制的发展方向相反，社会主义人民代表制的地位和作用正在呈现出向上发展的趋势。这不仅表现在社会主义人民代表制的自身建设上，也表现在社会主义人民代表制的功能效应方面。那么导致社会主义人民代表制这一发展趋势的原因何在呢？笔者认为主要有三：第一，是社会主义国家人民当家做主的政权性质。众所周知，社会主义国家的一切权力属于人民，但人民行使国家权力的机关却是各级人民代表机关。因此，提高人民代表机关的地位，增强社会主义人民代表制的作用，是社会主义国家政权性质的必然要求。第二，是社会主义民主和法制建设的加强。社会主义各国大都经历过忽视民主和法制建设，后又通过总结经验教训而大力加强社会主义民主和法制建设的过程。比如《中国共产党中央委员会关于建国以来党的若干历史问题的决议》指出："逐步建设高度民主的社会主义政治制度，是社会主义革命的根本任务之一。建国以来没有重视这一任务，成了'文化大革命'得以发生的一个重要条件，这是一个沉痛教训，必须根据民主集中制的原则加强各级国家机关的建设，使各级人民代表大会及其常设机构成为有权威的人民权力机关。"①随着社会主义民主和法制建设的加强，社会主义人民代表制的地位和作用势必得到提高。第三，是经济管理体制的转型。在生产资料的社会主义公有制基础上，可以建立各种经济管理体制。尽管计划经济体制在一定历史条件下，的确能够发挥积极作用，但政府对经济的过多干预，以及政府在政治实践中的具体作用，则使政府在整个国家权力结构中居于主导地位。这样，人民代表机关的地位和

---

① 《关于建国以来党的若干历史问题的决议注释本》，人民出版社1983年版。

作用自然会受到限制。但伴随着计划经济体制向市场经济体制的转移,经济管理过程中“看得见的手”被“看不见的手”所取代。因此,政府的职能会发生转变,在国家权力结构中的地位和作用会得到调整。与此同时,由于市场经济实质上即法治经济,因而法律不仅在国家和社会管理方面,而且在经济管理方面,都有着极为重要的作用。因此,作为立法机关的人民代表机关的地位,势必日益提高,并日益成为社会主义国家权力结构的中心,社会主义人民代表制的功能效应也必然呈向上发展的趋势。而且,由于上述三点将长时期存在于社会主义国家,因而决定了社会主义人民代表制将会愈益长久地日益兴旺发达。

由此可见,简单而片面地断言代议制度正在日益衰落并不科学。如果说在资本主义国家,由于资本的集中、垄断导致行政集权,而使资本主义议会制日益走向衰落的话,那么在社会主义国家,由于政府对经济的干预日趋间接并因而导致政府职能的转变,则使社会主义人民代表制日益走向繁荣。

二、代议民主制将被直接民主制所取代吗

从理想的状态而言,直接民主制的确是实现民主的最佳形式,代议制则是对民主妥协的结果。但如前所述,近代民族国家的主客观原因,却决定了代议制度是从古代民主制向现代民主制发展的伟大进步,是民主制自身发展的需要。在某种意义上甚至可以说,不实行代议制度,民主也就无法实现。因此,代议制度也就构成为近现代各国实现民主的基本形式。然而,各国代议制度的运行实践表明,代议制度同样存在着诸多弊端。台湾学者顾不先教授将其概括为三:一是“主权在民的变质”。在代议制度下,“人民只有一个选举权,人民选举出代议士

之后,一切由代议士代表人民管理政府。这样就形成人民徒有国家主人之名,无国家主人之实",而"代议士变成了国家的主人"①。二是"议会权力的过大"。既然"国家的主权实际上已由人民手中移到议会手中,或者说是政治的重心从人民移到议会","自然就形成议会第一,议会至上,议会权力过大,造成议会的专横"②。三是"政府力量的不足"。"议会权力的过大所造成的直接影响,就是政府力量的不足。"③

尽管顾不先教授的概括立足于资本主义国家,而且是基于民主理想角度得出的结论,但代议制度存在一定缺陷却确凿无疑。具体说来,即代议制度虽然具备了可行性,但却缺乏民主性。正因如此,所以不少政治家、思想家纷纷探寻解决和协调可行性和民主性的途径。孙中山先生提出的直接民权,就是调和直接民主制与间接民主制的优缺点而产生出来的民主制度④。这种直接民权制有学者把它称之为"公民投票制"。萨孟武教授即曾指出:"现代国家既然不能实行直接民主制,而间接民主制又难达到民主政治的理想,所以近来各国又折中两种制度,而采行公民投票制(Referendum)。虽然设置议会以作立法机关,而公民对于国家的重要问题,尚保留一部分的立法权,可用投票的方法,表示自己的意见。"⑤从世界各国的政治实践来看,确"有一些国家把代议制民主和适度的直接民主结合起来,它们把某些问题通过公民投票的方式交由全体公民表决裁定。这些国家包括瑞士、意大利、法国和美国的一些州。此外,瑞士、意大利和美国的一些州还采用动议程序。同

① 顾不先:《民权主义民主政治论》,台湾三民书局1988年印行,第398—399页。
② 同上书,第400页。
③ 同上书,第404页。
④ 同上书,第394—395页。
⑤ 萨孟武:《政治学》,台湾三民书局1986年印行,第205页。

时，罢免程序也仍在美国一些州中实行”①。日本学者山口定在考察瑞士政治体制时特别提到，在瑞士，“‘公民投票’等直接民主主义的参政方式仍然很有生命力”②。

在一些社会主义国家中曾经实行过的“社会自治”，也是直接民主制的具体表现。如苏联在推进人民自治的过程中，也重视直接民主制，把它看做是人民实现参与和管理国家社会事务的重要形式，等等。

那么，如何看待直接民主制的兴起？直接民主制真的将取代代议民主制吗？从前面的阐述，笔者认为，导致直接民主制兴起的直接原因在于代议民主制的弊端。具体说来，即由于代议制度缺乏足够的民主性，因此采行一定的直接民主制，来弥补这一不足，而并非为了取代代议制度。韦农·波格丹诺指出：“公民投票和公民创议不是用来取代代议制度的，而是当人们感到代议机构不能有效地运转时用来对它作补充的。提倡公民投票和公民创议还旨在保证政府政策在人民当中享有更大程度的合法性和得到公众更广泛的支持……无论如何，只有当这些直接民主手段被经常倡议使用时，它们才会引起争议。凡是在它们被非经常性使用的地方，像在大多数民主政体中一样，如果对其有所限制的话，它会被看做是一种对整个民主国家的正常机构有益的辅助工具。”③拉尔夫·密利本德在论及英国政治时指出：“英国的代议政治从未冒过由直接政治取而代之的丝毫风险。”④埃姆登在谈到英国扩大

① 〔英〕戴维·米勒、韦农·波格丹诺编：《布莱克维尔政治学百科全书》，中国问题研究所、南亚发展研究中心、中国农村发展信托投资公司组织翻译，中国政法大学出版社1992年版，第204页。

② 〔日〕山口定：《政治体制》，韩铁英译，经济日报出版社1991年版，第46页。

③ 〔英〕戴维·米勒、韦农·波格丹诺编：《布莱克维尔政治学百科全书》，中国问题研究所、南亚发展研究中心、中国农村发展信托投资公司组织翻译，中国政法大学出版社1992年版，第636页。

④ 〔英〕拉尔夫·密利本德：《英国资本主义民主制》，博铨、向东译，商务印书馆1988年版，第48页。

选举权问题时也指出："这种发展情况不必引起这样的忧虑，认为代议政治正处在被直接政治所代替的过程。"①因此，从具体的政治实践而言，直接民主制的兴起，并不是为了将代议制度取而代之。

然而，从民主理想和社会发展的角度来说，扩大公民的政治参与，发展直接民主制，又是必然趋势。既然代议制度只是对民主的妥协，那么努力实现民主理想，也就应该成为民主制的发展方向。而且，生产力的发展，科学技术的进步，公民素质的提高，已经为政治参与的扩大创造了条件。因此，对近现代民主政治发展史的纵向考察表明，直接民主制无疑将成为民主制发展的重要内容。那么，在当前以及今后的发展过程中，直接民主制与代议民主制的关系如何呢？

日本学者岩井奉信曾经指出："技术的日新月异，特别是计算机和新媒介的发展，使本来基于技术性理由而形成的代议制有可能因为这些新技术的发展而失去其代议的作用。毋庸置疑，技术的发展已经完全可以将其列入即将实现的大纲之中。过去只有通过中介才能表达的国民意志，现在可以在瞬间得以传递。"②约翰·奈斯比特也认为，由于发生了通信革命，同时有了教育有素的选民，因而"在瞬息间即可共享信息，代表们所知道的事情我们也都知道，在时间上也不比他们晚"，因此，"代议民主制的历史作用已经完成了"，"我们在政治上正处于一个从代议民主制到共同参与民主制的大规模转变过程中"③。山口定则将这种转变称之为，从"多极共存型民主"到"共识民主"④。在他们看来，代议民主制将被直接民主制所取代，未来的民主制将是以直接民

① 转引自〔英〕拉尔夫·密利本德：《英国资本主义民主制》，博铨、向东译，商务印书馆1988年版，第47页。

② 〔日〕岩井奉信：《立法过程》，李薇译，经济日报出版社1990年版，第171页。

③ 〔美〕约翰·奈斯比特：《大趋势：改变我们生活的十个新方向》，孙道章译，中国社会科学出版社1984年版，第162页。

④ 〔日〕山口定：《政治体制》，韩铁英译，经济日报出版社1991年版，第182—189页。

主制为“心脏和灵魂”的“共同参与民主制”。

对这种“共同参与民主制”，有不少学者提出过不同意见。丹尼尔·贝尔即认为，民主参与的革命，在很大程度上是反对社会专业化和后工业社会中出现的科技治国决策的形式之一。然而，参与制民主并不是它的信奉者所鼓吹的万灵药。他预测参与制民主将会继续发展，但是结果并不乐观。因为政治舞台的扩大以及更大量的人参加进来，意味着达成协议和办成一件事要花费更多时间和更大代价。因此他得出结论说，参与越多反而导致更多的挫折。乔·萨托利则从多方面对“共同参与民主制”提出了异议。他指出，公民表决式民主作为“一种取代代议制民主的巨型民主”，尽管“在技术上还是可以成立的，给每个投票者都配置一台电脑终端，上面显示各种问题及其解决办法……他们只要按一下赞成、反对或弃权的电钮就可以了”①，但“它建立起了一个纯粹的零对总和的决策机制，即一个排除了少数权力的地地道道的多数统治的制度。在每个问题上都是多数赢得一切而少数一无所获。不但多数统治会成为绝对的无限制的统治，而且在各种问题之间也不会出现交易和补偿。公民表决式的决定是孤立的自成一体的决定，因此它无法利用‘交换’，利用不同问题之间的调整和矫正来加以缓和……简言之，公民表决式民主的缺陷在于：它是一种加剧冲突的结构，它不但是制度上的‘多数专制’的完美体现，而且是它的最不明智的体现（因为它纯粹是机械的）”②。萨托利还从可行性方面认为，“直接的真正自治不能凭想象，它要求实际的存在和有关平民的参与。与个人无关的直接民主和人都不在场的时候实行有意义的自治是不可能

① 〔美〕乔·萨托利：《民主新论》，冯克利、阎克文译，东方出版社 1993 年版，第 123 页。

② 同上书，第 124 页。

的。关键在于，卷入的人越多，他们的参与效力就越小——其结果是一个消失点。因此，如果直接民主涉及的是广大的领土和整个民族，它就会变成一个无用的公式。我同时还认为，电子操纵的‘公民表决式民主制’，虽然在技术上是可行的，但它很可能是灾难性的，而且十有八九是自杀性的”。“总之我想说的是，以个人参与为基础的民主只在一定条件下才是可能的；而相应的是，如果这些条件不存在，那么代议制民主就是唯一可能的形式。”①

必须说明的是，笔者之所以在此对这几位学者的观点详加介绍，是因为笔者在第三章中就此问题提出的观点，正好与此相互印证。在笔者看来，无论直接民主制，还是代议民主制都只是手段、途径和方法，在不具备全面实行直接民主制条件的情况下，将代议民主制与直接民主制相结合的体制，是实现民主的最佳体制。至于在某一时期到底是以代议民主制为主，还是以直接民主制为主，主要由其客观需要和客观历史条件决定。从目前和今后相当一段时期的情况来看，尽管直接民主制将会随着科学技术和公民素质等条件的发展而发展，因而代议民主制在实现民主过程中的地位和作用，可能会有所限制，但代议民主制与直接民主制只会相互并存，而绝不会很快地就被直接民主制所取代。正如奥尔特加指出，“现在人们到处都在说议会的坏话，但是在任何重要的国家都看不到取代议会的尝试，甚至看不到存在着至少在理想上是更为可取的其他政治形式的空想方案”。对议会的批评尽管是中肯的，但并不能由此得出结论认为它应该被废除。与此相反，批评会使人看到对议会进行改革的必要性②。比

① 〔美〕乔·萨托利：《民主新论》，冯克利、阎克文译，东方出版社 1993 年版，第 286 页。

② 转引自〔意〕萨尔沃·马斯泰罗内：《欧洲政治思想史——从十五世纪到二十世纪》，黄华光译，浙江人民出版社 1992 年版，第 504 页。

如就社会主义人民代表制来说,即面临着进一步加强和完善的问题,包括必须加强社会主义人民代表机关的组织建设、制度建设,正确处理和协调社会主义人民代表制与其他相关制度的关系,从而增强人民代表机关行使职权的能力,提高人民代表机关的地位和权威,充分发挥社会主义人民代表制的应有作用等等。

主要参考文献

一、经典著作

1.《马克思恩格斯选集》第1、2、3、4卷,人民出版社1995年版。
2.《列宁选集》第1、2、3、4卷,人民出版社1995年版。
3.《马恩列斯论政治和政治制度》,群众出版社1983年版。
4.《马恩列斯论法》,法律出版社1986年版。
5.《马克思主义论人民代表机关》,中国广播电视出版社1988年版。

二、中文著作

1. 曹绍濂:《论美国的民主》,武汉大学出版社1989年版。
2. 曹沛霖等:《比较政府体制》,复旦大学出版社1993年版。
3. 陈其人等:《美国两党制剖析》,商务印书馆1984年版。
4. 陈嘉陵主编:《各国地方政府比较研究》,武汉出版社1991年版。
5. 董崇山:《政体论》,中国展望出版社1986年版。
6. 范达人等:《比较史学》,湖南出版社1991年版。
7. 樊期曾主编:《现代科技革命与未来社会——评两种社会制度"趋同论"》,中国人民大学出版社1993年版。
8. 龚祥瑞:《比较宪法与行政法》,法律出版社1985年版。
9. 顾肖荣等:《党制之争》,上海人民出版社1990年版。
10. 顾不先:《民权主义民主政治论》,台湾三民书局1988年印行。
11. 高毅:《法兰西风格:大革命的政治文化》,浙江人民出版社1991年版。
12. 何华辉:《比较宪法学》,武汉大学出版社1988年版。
13. 何华辉、许崇德:《分权学说》,人民出版社1986年版。
14. 何华辉:《人民代表大会制度的理论与实践》,武汉大学出版社1992年版。
15. 何兴民:《古典民主政体论》,兰州大学出版社1991年版。

16. 洪波:《法国政治制度变迁》,中国社会科学出版社 1993 年版。
17. 胡康大:《英国的政治制度》,社会科学文献出版社 1993 年版。
18. 黄文扬主编:《国内外民主理论要览》,中国人民大学出版社 1990 年版。
19. 黄达强、孙国华主编:《社会主义民主:跨世纪的沉思》,中国人民大学出版社 1993 年版。
20. 蒋劲松:《美国国会史》,海南出版社 1992 年版。
21. 姜士林、高振全:《资产阶级政党及其制度》,群众出版社 1986 年版。
22. 金观涛等:《西方社会结构的演变》,四川人民出版社 1985 年版。
23. 荆知行:《宪法变迁与宪政成长》,台湾正中书局 1981 年印行。
24. 李君如、吴军:《民主:并非虚幻的存在》,上海人民出版社 1992 年版。
25. 李道揆:《美国政府和美国政治》,中国社会科学出版社 1990 年版。
26. 李寿祺:《利益集团与美国政治》,中国社会科学出版社 1988 年版。
27. 李林:《立法机关比较研究》,人民日报出版社 1991 年版。
28. 李靖宇:《社会主义国家现行政治体制展论》,黑龙江教育出版社 1989 年版。
29. 罗豪才等:《资本主义国家的宪法和政治制度》,北京大学出版社 1983 年版。
30. 雷竞旋:《选举制度》,台湾洞察出版社 1989 年印行。
31. 倪力亚:《论当代资本主义社会的阶级结构》,中国人民大学出版社 1989 年版。
32. 刘介民:《比较文学方法论》,天津人民出版社 1993 年版。
33. 林茂生等主编:《中国现代政治思想史》,黑龙江人民出版社 1984 年版。
34. 聂运林:《中国社会主义民主制度的发展和现状》,河北人民出版社 1988 年版。
35. 聂运林:《前苏联社会主义民主制度研究》,武汉出版社 1992 年版。
36. 马起华:《政治学精义》,台湾帕米尔书店 1975 年印行。
37. 潘华仿等编:《当代世界政治思潮》,黑龙江人民出版社 1987 年版。
38. 邱敦红:《中西民主政治论》,中国工人出版社 1993 年版。
39. 钱乘旦主编:《现代文明的起源与演进》,南京大学出版社 1991 年版。
40. 钱乘旦等:《在传统与变革之间——英国文化模式溯源》,浙江人民出版社 1991 年版。
41. 钱乘旦等:《走向现代国家之路》,四川人民出版社 1987 年版。
42. 荣剑、杨逢春:《民主论》,上海人民出版社 1988 年版。
43. 日知主编:《古代城邦史研究》,人民出版社 1989 年版。
44. 施治生、沈永兴:《民主的历史演变》,北京出版社 1982 年版。
45. 沈汉、刘新成:《英国议会政治史》,南京大学出版社 1991 年版。

46. 苏宏章:《利益论》,辽宁大学出版社 1991 年版。
47. 萨孟武:《政治学》,台湾三民书局 1986 年印行。
48. 王振海:《民主与中国人》,中国广播电视出版社 1989 年版。
49. 王沪宁:《国家主权》,人民出版社 1987 年版。
50. 王沪宁:《比较政治分析》,上海人民出版社 1987 年版。
51. 王惠岩:《政治学原理》,吉林大学出版社 1989 年版。
52. 王伟光、郭宝平:《社会利益论》,人民出版社 1988 年版。
53. 王伟光:《经济利益·政治秩序·社会稳定》,中共中央党校出版社 1991 年版。
54. 王仲田、高金海:《历史剧变——社会主义的挫折及其教训》,山东人民出版社 1993 年版。
55. 吴江、牛旭光:《民主与政党》,中共中央党校出版社 1991 年版。
56. 许崇德、何华辉:《宪法与民主制度》,湖北人民出版社 1982 年版。
57. 熊复主编:《世界政党辞典》,红旗出版社 1986 年版。
58. 徐大同主编:《西方政治思想史》,天津人民出版社 1985 年版。
59. 徐大同主编:《20 世纪西方政治思潮》,天津人民出版社 1991 年版。
60. 徐鸿武:《社会主义民主概论》,吉林人民出版社 1984 年版。
61. 席文启等:《新国家》,人民出版社 1987 年版。
62. 许征帆主编:《社会主义论库》(上卷),中国人民大学出版社、北京出版社 1991 年版。
63. 杨柏华、明轩:《资本主义国家政治制度》,世界知识出版社 1984 年版。
64. 杨祖功等:《西方政治制度比较》,世界知识出版社 1992 年版。
65. 杨百揆:《现代西方国家政治体制研究》,春秋出版社 1988 年版。
66. 严家其:《国家政体》,人民出版社 1982 年版。
67. 邹永贤主编:《国家学说史》(上、下),福建人民出版社 1987 年版。
68. 邹永贤等:《现代西方国家学说》,福建人民出版社 1993 年版。
69. 周抗:《社会主义民主论》,上海社会科学院出版社 1987 年版。
70. 梓木等:《民主的构思》,光明日报出版社 1989 年版。
71. 章士嵘等编:《无产阶级专政学说史》,吉林人民出版社 1981 年版。
72. 赵郇方等:《政治学新论》,东北师范大学出版社 1986 年版。
73. 张金鉴:《政治学概论》,台湾三民书局 1979 年印行。
74. 中国社科院苏东所:《前苏联东欧国家政治体制及改革》,求实出版社 1987 年版。

75. 北京大学马克思列宁主义研究所:《社会主义社会论纲》,人民出版社 1986 年版。

三、译著

1.〔美〕乔治·霍兰·萨拜因:《政治学说史》(上、下),盛葵阳、崔妙因译,商务印书馆 1986 年版。
2.〔美〕梅里亚姆:《美国政治学说史》,朱曾汶译,商务印书馆 1988 年版。
3.〔美〕科恩:《论民主》,聂崇信、朱秀贤译,商务印书馆 1988 年版。
4.〔美〕迈克尔·帕伦蒂:《美国的民主》,韩建中等译,河南人民出版社 1991 年版。
5.〔美〕利普塞特:《政治人》,刘钢敏、聂蓉译,商务印书馆 1993 年版。
6.〔美〕戈斯内尔、斯莫尔卡:《美国政党和选举》,复旦大学国际政治系译,上海译文出版社 1980 年版。
7.〔美〕沙夫:《民主德国的政治与变革》,秦刚等译,春秋出版社 1988 年版。
8.〔美〕艾伦·C. 艾萨克:《政治学:范围与方法》,郑永年、胡淳、唐亮译,浙江人民出版社 1987 年版。
9.〔美〕F. J. 古德诺:《政治与行政》,王元、杨百朋译,华夏出版社 1987 年版。
10.〔美〕塞缪尔·亨廷顿:《变革社会中的政治秩序》,李盛平译,华夏出版社 1988 年版。
11.〔美〕加布里埃尔·A. 阿尔蒙德等:《比较政治学》,曹沛霖等译,上海译文出版社 1987 年版。
12.〔美〕戴维·伊斯顿:《政治生活的系统分析》,王浦劬译,华夏出版社 1989 年版。
13.〔美〕摩尔根:《古代社会》(上、下),杨东莼、马雍、马巨译,商务印书馆 1992 年版。
14.〔美〕约翰·罗尔斯:《正义论》,何怀宏、何包钢、廖申白译,中国社会科学出版社 1988 年版。
15.〔美〕阿尔温·托夫勒:《第三次浪潮》,朱志焱、潘琪、张焱译,三联书店 1984 年版。
16.〔美〕加布里埃尔·A. 阿尔蒙德等:《公民文化——五国的政治态度和民主》,马殿君等译,浙江人民出版社 1989 年版。
17.〔美〕乔·萨托利:《民主新论》,冯克利、阎克文译,东方出版社 1993 年版。
18.〔美〕霍伊:《自由主义政治哲学》,刘锋译,三联书店 1992 年版。

19.〔美〕爱·麦·伯恩斯:《当代世界政治理论》,曾炳均译,商务印书馆 1983 年版。
20.〔美〕巴林顿·摩尔:《民主和专制的社会起源》,拓夫等译,华夏出版社 1987 年版。
21.〔美〕詹姆斯·M. 伯恩斯等:《美国式民主》,谭君久等译,中国社会科学出版社 1993 年版。
22.〔美〕查尔斯·A. 比尔德:《美国政府与政治》(上、下),朱曾汶译,商务印书馆 1987 年版。
23.〔美〕希尔斯曼:《美国是如何治理的》,曹大鹏译,商务印书馆 1986 年版。
24.〔美〕丹尼斯·吉尔伯特等:《美国阶级结构》,彭华民、齐善鸿等译,中国社会科学出版社 1992 年版。
25.〔美〕E. 博登海默:《法理学——法哲学及其方法》,邓正来、姬敬武译,华夏出版社 1987 年版。
26.〔美〕尼尔·J. 斯梅尔塞:《社会科学的比较方法》,王宏周、张平平译,社会科学文献出版社 1992 年版。
27.〔美〕约翰·奈斯比特:《大趋势:改变我们生活的十个新方向》,孙道章译,中国社会科学出版社 1984 年版。
28.〔苏〕涅尔谢相茨:《古希腊政治学说》,蔡拓译,商务印书馆 1991 年版。
29.〔苏〕托波尔宁:《社会主义政治制度》,黄中华译,群众出版社 1986 年版。
30.〔苏〕A. A. 别祖格洛夫主编:《苏维埃建设学》,刘家辉等译,中国人民大学出版社 1983 年版。
31.〔苏〕安·葛罗米柯:《美国国会》,荫之、光青译,上海人民出版社 1959 年版。
32.〔苏〕布尔拉茨基、齐尔金:《当代的政治体制》,李方仲译,广东人民出版社 1984 年版。
33.〔德〕克劳斯·冯·柏伊姆:《当代政治理论》,李黎译,商务印书馆 1990 年版。
34.〔德〕库特·宗特海默尔:《联邦德国政府与政治》,孙克武等译,复旦大学出版社 1985 年版。
35.〔德〕恩斯特·卡西尔:《国家的神话》,孙国忠译,浙江人民出版社 1988 年版。
36.〔英〕戴维·米勒、韦农·波格丹诺编:《布莱克维尔政治学百科全书》,中国问题研究所、南亚发展研究中心、中国农村发展信托投资公司组织翻译,中国政法大学出版社 1992 年版。
37.〔英〕戴维·比瑟姆:《马克斯·韦伯与现代政治理论》,徐鸿宾、徐京辉、康立伟译,浙江人民出版社 1989 年版。
38.〔英〕欧内斯特·巴克:《英国政治思想》,黄维新、胡待岗译,商务印书馆 1987 年版。
39.〔英〕拉尔夫·密利本德:《英国资本主义民主制》,博铨、向东译,商务印书馆 1988 年版。
40.〔英〕约翰·密尔:《代议制政府》,汪瑄译,商务印书馆 1982 年版。
41.〔英〕维尔:《美国政治》,王合等译,商务印书馆 1988 年版。
42.〔英〕埃弗尔·詹宁斯:《英国议会》,蓬勃译,商务印书馆 1959 年版。
43.〔英〕阿波利尔·卡特尔:《南斯拉夫的政治改革》,范琦勇等译,春秋出版社 1988 年版。
44.〔英〕威廉·葛德文:《政治正义论》(第一、二、三卷),何慕李译,商务印书馆 1991 年版。
45.〔英〕阿伦·斯克德等:《战后英国政治史》,王子珍、秦新民译,世界知识出版社 1985 年版。
46.〔英〕洛克:《政府论》(下),瞿菊农、叶启芳译,商务印书馆 1982 年版。
47.〔意〕萨尔沃·马斯泰罗内:《欧洲政治思想史——从十五世纪到二十世纪》,黄华光译,社会科学文献出版社 1992 年版。
48.〔意〕萨尔沃·马斯泰罗内:《欧洲民主史——从孟德斯鸠到凯尔森》,黄华光译,社会科学文献出版社 1990 年版。
49.〔丹麦〕福尔默·威斯蒂主编:《北欧式民主》,赵振强等译,中国社会科学出版社 1990 年版。
50.〔南斯拉夫〕爱德华·卡德尔:《民主与社会主义》,邱应觉、周兴宝译,人民出版社 1981 年版。
51.〔南斯拉夫〕亚历山大·格尔利契科夫:《当代世界与社会主义》,杨元恪、曹荣飞、巢蓉芬译,三联书店 1984 年版。
52.〔南斯拉夫〕米洛斯·尼科利奇:《处在 21 世纪前夜的社会主义》,赵培杰、冯瑞梅、孙春晨译,重庆出版社 1989 年版。
53.〔日〕佐滕功:《比较政治制度》,刘庆林、张光博译,法律出版社 1984 年版。
54.〔日〕山口定:《政治体制》,韩铁英译,经济日报出版社 1991 年版。
55.〔日〕岩井奉信:《立法过程》,李薇译,经济日报出版社 1990 年版。
56.〔日〕美浓部达吉:《宪法学原理》,欧宗右、何作霖译,商务印书馆 1927 年版。
57.〔法〕孟德斯鸠:《论法的精神》(上、下),张雁深译,商务印书馆 1982 年版。

58.〔法〕卢梭:《社会契约论》,何兆武译,商务印书馆 1982 年版。
59.〔法〕托克维尔:《论美国的民主》(上、下),董果良译,商务印书馆 1988 年版。
60.〔法〕雅克·夏普萨尔等:《1940 年以来的法国政治生活》,全康康等译,上海译文出版社 1981 年版。
61.〔法〕莫里斯·迪韦尔热:《政治社会学——政治学要素》,杨祖功、王大东译,华夏出版社 1987 年版。
62.〔法〕潘恩:《潘恩选集》,马清槐译,商务印书馆 1982 年版。
63.〔法〕吉斯卡尔·德斯坦:《法兰西民主》,新文、诗云译,商务印书馆 1980 年版。
64.〔捷〕奥塔·锡克:《经济—利益—政治》,王福民、王成稼、沙吉才译,中国社会科学出版社 1984 年版。
65.〔希腊〕尼科斯·波朗查斯:《政治权力与社会阶级》,叶林、王宏周、马清文译,中国社会科学出版社 1982 年版。
66.〔西班牙〕圣地亚哥·卡里略:《"欧洲共产主义"与国家》,钟琦译,商务印书馆 1982 年版。
67.〔荷兰〕克拉勃:《近代国家观念》,王检译,商务印书馆 1957 年版。

四、外文著作与论文

1. A. H. Birch, *Representation*, Pall Mall Press Ltd, London, 1971.
2. Albert B. Saye, John F. Allums, Merrit B. Pound, *Principls of American Government*, 1978.
3. Carl Schmitt, *The Crisis of Parliamentary Democracy*, The MIT Press, Cambridge, Massachusetts, and London, England, 1985.
4. Charles M. Sherover, *The Development of Democratic Idea*, Washington Squre Press, Inc., 1968.
5. E. C. S. Wade and G. Godfrey Phillips, *Constitutional and Administrative Law*, Longman Inc., New York, 1977.
6. Grenwold, Carols., *Group Power: Lobbying and Public Policy*, Praeger Publisher, New York, 1977.
7. Heinz Eulau, John C. Wahlke, William Buchanan, Leroy C. Ferguson, "*The Role of the Representative: Some Empirical Observations on the Theory of Edmund Burke*", *American Political Science Review*, Vol. 53, No. 3, 1959.

8. Heidhheimer, Arnold J., Heclo, Hugh and Adams, Carrlyn Teich, *Comparative Public Policy: The Politics of Social Choice in Europe and America*, Second Edith, St. Mattin's Press, Inc., 1983.

9. Ian Grey, *The Parliamentarians*, Gower Publishing Company Limited, 1986.

10. James Q. Wilson, *American Government*, Institutions and Policies, 1980.

11. Karl Schriftgeisser, *The Lobbyist*, Little, Brown, Boston, 1951.

12. Kelso, William Alton, *American Democratic Theory: Pluralism and Its Critics*, Green Wood Press, Westport, Connectinut, 1978.

13. Martin Burch, John Gardner and Douglas Jaenicke, *Three Political Systems: a reader in British, Soviet and American Politics*, Manchester University Press, 1985.

14. Mauro Cappelletti and William Cohen, *Comparative Constitutional Law*, The Bobbs Merrill Company, Inc., 1979.

15. Olsen, David M., *The Legislative Process: A Comparative Approach*, Harper and Row, Publishers, New York, 1980.

16. Robert A. Dahi, *Democracy in the United States*, 4thed, Houghton Mifflin Cor. Boston, 1981.

17. Richard Hodder Williams and James Ceaser, *Politics in Britain and the United States*, Duke University Press, Durham, 1986.

18. Roger H. Davidson and Walter J. Oleszek *Congress and Its Members*, *Congressional Quarterly Inc.*, 1985.

19. Sherri Dewitt, *Worker Participation and the Crisis of Liberal Democracy*, Westview Press Inc., 1980.

20. Vernon Bogdanor, *Representative of the People?* Gower Publishing Company Limited, 1985.

21. White, Stephen, *Political Culture and Soviet Politics*, The Macmillan Press Ltd, London, 1979.

后　　记

本书是在我的博士学位论文《代议制度若干问题研究》基础上补充、修改而成的。由于“代议制度”是一个老问题,因而当我将其选定为博士论文题目时,诸多师友担心的就是老问题难出新见解。但以下原因却叫我不得不硬着头皮做下来:第一,随着对宪法学习、研究的深入,我越来越清楚地认识到,民主对于宪法的重要,甚至于可以说,宪法的核心就在民主。因此,研究宪法不能不研究民主。但人类民主发展史却不断昭示人们:民主形式举足轻重。代议制度作为实现民主的基本形式必然成为民主形式研究的中心。第二,在西方,不少学者一直认为社会主义就是专政、独裁,而根本谈不上民主,在一些社会主义国家中也有不少人埋怨其民主程度不高。那么,民主与社会主义能否协调呢?在我们看来,回答应该说十分肯定。但社会主义民主发展过程中的主要障碍何在?从社会主义各国的民主实践看,尽管障碍很多,但形式不完善恐怕是非常重要的方面。第三,虽然代议制度是一个老问题,但在人们的观念中尚有诸多问题急待弄清,如代议制是否就是资本主义议会制,社会主义人民代表制是否为代议制,资本主义议会制与社会主义人民代表制有无相似乃至相同之处等。在研究过程中,尽管中外学界取得了很大成就,但也有不足。如理论上的概括、总结,特别是原理研究很少,或者就事论事地进行个案研究,或者只是对静态机构、制度进行介绍等。这样从科学角度看,其研究水平必然会受到诸多限制。正是以上认识,促使我下决心对此问题进行一些研究。至于最终研究的结果如何，只得恭请各位读者评判，并请提出宝贵的批评意见。

自1984年冬我被免试推荐到恩师何华辉教授门下攻读宪法学硕士至今已经10年。10年中，从学生到教师，再到亦学生亦教师，个中滋味一言难尽。回想起一个学期上课400多学时，还要写作博士论文，料理其他杂事，心里简直后怕。但值得万分庆幸的是，我遇到了无数好人，是他们从各方面给我以无私的指导、帮助，终于使我渡过难关。在此，首先我得衷心感谢的是我的导师何华辉教授和师母赵宗荃老师。10年来我学业上的任何长进，都离不开他们的谆谆教导。可以说，没有他们的指导、帮助，也就没有我的今天。中国人民大学许崇德教授、中南政法学院蒋碧昆教授、中南财经大学刁田丁教授、湖北省社会科学院陈嘉陵教授、武汉大学刘德厚教授和李龙教授等冒着酷暑评阅或参加我的论文答辩，不仅给论文以较高评价，而且为我后来的补充、修改工作提出了诸多建设性意见。宁夏大学吴家麟教授、北京大学肖蔚云教授和魏定仁教授、原全国人大常委会法工委国家法室主任陈延庆研究员、中国政法大学廉希圣教授和孙丙珠教授、中国人民公安大学吴杰教授、吉林大学张光博教授、上海社会科学院蒲增元研究员和程辑雍研究员、杭州大学郑九浩教授等都先后就代议制度这一问题，给我提出过不少有益的意见和建议。我的朋友贺业建、汪波、赵国祥、刘继韬、罗毅、刘刚、银新力、胡伟，学友童之伟、周敏、邹平学、朱福惠等给予的无私帮助，至今历历在目。在此，对上述各位表示衷心的感谢！

在论文写作及后来的补充、修改和出版期间，法学院党政领导为我解决了诸多实际困难；我的岳父母、父母给我提供了各方面的条件；我的妻子陈丹频不仅承担了几乎全部家务，而且帮助整理、誊清了大部分文稿，才使我得以顺利完成论文写作。在此一并表示感谢！

最后，特别值得指出的是，本书的顺利出版，得到了武汉大学出版社领导和责任编辑郭园园的大力支持和帮助。在此,对他们表示诚挚的谢意!

由于作者水平有限,加之时间仓促,因此本书的缺点、错误一定不少,恳切地请求各位批评指正!

作者

1994 年 11 月于珞珈山

再版后记

本书曾于1995年在武汉大学出版社初版，2005年在该社再版。尽管已出版近20年，但该书涉及的主题，对于站在新的历史起点的中国来说，仍具有极为重要的理论价值和实践意义。可以说，这既是我和伊士国博士近年来在撰写《中国式代议民主政治研究》一书过程中最为突出的认识，也是我多年来思考中国政治发展、中国政治改革等问题时最核心的内容之一。

首先，该主题无论对发展社会主义民主政治，还是对坚持和发展中国特色社会主义都具有重要意义。众所周知，中国共产党和中国人民在结束"文革"十年动乱后最重要的两个结论，即必须以经济建设为中心和必须发展社会主义民主、健全社会主义法制。邓小平同志还极为深刻地指出，没有民主就没有社会主义，就没有社会主义现代化。党的十七大和党的十八大则明确强调，人民民主是社会主义的生命，发展社会主义民主政治是我们党始终不渝的奋斗目标。然而，正如本书曾经分析过的，尽管直接民主制是实现民主即"人民当家做主"本意的最理想的形式，但地域的广阔、人口的众多、社会发展情况的错综复杂等等原因，则决定了代议制度是世界文明史上从古代民主制向现代民主制发展的伟大进步，甚至可以说，离开了代议制，近现代民族国家就不可能有民主制。因此，代议民主政治是近现代各国政治发展的基本形态。既然如此，那么我们要发展社会主义民主政治，就必须努力探索和发展中国特色的代议民主政治。

其次,该主题对于探索和遵循代议民主政治得以构建和运行的规律具有重要意义。毫无疑问,民主是人类共同追求的普遍价值,而在普遍价值的问题上,我一直有个基本观点,即既要肯定人类在诸多方面的确存在普遍价值,又不能片面地将西方价值等同于普遍价值,也不能将价值与价值的实现形式相混同。因此,尽管民主、人权等是人类在漫长的历史发展过程中共同创造的文明成果,是全人类共同的价值追求,但不同的国家到底应该采取什么形式、通过什么途径和方式来实现民主、人权等,则应该立足于自己的国情和各种客观历史条件,来选择最有助于民主、人权等实现的途径、方式和方法。换言之,即价值的实现形式是多样化的而不是唯一的,因而以价值的一种或两种实现形式为唯一的评判标准,来指责一国的政治实践,既在理论上是不科学的,也在实践中是有害的。正是这样的认识,至少告诉我们两点:一是不同国家在发展其代议民主政治过程中表现出丰富多样的形式,都有其合理性和正当性;二是对不同的代议制度及其表现形式进行比较研究,不仅有助于我们探索和总结代议民主政治构建和运行的基本规律,而且有助于我们通过学习和借鉴,反思和完善我国代议民主政治的发展。

再次,该主题对于新时期的中国政治发展和中国政治改革具有重要意义。关于中国现代化发展的基本轨迹,我的认识是,必须经历三个各有侧重的发展阶段,即从以经济改革为侧重的经济建设阶段,到以社会改革为侧重的社会建设阶段,再到以政治改革为侧重的政治建设阶段。尽管在每个阶段,经济、政治、社会等方面的工作也在同时推进,但三阶段各自的侧重点却并不相同。因此,如果说自改革开放以来到党的十六大,我们主要以经济改革为侧重的话,那么自党的十六大特别是党的十六届六中全会通过《中共中央关于构建社会主义和谐社会若干重大问题的决定》以来，我们则是以社会改革为侧重，而当经济改革、社会改革取得较大突破，从而为政治改革的推进奠定较为扎实的基础的时候，我们则会进入以政治改革为侧重的政治建设阶段。

那么，新时期中国政治发展和中国政治改革的工作重点和基础环节是什么呢？我认为，应该是切实坚持和完善人民代表大会制度。为此，我们首先应该对人民代表大会制度的地位和作用有新认识。这就是：新时期的人民代表大会制度不仅是我国的根本政治制度，而且是我国社会主义民主政治的根本制度载体，是中国共产党治国理政的根本途径。这一新认识不仅表明了以人民代表大会制度为基础的中国式代议民主政治在中国政治发展过程中的重要地位，而且表明中国政治改革的着力点和突破口，即在于切实提高各级人大及其常委会的地位，充分发挥人民代表大会制度的应有作用。

正是基于以上三点认识，所以我认为，对代议制度的基本理论、制度构建及其实际运行进行比较研究，具有重要的理论意义和实践价值。因此，当商务印书馆有意向将本书列入再版计划时，我也就欣然同意，并对原书稿进行了一些修订。具体说来，修订之处主要有三：一是个别表述不科学之处；二是注释、参考文献不规范、不准确之处；三是文中的错字、别字。必须说明的是，尽管是修订版，但全书的总体框架、基本内容和主要观点并没有进行大的调整，甚至个别提法虽然现在看来有点过时，但为了保留原著是当时条件下的产物，我也没有刻意去做什么修饰，这一点是要恳请读者予以理解和谅解的！

同时，当年在写作本书过程中，我曾学习、参考过很多学者的论著，尽管我力图通过注释和参考书目的方式以示对他们的尊重和敬意，但难免存在错漏,因而如有这种情况,恳请相关的作者予以谅解!

最后,谨对商务印书馆的领导,特别是吴婧编辑和《新华文摘》的编审王青林博士等对本书再版所给予的关心和帮助,表示衷心的感谢!

周叶中

于武昌珞珈山

2013 年 6 月